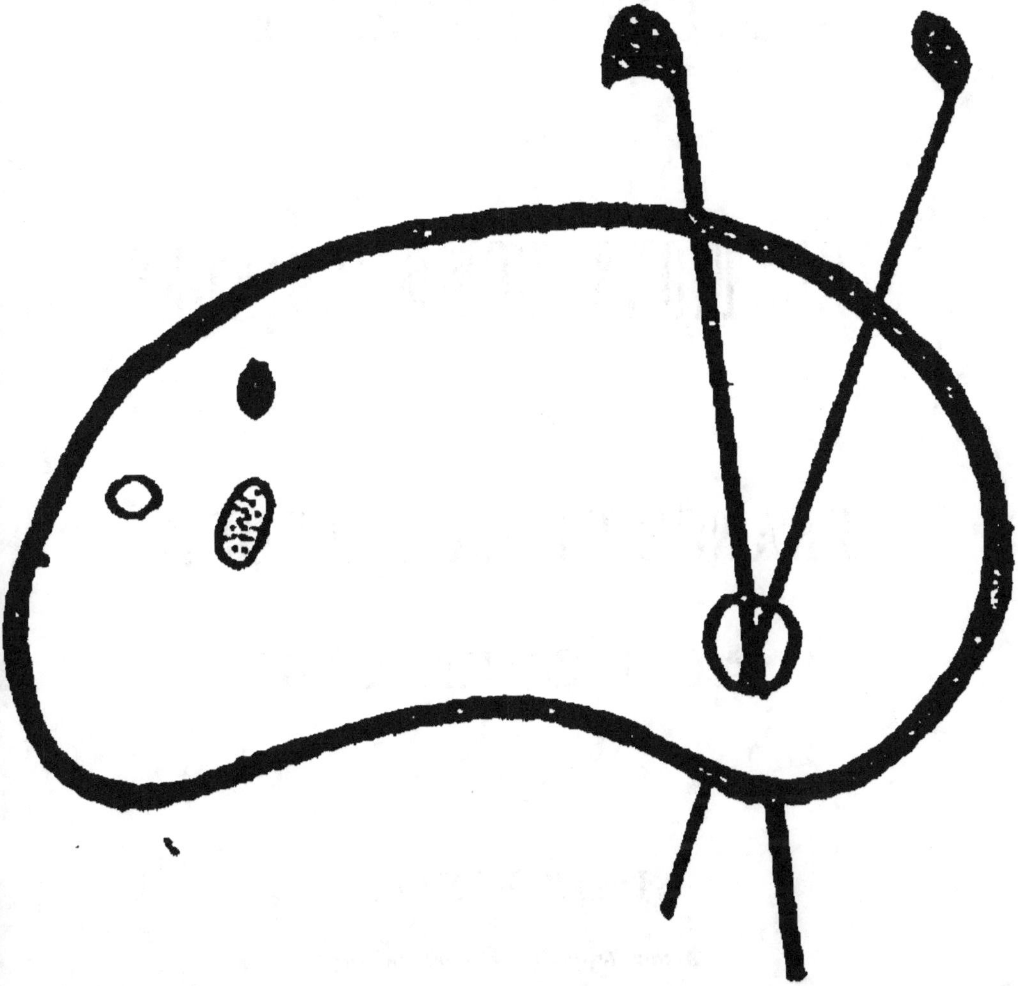

COUVERTURE SUPERIEURE ET INFERIEURE EN COULEUR

ÉTUDE HISTORIQUE

SUR LES

RELATIONS COMMERCIALES

ENTRE LA

FRANCE ET LA FLANDRE

AU MOYEN AGE

PAR

Jules FINOT

Archiviste du Département du Nord

PARIS
ALPHONSE PICARD ET FILS, ÉDITEURS
82, rue Bonaparte, 82

—

1894

ÉTUDE HISTORIQUE

SUR LES

RELATIONS COMMERCIALES

ENTRE LA

FRANCE ET LA FLANDRE

AU MOYEN AGE

PAR

JULES FINOT

Archiviste du Département du Nord

PARIS
ALPHONSE PICARD ET FILS, ÉDITEURS
82, rue Bonaparte, 82
—
1894

LE COMMERCE

ENTRE LA FRANCE & LA FLANDRE

au moyen âge

D'APRÈS LES TARIFS DU PÉAGE DE BAPAUME

et les Traités de Commerce passés entre

LES VILLES DE FLANDRE & CELLES DE LA ROCHELLE,

NIORT, SAINT-JEAN-D'ANGÉLY, BAYONNE,

BIARRITZ, BORDEAUX & NARBONNE.

PRÉFACE

De nombreux ouvrages généraux ou monographies particulières ont été consacrés à l'histoire du commerce, de l'industrie et de la navigation depuis la plus haute antiquité jusqu'aux temps modernes, en Flandre et dans les Pays-Bas. Pour ne parler que des principaux, nous citerons: *les Pays-Bas avant et durant la domination romaine* de Schayes; *l'Histoire du Commerce et de la Marine en Belgique* d'Ernest van Bruyssel; *l'Histoire de Flandre et de ses institutions civiles et politiques* de L.-A. Warnkoenig; *l'Histoire des relations diplomatiques entre la Flandre et l'Angleterre au moyen âge* d'Emile Varenbergh; *l'Histoire des relations commerciales et diplomatiques des Pays-Bas au XVIe siècle avec le Nord de l'Europe* d'Altmeyer; les *Mémoires sur le commerce des Pays-Bas aux XVe et XVIe siècles* et sur *les Relations de la Belgique avec la Savoie et le Portugal* de Reiffenberg; les *Études sur les foires et le commerce de la Flandre au moyen âge* de Gaillard; le *Mémoire sur les relations des Pays-Bas avec le Nord de l'Italie et les Vénitiens* de Pinchart; le *Hansisches Urkundenbuch* de Constantin Hollbaum, cartulaire de la Hanse dans lequel sont exposés l'origine et le développement des relations commerciales entre la Flandre et les villes d'Allemagne, etc. etc. C'est à peine si, dans leurs savantes recherches, ces auteurs ont jeté un coup d'œil sur les relations commerciales de la Flandre avec la France du XIIe au XVIe siècle. D'un autre côté, ce sujet est tout au plus effleuré dans les études générales ou particulières consacrées à l'histoire du commerce de la France par M. Pigeonneau et par Félix Bourquelot dans son ouvrage sur les Foires de Champagne.

C'est pour combler cette lacune que nous avons recherché les documents paraissant intéresser plus spécialement le commerce d'exportation et d'importation entre la Flandre et la France qui, au moyen âge, se pratiquait à la fois par la voie de terre et par la voie maritime. Le premier avait lieu principalement par les anciennes routes romaines de Soissons, de Reims et d'Amiens à Cambrai, à Douai et à Arras, se croisant à Bapaume, localité où, dès la fin du XIe siècle avait été établi un péage dont les tarifs et les comptes nous sont parvenus presque au complet.

Philippe-Auguste avait réglementé, en 1202, le tonlieu dû par toutes marchandises qui traversaient cette petite ville. Ce tarif, établi à la suite d'une enquête faite par les officiers du roi de France, fut renouvelé en 1291, en 1442 et au commencement du XVIIe siècle. L'énumération des marchandises qui y sont mentionnées, est déjà par elle-même, du plus haut intérêt pour la connaissance des mœurs, des usages domestiques, des progrès du luxe et de la civilisation. Avec les comptes de la ferme du péage de 1236 à 1631, conservés tant aux Archives du Nord que dans celles du Pas-de-Calais, ils permettent de suivre et d'apprécier l'importance du trafic des marchandises échangées par les voies de terre entre la Flandre et la France pendant plus de trois siècles. On comprend donc l'intérêt que présente pour l'histoire de ce commerce une telle série de documents que nous nous sommes efforcé de mettre en lumière dans une étude sur le péage de Bapaume qui forme la première partie de notre travail.

La seconde partie est consacrée aux relations maritimes de la Flandre avec celles de La Rochelle, Niort, St Jean d'Angely, Bayonne, Biarritz, Bordeaux, Narbonne et Montpellier, relations constatées dès le commencement du XIII° siècle, puis assurées par de véritables traités de commerce dont le premier remonte à 1262. Elles ne firent que se développer, avec quelques alternatives de trouble ou de suractivité, pendant la période qui s'étend jusqu'à la guerre de Cent Ans. Mais alors les hostilités qui sévirent aussi bien sur mer que sur terre, donnèrent un grand essor à la piraterie qui devint un véritable fléau pour la navigation dans la mer du Nord. Malgré les traités ou trêves marchandes de 1331, 1351 et 1385, ce ne fut qu'à l'avènement de Louis XI que prit fin ce funeste état de choses. Ce prince, pendant son séjour en Flandre, avait pu se rendre compte de la richesse des grandes cités industrielles de ce pays. Il avait compris tout l'intérêt qu'avaient ses sujets à voir se renouer et se développer les relations commerciales entre elles et les villes de l'ouest de son royaume. A peine monté sur le trône, il confirma par des lettres patentes datées du mois de février 1462, les anciens traités en vertu desquels les marchands de La Rochelle, de Niort, de St Jean d'Angely et de Bayonne jouissaient en Flandre de privilèges spéciaux leur permettant d'y résider, de n'y payer que des taxes modérées pour leurs marchandises et d'avoir même pour le règlement de leurs affaires et de leurs difficultés avec les habitants, une justice particulière dont les officiers étaient en partie choisis par eux. En retour, il accorda aux marchands flamands le droit de se fixer aussi à La Rochelle, à St Jean d'Angely et à Bordeaux, d'y former des corporations ayant leurs statuts, leurs officiers et leurs magistrats, leurs caisses de secours, leurs chapelles et leurs établissements hospitaliers particuliers.

Les navires de La Rochelle et de Bayonne importaient principalement en Flandre des vins de Saintonge et de Gascogne dont la consommation était très considérable, si on s'en rapporte aux comptes déposés aux Archives du Nord et dans celles de la ville de Bruges. Ils y amenaient aussi des grains, des laines brutes et le miel renommé de Narbonne qui, avant que le sucre fût devenu d'un usage général, était une denrée de première nécessité pour l'alimentation publique au moyen âge. Ils en rapportaient surtout des draps de différentes sortes, fabriqués à Lille, Douai, Cambrai, Ypres, Gand et Bruges, puis de la mercerie, des métaux, des cuirs et des peaux brutes, des harengs et autres poissons salés.

Malgré les guerres qui vinrent si souvent les troubler, on peut dire que les relations commerciales entre la Flandre et la France furent très actives et très importantes du XIII⁰ au XVI⁰ siècle. Elles aboutissaient annuellement à un échange de marchandises d'une valeur qu'on peut estimer à plus de 200.000.000 de fr. de nos jours, puisque par le seul point de Bapaume il en était importé ou exporté pour au moins 70.000.000 ; et cependant toutes celles qui provenaient de la Normandie et de la Picardie ou qui leur étaient destinées, pouvaient entrer et sortir en franchise par les autres routes ne traversant pas Bapaume. Il faut remarquer aussi que le commerce intérieur par les voies de terre et la navigation se prêtaient heureusement un mutuel appui pour maintenir les relations entre les deux pays, et parvenaient dans les temps difficiles à se suppléer, car rarement les hostilités ont pu les interrompre tous les deux à la fois, même pendant les plus mauvais jours de la guerre de Cent Ans.

Nous n'avons certes pas la prétention d'avoir traité d'une manière complète et définitive le vaste sujet que nous avons abordé. Mais on voudra bien excuser les lacunes et les erreurs que présentera notre étude en lui tenant compte de ce qu'elle est la première consacrée spécialement à l'histoire du commerce entre la Flandre et la France. De plus savants que nous exploreront un jour plus à fond ce terrain nouveau de l'érudition flamande que nous aurons été un des premiers à reconnaître.

PREMIÈRE PARTIE

LE COMMERCE

ENTRE LA FRANCE ET LA FLANDRE

AUX XIIIe ET XIVe SIÈCLES

D'APRÈS LES TARIFS DU PÉAGE DE BAPAUME.

I

Notice historique sur Bapaume. — Origine du péage qui y fut établi au XIe siècle

La petite ville de Bapaume, dont le nom est devenu célèbre, grâce à la victoire de Faidherbe, a joué au moyen âge par suite de sa situation géographique, un rôle important au point de vue militaire et commercial. Elle paraît avoir dû son origine à un *castrum*, bâti au IXe ou Xe siècle, à l'intersection des antiques voies romaines de Cambrai à Amiens et de Reims à Arras, pour protéger ou défendre le passage très dangereux à cette époque de la forêt d'Arrouaise occupant alors le vaste plateau qui s'étend des environs d'Albert jusqu'à la Sambre. Ce *castrum* aurait, suivant quelques historiens locaux (1), fait partie des bourgs et villes cédés par Charles-le-Chauve au comte de Flandre Baudouin Bras-de-Fer, en 863. Si ce fait peut être contesté, il est certain qu'à la fin du XIe siècle, en 1096, un document authentique nous montre le château de Bapaume comme appartenant à deux frères Arnoul et Rodolphe qui, parait-il, bien loin de protéger les marchands traversant leurs terres, ne se faisaient pas faute de les dépouiller.

C'était près de Bapaume, en effet, que se croisaient, ainsi que nous l'avons dit plus haut, les routes d'Amiens à Cambrai et de Reims à Arras. Tout le trafic qui pouvait encore exister entre les provinces du centre et du midi de la France, d'une part, et les Flandres et le Hainaut, de l'autre, était donc tributaire du péage, que les châtelains de Bapaume y percevaient, soit pour leur compte personnel, soit au profit du comte de Flandre (2).

(1) M. le chanoine Van Drival (*Dict. historique et archéologique du Pas-de-Calais*, arrond. d'Arras, t. I, p. 177) et M. l'abbé Bédu (*Hist. de la ville de Bapaume*, p. 17). Ces deux auteurs n'indiquent pas la source où ils ont puisé ce renseignement et nous pouvons ajouter que ni les Annales de Saint Bertin, ni la Chronique de Saint Bavon, ni les Annales de Meyer ne mentionnent, à l'occasion de cette cession, pas plus Bapaume que d'autres villes de Flandre et d'Artois. On sait seulement qu'après son mariage avec Judith, fille du roi de France, Baudouin Bras-de-Fer reçut en fief de ce dernier, tout le pays situé entre la mer et l'Escaut. (Voir Kervyn de Lettenhove (*Hist. de Flandre*, t. I, p. 157).

(2) On sait que l'établissement des péages sur les routes au profit des seigneurs dont les terres étaient traversées, remonte au moyen âge et que, peut-être, beaucoup de péages existaient déjà sous la domination romaine et même, antérieurement, à l'époque celtique. Nous donnons ici, à titre de simple renseignement, l'étymologie du nom des Atrébates proposée par Charles Toubin (*Essai d'Étymologie historique et géographique*) : « Atrébates, peuple des bords de la Scarpe. Peut-être, sous toute réserve, du sanscrit *atara* traversée, péage, et de *pati*, maître. Proprement maîtres des passages, des rivières et des marais, le pays du Belgium ayant été autrefois fort marécageux ».

C'est ce qui explique la plainte adressée par Robert de Péronne et sa femme à l'évêque d'Arras contre les frères Arnoul et Rodolphe de Bapaume qui, au mépris de la paix, avaient enlevé du vin à des bourgeois de Péronne se rendant à Arras (1). Nous retiendrons un fait non sans importance, constaté par ce document; c'est que déjà à cette époque, de même que dans les siècles suivants, c'était le vin qui constituait la principale denrée d'importation dans l'Artois et dans les Flandres.

Un an plus tard, en 1097, c'est Lambert, évêque d'Arras, qui se plaint, de son côté, à la comtesse de Flandre, Clémence de Bourgogne, parce que son prévôt dont il n'indique le nom que par l'initiale G., avait dépouillé à Bapaume des pèlerins artésiens qui revenaient de Rome (2). Ces deux actes de pillage de marchands et de pèlerins à Bapaume ou dans les environs, attestés d'une manière authentique à la fin du XIe siècle, semblent donner quelque apparence véridique à la légende d'après laquelle la forêt d'Arrouaise aurait été alors le repaire de brigands qui détroussaient les voyageurs et dont le chef, nommé Bérenger, s'était établi à la croisée des routes, au carrefour, qui reçut le nom de Tronc-Bérenger, entre Bapaume et Péronne. C'est en cet endroit qu'après la mort de ce bandit redouté, vers 1090, trois ermites, Eldemar, de Tournai, Conon, originaire d'Allemagne et Roger, d'Arras, bâtirent une modeste *cella* qui, un siècle plus tard, devint l'abbaye de l'ordre de Saint-Augustin, si célèbre et si puissante au moyen âge sous le nom de Saint-Nicolas-d'Arrouaise (3). En

---

(1) Baluze, *Miscellanea*, t. v, p. 293. — *Recueil des historiens de France*, t. xv, p. 180.

(2) Baluze, *Miscellanea*, t. v, p. 302. — *Recueil des historiens de France*, t. xv, p. 183.

(3) *Gallia christiana*, t. III, p. 433.

revanche, nous jugeons inutile de réfuter ici l'étymologie ridicule que l'abbé Bédu croit pouvoir attribuer au nom de Bapaume en se basant sur la présence des brigands dans la forêt d'Arrouaise (1). Il suffit de faire remarquer

(1) « Selon la tradition du pays, dit l'abbé Bédu, le nom de Bapaume vient des deux mots *bat* et *palme* ; il aurait été donné au château-fort qui s'élevait dans ce lieu et aux maisons qui se groupèrent sous ses murailles, parce que les habitants en voyant arriver les voyageurs, battaient les mains pour les féliciter d'avoir traversé sans malencontre la forêt d'Arrouaise infestée de brigands. » (*Hist. de Bapaume*, p. 3). Il est étonnant que l'auteur n'invoque pas à l'appui de la tradition locale les armes de la ville de Bapaume qui sont d'azur à trois paumes ou mains ouvertes en dedans, d'argent ! Disons toutefois à sa décharge, qu'il n'a pas le mérite d'avoir découvert cette merveilleuse étymologie. On la rencontre déjà formulée presque dans les mêmes termes dans le préambule qui se trouve en tête du « *Registre ou Instruction du droit, acquit du payage de Bappalmes* » rédigé en 1442, préambule fort curieux, d'ailleurs, par les renseignements qu'il fournit sur l'origine du péage de Bapaume et que l'on nous pardonnera de reproduire ici, malgré sa longueur. « Jadis en temps passé, écrit l'auteur anonyme de 1442, reproduisant les légendes et les traditions locales, [d'après] ce que nous avons oy de nos prédécesseurs, furent toutes forestz entre Lens et Péronne où que estoit le grand chemin de Franche en Flandres. Sy passoit par là toute marchandise qui de l'ung pays aloit en l'autre ; car il y avait pau (peu) d'autres chemins. Sy estoit le chemin périlleux par lesdictes forestz, car il y avoit des robeurs pluseurs, entre lesquelz estoit ung appellez Bérengiers qui fut gayans (géant), et demouroit au troncq Bérengier emprès l'abbaye Nostre Dame d'Yaucourt à Coppegueule, qui pour les fais qu'on y fist d'icelluy temps en porte encoires le nom de Coppegueulle, et passoit pau d'avoirs (marchandises) ne de marchans qui ne fussent desrobez ; pourquoy les marchans considérant le grant péril et dommage qu'ils y avoient et porroient avoir au temps advenir, firent complainte au Roy de Franche pour le temps de cuy le pays estoit tenu, en suppliant que il fesist widier les malfaiteurs adfin que la marchandise que on amenoit par mer en Flandres peust venir en son Royalme. Ly Roys qui fu enclins, si comme de droit est, à faire justice et conseil à savoir moult que bon en seroit à faire, se fut conseillié que on manderoit le conte de Flandres, et veullent ly aulcuns dire que ce fut le conte Bauduins, filz du conte Robert de Flandres qui passa oultre mer avecq Goddefroy de Buillon, car il estoit grans et poissans (puissant) pour wydier le pays des malfaiteurs, et de ce temps aloit le conté de Flandres jusques au troncq Bérengier Gayan dessus nommé. Se fu mandé ledit conte et, lui venu, fut dit que se il volloit emprendre le pays wydier des malfaiteurs, on lui donroit

qu'il y a en France deux autres localités, l'une dans le département d'Eure-et-Loir, commune de Thiville, arrondissement et canton de Châteaudun, l'autre dans la Seine-Inférieure, commune de Canteleu, arrondissement et canton de Rouen et seulement à 7 kilomètres de cette ville, qui portent toutes les deux la même appellation que

certain treu (droit de péage). Il s'y accorda, et sur ce s'en vint au pays, et en une tour qui estoit où que Bappalmes est au présent qui fu abattue l'an mil CCC XXXV ou environ, et ordonna ung nombre de sergens qui conduiroient l'avoir passant jusques à certaines mettes ; c'est assavoir vers Péronne jusques au troncq Bérengier, et là avoit autres sergens de par le Roy qui conduisoient jusques à Péronne, et vers Lens conduisoient jusques à Becquerel (Boiry-Becquerelle, canton de Croisilles, arrondiss. d'Arras, Pas-de-Calais), et de là en allant vers Lens avoit peu de péril, et toutes voyes (toutefois) y avoit-il sergans qui conduisoient jusques à Lens, mais non mie tant que à Bappalmes. Et en ce temps ledit conte de Flandres fist copper les forestz par tout le pays, et lui cousta trop plus à faire widier les malfaitteurs du pays que le treu ne valoit, ne valut en long temps aprez. Et quant ly malfaitteurs virent que li sires faisoit ainsy desrimer (défricher) le pays des forestz, et que quant on les tenoit on en faisoit si grandement justice, ilz se tinrent de malfaire, et se partirent du pays. Et en celluy temps prinst Bappalmes son nom, car il n'y avoit point de ville où que elle est maintenant, ains estoit, comme dient ly aulcuns, où que est la fontaine de Franqueville. Se advint que aucuns annemys qui furent par le pays y boutèrent les fus, et quant les bonnes gens qui estoient trais (retirés) vers ladite tour, virent leurs maisons ardoir, de grant yre et courus (courroux) qu'ils eurent, battirent et férirent leurs palmes ensemble. Se édiffièrent les gens entour celle tour, et demeura pour celle cause appellée Bappalmes, qui depuis a esté fortiffiée de portes, de tours, de murs, de fossez, si comme il pœult apparoir. Et demoura ledit treu depuis là en aprez et furent ly sergans ostez et mis aultres gens qui cœulloyent selon ce qui fu acoustumé long temps, et par passement de temps se diversifièrent ly acquit des marchandises passans, pour ce que ly sires donna son payage à censse, si que ly censiers pour ravoir leurs frais acenssirent aucune fois autrement que la coustume ne le devoit, de quoy fu faicte complainte des marchans vers le seigneur et vers le Roy. Se fu ordonné par le command du Roy et du seigneur qu'ilz voloient que raison fust faicte aux marchans que on feroit une enqueste à Cappy de bonnes gens de Bappalmes qui savoyent des coustumes du péage, et escriproit en ung registre de l'acquit selon le dict et l'anchienne coustume et ainsy fut faict, dont le teneur et fourme s'ensieult. » (*Archives du Nord, Chambre des Comptes de Lille, ancien A, 69 bis*).

le chef-lieu de canton du Pas-de-Calais. Il paraît peu probable que leur voisinage ait été aussi infesté de brigands et qu'elles aient tiré de là leurs noms.

Quoi qu'il en soit, il est certain que c'est à la fin du XIe siècle que les parages de la forêt d'Arrouaise furent purgés des malfaiteurs qui les infestaient et que des maisons se groupèrent autour du château. Les textes précis de 1096 et de 1097, cités ci-dessus, relatifs aux exactions commises à l'égard des marchands et des pèlerins, semblent confirmer la tradition consignée par le récit du scribe du XVe siècle, tradition qu'il avait pu trouver encore vivace autour de lui. Dans le cours du XIIe siècle les quelques maisons construites à l'abri du château, destinées primitivement à loger les voyageurs et les marchands, se multiplièrent assez pour former un petit bourg. En 1142, on voit qu'il y existait une église dont l'autel, c'est-à-dire les revenus produits par les offrandes et les droits paroissiaux, fut l'objet d'un litige entre l'abbaye de Saint-Nicolas de Widou ou Wiège, diocèse de Soissons, et le chapitre de l'église Notre-Dame d'Arras (1). En 1145, le pape Eugène III chargea l'évêque d'Arras Alvise, de trancher, de concert avec son collègue de Térouane, un nouveau différend qui s'était élevé entre la même abbaye de Saint-Nicolas de Widou et le curé de Bapaume, au sujet de la possession d'un quart des revenus de la paroisse dudit lieu (2).

On a vu que, dès 1097, les comtes de Flandre avaient à Bapaume un prévôt qui avait dans ses fonctions la perception du péage qui y était levé à leur profit. Le produit de ce péage constituait à cette époque le revenu

---

(1) Baluze, *Miscellanea*, t. v, p. 411. — *Recueil des historiens de France*, t. xv, p. 401.

(2) Idem, *ibidem.*, t. v, p. 425. — *Recueil des historiens de France*, t. xv, p. 428.

plus important du domaine de Bapaume. Il ne fit qu'augmenter par la suite. Ainsi au mois d'avril 1169, le comte Philippe d'Alsace constitua en dot à sa sœur Marguerite en la mariant à Baudouin, fils du comte de Hainaut, une rente de 500 livres, monnaie d'Artois, à lever chaque année sur le vinage de Bapaume, c'est-à-dire sur l'octroi payé dans cette ville par tous les vins venant de France à destination de la Flandre (1). Cette somme de 500 livres artésiennes, monnaie équivalant à la livre parisis, était très considérable pour l'époque et représentait assurément au moins 50.000 francs de nos jours. Le même prince, voulant en 1177, faire une libéralité à l'église collégiale de Lens, la gratifia d'un cens annuel de 15 sous à prélever sur ses revenus de Bapaume (2).

Baudouin, devenu comte de Hainaut, puis plus tard comte de Flandre à la mort de Philippe d'Alsace, son beau-frère, eut de son mariage avec Marguerite de Flandre, entre autres enfants, une fille, Isabelle de Hainaut qui, le lundi de Quasimodo (28 avril) 1180, épousa à Bapaume le futur roi de France Philippe-Auguste (3). D'après une tradition locale, la bénédiction nuptiale aurait été donnée aux époux dans la chapelle du château de Bapaume, devenue l'un des souterrains casematés du vieux donjon quand Vauban le rasa et l'enterra en partie pour le faire rentrer dans le cadre de la nouvelle fortification dont il entoura la ville. Philippe d'Alsace assigna en dot à sa nièce Isabelle les villes d'Arras, de Saint-Omer, d'Aire, de Hesdin, de Bapaume et tout le pays au-delà du Fossé-Neuf, c'est-à-dire toute

(1) Gilbert, *Mont. ap. J. de G.* t. XII, p. 181. — *Histoire des comtes de Flandre*, par Edw. Le Glay, t. I, p. 367.

(2) Mirœus, *Notitia ecclesiarum Belgii*, p. 438. — Mirœus et Foppens, *Opera diplomatica*, t. II, p. 713.

(3) Gilbert, *Mont. chronic. apud Jean de Guise*, t. XII, p. 238. — Le Glay, *Hist. de Flandre*, t. I, p. 381.

la province d'Artois. Il était stipulé qu'au cas où la jeune reine n'aurait point d'enfant mâle, ces terres retourneraient à Baudouin, son frère. Mais cette réserve devint inutile par la prompte naissance du futur Louis VIII. C'est donc cette princesse qui apporta à la couronne tous les droits domaniaux dont les rois de France jouirent en Artois sur lequel ils n'avaient eu jusqu'alors que ceux de souveraineté et d'hommage féodal. Bapaume et son péage passèrent donc ainsi dans le domaine de Philippe-Auguste.

Nous n'avons pas à faire le récit des hostilités qui éclatèrent à plusieurs reprises entre ce prince et les comtes de Flandre Philippe d'Alsace, Baudouin-le-Courageux et Baudouin de Constantinople. Contentons-nous de dire que par le traité de Péronne, conclu au mois de janvier 1200 entre le roi de France et le comte Baudouin, ce dernier recouvra la plus grande partie de l'Artois à l'exception d'Arras, Lens, Bapaume, Hesdin et le pays environnant qui restèrent définitivement à Philippe-Auguste (1).

Quatre années auparavant, par une charte datée de Compiègne, en 1196, le roi avait accordé aux bourgeois de Bapaume la faculté d'élire, au bout de quatorze mois, un maire, de nouveaux échevins et de nouveaux jurés, attribuant aux échevins la connaissance de toutes les affaires survenues dans l'enceinte de la ville, comme du temps du comte Philippe d'Alsace, à l'exception toutefois de celles relatives aux *ingenus* dans les plaids royaux (2). En juin 1200, Philippe-Auguste ordonna que l'imposition des tailles de Bapaume serait faite par les maïeur,

---

(1) *Archives du Nord. B. 1561, Premier Cartulaire de Flandre, pièces 11 et 161.*

(2) « Exceptis tamen querelis illis que contingent de ingenuis hominibus in placitis nostris. » *Archives du Nord, B. 1593. 1ᵉʳ Cartulaire d'Artois, pièce 201.*

échevins et jurés de cette ville, en se conformant à l'estimation de la valeur des biens et des meubles de chaque habitant, condamnant celui qui aurait fait une fausse déclaration à perdre, au profit de la ville, le surplus des biens non déclarés (1).

C'est en 1202 que le roi fit procéder à Cappy, localité que nous chercherons à déterminer plus loin, à une enquête sur les droits que devraient acquitter les diverses marchandises au péage de Bapaume, soit à leur entrée en Flandre, soit à leur sortie. Nous chercherons aussi à établir que le prétendu procès-verbal original de cette enquête, rédigé en langue vulgaire et publié comme tel par Tailliar dans son *Recueil d'Actes en langue romane-wallonne* (2), n'est qu'un texte de la fin du XIIIe siècle, provenant, soit d'une traduction du procès-verbal primitivement rédigé en latin, soit du remaniement ou plutôt du rajeunissement du texte primordial en langue vulgaire. Mais comme les trois enquêteurs: Barthélemy de Roie, Pierre, prévôt d'Amiens, et Névelon le Maréchal sont des personnages considérables de l'entourage de Philippe-Auguste, ayant vécu certainement au commencement du XIIIe siècle, la date de 1202 assignée à l'enquête primitive, parait pouvoir être admise sans difficultés.

Dès que son fils eut atteint sa majorité, Philippe-Auguste l'amena en Artois, l'arma chevalier et le mit en possession de cette province qui lui appartenait en propre du chef de sa mère Isabelle de Hainaut, mais dont son père avait toutefois conservé la garde noble depuis la mort de cette dernière. Le jeune prince reçut les hommages de ses vassaux et de ses châtelains d'Arras, de Lens et de Bapaume. Ce fut à cette occasion qu'il confirma les

---

(1) *Archives du Nord. B. 1393. 1er Cartulaire d'Artois, pièce 203.*
(2) Pages 13 à 28.

franchises municipales accordées précédemment par son père (1209), confirmation renouvelée plus tard par Robert Ier, comte d'Artois (1248), Gui de Châtillon, comte de saint Pol et sa femme Mahaut, comtesse d'Artois (1254), Robert II, comte d'Artois (1260, 1268 et 1273), Othon, comte d'Artois et de Bourgogne et sa femme Mahaut d'Artois (1302) (1).

En 1212, lors de la formation de la ligue contre le roi de France, on voit les maire, échevins et toute la communauté de Bapaume garantir auprès de ce dernier la fidélité de leur seigneur, le comte Louis (2). Bapaume fit ensuite partie avec Lens et Hesdin du douaire assigné par Louis VIII à sa femme Blanche de Castille qui garda ces villes et les terres en dépendant jusqu'en 1237.

A cette date, Louis IX confirmant la donation du comté d'Artois faite par son père Louis VIII à son frère Robert, déclara que les terres de Bapaume, Lens et Hesdin qui jusqu'alors n'avaient pas été comprises dans cette donation, y seraient ajoutées, et que la reine Blanche de Castille recevrait en dédommagement d'autres biens pour l'assignation de son douaire (3). C'est ainsi que Bapaume entra dans le domaine des comtes d'Artois de la maison de France pour y rester près d'un siècle. Cette ville et sa châtellenie n'en furent détachées qu'en 1330 par le traité passé entre Eudes IV, duc de Bourgogne, et Louis de Nevers, comte de Flandre, agissant tous deux comme maris de Jeanne et de Marguerite de France, héritières de leur grand'mère Mahaut, comtesse d'Artois. Par ce traité, daté du 2 septembre 1330, Louis de Nevers reçut

(1) *Archives de Bapaume*. — *Histoire de Bapaume*, par l'abbé Bédu, p. 285.

(2) Teulet. *Layettes du Trésor des Chartes*, t. I. p. 378. — Léopold Delisle, *Catalogue des actes de Philippe-Auguste*, p. 300.

(3) *Archives du Nord*, B. 1503. 1er *Cartulaire d'Artois*, pièce 17. — *Ordonnances des rois de France*, t. II, p. 329. *Miræus*, t. I, p. 115.

Bapaume avec divers autres châteaux dans le voisinage (1) qui rentrèrent ainsi dans la main des comtes de Flandre, leurs propriétaires primitifs. A la mort de Louis de Male, cette ville et sa châtellenie passèrent avec toutes les autres possessions de Marguerite de Flandre à son mari le duc de Bourgogne Philippe-le-Hardi, dont les successeurs les conservèrent jusqu'au traité d'Aix-la-Chapelle en 1668, non pourtant sans interruption par suite de quelques reprises effectuées par la France. A partir de cette date, elles rentrèrent définitivement dans le giron de la patrie française.

Quand Louis de Nevers prit possession de Bapaume, en 1330, l'ancien château était en très mauvais état et, en 1335, ainsi que le rapporte le préambule du tarif de 1442 cité plus haut, il dut être abattu. C'est à cette époque que sur les substructions du donjon primitif, fut édifié le nouveau château qui a subsisté, dans son ensemble au moins, jusqu'à la fin du XVIe siècle. Il fut alors en partie détruit et rasé pour être englobé dans les fortifications de la ville, opération que Vauban compléta encore 70 ans plus tard (2). Ce fut aussi sous Louis de Nevers que Bapaume fut pour la première fois entourée de murailles, ce qui devait attirer beaucoup de calamités sur la ville et lui procurer peu d'avantages. Jusqu'en 1335, en effet, si ses habitants n'avaient pas toujours échappé aux dévastations et aux pillages qu'entrainait la guerre dans ces temps barbares, du moins ils n'avaient pas eu à éprouver ces longs sièges accompagnés généralement de la famine et de la peste et suivis bien souvent de sacs et d'incendies effroyables.

Moins d'un siècle après avoir été fortifiée, en 1414, la

(1) Bédu, *Histoire de Bapaume*, p. 42.
(2) Idem, p. 326-327.

ville fut assiégée par les troupes du roi de France Charles VI et la garnison bourguignonne se rendit au bout de trois jours. Mais les horreurs de la guerre furent telles ensuite qu'on ne put, le 3 septembre de cette année 1414, renouveler le corps échevinal, la plupart des bourgeois ayant péri ou s'étant réfugiés à Arras et à Douai (1).

Le 7 mai 1475, de nouveau prise par les troupes de Louis XI, elle fut encore pillée et brûlée, en dépit d'une capitulation (2). En 1488, elle échappa heureusement à une tentative de surprise dirigée contre ses murailles par les garnisons bourguignonnes de Douai, du Quesnoy et du Câteau-Cambrésis qui avaient espéré profiter du désarroi apporté dans les précautions militaires habituelles par un incendie fortuit qui l'avait presque complètement détruite trois mois auparavant (3). Troisième siège au mois d'octobre 1521. Après avoir campé huit jours sous ses murs, le duc de Guise et le comte de St Pol s'en emparèrent de vive force, mirent le feu dans toute la ville, en renversèrent les portes et se retirèrent. Puis le sire d'Humières, gouverneur de Péronne, envoya des pionniers qui détruisirent les fortifications. Rendue à l'Espagne par les traités de Madrid et de Cambrai, Charles-Quint ordonna, en 1530, au sieur de Renty d'en restaurer le château et d'en rétablir les murailles, travaux qui n'étaient pas encore complètement terminés, lorsque le duc de Vendôme vint au mois de juillet 1543 devant cette place. Il s'en empara facilement et elle fut encore une fois livrée aux flammes. Quant au château où les habitants, sur l'ordre du gouverneur Hugues de Fleury, s'étaient retirés, il allait capituler par suite du manque d'eau, le seul puits qui s'y trouvait ayant été tari en deux jours, quand

(1) Bedu, *Hist. de Bapaume*, p. 61.
(2) Idem, p. 71.
(3) Idem, p. 75.

le duc de Vendôme fut obligé de lever le siège et d'aller rejoindre le roi de France au Câteau-Cambrésis afin de l'aider à résister à Charles-Quint qui s'avançait à marches forcées dans le Hainaut pour reprendre Landrecies (1).

Enfin, en 1578, Bapaume ayant, comme Arras, adhéré à l'union des provinces confédérées, fut l'objet, de la part d'un des capitaines des troupes espagnoles de don Juan d'Autriche, appelé Antoine Lelièvre dit Cras-Lièvre, d'une tentative de surprise qui n'échoua que grâce à l'énergie des habitants (2).

Depuis le traité de Vervins en 1598 jusqu'à la reprise des hostilités avec la France vers 1634, Bapaume put jouir d'une de ces longues périodes de paix, malheureusement bien rares dans ses annales. Ce ne fut qu'après la prise d'Arras, au mois de septembre 1640, qu'elle fut directement attaquée et investie par le marquis de Lénoncourt avec deux mille cavaliers. Le siège commença aussitôt (9 septembre) sous la direction du maréchal de la Meilleraie, avec le maréchal de Dreux-Brézé et le comte de Guiche pour lieutenants. Le commandant espagnol, de Laurette, se défendit avec une grande vigueur; mais les effets de l'artillerie, de la sape et des mines habilement dirigées par les assiégeants, furent si terribles qu'une partie des ouvrages extérieurs et des bastions fut presque immédiatement et complètement ruinée. Il dut donc, le 17 au soir, signer une honorable capitulation. Le lendemain, le maréchal de la Meilleraie entra dans la ville et y fit chanter un *Te Deum* d'actions de grâces. La prise de Bapaume excita, d'ailleurs, un grand enthousiasme en France et à Paris, où un *Te Deum* fut aussi

(1) Bédu, *Hist. de Bapaume*, p. 89.
(2) Idem, p. 97-99.

chanté et des feux de joie allumés dans tous les quartiers (1).

Les mêmes démonstrations eurent lieu à Chaulnes et à Nesles où se trouvaient le cardinal de Richelieu et le roi Louis XIII, aux yeux de qui cette ville passait « pour une des plus fortes places de la Flandre et le meilleur boulevard des frontières de la Picardie » (2).

Rentrée dans le giron de la patrie française et dans le domaine des rois de France qui l'avaient déjà possédée pendant plus d'un demi-siècle, de 1180 à 1237, Bapaume ne devait plus en sortir. Louis XIII, reprenant les traditions de Philippe-Auguste et de Louis VIII, confirma par des lettres-patentes du mois de janvier 1642, les antiques privilèges et franchises accordés par ses prédécesseurs à ses nouveaux sujets.

Depuis cet heureux événement, cette ville vit encore souvent pendant les guerres des XVIIe et XVIIIe siècles, pendant celles de la Révolution et lors des invasions de 1814, 1815 et 1871, le choc des armées retentir même dans ses rues, mais elle n'eut plus à subir d'autre siège que le simulacre de celui dont elle fut l'objet au mois d'août 1847 par les troupes placées sous le commandement du duc de Montpensier et qui fut le prélude du démantèlement de ses fortifications.

---

(1) Bédu, *Histoire de Bapaume*, p. 115-117.
(2) Idem, p. 147.

II

Enquête de Cappy, en 1202. — Examen des différents textes de cette enquête. — Etablissements de bureaux auxiliaires dits *helles* du péage de Bapaume. — Provinces et villes exemptes du droit de péage.

Nous avons fait remarquer au commencement de cette étude que, dès la fin du XIe siècle, Bapaume était déjà le point par lequel les vins et probablement les autres denrées du centre et du midi de la France pénétraient en Flandre et qu'un droit de péage y était perçu au profit des comtes de Flandre et d'Artois. Dans le cours du XIIe siècle, le commerce entre la Flandre et la France prit un développement de plus en plus considérable, activé surtout par le grand mouvement de marchands et de marchandises qu'occasionnaient les fameuses foires de Champagne. C'était donc à Bapaume que passaient forcément à cette époque les vins du Poitou, de l'Orléanais et de la Bourgogne amenés en Flandre, et les draps de Lille, de Douai, d'Ypres et de Gand qu'on allait échanger à Provins, à Troyes et à Bar-sur-Aube contre les divers produits du Midi et de l'Italie.

Jusqu'à la fin du XIIe siècle, nous n'avons pourtant pas de données précises nous renseignant exactement sur l'importance de ce mouvement commercial à Bapaume. Nous savons que le revenu du péage servait à assurer de nombreuses libéralités faites par les comtes de Flandre aux abbayes et aux églises de l'Artois et de la Flandre-wallonne; qu'en 1164, le comte Philippe-d'Alsace pour témoigner de sa bienveillance envers les habitants de St-Omer à cause de leur fidélité à son égard et à celui de son père, déclara expressément, en confirmant leurs privilèges, qu'ils ne payeraient à Bapaume que le même tonlieu auquel étaient astreints les habitants d'Arras (1). Cette charte est une preuve nouvelle que le transit entre la France et les Pays-Bas se faisait surtout par Bapaume, car les péages ou *travers* établis dans d'autres villes sur les diverses voies de communication existant déjà entre les deux pays, ne sont pas mentionnés.

Il parait donc naturel que, lorsque le roi de France Philippe-Auguste fut devenu maitre et seigneur de Bapaume, il ait songé à réglementer le tonlieu qu'on y percevait et à rechercher pour cela sur quel pied les droits dus par les diverses marchandises qui y passaient avaient été perçus jusqu'alors, de manière à établir un tarif fixe. Il fit donc procéder à une enquête sur ces droits, enquête qui eut lieu au mois de mai 1202, dans une localité appelée *Capi*. Nous n'avons pas le texte original du procès-verbal de cette enquête ni du tarif qui l'accompagnait. En effet, les deux textes qui nous sont parvenus où elle est relatée, sont tous deux de la fin du XIII siècle. Ils sont assez différents l'un de l'autre, au point de vue philologique, mais les formes de la langue vulgaire qu'ils constatent, ne permettent pas d'assigner, soit à l'un, soit à l'autre, la date de 1202. Tailliar a bien publié l'enquête de Cappy, conservée aux Archives de la ville de Douai (2), dans son Recueil d'actes en langue wallonne des XII et XIII siècles (3), en la présentant comme le procès-verbal original de l'information faite en 1202. Mais quelques lignes seulement de ce document

---

(1) *Archives du Nord. B. 1503. I*^{er} *Cartulaire d'Artois, f° 261.* — *Ordonnance des rois de France,* t. v, p. 246.

(2) *Archives de la ville de Douai,* CC. 156.

(3) *Recueil d'actes en langue romane des* XIIe *et* XIIIe *siècles,* p. 14 et suiv.

suffisent pour convaincre que les formes du wallon-
picard dans lequel il est rédigé, empêchent de le faire
remonter au-delà de la seconde moitié du XIII⁰ siècle.
En outre, il y est question, ainsi que nous le verrons
quand nous l'étudierons plus en détail, d'objets, d'armures, etc., qui n'étaient pas encore dans le commerce
sous Philippe-Auguste.

Quant au texte de l'enquête de Cappy, conservé aux
Archives du Nord (1), un mandement du roi Philippe-le-
Bel qui le précède indique que c'est une copie ou plutôt
une pseudo-copie, dressée au mois de juin 1291, rajeu-
nissant la langue et mettant à jour, si l'on peut employer
cette expression, le texte primitif.

Cependant, s'il est hors de doute que, à raison de leurs
caractères extrinsèques et intrinsèques, ces deux documents ne peuvent être, ni l'un ni l'autre, le procès-verbal
original de l'enquête de 1202, nous croyons qu'on aurait
tort d'affirmer qu'elle n'a pas eu lieu à cette date, comme
le fait M. Wauters qui la place en 1262. En effet, il est
déclaré qu'il y fut procédé pardevant trois personnages :
Bétremieu de Roye, Pierron, prévôt d'Amiens et Névelon
le Maréchal, bailli d'Arras, qui tous les trois vivaient
au commencement du XIII⁰ siècle. Bétremieu (forme
wallonne du prénom Barthélemy), de Roye, chambellan
de Philippe-Auguste, figure comme témoin de l'acte par
lequel au mois de mars 1214, Daniel, avoué d'Arras et
seigneur de Béthune, déclara qu'ayant été mal conseillé
en déniant au roi la justice dans toute sa terre entre la
Lys et le Tronc Bérenger, il reconnaissait que la haute
justice, comprenant le rapt, le meurtre et l'incendie, appartenait au Roi et à ses successeurs dans toute ladite
terre (2). Dans un autre titre de 1213, Névelon le Maré-

(1) *Archives du Nord*. B. 12.
(2) Idem, *B. 1593, 1ᵉʳ Cartulaire d'Artois, Pièce 161.*

chal, bailli d'Arras, déclara que Bernard, sire de Kiéri et Olivier, son fils, avaient vendu des terres (1). Quant à Piéron, prévôt d'Amiens, et au sergent Guillaume Pastes, aussi cités dans l'enquête de Cappy, on les voit de même figurer, avec Névelon le Maréchal et Barthélemy de Roye, dans une autre enquête relative à la mouvance de la ville de Hersin, pièce non datée, il est vrai (2). Mais la présence simultanée de ces quatre personnages dans le même acte suffit pour démontrer qu'ils étaient bien contemporains et que s'ils vivaient dans les premières années du XIIIe siècle et occupaient alors des charges publiques, ce qui indique qu'ils avaient déjà un certain âge, il est impossible d'admettre que tous les quatre existaient et remplissaient encore les mêmes offices vers 1262. En supposant même qu'on ait voulu alors antidater l'enquête, il serait difficile de penser qu'on ait poussé la précaution jusqu'à inscrire dans son préambule le nom d'un infime sergent comme Guillaume Pastes vivant au commencement du XIIIe siècle, en admettant que le souvenir de personnages aussi importants que Névelon le Maréchal, Barthélemy de Roye et Piéron d'Amiens fût assez vivace pour qu'on ait songé à donner un caractère d'authenticité au document en réunissant leurs noms (3).

Tout s'explique, au contraire, avec l'hypothèse d'une enquête sur le péage de Bapaume faite réellement en 1202 devant les personnages indiqués ci-desssus et dont la re-

(1) *Archives du Nord, B. 11*. Cette charte est encore munie du sceau au type équestre de Névelon le Maréchal.

(2) Idem. *B. 1593. 1er Cartulaire d'Artois, pièce 191*.

(3) D'ailleurs la question de la réalité de l'enquête sur le péage de Bapaume faite à Cappy en 1202, nous paraît tranchée par l'insertion, à cette date, du préambule en latin de cette enquête, dans le registre des actes de Philippe-Auguste, contemporain de ce prince, conservé aux Archives du Vatican.

lation originale, rédigée alors soit en latin (ce que semblerait indiquer la date restée en latin dans le préambule), soit en langue romane, ne ... serait parvenue que traduite et renouvelée tant au point de vue de la langue que des usages commerciaux. On comprend aussi que, de très bonne heure, il a dû être fait un grand nombre de copies du procès-verbal de l'enquête et du tarif et qu'elles ont dû être rédigées en dialectes différents selon les pays des marchands pour lesquels elles étaient dressées. De là la grande dissemblance que présentent au point de vue philologique le texte des Archives communales de Douai et celui des Archives départementales du Nord. Le premier rédigé à l'intention des bourgeois d'une ville riche et industrieuse, est écrit généralement dans un roman wallon-picard assez pur avec quelques expressions se rapprochant même du dialecte de l'Ile-de-France. On y remarque l'emploi du *ch* et de l'*i* parasite.

Le texte des Archives du Nord, au contraire, transcrit sur un cahier de parchemin in-8° de 10 feuillets, avec une couverture aussi en parchemin formant portefeuille, paraît avoir été destiné particulièrement aux péagers de Bapaume. C'était probablement un des exemplaires du tarif qu'ils consultaient journellement et qu'ils devaient avoir toujours à la main selon la recommandation qui leur en était faite encore à la fin du XVI° siècle (1). C'est pour ce motif qu'il est écrit dans un dialecte wallon moins pur, plus populaire, tel qu'il devait être parlé par les gens du plat pays, comme on disait alors, habitant cette partie de l'Artois qui confinait au Cambrésis et au sud du Hainaut. Le *ch* est remplacé par le *c* simple et on remar-

---

(1) *Archives du Nord, Chambre des Comptes, Ancien B. 138. Compte 7e de Henri Dernin, receveur de Bapaume, 1586-1587*: « y commectans gens souffisans tenans toujours à la main copie autentique de l'enqueste faicte à Cappy pour la conservation meilleure tant du droict de Sa Majesté que des marchans ».

que l'absence complète de l'*i* parasite. Ainsi tandis que dans le texte de Douai on trouve : *cheste, traviers, Franche, Borgoigne, Champaigne, Provenche, Espaigne,* etc, dans celui de Bapaume on lit : *ceste, travers, France, Bourgongne, Champagne, Provence Espagne.* Nous n'insisterons pas non plus sur les nombreuses variantes que présentent ces deux documents. Beaucoup d'entre elles peuvent, d'ailleurs, être attribuées à des erreurs des scribes du XIIIe siècle (1).

Tailliar pense que la localité appelée *Capi* où aurait eu lieu l'enquête doit être identifiée à la commune de Cappy, canton de Bray, arrondissement de Péronne, qui se trouve éloignée de plus de douze kilomètres de Bapaume.

(1) Voici le relevé des principales variantes que présentent les deux textes :

TEXTE DES ARCHIVES DU NORD. B. 12.	TEXTE DES ARCHIVES DE DOUAI. cc. 156. (d'après la publication faite par Tailliar).
Nos.	Nus.
Doie.	Doive.
Nient.	Point.
De la liaue de Quaguel.	De la laige de Cogeul.
I denier.	VII deniers.
Carete à nois.	Carète à rois.
Nois menues.	Rois menues.
Li bougherans.	Li bourgerons.
Li cendaus.	Li cendales.
Li douzaine de gouplex.	La douzaine de corplus.
La nape.	La rape.
La carge de poivre.	La carge de pointe.
La carité d'Arraz.	La cartre d'Arras.
Toursiaus de dras à dos.	Torsiaus de dras à tous.
Quand ele est. Et cars et carete.	Quant elle, et cars et carete.
Se li hom est tout ades.	Li hom est tout aidié.
Dusques XLIIII du drap.	Dusques à XLIII d. del drap.
Faus sans mache.	Faus sans manche.
Keus vers.	Keus, u ces.
Airemens.	Arrement.
Li faus à fèvre.	Li fous à fèvre.
Fol à fèvre.	Foel à fèvre.
Li bladons.	Li blazons.
Li poise d'ale.	Li poise d'ales.
U des festes de Bourgongne.	U' des fiestes, u de Borgoigne.
Li flèce de porc.	Li flace de pois.
Li pourcel.	Li pourcel.
Etc.	Etc.

Cependant, on peut tout aussi bien admettre qu'il s'agit de Cappy, jadis hameau et ensuite simple ferme ou *cense* dépendant de la paroisse de Villers-au-Flos, canton de Bapaume, à environ quatre kilomètres à l'est de cette ville. Ce Cappy était le chef-lieu d'une seigneurie qui était une enclave du Vermandois dans l'Artois. La *cense*, qui représentait encore au XVIIe siècle le hameau détruit antérieurement, a complément disparu aujourd'hui (1). Sa proximité de Bapaume rend son assimilation avec le *Capi* de l'enquête de 1202 assez plausible, d'autant plus que cette localité était située non loin du passage de l'ancienne forêt d'Arrouaise, endroit redouté des marchands et des voyageurs et qu'un péage y fut établi sur la route de Bapaume à Péronne.

Quoi qu'il en soit, nous pensons avoir suffisamment démontré que l'enquête dite de Cappy fut réellement faite en mai 1202, ainsi que le portent, d'ailleurs, les copies des XIIIe et XVe siècles que nous en avons, pardevant Barthélemy de Roye, chambellan de Philippe-Auguste, Pierron, prévôt d'Amiens et Névelon le Maréchal, bailli d'Arras. Ils entendirent les sergents qui avaient levé le tonlieu de Bapaume « au tans le comte de Flandres », c'est-à-dire antérieurement à la cession de Bapaume au roi de France. Ceux-ci déclarèrent que tous les *avoirs* (expression désignant les marchandises et les bagages de toute nature), venant de France, de Bourgogne, de Champagne, de Provence et d'Espagne et amenés par des gens de ces pays ne pouvaient entrer en Flandre que par Bapaume et en acquittant les droits fixés par le tarif. Toute autre voie d'importation leur était interdite. Réciproquement les marchandises qu'ils ramenaient de Flandre dans leurs pays devaient aussi passer par Bapaume et y payer les droits. Il en était de même pour toutes les

(1) *Dict. historique du Pas-de-Calais*, arrond. d'Arras, t. I, p. 208.

marchandises d'origine ou de fabrication flamande importées dans les dits pays par les Flamands. En un mot, Bapaume était primitivement l'unique entrée ou sortie permise à l'importation ou à l'exportation pour les marchandises allant en Flandre ou en provenant, lorsqu'elles étaient originaires de France, de Bourgogne, de Champagne, de Provence et d'Espagne ou étaient destinées à ces pays. Toutefois des exceptions à cette règle générale étaient déjà admises, peut-être lors de l'enquête de 1202, en tous cas certainement à la fin du XIII° siècle. Le préambule de l'enquête tel qu'il nous est parvenu par les copies de 1291 et de 1442, stipule que les habitants de Térouane, de Fauquembergue, du Boulonnais, du comté de Saint-Pol (*Ternois*), de Cambrai, de Tournai, de Valenciennes, du Hainaut, d'Allemagne (*de l'Empire*), du Ponthieu, de la Normandie, de Beauvais, d'Amiens et de Corbie, ne devront le tonlieu pour leurs marchandises qu'ils importeront en Flandre ou en exporteront, que s'ils les font passer par la châtellenie de Bapaume. Si elles ne la traversent pas et entrent en Flandre ou en sortent par une autre voie, elles sont exemptes de tout péage. Mais cette faveur n'était accordée aux habitants des villes et des pays ci-dessus que pour les denrées et marchandises provenant de leur sol ou de leur fabrication et pour celles qu'ils ramenaient de Flandre dans leurs villes pour leur consommation ou leur usage propres.

On comprend que, grâce à cette exception, les habitants favorisés cherchèrent bien vite à réaliser des bénéfices considérables en l'étendant à des marchandises étrangères. Pour cela ils établirent, notamment à Rouen et à Amiens, des entrepôts où ils recevaient les produits des pays non privilégiés, puis ils les importaient comme les leurs en Flandre en les faisant passer par une autre route que celle de Bapaume et, par conséquent, sans payer les droits.

Réciproquement ils ramenaient, aussi sans passer par Bapaume, des marchandises et surtout des étoffes qui après avoir séjourné quelque temps dans les entrepôts de leurs villes, étaient réexpédiées dans les pays non privilégiés. Les péagers de Bapaume protestèrent naturellement contre ces abus et intentèrent aux marchands d'Amiens, Rouen, Tournai etc., une série de procès sur lesquels nous nous étendrons plus loin. Disons seulement qu'ils obtinrent en général gain de cause devant le parlement de Paris qui décida que les privilèges stipulés en faveur des villes et pays énumérés par l'enquête de 1202, ne pouvaient s'appliquer qu'aux marchandises originaires de ces pays et villes ou destinées à la consommation locale de leurs habitants lorsqu'elles y étaient importées de Flandre. En conséquence, pour permettre aux péagers de Bapaume de réprimer ces abus en vérifiant la provenance des marchandises et leur destination véritable, ils furent autorisés à établir des bureaux de péage auxiliaires dans ces villes ou sur les routes par lesquelles elles communiquaient avec la Flandre sans passer par Bapaume. Ces bureaux auxiliaires furent appelés *helles*, du vieux mot de la basse latinité *hayrelium* signifiant barrière (1). Il y était perçu les mêmes droits qu'à Bapaume sur les marchandises dont l'origine ou la destination n'étaient pas suffisamment justifiées pour assurer l'exemption. Nous parlerons plus loin aussi de l'établissement de ces *helles* que, au milieu du XV° siècle, on trouve fonctionnant à Amiens, à Posières, à Coupe-Gueule, à Beaumetz-les-Cambrai, à Metz-en-Couture, à Cambrai, à Guise, à Estrées-au-Pont, à Tournai et à Abbeville (2).

Au XVI° siècle, de nouvelles *helles* furent ouvertes à

(1) Voir Ducange, *verb. Hayrelium.*
(2) *Archives du Nord. Chambre des Comptes*, ancien B. 117· *Compte de Colard Mannar, receveur de Bapaume, pour les années 1150, 1151, 1152, 1153.*

Pecquigny (1), à Corbie (2), à Arras (3) et dans les faubourgs de cette ville (4), à Achiet (5), à Cantimpré-les-Cambrai (6), à St-Pol (7) et à Pas en Artois (8). En revanche, il n'est plus question de celles de Posières, de Coupe-Gueule, de Guise, d'Estrées-au-Pont et d'Abbeville. En 1587, on ne mentionne plus que les *helles* de St-Omer, d'Aire et de Fauquembergue (9).

Outre ces exceptions stipulées dans le préambule de l'enquête, on constate dans le corps même du tarif que des avantages sont concédés aux habitants de la ville de Bapaume elle-même, à ceux des villages de Martimpuich (arrond d'Arras, canton de Bapaume), de Courcelette (arrond de Péronne, canton d'Albert, Somme), de Beaumetz-les-Cambrai, de la Bucquière, d'Hermies, de Beugnies, de Morchies, de Bertincourt, de Boursies et de Doignies, ces huit dernières localités du Nord ou du Pas-de-Calais, faisant partie jadis de la prévôté de Bapaume. La faveur qui leur était accordée était celle de ne payer qu'un denier par cheval trainant leur voiture au lieu de 2 que devaient les étrangers. Les habitants de Miraumont (canton d'Albert, Somme) ne devaient aucun droit de péage pour les marchandises qu'ils amenaient dans la châtellenie de Bapaume ou en ramenaient. Les gens des pays situés au delà du bois d'Arrouaise venant au marché de Bapaume, ne devaient rien non plus pour les mar-

---

(1) *Archives du Nord, Chambre des Comptes, anc. B. 121. Compte du receveur de Bapaume, Nicolas Gaillard, 1509-1510.*

(2) Idem. *Ibidem.*

(3) Idem. *Anc. B. 123. Compte de Michel de Boufflers, 1528-1529.*

(4) Idem. *Anc. B. 131. Compte de Jean de Carreuil, 1561-1562.*

(5) Idem. *Ibidem.*

(6) Idem. *Ibidem.*

(7) Idem. *Ibidem.*

(8) Idem. *Ibidem.*

(9) Idem. *Anc. B. 139. Compte de Henri Dernin.*

chandises qu'ils importaient dans la châtellenie de Bapaume ou pour celles qu'ils en ramenaient, pourvu, bien entendu, que celles-ci ne fussent originaires ni de France, ni des foires de Bourgogne (1) d'où ils les auraient fait venir pour les entreposer et les vendre dans ladite châtellenie.

Ces dernières exceptions étaient motivées sur la crainte d'entraver le commerce local. Quant aux premières, elles étaient la conséquence naturelle de la situation géographique des villes et des pays qui en profitaient et dont les fréquentes relations commerciales avec la Flandre et l'Artois remontaient sans aucun doute à une époque bien antérieure à l'établissement du péage de Bapaume. On peut remarquer que ces pays et ces villes, sauf l'Allemagne, le Cambrésis et le Hainaut, étaient situées à l'ouest de la grande route d'Arras à Reims et à Paris par Bapaume, Péronne, Roye, Compiègne et Crépy. Dans ces quatre dernières villes, d'ailleurs, les mêmes droits de péage qu'à Bapaume étaient perçus dès le XIIIe siècle. Quant à l'Allemagne, à l'Empire comme dit le texte, au Cambrésis et au Hainaut qui primitivement en relevaient, l'exception dont ces pays jouissaient avait peut-être été motivée aussi par les très anciennes relations qu'ils avaient avec les foires de Champagne.

En résumé, toutes les marchandises venant de la France centrale et méridionale, de la Bourgogne, de la Champagne, de la Provence et de l'Espagne ou y allant, quand elles provenaient de la Flandre, devaient acquitter les droits spécifiés par l'enquête de 1202, qu'elles passassent ou ne passassent pas par Bapaume et sa châtellenie. Au contraire, celles provenant de Térouane, de Fauquembergue, du Boulonnais, du comté de St Pol, de Cambrai, de

---

(1) Il s'agit probablement de la grande foire de Châlon-sur-Sâone fort fréquentée au moyen âge.

Tournai, de Valenciennes, du Hainaut, de l'Empire, du Ponthieu, de la Normandie, de Beauvais, d'Amiens et de Corbie où destinées à ces pays et à ces villes, ne devaient les droits que lorsqu'elles passaient par Bapaume ou sa châtellenie. Si elles étaient amenées en Flandre ou en revenaient par une route ne traversant pas Bapaume, elles étaient exemptes de tous droits.

Tel était le régime douanier entre la France et la Flandre, si nous pouvons employer cette expression, constaté et confirmé par l'enquête de Cappy. Il fut, d'ailleurs, peu modifié, du moins sur les points essentiels, dans le cours des siècles. Mais il donna lieu à une multitude de réclamations, de difficultés et de procès dont nous ne pouvons signaler ici que les plus remarquables.

Le jour de la Toussaint 1268, un arrêt du parlement de Paris devant lequel devaient être portés en dernier ressort tous les procès relatifs au péage de Bapaume comme à toutes les affaires concernant l'Artois et la Flandre, décida que le comte d'Artois n'avait pas le droit de faire percevoir son tonlieu de Bapaume dans les domaines du comte de Blois et notamment dans la châtellenie de Guise (1).

Vers la même époque, les marchands de Flandre s'adressèrent au roi de France pour lui signaler les exactions et les griefs dont le receveur du péage de Bapaume, à l'endroit nommé Coupe-Gueule, s'était rendu coupable à leur égard, en rançonnant impitoyablement les gens dudit pays de Flandre qui allaient à la foire de Troyes en Champagne ou qui en revenaient, leur faisant payer des droits arbitraires et leur confisquant leurs marchandises. Aussi ils déclarèrent que si ces abus n'étaient pas réprimés, ils abandonneraient les

(1) Beugnot, *Olim*, tome I, p. 726.

foires de France pour ne plus fréquenter que celles dé l'Empire (1).

C'est sans doute à cette plainte que se rapporte la lettre datée d'octobre 1283, par laquelle Jean de Brive, chevalier, et Oudot de Chambly, gardes des foires de Champagne et de Brie, exposent au bailli d'Artois que Henri de Langle, marchand et maire des marchands d'Ypres, revenant de la foire de Bar-sur-Aube, avait été injustement arrêté au péage de Bapaume avec ses marchandises consistant en draps, ce qui lui a causé de grands dommages. Ils demandent qu'on leur envoie les auteurs de cette arrestation contraire au sauf-conduit, pour se justifier ou être punis selon l'usage des foires de Champagne (2). Au mois de mai suivant, nouvelle lettre des mêmes officiers se plaignant de ce qu'il n'avait été donné aucune suite à leur réclamation qui paraît avoir été classée, comme on dit au palais (3).

Les habitants de Tournai eurent à soutenir de longs débats pour conserver leurs privilèges. Un arrêt du parlement tenu à Paris à la Toussaint 1271, décida, en leur faveur, à l'encontre du comte d'Artois, qu'ils avaient le droit de conduire librement leurs *avoirs* par tels chemins et sous la garde de tels conducteurs qu'ils préféreraient, sans rien payer au péager de Bapaume quand ils ne traverseraient pas cette ville ou sa châtellenie (4). C'était

---

(1) Sans date, vers 1262 d'après Saint Genois dans son *Inventaire analytique des chartes des comtes de Flandre déposées au château de Rupelmonde et aujourd'hui aux Archives de la Flandre Orientale à Gand*. N° 108, p. 37. Cette requête très intéressante que l'on trouvera aux Pièces justificatives de notre travail, consiste en un fragment en français écrit sur deux feuilles de parchemin. Nous pensons qu'elle doit être postérieure de dix ou quinze ans à la date que lui assigne Saint Genois.

(2) *Archives du Pas-de-Calais* A. 29.

(3) *Archives du Pas-de-Calais*. A. 30.

(4) *Ordonnances des rois de France*, t. IV, p. 258.

l'exemption que leur reconnaissait l'enquête de Cappy et qui leur avait été contestée, probablement parce qu'ils en abusaient pour importer ou exporter des marchandises étrangères à leur ville. Les péagers ne se lassèrent pas de protester contre leurs prétentions, comme les habitants de leur résister. Au mois de juillet 1279, nouvel arrêt en leur faveur (1). Mais dix ans après, la difficulté renaît et le roi Philippe-le-Bel fait délivrer aux Tournaisiens le jeudi après la Pentecôte (14 juin) 1291, un extrait des registres du Parlement renfermant le procès-verbal de l'enquête de Cappy pour qu'ils puissent justifier de leurs privilèges (2). Un arrêt du Parlement, rendu deux ans après (Toussaint 1293), les leur maintint en effet (3). Mais ce ne fut qu'un siècle plus tard que ces difficultés prirent complètement fin par une transaction passée entre les maire, échevins et habitants de Tournai, d'une part, et le duc de Bourgogne, comte d'Artois, de l'autre. Par cet acte il est reconnu « que les dis de Tournay seront francs et quictes des dits péages (de Bapaume, Péronne, Roye, Compiègne et Crépy) de toutes leurs denrées qu'ils menront en la dicte ville et qui en icelles seront dispensées (dépensées) ou en icelles vendues, si elles ne sont menées ès païs à cause desquelz les paages sont deubs, et aussi de toutes leurs denrées qui seront du creu, ouvrage et façon de ladicte ville et banlieue d'icelle, tout sans fraude et malengin, en paiant les paages des lieux esquelz ilz ne passeront soit à Bappalmes, à Péronne, à Roie, à Crespi, à Compiègne ou ailleurs. Et que lesdis de Tournay, des denrées qui passeront de Flandres ès dessuz dis paiz et aussi des vins qui venront de France ou de Bourgongne en Flandres, cessant toute

(1) *Archives du Nord*. B. 158.
(2) Idem. B. 12.
(3) Beugnot, *Olim*, t. II, p. 353.

fraude, comme dit est, eulx paieront lesdis paages quant les cas y escherront, selon la teneur du registre ancien desdits paages » (1).

Les habitants d'Amiens jouissaient aussi de la faculté d'aller en Flandre et d'en revenir avec leurs marchandises sans passer par Bapaume et sans payer les droits qu'on y percevait, sauf lorsqu'ils exportaient de Flandre, sans les faire passer par leur ville, des produits de ce pays ou, au contraire, y importaient du vin. Mécontents de cette restriction, ils cherchèrent à étendre leur privilège à tous les cas, élevant des chicanes et prétendant que leur immunité était absolue. De là résulta un procès qui fut tranché par un arrêt du parlement de Paris, en date du 27 novembre 1318, qui les débouta de leur requête et décida que les choses resteraient réglées comme elles l'avaient été par l'enquête de Cappy (2). Mais les Amiénois, battus sur un point, cherchèrent à soulever de nouvelles difficultés. Comme l'arrêt de 1318 leur permettait d'amener des produits de Flandre à Amiens même, sans passer par Bapaume et sans payer les droits, et qu'il ne distinguait pas entre la destination provisoire et la destination définitive, ils firent d'Amiens un vaste entrepôt de marchandises flamandes qu'ils réexpédiaient ailleurs ensuite. Les péagers de Bapaume portèrent plainte au Parlement contre cette nouvelle fraude. Ils soutinrent que le déchargement momentané à Amiens des marchandises originaires de Flandre, destinées à être transportées et consommées dans d'autres pays, ne devait pas soustraire ces marchandises aux droits de péage. Par un arrêt rendu le 14 avril 1338, le

(1) *Archives du Nord*, B. 138 et B. 1397, *second registre des Chartes.*
(2) Augustin Thierry, *Recueil des monuments inédits de l'histoire du Tiers-État*, t. 1, p. 382-83. — Beugnot, *Olim*, t. II, p. 684. — *Archives du Nord*, B. 1695, 11ᵉ *registre des Chartes, folio 123.*

Parlement leur donna gain de cause, et prononça la mainlevée de la saisie du péage qui, pendant le procès, avait été séquestré par le Roi (1). Malgré ce nouvel échec, les habitants d'Amiens, dit Augustin Thierry, revinrent encore à la charge dans un troisième procès qu'ils soutinrent, en 1340, contre les péagers de Bapaume. Un arrêt du Parlement rendu le 24 mars de la même année, leur fut aussi peu favorable que le précédent ; le texte de ce document n'est pas parvenu jusqu'à nous, et nous ne le connaissons que par une notice conservée dans l'un des anciens inventaires des archives de l'hôtel de ville d'Amiens (2). L'année suivante, nouvelle réclamation relative à la prétendue exemption des droits du tonlieu de Bapaume pour les marchandises transportées par mer. Les marchands d'Amiens demandaient à cet égard un arrêt interprétatif des arrêts précédents, soutenant que celui de 1338 ne s'appliquait pas aux marchandises transportées par mer; que la mer était libre pour tout le monde et que leurs privilèges leur permettant de suivre l'itinéraire qu'ils voulaient, ils devaient être dispensés du péage de Bapaume toutes les fois qu'ils s'abstenaient de passer par cette ville. Mais le Parlement repoussa encore leur prétention et les condamna, le 12 mai 1341, à payer le droit de péage de Bapaume tant pour les marchandises qui leur arrivaient par terre pour les envoyer en Champagne, Bourgogne et autres lieux, que pour celles qui leur parvenaient par mer (3).

Postérieurement encore surgirent entre la ville

(1) Augustin Thierry, *Recueil des monuments pour servir à l'histoire du Tiers État*, t. 1, p. 471-473. — *Archives du Nord*, B. 1605, II° *registre des Chartes, folio 121*.

(2) *Archives communales d'Amiens, Registre aux Chartes*, coté S. 1, Notice n° 217.

(3) *Archives du Nord*, B. 1606, II° *registre des Chartes*, f° 124.

d'Amiens et les péagers de Bapaume de nombreuses difficultés dont les registres du parlement de Paris ont conservé la trace, mais dont l'intérêt ne parait pas assez important pour que nous nous y arrêtions plus longtemps (1).

Robert, comte d'Artois accorda gracieusement le 24 juillet 1276, aux bourgeois de Saint-Omer, la faculté de faire voiturer les vins dits de *Beauvais* par tels chemins qu'il leur plairait sans payer le tonlieu de Bapaume (2). L'interprétation de ce privilège donna lieu à de nombreux procès entre la ville de Saint-Omer et les péagers de Bapaume, procès qui n'étaient pas encore complètement terminés au XVIIe siècle (3).

Un arrêt du parlement de Paris du 6 juin 1283, avait maintenu les habitants de Laon dans la jouissance de la franchise du tonlieu de Bapaume, franchise qui leur était attribuée pour les marchandises qu'ils achetaient en Flandre afin de les amener dans leur ville (4). Cependant, une dizaine d'années plus tard, ils furent obligés d'avoir encore recours à la cour souveraine en même temps que ceux de Vaux-sous-Laon, Ardon, Luilli, La Neuville, Saint-Marcel et Chaulnes, pour résister aux nouvelles réclamations du comte d'Artois et de ses péagers qui prétendaient les obliger à passer par Bapaume, lorsqu'ils conduisaient leurs vins de Laon et du Laonnais en Flandre et ailleurs, tandis qu'ils avaient l'habitude de prendre d'autres chemins, en payant toutefois les droits de péage dus ordinairement sur ces chemins (5).

(1) Augustin Thierry, *Recueil des Monuments pour servir à l'histoire du Tiers-Etat*, t. I, p. 485.
(2) *Ordonnances des rois de France*, t. IV, p. 258.
(3) *Archives du Nord*. Anc. B. 151. *Compte 1er de Jean de Hennin, receveur de Bapaume, 1624-1625.*
(4) Beugnot, *Olim.*, t. II, p. 223.
(5) « Paris, 15me après la Chandeleur (18 février) 1291 ». *Archives du Nord*. B. 1503. *1er cartulaire d'Artois, pièce 283.*

Les habitants de Reims, de Langres et de Châlons réclamèrent aussi le droit de faire passer leurs marchandises venant de Flandre par où bon leur semblerait, sauf à acquitter les péages dus sur les routes où ils circuleraient, mais pas le tonlieu de Bapaume. Le bailli d'Amiens, le comte d'Artois et les péagers de Bapaume, Péronne, Roye, Compiègne et Crépy, résistèrent à cette prétention et firent saisir les marchandises, à destination de ces villes, n'ayant pas acquitté le tonlieu. L'affaire fut portée devant le Parlement qui déclara, après enquête et audition de témoins, que les saisies faites par les péagers étaient justes et que les droits étaient dus à Bapaume, soit que les marchandises des villes désignées plus hauts, passassent par cette ville, soit qu'elles suivissent une autre route (juin 1294) (1).

A la suite de difficultés élevées entre eux et les péagers de Bapaume, les bourgeois de Montreuil-sur-Mer qui, comme les habitants du Ponthieu, étaient exempts de passer par Bapaume, en vertu de l'enquête de Cappy, chargèrent quatre notables d'entre eux Jehan Pohale, Jacques le Fée, Jehan Durant et Gilles Pesquet, de conclure pardevant les auditeurs du Roi, avec les péagers, une transaction de laquelle il résulta que les habitants de la dite ville furent déclarés exempts de ce péage pour toutes les marchandises amenées en leur ville afin d'y être vendues et consommées et pour toutes celles qui y seraient fabriquées, à moins que les unes et les autres ne passassent par la châtellenie de Bapaume ; pour prévenir toute fraude, le comte d'Artois établit à Montreuil un commis chargé de leur délivrer des attestations sur l'origine de leurs marchandises (2).

On trouve encore : une sentence arbitrale condamnant

(1) *Archives du Pas-de-Calais*, A. 39.
(2) 7 Juillet 1394, *Archives du Pas-de-Calais*, A. 109.

les habitants d'Ardres à payer le péage de Bapaume en janvier 1336 (1) ; un arrêt du Parlement condamnant les habitants de Vervins en Thiérache à payer les droits pour leurs marchandises au péage de Bapaume (février-avril 1368) (2) ; un autre déboutant les doyen et chapitre de Saint-Fursy, de Péronne, prenant fait et cause pour les habitants du village de Flers qui sont hôtes, sujets et justiciables dudit chapitre, de leur prétention de faire exempter lesdits habitants du péage de Bapaume (4 février 1363 n. st). (3).

Les princes et les hauts barons comme les villes jouissaient ou prétendaient avoir droit de jouir de certaines immunités pour les marchandises qu'ils amenaient de Flandre ou en ramenaient. Ainsi, en juin 1290, une enquête fut faite par maitre Ode de Saint-Germain, assisté des hommes de fief du comte d'Artois : Hugues de Sampigny, chevalier, Adam Chastelet, maïeur de Bapaume, et Jean Vahé, sur la prétention du sire de Coucy qui alléguait que lui et sa mère « ont usé de lonc tens paisiblement de prendre à Douai et à Lille en Flandres, pennes, dras, tiretaines et autres choses qu'il leur fallait, et revenir par Oisi en venant à Saint-Garbain et en la terre le seigneur de Couchi à ses hosteus, pour sa pourvéanche et pour son hostel, sans paage paier à Bapalmes, se ils n'entrent entre la chastellenie de Bapalmes (4). »

Nous ne savons pas d'une manière certaine quelle suite fut donnée à cette réclamation ; il parait assez probable toutefois qu'elle fut rejetée.

Un mandement de Philippe-le-Bel au comte d'Artois, daté de Vincennes le 28 juin 1302, lui ordonna de faire

(1) *Archives du Nord, B. 737.*
(2) Idem, *B. 910.*
(3) Idem, *B. 1597, 2ᵉ registre des Chartes, fᵒ 121, verso.*
(4) *Archives du Pas-de-Calais, A. 35.*

publier dans son *ost* une lettre adressée à tous les baillis pour exempter de tous péages et coutumes les marchands qui mèneront leurs denrées à l'armée de Flandre, à charge par eux de laisser aux péagers un gage qu'on leur rendra ensuite sur la présentation de lettres du maréchal de l'armée prouvant que leurs marchandises y ont été réellement amenées (1). On voit que les acquits à caution étaient déjà en vogue à cette époque comme les certificats d'origine et de destination. Ainsi les échevins de Calais, ville qui, comme faisant partie du Boulonnais, jouissait de l'immunité spécifiée par l'enquête de Cappy, attestèrent le 2 août 1341 que 18 *lests* de harengs que Jean Morel, bourgeois de Cassel, se proposait de faire passer par les lieux où on levait les péages de Bapaume et de Péronne, avaient été salés et préparés à Calais (2).

Bien plus, si primitivement un arrêt du Parlement du 13 mai 1285, avait défendu aux péagers de Bapaume et des autres villes de sortir des lieux où se percevaient les péages et d'envoyer en Flandre des mandataires chargés de conclure des accords au sujet de ces péages (3), on voit que, dans la suite, des conventions sanctionnèrent, au moins quant aux particuliers, des sortes d'abonnement pour le payement du tonlieu. Ainsi, on trouve sous la date du 11 janvier 1333, une quittance de Jean Dervillier, fermier du péage de Bapaume, de la somme de 4 livres parisis, reçu de Jeanne de Bretagne, dame de Cassel, pour l'abonnement des droits de péage de Bapaume et de Coupe-Gueule, dus pour toutes les marchandises et denrées que ladite dame et les gens de son hôtel feraient

(1) *Archives du Pas-de-Calais*, A. 11.
(2) *Archives du Nord. Inventaire de Godefroy.* N° 7100.
(3) Beugnot, *Olim*, t. II, p. 243.

passer par tous les lieux dépendants desdits péages jusqu'à la Saint-Jean-Baptiste prochaine (24 juin), c'est-à-dire pendant environ six mois (1)

III

Différents droits établis par l'enquête de Cappy. — Enumération des marchandises taxées dans les tarifs de 1291 et de 1442.

Nous venons d'essayer d'exposer, d'après les textes contemporains, l'origine de l'établissement du péage de Bapaume. Il nous reste à dire en quoi consistaient les droits perçus, la nature des marchandises qui faisaient le principal objet du trafic entre la France et la Flandre, enfin à chercher à apprécier quelle a pu être à partir du XIII° siècle, l'importance de ce commerce, et les vicissitudes qu'il a éprouvées.

On remarque d'abord que le tarif annexé à l'enquête de Cappy distingue quatre droits principaux dont l'ensemble constituait le tonlieu de Bapaume. Le premier dit de *travers* était le droit dû au seigneur, dans ce cas le comte de Flandre et d'Artois, comme indemnité pour le passage sur ses terres, les chemins n'étant plus comme sous l'empire romain et de nos jours, du domaine public et faisant, au contraire, partie du patrimoine des seigneurs. Le droit de *travers* servait donc de base aux autres et paraît à Bapaume avoir été le plus ancien. Puis venait le *conduit* droit dû pour les frais d'escorte des marchandises par des sergents que le seigneur chargeait

(1) *Archives du Nord*, B. 687.

de les accompagner sur toute l'étendue de ses terres pour qu'elles ne devinssent pas la proie des malfaiteurs si nombreux à cette époque sur les grandes routes aux endroits dangereux. En échange du payement de ce droit, le seigneur était responsable des marchandises et devait indemniser le marchand dans le cas où il leur arrivait malheur. Le troisième droit, dit de *chaussée* était l'ancien *rotaticum* dû au seigneur pour l'entretien des routes et des chemins sur ses terres. On voit qu'à Bapaume ce droit était perçu au profit de la ville, parce que probablement le seigneur le lui avait abandonné à charge par elle de veiller à l'entretien des voies de communication. Enfin le droit perçu sur chaque cheval de somme ou de trait passant à Bapaume, indépendamment de celui dû par la marchandise qu'il portait ou traînait, peut être considéré jusqu'à un certain point comme un complément du droit de *chaussée*.

Le tarif donne naturellement une longue énumération des denrées et marchandises passant à Bapaume pour entrer en Flandre ou en sortir. Nous allons essayer de la résumer en cherchant à déterminer la signification des appellations de certaines d'entre elles qui paraissent obscures. Nous remarquerons d'abord qu'aucun ordre n'a présidé à l'énumération du tarif et que les marchandises y sont indiquées pêle-mêle.

C'est par les vins amenés en Flandre qu'elle débute, car ils constituaient au XIIIe siècle, comme ils l'ont constitué depuis, le principal objet du commerce d'importation dans les Pays-Bas. Encore de nos jours le département du Nord et la Belgique sont des plus renommés par le nombre et la richesse de leurs caves fournies des meilleurs crus de la Bourgogne et du Bordelais.

Chaque voiture de vin allant en Flandre, devait payer à Bapaume 6 deniers de *conduit* et 2 deniers pour le cheval. Ce droit était dû même quand la voiture ne traversait pas la châtellenie de Bapaume et passait par une autre route menant en Flandre. On le payait alors à une des *helles* établies sur ladite route. Au contraire, la voiture de vin à destination de l'Allemagne (l'Empire), ne devait le droit que si elle passait par la châtellenie de Bapaume. Si la voiture était conduite par un bourgeois de Bapaume, les 6 deniers de *conduit* étaient toujours dus, mais le cheval n'était plus taxé qu'à 1 denier. Quand le bourgeois de Bapaume menait des marchandises lui appartenant, il ne devait aucun tonlieu. Dans le cas où la propriété de ces marchandises lui était commune avec des non-bourgeois, le tonlieu était dû en entier à moins qu'il ne put exactement indiquer la part qui lui appartenait et qui alors jouissait de l'exemption. L'individu non-bourgeois conduisant ou faisant conduire son vin dans sa charrette (voiture à deux roues dont le chargement était inférieur de moitié à celui du char ou de la voiture à quatre roues) ne transportant nulle autre marchandise, devait 6 deniers de *conduit* et 1 denier du cheval. La charrette chargée de vin de la Rochelle devait autant.

Le bourgeois de Bapaume ramenant de Flandre des harengs ou d'autres poissons, ne devait rien pour ses chevaux, mais il payait le *conduit* ordinaire, savoir : 1 denier pour le millier de harengs, 4 deniers pour la manne (grand panier) de poisson, 1 denier pour le panier, 4 deniers pour la manne de raies, 2 pour celle de plies, 1 pour le panier, 4 deniers pour le millier de maquereaux et de merlans, avec la latitude d'en compter 120 pour le cent, et, en outre, pour le transport de tous ces poissons, 6 deniers par charrette. Le cent d'aloses devait 16 deniers; les saumons : 1 obole pièce ; mais les aloses et les saumons étaient exempts de *conduit* s'ils n'étaient pas amenés avec d'autres poissons ou d'autres choses sujettes audit droit, et payaient alors seulement 1 denier pour le cheval.

Aucun habitant des pays situés au-delà du bois d'Arrouaise ne pouvait mener charrette vide en Flandre ni *au-delà de l'eau de Coyeux*, c'est-à-dire du Cojeul, petite rivière prenant sa source près de Moyenneville, se jetant dans la Sensée à Estaing et coulant du sud-ouest au nord-est entre Arras et Bapaume, sans payer 6 deniers de *conduit* et 1 denier du cheval (1). S'il ramène de Flandre du poisson, il ne doit rien ni pour le *conduit*, ni pour les chevaux, s'il n'en a pas plus qu'en allant. S'il va en Flandre chargé et en revient chargé, il doit *conduit* et *travers* en allant et en revenant, sauf pour le sel dont il serait propriétaire, dans lequel cas il ne devrait qu'une obole. Si le sel appartenait à autrui, le droit serait de 6 deniers de *conduit*, 1 pour le cheval et une obole de *chaussée*. S'il achetait un cheval pour l'atteler à une charrette lui appartenant, il devrait 1 denier et, en outre, 12 deniers pour le *droit de douzaine* quand c'était le temps de le percevoir. Ce droit était levé trois fois par an : quinze jours avant Noël et jusqu'à la St-Vincent (22 janvier), quinze jours avant et trois semaines après Pâques, quinze jours avant et trois semaines après la Pentecôte et consistait dans le payement de 12 deniers dus par tous les marchands se trouvant à ces trois époques sur le territoire de la châtellenie de Bapaume.

Quand le cheval acheté ne trainait pas la charrette, il devait trois deniers avec le droit de *douzaine* et 1 obole de *chaussée*.

Si un Flamand ou un habitant du pays situé au delà

---

(1) Et non 7, comme le porte, peut-être par suite d'une erreur de lecture, le texte de Douai publié par Tailliar. L'erreur est manifeste, car jamais les droits dus pour le ou les chevaux ne sont supérieurs à ceux de *conduit*.

de Becquerel (Boiry-Becquerel, arrond. d'Arras), c'est-à-dire de l'Artois, menait une charrette vide au delà du bois d'Arrouaise, il devait 6 deniers de *conduit* et 1 denier du cheval. Dans le cas où le cheval aurait été loué ou emprunté hors de la châtellenie de Bapaume, le droit serait pour lui de 2 deniers. Si le Flamand ou l'habitant de l'Artois ramène une charrette nouvelle, il devra pour chaque cheval 1 denier, pourvu qu'il s'agisse d'une voiture à deux chevaux, et, en outre, le droit de *conduit* et aussi un denier par chaque cheval qu'il avait en allant. Mais s'il ramène de la marchandise lui appartenant sans que nul n'y ait aucun droit de propriété pas plus que sur la voiture, il ne devra aucun droit de *travers* à moins que ladite voiture ne soit chargée de fromages ou de marchandise estimée au poids (*avoir de poids*) ou d'autre marchandise de grande valeur; pourvu encore qu'il ne soit pas demeuré plus de quinze jours dans son voyage; passé ce délai, il devra 6 deniers pour la charrette et 1 denier pour le cheval. S'il s'agit de voitures à quatre roues et s'il y a association avec un autre (*compaignie*), et si le délai de quinze jours a été dépassé, le droit sera de 6 deniers de *conduit* et de 2 deniers pour le cheval. Lorsqu'en allant il avait déjà mené une voiture à quatre roues, il devait en revenant payer le *travers* pour le vin ou les autres marchandises ramenées par lui quel que fût le temps qu'il était resté dans son voyage.

Un homme étranger à la châtellenie de Bapaume amenant du vin à un habitant de cette châtellenie, devait pour la voiture, 6 deniers de *conduit* et 2 deniers pour le cheval. Si, au contraire, le vendeur ou voiturier et l'acheteur ou destinataire étaient de la châtellenie, il n'était pas dû de droit de *conduit*, mais seulement 1 denier pour le cheval. Ils étaient aussi exempts du droit dit *de douzaine* dont nous avons parlé plus haut. Quand le vin amené constituait le chargement complet d'une voiture, le droit était de 6 deniers pour la voiture et de 2 deniers pour le cheval, sans autre *conduit*. Le *torsel* (ballot) de draps, composé de 10 pièces de draps pesant environ 150 livres, devait 12 deniers et 1 obole de *chaussée*, la *torsoire* ou demi-ballot 6 deniers et 1 obole de *chaussée*. Chaque pièce de drap amenée en charrette était taxée à 4 deniers, plus 1 denier pour le cheval et 1 denier de *chausssée*, sans autre *conduit*.

Les habitants de Martimpuich (canton de Bapaume) et de Courcelette (canton d'Albert, Somme, et non Courchelettes, arrond. de Douai, comme l'écrit Tailliar), ne pouvaient pas prendre de marchandises dans ces deux localités pour les mener en Flandre, sans acquitter le péage d'un denier pour le cheval, sans *conduit*, soit que les marchandises fussent amenées sur charrette ou à dos de cheval. La *poise* (pesée) de laine de 176 livres, amenée ainsi, payait 4 deniers; mais si elle était conduite d'un de ces deux endroits en Vermandois, elle ne devait rien.

La charrette chargée de miel devait 12 deniers de *conduit* et 2 deniers pour le cheval. La somme d'huile du poids de 80 livres payait 4 deniers, plus 1 denier pour le cheval sans autre *conduit* quand elle était transportée par charrette. Un cheval de somme chargé d'huile devait 4 deniers; la *somme* de clous transportée par charrette 4 deniers et 1 denier pour le cheval sans autre *conduit*; la *gerbe* de fer, du poids de 5 livres, 1 denier; celle d'acier, transportée par charrette, 3 oboles et 1 denier du cheval, sans *conduit*; le cheval de somme chargé de clouterie, 4 deniers; idem, de lin, 3 deniers; la *poise* de laine, 1 denier et 5 sols de *conduit*; s'il n'y avait qu'une *demi-poise*, 1 denier pour le cheval; le cheval chargé de laine devait 12 deniers et 1 obole de *chaussée*. La *tâche* de cuirs, composée de 10 cuirs, payait, quand il n'y avait pas plus de 6 *tâches*, 4 deniers et 1 denier pour le cheval, sans *conduit*; s'il y en avait plus de 6, 1 denier pour chaque *tâche* et 12 deniers dus par chaque co-propriétaire *(parchonnier)* quand on percevait le droit de *douzaine*, avec 5 sols de *conduit* et 1 denier pour le cheval. La charrette de pastel *(waisde)* devait 6 sols de *conduit* et 1 denier pour le cheval, dans le cas où le pastel appartenait à un habitant du pays situé au-delà du bois d'Arrouaise ou de l'Empire. La charrette chargée de lin payait 6 deniers de *conduit* et 1 denier pour le cheval; si le lin était *chiérenchié* (peigné avec le *chérin* ou *seran*, peigne de fer), il devait 5 sols de *conduit* et 1 denier du cheval. La charrette menant des meules devait 2 deniers pour chaque grande meule et 1 denier pour chaque petite (*moelliaus*), avec 6 deniers de *conduit* et rien pour le cheval; ou bien 1 denier pour le cheval, 6 de *conduit* et rien pour les meules, car on peut toujours percevoir les droits selon qu'il paraît préférable (*al miels parant*). La charrette d'oignons devait 4 deniers de *conduit* et 1 denier du cheval; celle de blé, de vesces ou de pois, de poisson d'eau douce, de raisins, de mortiers autant; celles de *tille* (chanvre brut), d'aulx, d'échalotes, de bois ouvré (*bos escaples*), de lances, de fruits, de pierres, d'écuelles, de hanaps, de creusets pour fondre l'argent, de patins (chaussures de bois, sabots), de *gracelle* (lie de vin desséchée, tartre), de verres, devaient 6 deniers de *conduit;* celle de *cendres* (lie de vin brûlée), 4 deniers de *conduit* et 1 denier pour le cheval. Les dalles (*lames de pierre*), 4 deniers pièce et 1 denier pour le cheval, sans *conduit*. La charrette de noix, 6 deniers de *conduit* et 1 denier pour le cheval; celle de pastel en sac, 4 deniers de *conduit* et 1 denier pour le cheval; idem. de pastel moulu (*waisdèle*), 6 deniers de *conduit* et 1 denier du cheval; idem, de chardons (employés alors pour carder la laine),

4 deniers de *conduit* et 1 denier pour le cheval. Les charrettes traînées par des ânes devaient les mêmes droits que celles traînées par des chevaux. Si le pastel brut ou moulu et les autres choses payant 6 ou 4 deniers de *conduit*, appartenaient à un habitant de la Flandre ou s'il y avait quelque droit de propriété, le cheval devait 2 deniers et la charrette le *conduit*, si ces droits n'avaient pas été acquittés à l'aller ; mais s'ils avaient été payés à l'aller, le cheval ne devait plus que 1 denier au retour avec le *conduit*, à moins qu'il ne se fût écoulé plus de quinze jours entre l'aller et le retour. La charrette chargée de sel devait 6 deniers de *conduit* et 1 denier du cheval.

La charrette de vin de la Rochelle payait 6 deniers de *conduit* et 1 denier du cheval ; celle de noisettes *(nois menues)*, autant ; d'œufs, autant, à moins qu'il n'y eût en même temps d'autres choses dont le *conduit* fût plus élevé que celui des œufs. La charrette chargée de tonneaux vides, 4 deniers de *conduit* et 1 denier du cheval, s'il y a sur la charrette trois tonneaux ou plus ; s'il n'y en a que deux, il n'est rien dû. Si un homme avait fait vendre son vin au broc à Bapaume ou ailleurs et ramenait ses tonneaux vides, il ne devait point de *travers* dans le cas où les tonneaux n'auraient pas été transportés sur une voiture. Mais, si le vin avait été vendu en gros, le *travers* était dû sur les trois tonneaux vides ramenés.

Les habitants de Beaumetz-lez-Cambrai (canton de Bertincourt, arrondissement d'Arras, Pas-de-Calais), de la Bucquière (idem), de Hermies (idem), de Beugnies-le-Château (idem), de Boursies (canton de Marcoing, arrondissement de Cambrai, Nord), de Doignies (idem), de Morchies (canton de Bertincourt) et de Bertincourt, doivent, pour le vin et le pastel qu'ils transportent, 6 deniers de *conduit* et 1 denier pour le cheval, si la marchandise appartient à des gens soumis au péage; ils devront les mêmes droits si la marchandise est leur propriété dans le cas où ils passeront par la châtellenie de Bapaume; mais ils seront exempts de tous droits si la marchandise leur appartient ou à des gens de l'Empire et s'ils ne passent pas par ladite châtellenie.

Le *bacon* (bande de lard ou jambon) doit 1 denier, le cheval acheté, 3 deniers; le cheval chargé (*li sommiers*) de poisson (charge valant 80 livres), 3 deniers; le saumon, 1 obole pièce. L'homme portant lui-même sur son col la marchandise lui appartenant ou la transportant en brouette, devait 2 deniers et 1 obole; si la marchandise ainsi portée par lui ne lui appartenait pas ou s'il était aidé par un autre dans ce transport, le droit était de 12 deniers et 1 obole. S'il transporte au moyen d'une brouette la marchandise d'autrui ou s'il est aidé par quelqu'un tirant la brouette par devant, il devra 2 sols et 1 obole avec le droit de *douzaine* quand il y aura lieu de le percevoir. S'il porte, moyennant salaire (*por loïer*), des marchandises dont le péage est acquitté à la pièce, comme des vêtements garnis de fourrure (*pennes*) et autres choses de ce genre, les droits seront: pour la robe fourrée, 2 deniers; la couverture, 2 deniers; la courte-pointe, 2 deniers; la pelisse, 2 deniers; le cent de fil d'or, 4 deniers; la livre de soie, 3 oboles; la croix de Limoges, 2 deniers. Si c'était de la friperie (*viés feleprie*), la pelisse non neuve devrait 1 denier; la robe fourrée, 1 denier; le surcot, 1 denier; la douzaine de manches, 2 deniers; le *sommier* (80 livres) de mercerie, 25 deniers; si cette mercerie venait de Douai, 19 deniers seulement; le *sommier* d'encens, 5 sols; venant de Douai, 4 sols 7 deniers; le *sommier* d'épicerie, 25 deniers; venant de Douai, 19 deniers; chaque gros drap doit 1 denier au marché (*au repaire*), 12 deniers de *conduit* et 1 denier de *chaussée*;

la charge de poivre (du poids de 350 livres), 5 sols et 1 denier; venant de Douai, 4 sols, 7 deniers; la charge de graine (graine de Paradis, épice fort en usage au moyen âge), 4 sols, 1 denier; venant de Douai, 3 sols, 7 deniers; idem d'amandes, 25 deniers; venant de Douai, 19 deniers; idem de figues, 25 deniers; venant de Douai, 17 deniers.

Le cent pesant de fil de chanvre payait 8 deniers, 1 obole, et la bête le transportant, 14 deniers, de quelque pays que provienne ledit fil; le cent de fil de lin, 8 deniers, et la bête de somme, 13 deniers; le faix de fil de Meaux pour fabriquer des cordes, 12 deniers, 1 obole, qu'il soit transporté par une bête de somme ou sur une charrette, sans droit de *conduit* et seulement 1 denier par cheval attelé; le *sommier* de fil de laine et de fil d'étoupes, 25 deniers; le baril d'onguent (*électuaire*), 2 deniers; le pain de sucre, 2 deniers; le sachet d'épices, 1 denier; la pièce de bougran, 4 deniers; celle de drap de soie, 4 deniers; une chasuble, 4 deniers; la pièce de *cendal* (sorte de taffetas), 2 deniers; le cent pesant de peaux brutes, 4 deniers; la douzaine de peaux de renard (*goupicx*), 2 deniers; la douzaine de peaux mégissées (*cordowan*), 2 deniers; la douzaine de *basanes* (peaux de mouton préparées pour la reliure), 1 denier; une nappe, 1 denier; la pièce de toile, idem; un tapis, idem; une serviette (*li touaille*), 1 obole; le mors et les brides (*li lorains*), 2 deniers; le haubert, 4 deniers; le haubergeon, 2 deniers; le chanfrein (*la couverture de fer pour le cheval*), 2 deniers; les jambières (*les chausses de fer*), 1 denier; le heaume, 1 denier; le chapeau de fer, 1 denier; la douzaine de chausses, 2 deniers; la pièce de futaine, 1 denier; la bête de somme qui transporte ces marchandises, 13 deniers; le *toursoire* (150 livres de toile), 12 deniers; chaque pièce de toile transportée par une bête de somme, 1 denier, plus 13 deniers pour ladite bête ; un âne chargé de toile d'Arras, 12 deniers et 1 obole ; la charge de cordes, 13 deniers ; la charge de courroies pour ceintures (*cengles*), 13 deniers ; la demi-charge de marchandise estimée au poids, (*d'avoir de poids*), transportée sur charrette, s'il n'y en a pas davantage, ne doit point de *conduit*. La charge de poivre (et non de pointe, comme le porte le texte publié par Tailliar), transportée par charrette, 4 sols et 1 denier, 5 sols de *conduit* et 1 denier pour le cheval. La charge de graine (de Paradis), 3 sols, 1 denier, plus 5 sols de *conduit* et 1 denier du cheval ; idem, d'alun, 13 deniers, 5 sols de *conduit* et 1 denier du cheval ; idem, de bois de teinture (*brésil*), autant ; idem, d'encens, 4 sols, 1 denier ; idem, de figues, 13 deniers ; idem, de mercerie, autant ; idem, d'épiceries, autant ; idem, d'amandes, autant. La charge de marchandises telles que pelleterie, cuir fin tanné, soie, fil de chanvre, etc., devra, transportée sur charrette, 5 sols de *conduit* et 1 denier pour le cheval. La charge de poivre, dans les mêmes conditions, appartenant à des gens de Douai, 3 sols, 7 deniers, 5 sols de *conduit* et 1 denier pour le cheval ; idem, d'encens, autant ; idem, de graine (de Paradis), 2 sols, 7 deniers, 5 sols de *conduit* et 1 denier pour le cheval ; idem, d'amandes, de figues, de brésil, d'alun et d'autres choses pour lesquelles les droits doivent être acquittés par pièce, autant, c'est à savoir, 13 deniers lorsqu'elles sont sur charrette et 5 sols de *conduit*, comme si elles provenaient d'autres villes que de Douai. Chaque charge de marchandises estimées au poids, payera seulement en tout 16 deniers, quand elle sera transportée par une bête de somme, pourvu qu'elle soit accompagnée d'un certificat attestant qu'elle appartient à des bourgeois de la *Charité d'Arras* (la commune d'Arras), habitant dans les murs de cette ville, ou à des bourgeois de Saint-Omer, habitant aussi dans les murs de cette ville. Si la charge de telles marchandises était transportée sur charrette ou sur voiture, elle payerait le même droit que si elle provenait d'autres villes, car les certificats d'origine n'auraient dans ce cas aucune valeur, et, en outre, 5 sols de *conduit* et 1 denier pour le cheval. Il en serait de même s'il y avait en même temps quelque charge de marchandises appartenant à des marchands résidant hors des murs d'Arras, de Saint-Omer ou d'autre ville, dont le droit est de 4 sols et 1 denier par charge, en voiture ou en charrette, ou s'il s'y trouvait des grains payant 3 sols et 1 denier, comme le poivre, la graine de Paradis, le bois de teinture, l'alun et les autres choses payant 13 deniers sur charrette ou sur voiture sans autre *conduit*. Mais si les marchands d'Arras ou de Saint-Omer faisaient mener leurs marchandises sur une charrette ou sur une voiture dont le chargement serait retenu par des barres croisées en avant et en arrière et lié avec des cordes (*si fust li carête croisiée devant et derrière et liée à une corde*), le droit serait de 5 sols, 5 deniers, avec 1 denier pour le cheval, pour la charrette, et de 7 sols, moins 3 deniers, pour la voiture, pourvu encore que les marchandises fussent accompagnées de certificats d'origine. Si, dans le chargement, se trouvaient d'autres marchandises appartenant à des gens habitant hors des murs de Saint-Omer ou d'Arras, le *travers* serait le même que pour les autres villes, sans droit de *conduit* toutefois; lequel droit de *conduit* est de 5 sols pour les marchandises chargées sur voiture ou sur charrette et venant des autres villes.

La voiture chargée de draps de Bruges ou de Gand doit 32 sols et pendant l'espace de temps où l'on perçoit le *droit de douzaine*, de 42 sols; celle de draps d'Ypres, 18 sols, 8 deniers et pendant l'espace de temps où l'on perçoit le *droit de douzaine*, chaque copropriétaire du chargement (*parchonnier*), payera 12 deniers sur le vu des certificats d'origine *(par lor lettres)*. La charrette de draps de Lille devra 25 sols et en temps de *droit de douzaine*, 32 sols. Celle de draps d'Arras ou de Saint-Omer dont le chargement est lié avec des cordes devra 5 sols, 5 deniers et 1 denier pour le cheval; en temps de *douzaine*, 7 sols, 5 deniers. S'il y avait des draps d'autre provenance mêlés avec ceux des marchands de Saint-Omer et d'Arras ou d'autres marchandises ne provenant pas de leur corporation *(carité)*, on en percevrait le *travers* et le *droit de douzaine* quand il y aurait lieu, avec 5 sols de *conduit*. La voiture de draps d'Arras doit 7 sols moins 4 deniers et en temps de *droit de douzaine*, 9 sols, moins 3 deniers sur le vu des certificats d'origine. Si les marchands d'Arras ou de Saint-Omer chargeaient leurs voitures ou leurs charrettes de *torseaus* de draps en *plate* (1), le droit serait par chaque *plate* de 16 deniers et 5 sols de *conduit*, aussi sur le vu des certificats d'origine ; le *droit de douzaine*, quand il y aurait lieu de le percevoir, serait de 12 deniers. S'il y avait d'autres marchandises avec les draps, on percevrait le droit de *travers* sans autre *conduit* avec le *droit de douzaine* quand il y aurait lieu. Le *torsel* de draps, transporté par des bêtes de somme d'Arras ou de Saint-Omer, devait 16 deniers, sur le vu des certificats d'origine ; la *torsoire* (la moitié du *torsel*), 8 deniers et 1 obole. Le *torsel* de draps appartenant à tous autres marchands ne faisant pas partie des corporations d'Arras, de Saint-Omer ou de Douai, doit 25 deniers et la *torsoire*, 12 deniers et 1 obole. Le *sommier* de parchemin, 25 deniers ; le millier de peaux de vair préparées *(œuvrées)*, 40 deniers et la bête de somme qui le transporte, 13 deniers de *conduit*; mais la *torsoire* composée de 5 pièces de vair

(1) Le *torsel* était composé de dix draps et la *plate* de deux *torsels* ou de 20 draps.

ne devra que 6 deniers de *conduit* et 1 obole de *chaussée*. La voiture qui passe à vide doit 15 deniers et, au retour, 16 deniers si elle revient chargée ; si le voyage d'aller et de retour dure plus de quinze jours, le droit sera de 21 deniers pour le vin, le pastel ou le blé amenés ; pour le miel, de 16 deniers et de 36 deniers seulement s'il n'y a pas plus de quinze jours entre l'aller et le retour. Si la voiture transporte la marchandise appartenant au propriétaire même de la dite voiture à l'aller et au retour, le droit ne sera dû qu'à l'aller, sauf pour les fromages. Si le propriétaire transporte dans sa propre voiture son blé ou son avoine ou son vin, il ne devra rien au retour, si son voyage n'a pas dépassé quinze jours ; au-delà de ce délai, le droit sera de 16 deniers sur sa marchandise et de 31 deniers si elle consiste en miel. La voiture menant des draps en France ou au-delà du bois d'Arrouaise, devra, en revenant, 31 deniers et, en outre, 16 deniers si elle ramène du miel. Chaque charge ou chaque *torsel* sur voiture, sur charrette ou sur bête de somme, devra 12 deniers avec le *droit de douzaine* quand on le percevra. Les voitures, charrettes et gens qui doivent *travers* et *droit de douzaine*, les acquitteront chaque fois qu'ils amèneront des marchandises quand ce sera l'époque où ce droit est perçu ; mais si le propriétaire accompagne sa charrette transportant sa propre marchandise, il ne devra le *droit de douzaine* qu'une seule fois.

Les gens de France, de Bourgogne, de Provence ou des pays situés au-delà du bois d'Arrouaise et d'autres contrées, pourvu qu'ils ne soient pas de la Flandre, devront, pour chaque pièce de drap (1), transportée sur voiture ou sur charrette, 1 denier ; pour la pièce de coutil, 1 denier ; idem, la douzaine de chausses, 2 deniers, avec 5 sols de *conduit*, 1 denier pour le cheval et 1 denier de

(1) La pièce de drap de Flandre valait une aune.

chaussée; pour la voiture chargée de ces marchandises, 16 deniers; chaque copropriétaire des draps payera, en outre, 12 deniers et le *droit de douzaine* quand on le percevra.

Les habitants de Péronne doivent pour chaque pièce de drap ou de coutil, transportée sur voiture ou sur charrette, s'il y en a au moins 11, 1 denier; pour la pièce *d'estaufai* (sorte d'étoffe d'ameublement), 1 denier; s'il y en avait plus de 10 pièces, le droit serait, outre le denier par pièce, de 5 sols de *conduit*, 1 denier pour le cheval de la charrette, et de 16 deniers pour la voiture. Le *sommier* de chausses doit 25 deniers et la *toursoire* 12 deniers et 1 obole. Si on met des pièces de draps sur une charrette ou sur une voiture jusqu'au nombre de 6, chaque pièce devra 4 deniers, 1 denier pour le cheval, 1 denier de *chaussée* et 5 sols de *conduit*, si elles ne proviennent pas de Péronne. La cire, le beurre, la graisse, le saindoux, le cuivre, l'airain, l'étain, le fer, le plomb et les autres métaux ne doivent point de *conduit*, à moins qu'ils ne soient sur la voiture ou sur la charrette avec d'autres marchandises soumises à ce droit. Dans ce cas, on ne prendrait pour la *poise* de cire, de beurre, de graisse et de saindoux, que 4 deniers. Les autres droits de *travers* dus par la *poise* de cire, de graisse, de beurre et de saindoux, sont de 8 deniers. La bête de somme chargée de beurre doit 8 deniers et 1 obole; le tonneau de saindoux, 33 deniers, plus 1 denier pour le cheval et 1 denier de *chaussée*. La *poise* de cuivre, d'étain, d'airain, 4 deniers, plus 1 denier pour le cheval, et 1 denier de *chaussée*, sans *conduit*, et 12 deniers de chaque copropriétaire avec le *droit de douzaine* en son temps. Le cent de moutons ou de brebis (*li cens de bestes*), 4 sols, 8 deniers, dont 6 pour droit de *chaussée*, car chaque brebis ne doit qu'une maille pour le droit de *travers*, et le cent, 6 deniers de droit de *chaussée*. Si les moutons ou brebis provenaient de la châtellenie de Bapaume, le droit serait seulement de 1 denier par trois têtes. La vache doit 3 deniers et 1 obole et, si elle est originaire de la châtellenie, 1 denier, 1 obole seulement. Le droit est le même pour le cheval. La charrette achetée doit 2 deniers. Les gens portant des faux non emmanchées ou des grues devront 2 deniers et 1 obole.

La charrette chargée de blé en gerbes ou d'avoine, de vesces ou de pois et de fèves, payera 2 deniers de *chaussée*, sans *conduit*. Cuillers, fusils, queux (à repasser les couteaux, faux et rasoirs), verres, fruits, ustensiles de ménage en airain (*airemens*), harengs et viande portée à dos d'homme, ne doivent point de *travers*, excepté les saumons. Ceux qui portent graine ou fruits de grenade (*semence u puines de grenate*) devront 2 deniers et 1 obole. Cuirs découpés (*tailliés*), pris à Bapaume, ne doivent point de *travers*. Charrette venant des pays sis au delà du bois d'Arrouaise pour charger des cuirs entiers à Bapaume, doit, pour chaque cuir, 1 obole, plus 1 denier pour la charrette et 1 obole pour droit de *chaussée*, sans *conduit* et sans droit de *travers* pour les chevaux, pourvu qu'on les conduise au delà dudit bois. La huche doit 4 deniers ; le matelas (*li keutes*), autant ; le coussin, 2 deniers ; le pot de cuivre, 1 denier ; la poêle, 1 obole ; la chaudière à faire la bière (*li caudière brasserette*), 8 deniers ; la garniture du fourreau d'une épée (*li bouterole*), 4 deniers ; la chaudière de ménage (*li caudière por maison*), 2 deniers ; la petite chaudière (*li cauderole*), 1 denier ; le chaudron, 1 obole ; la forge de forgeron (*li faus à fèvre*), 8 deniers ; le soufflet de forgeron (*li fol à fèvre*), 16 deniers. La charrette transportant ces ustensiles ne doit point de *conduit*, mais seulement 1 denier pour le cheval et 1 denier de *chaussée*. La charrette transportant des malades ou des pèlerins, ou passant à vide pour aller chercher et ramener des malades ou des pèlerins, ne doit point de *travers*. Le crible (*li bladons*) doit 1 obole et 1 obole de *chaussée*. La voiture menant des draps au delà du bois d'Arrouaise et revenant vide, doit 15 deniers; la charrette, 6 deniers de *conduit* et 1 denier pour le cheval. L'homme portant des citrons (*pumes de citre*) doit 2 deniers et 1 obole. Le *sommier* d'orpiement, 25 deniers; celui de *dents d'ivoire*, 25 deniers. La *poise* d'aulx, 4 deniers et, chargée sur charrette, 6 deniers de *conduit*. La table de plomb (*li taule de plonc*), 1 denier; la *poise*, 4 deniers, sans *conduit*, avec 1 denier pour le cheval et 1 de *chaussée*.

Les habitants des terres de l'Empire amenant les marchandises et denrées provenant de leur pays dans la châtellenie de Bapaume ne devaient rien; ils ne devaient rien non plus pour les marchandises et denrées de ladite châtellenie qu'ils ramenaient dans leur pays; mais ils devaient le *travers* pour leurs productions amenées par eux dans la châtellenie s'ils les conduisaient ensuite au delà du bois d'Arrouaise ou en Flandre. Les habitants de Miraumont ne devaient rien pour les marchandises qu'ils menaient de ce lieu dans la châtellenie de Bapaume, ni pour celles qu'ils en ramenaient chez eux; s'ils les conduisaient au delà du bois d'Arrouaise, dans les terres de l'Empire ou en Flandre, ils payaient le *travers* s'ils traversaient la châtellenie. Personne ne peut prendre des marchandises dans la châtellenie de Bapaume pour les mener au delà du bois d'Arrouaise sans payer le *travers*. Ceux qui venaient à Bapaume spécialement (*nommément*) pour le marché (1), ne devaient rien pour les marchandises et denrées qu'ils y amenaient, pourvu qu'ils s'en retournassent le jour même au-delà du bois d'Arrouaise.

(1) Le marché avait lieu le vendredi à Bapaume.

Les gens de Flandre pouvaient amener leurs denrées et leurs marchandises dans la châtellenie de Bapaume et les ramener dans leur pays, sans rien payer, pas plus que pour les marchandises qu'ils prenaient dans ladite châtellenie et qui en provenaient. Mais s'ils y prenaient des marchandises qui y étaient venues de Flandre ou des foires de Bourgogne, les vendaient ou les entreposaient dans la dite châtellenie, ils devaient le même *travers* que s'ils les faisaient conduire en Flandre ou ailleurs.

Toutes les choses qui doivent le *travers*, doivent le denier ou l'obole de droit de *chaussée*.

La bande de lard *(li flèce de porc)* doit 2 deniers; le porc, 1 fort ou 1 tournois; la truie autant et les trois pourceaux 2 deniers dont 1 comme droit de *chaussée*. Si les pourceaux appartiennent à quelqu'un de la châtellenie, sans qu'aucun autre y ait quelque droit, les trois ne payent que 1 denier. Le cent de fromages doit 8 deniers ou la *poise* 8 deniers avec 1 denier pour le cheval et 1 denier de *chaussée*, sans *conduit*, plus 12 deniers dus par chaque copropriétaire et le *droit de douzaine* quand c'est l'époque de le percevoir. Mais s'il y avait avec les fromages d'autres marchandises devant le droit de *conduit*, on percevrait sur le cent ou sur la *poise* de fromages 4 deniers ou bien le *conduit* dû par les autres marchandises, comme on le préférerait, car on peut toujours percevoir sur ce qui paraît le plus avantageux. Si les fromages appartenaient à des hommes de la châtellenie de Bapaume, on percevrait sur le cent ou sur la *poise*, 4 deniers. La bête de somme portant poisson, harengs frais ou salés *(alés)* ou des denrées de même nature, ne devait qu'une seule fois le *droit de douzaine* lorsqu'on le percevait, quel que fût son propriétaire. Celle chargée de bottes *(heuses)* venant de Saint-Omer, de Béthune, de Flandre ou d'ailleurs, devra 25 deniers avec le *droit de douzaine* quand on le percevra. Si ces bottes étaient chargées sur une charrette, on percevra conformément au droit (*à la raison*). La charrette chargée de pots de terre devait délivrer 4 pots, sans autre redevance. Celle chargée de *baleine* (fanons de la baleine) devait pour la *poise* de cette marchandise, 4 deniers avec 1 denier pour le cheval et 1 denier de *chaussée*, sans *conduit*. La bête de somme portant hanaps de marbre devait 18 deniers et 1 obole avec le *droit de douzaine* quand on le percevait.

D'une écriture bien postérieure et datant probablement de la fin du XVe ou du commencement du XVIe siècle, on lit au bas du texte des Archives de Douai : « uns juis doit IIII deniers ». Cette mention ne se trouvant pas sur le texte des Archives du Nord et n'ayant pas été reproduite dans le tarif lorsqu'il fut renouvelé en 1442, il y a tout lieu de la considérer comme apocryphe. En tous cas, il n'appert pas des nombreux tonlieux du XIIIe siècle qui nous sont parvenus, que les Juifs aient été frappés d'un droit spécial lorsqu'ils circulaient en Flandre ou en Artois pour leurs affaires. Le cas du tarif de Bapaume serait donc exceptionnel. C'est aussi une raison de plus pour ne pas l'admettre.

Il est facile de voir par l'énumération des diverses marchandises qui figurent dans ce tarif, que s'il a, jusqu'à un certain point, pour base celui qui avait été fait en 1202, il fut renouvelé et considérablement augmenté à la fin du XIIIe siècle. Il est assez probable, en effet, qu'en 1202, le commerce entre la France et la Flandre ne comprenait pas des articles tels que les croix émaillées de Limoges, le *surcot*, le haubergeon et le chapeau de fer qui n'apparaissent comme vêtement ou comme armure qu'à la fin du XIIIe siècle.

Le tarif du péage de Péronne du mois de mai 1385 qui,

d'après les lettres du roi Charles VI, est le même que celui de Bapaume (1), nous apparaît encore rajeuni et mis au courant du mouvement commercial du XIVe siècle, si on le compare à celui de 1291. On y trouve mentionnés, en effet, beaucoup d'objets et de marchandises qui n'existaient pas ou devaient être peu en usage un siècle auparavant, entre autres, le casque appelé bassinet, l'étoffe et le fil de coton, le papier et les épices telles que les noix muscades, le gingembre etc., et qui, d'ailleurs, n'avaient pas été cités précédemment.

En 1442, le tarif du péage de Bapaume fut définitivement renouvelé, conformément à l'ordonnance du duc Philippe-le-Bon et sur l'avis de ceux de son Conseil et de sa Chambre des Comptes de Lille, par Jean Le Caron, lieutenant du Gouverneur du bailliage de Bapaume qui, « depuis l'espace de trente ans enchà a continuellement eu cognoissance du droit d'icellui payage, tant en recepte comme aultrement », et par Collart Mannart, receveur dudit Bapaume, « qui certaine espasse a esté commis audit payage, recepvoir ladicte instruction ou registre fait tant selon aucuns registres très-anchiens faisans mencion dudict acquit, comme selon qu'on a accoustumé de user audict payage de sy long temps qu'il n'est mémoire du contraire, lors (alors) Thomas Plucquel, clerc dudict payage. » Ce registre ou « instruction du droit, acquit du payage de Bapaume (2) » forme un cahier in-8° de 62 feuillets. Il explique avec les plus grands détails la manière dont les droits de : *travers*, appelé alors *oultrage*, de *conduit*, de *chaussée* et de *douzaine*, étaient perçus. L'énumération des divers objets,

---

(1) *Archives du Nord. B. 1693. 8e Registre des Chartes.* f° 61 recto et suiv.

(2) Id. *Chambre des Comptes. Anc. A. 49 bis*. Ce petit registre provient d'un échange avec les Archives du royaume de Belgique.

marchandises et denrées, soumis à ces droits, est encore plus complète que celles des tarifs de 1291 et de 1385. Elle montre les progrès faits par l'industrie et les besoins du luxe en deux siècles. Il est à remarquer pourtant que pour les objets et marchandises déjà mentionnés dans les deux tarifs précédents, les droits étaient restés sensiblement les mêmes en 1442 qu'en 1291.

Nous signalerons aussi les curieuses redevances que devaient payer à la huche du péage de Bapaume au XVe siècle certains monastères. Ainsi le jour de la St-Remy (1er octobre), l'abbé de St-Waast d'Arras, devait livrer une paire de chausses « de vermeil escrelatte où il doit avoir une aune d'escrelatte bonne et suffisant », moyennant quoi, lui et ses religieux étaient exempts toute l'année pour tout ce qu'ils faisaient passer pour leurs provisions. Les religieuses du couvent de la Thieulloye-lez-Arras étaient exemptes aussi du péage, moyennant l'envoi à la huche du péage, savoir, à Pâques, d'une bourse blanche, *ouvrée,* munie d'une courroie de cuir sans garniture de fer, telle qu'elles les portaient, et, à la St-Martin d'hiver, de deux paires de *moufflettes blanches ouvrées* (sortes de gants). Les grands personnages, tels que les rois, ducs, comtes, bannerets et tous les nobles, prélats, prêtres et clercs, étaient soumis aux droits de péage ordinaires pour les marchandises qu'ils emmenaient avec eux ou qui leur étaient destinées, à l'exception du roi de France et de ses enfants, du Souverain Pontife, des cardinaux, des Hospitaliers, des écoliers de l'Université de Paris et des religieux des quatre maisons privilégiées de Citeaux, de Prémontré, de Cluny et de Marmoutier. Postérieurement une main du XVIe siècle a ajouté à cette liste le nom de l'abbaye du Mont-Saint-Éloi, exemption qu'il ne faut admettre que sous toutes réserves.

IV

Etat du commerce pratiqué par les voies de terre entre la Flandre et la France de 1286 à 1634, d'après les comptes de la ferme du péage de Bapaume.

Plusieurs documents que nous avons été amené à analyser ci-dessus, nous ont déjà partiellement indiqué quelles étaient l'organisation et l'administration du péage de Bapaume. D'abord perçu directement par les agents mêmes des comtes de Flandre, des rois de France et des comtes d'Artois, il fut, à la fin du XIIIe siècle, affermé à des personnes qui devaient le recueillir en se conformant aux ordonnances et à l'enquête de Cappy. Ces fermiers versaient le prix stipulé par l'adjudication entre les mains du bailli de Bapaume. Ce dernier transmettait ensuite les sommes provenant de sa recette au bailli général d'Artois.

La première mention que nous ayons de la recette du péage de Bapaume se trouve dans le compte du bailli d'Artois, Milon de Nangis, commençant à la Chandeleur de l'année 1285 (1286 n-st.) (1). A cette date, il était affermé pour une somme de 2,400 livres d'Artois ou parisis par an, payable en trois termes de 800 livres chacun, savoir à la Chandeleur, à l'Ascension et à la Toussaint. La durée du bail était de trois années. Le fermier d'alors, dont le nom ne nous est pas parvenu, versa régulièrement les 2,400 livres entre les mains de Willaume de Val-Huon, bailli de Bapaume. Ce bail prit fin à la Toussaint de l'année 1288 (2). Le nouveau bail,

(1) *Archives du Pas-de-Calais.* A. 123.
(2) Idem. A. 126.

passé alors pour une période de trois ans, stipula un prix de 2,600 livres par an, soit 880 livres, 16 sols, 8 deniers par chaque terme (1).

Une lacune s'étend dans les comptes de 1291 à 1301. A cette date, sans doute à cause de la trêve qui venait de mettre fin aux troubles qui avaient régné en Flandre et par suite de la reprise des relations commerciales avec la France, on constate, d'après le compte de Jacquemon de Hachicourt, bailli de Bapaume, une augmentation considérable dans le prix du bail, qui s'élève à 3,200 livres par an (2). En 1302, un nouveau bail fut passé pour la somme annuelle de 3,250 livres (3). Mais le soulèvement des Flamands qui eut lieu dans le cours de cette année, la victoire qu'ils remportèrent à Courtrai sur la chevalerie française, les perturbations produites par ces événements dans les relations commerciales entre la Flandre et la France, semblent avoir amené la résiliation de ce bail avant son expiration légale. Le compte du bailli Jacquemon de Hachicourt (4) nous apprend qu'à partir du mois de juin 1303, le péage n'était plus affermé. Il était perçu et administré directement par les officiers de la comtesse d'Artois, et, depuis le 24 juin jusqu'à la Toussaint 1303, soit 3 mois et 6 jours, il ne rapporta que 360 livres, 10 sols. Cette diminution dans les revenus du péage, qui sont inférieurs de plus de deux tiers à ceux de l'année 1301, est significative et indique un grand ralentissement dans le trafic des marchandises entre la Flandre et la France. Le revenu du péage de la Toussaint 1303 à la Chandeleur 1304, s'élève à 366 livres (5). Il se relève

(1) *Archives du Pas-de-Calais*. A. 127, 128, 130.
(2) Idem. A. 130.
(3) Idem. A. 177
(4) *Archives du Nord*. Comptes des baillis d'Artois. Ancien A. 309.
(5) Idem. *Ibidem*.

un peu de la Chandeleur à l'Ascension de ladite année, où il atteint la somme de 500 livres (1), puis de l'Ascension à la Toussaint, avec 569 livres (2), pour redescendre de la Toussaint 1304 à la Chandeleur 1305, à 468 livres (3) et revenir de la Chandeleur à l'Ascension suivante, à 517 livres (4). Ainsi, le produit du tonlieu de Bapaume, qui était, en 1302, de 3,250 livres parisis, ne fut, en 1303, que de 1,226, et, en 1304, que de 1,554 livres, toujours monnaie d'Artois ou parisis. Une quittance de Wautier Drinart, garde du péage, nous apprend que, dans l'année 1304, « pour le warde, les dépens et li loiiers des sergents dou paage, » il fut dépensé 180 livres, ce qui réduit le revenu de cette année à 1,374 livres (5).

A partir de la fin de l'année 1305, la paix étant à peu près rétablie avec la France, les relations commerciales reprirent peu à peu leur cours habituel, et le péage de Bapaume put être de nouveau affermé. Il ne le fut d'abord, en 1305-1306, que pour une année et pour le prix de 1900 livres (6). A partir de 1306, le bail est conclu pour trois ans, moyennant la redevance annuelle de 3.200 livres telle qu'elle était en 1300 (7). Ce bail paraît avoir suivi son cours régulier et, en 1309, le chiffre du produit du péage inscrit dans le compte du bailli, s'élevait encore à la même somme (8). En 1310,

(1) *Archives du Nord.* Comptes des baillis d'Artois. Ancien A. 390.

(2) Idem. *Ibidem.*

(3) Idem. *Ibidem.*

(4) Idem. *Ibidem.*

(5) *Archives du Pas-de-Calais.* A. 203.

(6) Idem. A. 211.

(7) *Archives du Nord.* Ancien A. 389. Compte de Jacquemon de Hachicourt.

(8) *Archives du Pas-de-Calais.* A. 221.

nouveau bail avec une légère augmentation, 3.250 livres au lieu de 3.200 (1).

Mais les événements qui se passèrent en 1313 vinrent modifier cette heureuse situation. Philippe-le-Bel fit citer le comte Robert de Béthune à venir lui rendre hommage à Paris pour la Flandre, à l'exception de Douai, de Lille et d'Orchies. Sur le refus de son vassal de s'acquitter de ce devoir, il fit confisquer le comté de Flandre. L'archevêque de Reims, s'étant rendu à Saint-Omer, frappa tout le pays d'interdit. Le roi passa en Flandre et rassembla aux environs d'Orchies une armée qu'il divisa ensuite en trois corps. Les hostilités étaient à peine commencées qu'une trêve ménagée par le cardinal Joscerand, légat du pape, fut signée à Courtrai le 24 juillet 1313. Les amodiataires du péage de Bapaume, Martin Pikète et Wermons Plukiaus, dont le bail avait pris fin le 22 janvier 1312, n'avaient pas voulu, en prévision du conflit qui pouvait éclater entre la France et la Flandre, le renouveler et personne n'avait osé se présenter pour affermer le péage. Un certain Assez Plukiaus se chargea de le percevoir directement comme agent de la comtesse Mahaut d'Artois. D'après le compte de Jacquême Buirete, lieutenant du bailli, il aurait été recueilli du 10 février jusqu'à l'Ascension de l'année 1313, soit pendant environ trois mois, la somme de 800 livres (2). En 1314, le péage n'est pas encore affermé et il rapporte de l'Ascension à la Toussaint, 611 livres, 1 sols (3). D'après ces chiffres, les seuls que nous ayons pour ces deux années, on peut évaluer approximativement à 2.400 livres, en 1313, et à 2.000 seulement, en 1314,

(1) *Archives du Pas-de-Calais*. A. 859.
(2) Idem. A. 395.
(3) Idem. A. 329. Compte de Jean de Hatencourt, bailli de Bapaume.

le revenu brut du péage. Il dut être sensiblement le même en 1315, si l'on en juge par le compte du bailli Jean de Hatencourt, qui indique qu'il rapporta de la Chandeleur à l'Ascension, la somme de 613 livres, 13 sols, soit environ, en multipliant par trois, celle de 1839 livres pour l'année entière (1).

C'est en 1315 que la guerre recommença sous Louis le Hutin, héritier du ressentiment de son père Philippe-le-Bel contre les Flamands, pour continuer pendant le règne de son successeur Philippe le Long et prendre fin seulement le 5 mai 1320 par un traité conclu à Paris entre le roi de France et le comte Robert de Béthune. Il est à présumer que ces longues hostilités durent apporter un désastreux préjudice aux relations commerciales entre les deux pays. Mais on ne peut faire que des conjectures sur ce point, car les comptes des baillis de Bapaume manquent de 1316 à 1318. A cette date, le péage n'était pas affermé, et Wautier Drinart qui avait été chargé de le garder et de le lever pour le compte de Mahaut d'Artois, dressa un état des sommes perçues par lui depuis plusieurs années (2). Cet état indique en recettes, du 28 août 1318 jusqu'au jeudi avant la St-Jean (21 juin) 1319, 2,013 livres, 19 sols, 8 deniers parisis, et depuis cette époque jusqu'au 13 juin 1320, 2,277 livres, 8 sols, 10 deniers (3). Il présente aussi beaucoup d'intérêt par les détails qu'il donne sur les dépenses et les frais auxquels étaient astreints les péagers ou les fermiers du onlieu de Bapaume.

Le compte de Jean Le Moyne de Crèvecœur, bailli de Bapaume, accuse, pour le terme de l'Ascension 1321, la recette de la somme de 952 livres, 12 sols, ce qui porterait

(1) *Archives du Pas-de-Calais.* A. 320. Compte de Jean de Hatencourt, bailli de Bapaume.
(2) Idem. A. 382.
(3) Idem, A. 391.

approximativement à 3,000 livres le revenu brut du péage pour cette année (1). Mais les nouveaux troubles qui éclatèrent en Flandre à l'avènement du comte Louis de Nevers, paraissent avoir fait diminuer sensiblement la recette en 1322. Les comptes du bailli ne portent plus pour la recette de la Chandeleur de cette année que 593 livres, 12 sols, 4 deniers, et pour celle de l'Ascension 668 livres, 14 sols seulement ; ce qui permet d'estimer approximativement le revenu annuel à 2,000 livres (2). Le compte présenté en 1323 par le bailli Hue Gaffel, ne donne pas de chiffres. Mais celui de Mathieu Cambreline pour l'année 1324, indique que le péage qui, depuis neuf ans, était « en le main Madame, » c'est-à-dire perçu et régi directement par les agents de la comtesse d'Artois, avait été alors acensé pour trois ans à Jacques Burette et à Adam Cardevake, moyennant la redevance annuelle de 2,600 livres (3). C'est la meilleure preuve de la reprise presque complète des relations commerciales entre la France et la Flandre. Les comptes des années 1326 et 1327 (4) donnent les mêmes sommes. On remarque dans celui de 1326 la mention de dépenses assez considérables nécessitées par le procès soutenu au parlement de Paris contre les bourgeois de Rouen qui prétendaient comme ceux d'Amiens et de Tournai, être exempts du péage de Bapaume, non seulement pour leurs propres marchandises, mais encore pour celles qui n'étaient pas originaires de leur ville, et ne s'y trouvaient un instant entreposées que pour être réexpédiées. En 1328, un nouveau bail fut conclu avec Wautier Drinart, la veuve d'Adam Cardevake et Jean Cardevake, son fils, curé d'Ervillers, pour trois

(1) *Archives du Pas-de-Calais*, A 401 et 402.
(2) Idem. A. 402.
(3) Idem. A. 429.
(4) Idem, A. 449 et A. 456.

ans et moyennant la redevance annuelle de 2,800 livres (1).

A partir de 1329 jusqu'à la fin du XIVe siècle, nous n'avons plus de renseignements sur le produit du péage de Bapaume qui, ainsi que nous l'avons expliqué plus haut, passa par suite du règlement de la succession de Mahaut d'Artois et de Jeanne de Bourgogne, sa fille, dans les mains du comte de Flandre Louis de Nevers et de sa femme, Marguerite de France, et ensuite dans celles du comte Louis de Male, leur fils, qui le transmit à sa fille et unique héritière Marguerite de Flandre, duchesse de Bourgogne. Pendant ce long espace de temps, les comptes des baillis d'Artois ne font aucune mention des sommes qui auraient pu être versées entre leurs mains par les péagers ou les fermiers du tonlieu de Bapaume. Il est probable qu'elles étaient directement remises aux receveurs généraux de Flandre dont on n'a les comptes qu'à partir de 1381. Ce n'est, en effet, que dans celui de Henri Lippin, du 30 janvier 1384 au 24 juin 1385 (2), que l'on rencontre la première mention de sommes versées par les péagers de Bapaume. Elles s'élevèrent dans le cours de cette année à 938 francs ou livres parisis. D'après le compte suivant, la recette de la *huche* du péage du 26 juillet 1385 au 21 janvier 1386, jour où elle fut ouverte, fut de 992 fr., 13 sols parisis de Flandre, valant 2,084 livres, 18 sols, un denier, faible monnaie (3). Enfin de 1386 à 1387, le receveur particulier de Bapaume, Renaud Gavelle ne put remettre que la somme de 371 francs parisis valant 779 livres, 2 sols, monnaie faible de Flandre, recette qui comprenait à la fois le revenu du péage et celui de la prévôté (4).

(1) *Archives du Pas-de-Calais.* A. 168. Compte de Pierre de Cauchi, bailli de Bapaume.
(2) *Archives du Nord. Chambre des Comptes. État-Général,* n° 231.
(3) Idem. n° 235.
(4) Idem. N° 236.

Ces chiffres, comparés à ceux des recettes du péage de 1326 à 1330, indiquent un grand ralentissement dans le mouvement commercial entre la France et la Flandre. Ce ralentissement s'explique par le fait des longues hostilités dont les parages de la Picardie et de l'Artois furent le théâtre lorsque la guerre de Cent Ans avait éclaté, au milieu du XIVe siècle, entre la France et l'Angleterre. On comprend qu'en présence du peu de sécurité des routes, les relations commerciales, au moins par les voies de terre, aient presque été complètement interrompues entre la Flandre et les régions du Midi, d'autant plus que, depuis 1327, les flottes vénitiennes venaient directement dans les ports de L'Écluse et de Damme apporter l'alun et les produits de l'Italie et de l'Orient, et en ramener les draps, les bois et les métaux du Nord. Quant aux vins, les négociants de La Rochelle, de Bayonne et de Biarritz les importaient aussi directement par voie de mer, comme le prouvent les traités qu'ils conclurent à cet effet avec les villes de Gravelines et de Bruges.

D'un autre côté, les dissensions qui avaient troublé la Flandre pendant toute la durée du règne du comte Louis de Male, la lutte de ce prince contre ses sujets révoltés, l'intervention du roi de France, qui écrasa les communes flamandes, n'avaient pas été sans exercer une funeste influence sur le commerce et l'industrie, qui se relevèrent lentement à la fin du XIVe siècle. Mais le coup était porté à l'activité du transit direct entre la Flandre et la France, qui ne fut plus jamais aussi grande qu'elle l'avait été au XIIIe siècle.

Les comptes des receveurs généraux de Flandre et d'Artois ne nous fournissent plus de renseignements sur le revenu annuel du péage de Bapaume à partir de 1386. Nous savons seulement, par une attestation des gardes de la *huche,* que celle-ci fut ouverte devant eux le 5 septembre 1391 et qu'il y fut trouvé 95 francs, valant 76 livres parisis, somme qui y était entrée depuis le 27 juillet précédent. Elle représente le produit du péage pendant deux mois et huit jours, soit approximativement une recette annuelle de 500 livres parisis (1). La diminution s'est donc encore accentuée depuis cinq ans.

Cette *huche* du péage, dont il est souvent parlé à partir de cette époque, était une sorte de tronc ou de coffre-fort, percé d'une ouverture pour y verser l'argent touché au fur et à mesure qu'il était perçu sur les piétons, voitures et marchandises passant au péage. Elle était fermée au moyen de deux ou trois serrures à clefs différentes et déposées en différents endroits. De là, la nécessité, lors de son ouverture, de la présence de deux ou trois officiers ou agents détenteurs des clefs, qui dressaient un procès-verbal de cette opération et constataient l'encaisse.

En juin 1396, la Chambre des Comptes de Lille manda à tous les baillis du comté de Flandre d'avoir à faire publier dans leurs ressorts respectifs les clauses et conditions sous lesquelles le péage de Bapaume devait être prochainement donné à ferme. Un procès-verbal constata que les publications prescrites avaient été faites à Courtrai, Audenarde, Gand, L'Écluse, Damme, Ypres, Bergues, Furnes, Nieuport, Dunkerque, Tournai, Lille et Douai. D'après cette pièce et le cahier des charges qui l'accompagnait, il était déclaré que la mise à prix de la ferme dudit péage serait fixée à 2,500 livres, monnaie de France, et que le péage comprendrait tous les droits qui en dépendent « tant ès païs de Flandres et d'Artois comme aultre part ». Le bail devait être fait pour trois ans à cris et à *recrois* et « sera le recroiz et renchière de chacun denier à Dieu de IIe libvres parisis dont le renchérisseur aura le tiers, se le

(1) *Archives du Nord*. B. 1850. 7°.

ferme ne lui demeure »; lesquels *renchières* et *recroiz* appartiendront au bailli et au receveur d'Artois à Arras. C'est dans cette ville, au lieu dit la *Chambière*, au bout des Changes, que devra se faire la dernière adjudication le 12 août 1390. Pour cela, il sera allumé une chandelle et pendant qu'elle brûlera chacun sera admis à surenchérir; le dernier *renchérisseur* jouira de la ferme du péage à partir de ce jour jusqu'à l'expiration des trois années. Le fermier s'engagera, sous peine grave, à maintenir les droits du péage, à donner caution suffisante de payer au receveur d'Arras le prix du bail chaque année en quatre termes de trois mois en trois mois. On lui remettra le registre du péage et il jurera solennellement de « cueillir et faire cueillir et lever ledit péage selonc le teneur dudit registre ». Il gardera « les droiz dudit péage sans composer aucuns marchands, ne autres personnes ou préjudice de l'éritage de Monseigneur et, par espécial, que tous ceulx qui, par le registre et usage ancien sont tenus de paier et acquittier et doivent chemin à Bappaumes, ne viengnent et passent par Bappaumes ou soient en chéu à l'amende et ou péaige ». Il en sera de même pour ceux qui peuvent acquitter les droits aux *helles* dudit péage « sans donner grâce, ne composer de passer autre part ». Les sergents du péage qui *chevaucheront* par le pays seront tenus de faires justes prises et arrêts; et sur les contredits et oppositions, ils assigneront jour à la *huche* de Bapaume pardevant le bailli dudit lieu ou son lieutenant comme juge dudit péage. Le fermier ne pourra intenter aucun procès devant ledit bailli ou autre juge à raison dudit péage, sans avoir donné d'abord connaissance du motif du litige au bailli ou à son lieutenant et au Conseil du Duc à Lille, à Arras ou à Paris, selon que le cas écherra. Quand le Conseil aura ordonné de poursuivre un procès à raison dudit péage, le fermier sera tenu de faire les *missions* ou frais du procès, et le procureur du Duc se joindra à celui du fermier dans l'enquête. Dans le cas de perte du procès, les frais seront à la charge du fermier, comme en cas de gain, il touchera les dommages et intérêts auxquels la partie adverse aura été condamnée. Les gages des commis, sergents et autres officiers chargés de percevoir le péage, seront à la charge du fermier (1).

Les recherches que nous avons faites pour découvrir si ce projet d'adjudication avait été suivi d'exécution, sont restées infructueuses, et ce n'est qu'en 1404 que l'on trouve quelques renseignements ultérieurs sur le produit du péage de Bapaume. A cette date, il faisait partie du douaire de Marguerite de Flandre, veuve du duc Philippe le Hardi. Dans le compte de son receveur Odot Douay (2), on remarque le versement fait par Jean Périlleux, receveur du domaine de Bapaume, sur ce qu'il pouvait devoir des deniers de la *huche*, du 27 avril au 28 juillet 1404, soit pendant trois mois, d'une somme de 429 livres, 13 sols monnaie d'Artois dont la livre est de 20 sols faisant 40 gros de Flandre. D'après cette mention, le revenu annuel aurait été alors de 1,718 livres, 12 sols environ. L'année suivante, le compte du receveur général Jean Chousat indique que les sommes versées par Jean Périlleux sur le produit de la *huche* s'élevèrent à 906 écus d'or, monnaie royale valant environ 1,009 livres tournois si l'on s'en rapporte à l'estimation de Ducange (3). En 1411-1412, le revenu est de 1,200 écus d'or (4). Les comptes de

(1) *Archives du Nord. B. 1259.*

(2) Idem. *B. 3331, f° 5, verso.*

(3) Idem. *B. 1878.* Compte du receveur général Jean Chousat (1405-1406).

(4) Idem. *B. 1891.* Compte premier du receveur général Robert de Bailleux, du 17 avril 1411 au 30 avril 1412.

1414 (1) et de 1420 (2) ne donnent plus que les recettes de 423 francs ou livres tournois et de 327 livres parisis. A cette époque, en effet, la guerre sévissait avec la plus grande intensité entre le dauphin Charles et le duc de Bourgogne, et la Picardie surtout était exposée aux courses incessantes des gens d'armes des deux partis. Le compte de Colart Navarre, receveur de Bapaume, constate d'une manière formelle pour l'année suivante que le bail du péage de Bapaume avait dû être résilié pour ce motif, et qu'il était recueilli directement pour le compte du Duc, mais que « la revenue prinse et levée à plusieurs fois tant en ladicte huche comme sur les commis des helles dudit péage pour les affaires de mon dit seigneur et de Madame, n'avait valu que 400 francs monnaie royale et non plus, tant pour l'occupation des guerres et des gens d'armes qui, partie d'icellui temps, ont esté sur les champs ; les dits 400 francs à la fleurette, comptés pour 16 sols et non plus, valent 320 livres parisis » (3).

Pendant les années suivantes, l'interruption des relations commerciales et du trafic entre les Pays-Bas et la France apparait encore par l'impossibilité d'affermer le péage et par la modicité des sommes perçues par les agents du Duc. En 1423-1424, elles ne s'élèvent qu'à 288 livres, 5 sols parisis (4), et atteignent leur maximum en 1425-1426, avec le chiffre de 1,042 livres, 13 sols parisis (5).

Nous n'avons pas de compte pour les années qui s'étendent de 1428 à 1442. Celui de cette dernière année

(1) *Archives du Nord. B. 1903.* Compte du receveur général Pierre Macé, du 19 mars 1414 au 18 avril 1415.

(2) Idem. *B. 1920.* Compte du receveur général Guy Guilbrant, du 3 octobre 1419 au 2 octobre 1420.

(3) Idem. *Chambre des Comptes. Ancien B. 113.*

(4) Idem. *Ancien B. 113.*

(5) Idem. *Ancien B. 111.*

nous apprend que le péage de Bapaume fut affermé à Jean Hanon pour trois ans, moyennant la redevance annuelle de 461 livres parisis (1). A cette époque, la paix était rétablie depuis sept ans entre le roi de France et le duc de Bourgogne, et, si la décadence du trafic entre leurs États respectifs continue, c'est que, comme nous l'avons fait remarquer plus haut, le développement de la navigation avait, dès le XIVe siècle, porté un coup mortel au grand commerce intérieur. La prospérité des foires de Champagne, de Brie et de Bourgogne avait été aussi gravement atteinte. Le péage de Bapaume ne fut plus donc alimenté que par le commerce régional, sinon local, alors qu'autrefois il était le point de transit des marchandises échangées entre le Nord et le Midi de toute l'Europe occidentale. En même temps, par suite de la nécessité d'établir des *helles* ou bureaux auxiliaires dans toutes les villes jouissant de privilèges et sur tous les points de la châtellenie où les croisements de nouvelles voies de communication établies entre la Picardie et la Flandre auraient facilité la fraude, les frais de perception et de régie augmentèrent considérablement.

Le procès-verbal d'adjudication de 1396, que nous avons analysé plus haut, indique déjà que des *helles* étaient établies dans certaines villes, mais sans les désigner plus explicitement.

En 1453, d'après le compte de Colard Mannar (2), elles étaient alors au nombre de huit, établies dans les villes et les localités suivantes : Amiens, Posières, Coupe-Gueule, Beaumetz, Metz-en-Couture, Cambrai, Guise, Estrées-au-Pont, Tournai, Abbeville. Moins d'un siècle plus tard,

(1) *Archives du Nord. Ancien B. 115.*

(2) Idem. *Ancien B. 117.* Compte de Colard Mannar, receveur de Bapaume, du 17 juillet au 18 novembre 1453.

le 21 septembre 1516, Charles-Quint autorisa les fermiers du péage de Bapaume à avoir aussi des commis à Maubeuge, Bavai, ville et faubourgs de Valenciennes, Bouchain, Le Quesnoy, Landrecies, Iwuy, Douai, Pont-à-Vendin, Haubourdin et autres lieux où ils jugeront nécessaires, parce que, dit-il dans l'ordonnance rendue à ce sujet, les marchands venant ou allant en France, évitaient de passer par Bapaume et s'exemptaient ainsi des droits de passage (1). Il n'est donc pas étonnant que, pour tous ces motifs, les chiffres de l'amodiation du péage de Bapaume aient été peu élevés pendant tout le cours du XVe siècle, malgré les années de prospérité et de paix dont il a joui à plusieurs reprises. Ainsi, de 1411 à 1452, le maximum atteint par le revenu de la *huche* et des *helles*, soit que le péage fût affermé, soit qu'il fût perçu directement, ne dépassa pas 779 livres parisis (2). A partir de 1453, les chiffres se relevèrent jusqu'à 1520 livres, en 1458-1459 (3). Mais, en 1465-1466, par suite de la guerre, le produit retombe à 1040 livres (4). C'est ce chiffre qu'on retrouve au début du XVIe siècle, et il varie fort peu jusqu'en 1508-1509 où le péage, n'ayant pas pu être affermé et étant perçu directement, ne rapporte plus que 315 livres, 2 sols, 8 deniers tournois, et même en retranchant 12 deniers par livre, pour le salaire du commis chargé de la perception, seulement 327 livres, 17 sols, 8 deniers (5). En 1510-1511, on parvint à l'affermer 830 livres tournois (6) et 903 livres en 1512-1513 (7).

(1) *Archives du Nord. B. 1611. 19e registre des Chartes.*
(2) Idem. *Ancien B. 117.*
(3) Idem. *Ancien B. 118.*
(4) Idem. *Ancien B. 119.*
(5) Idem. *Ancien B. 120.*
(6) Idem. *Ancien B. 121.*
(7) Idem. *Ibidem.*

Mais les années suivantes les fermiers demandèrent à plusieurs reprises la résiliation de leurs baux à cause de la guerre (1). En 1522-1523, le péage est loué pour six ans, à raison de 100 livres tournois par an, à Charles Delemarque, marchand de vin, somme minime qui même ne put être payée, car « est ledit droict de péage non valloir à cause de la guerre qui est entre l'Empereur nostre dit sire et le Roy de France (2) ». Le receveur de Bapaume inscrit donc en marge de l'article se rapportant à la recette du péage le mot : néant. Il en est de même en 1523-1524 (3). En 1524-1525, l'*helle* de Cambrai donne seule le faible revenu de 38 livres (4). Deux années après (1527-1528), le prix du bail s'élève jusqu'a 900 livres (5); mais ce chiffre redescend bientôt à 600 (6) et même à 390 livres (7).

En 1536-1537 (8), le péage est indiqué comme étant en non-valeur. L'année suivante, les sauf-conduits délivrés aux marchands voulant passer par Bapaume, malgré la continuation des hostilités, rapportent 70 livres, 7 sols, 2 deniers (9). La publication de la trêve *communicative* entre la France et les Pays-Bas, faite le 6 juillet 1538, permet d'affermer le péage 782 livres par an (10). Les quelques années de paix qui règnèrent alors, firent que l'adjudication de 1541-1542 atteignit 924 livres (11). Mais,

---

(1) *Archives du Nord. Chambre des Comptes. Ancien B. 121.*
(2) Idem. Ancien B. 122.
(3) Idem. *Ibidem.*
(4) Idem. *Ibidem.*
(5) Idem. Ancien B. 123.
(6) Idem. *Ibidem.* Compte 1528-1529.
(7) Idem. *Ibidem.* Compte de 1529-1530.
(8) Idem. Ancien B. 124.
(9) Idem. Ancien B. 125
(10) Idem. *Ibidem.*
(11) Idem. Ancien B. 126.

l'année suivante, le fermier, Antoine Martin, « voyant le temps de guerre advenu entre l'Empereur et le roy de Franche, et qu'à raison d'icelle il n'auroit seu jouyr ny prouffictér de sadicte ferme, parceque la marchandise n'avoit son cours des pays de pardechà audit pays de Franche », demanda la résiliation de son bail, comme l'autorisait, d'ailleurs, le cahier des charges. Aussi, depuis le commencement des hostilités jusqu'au 5 février 1543, où les marchandises commencèrent à pouvoir circuler avec des sauf-conduits, le péage ne rapporta-t-il rien. Depuis ce dit jour jusqu'au 24 juin suivant, le revenu perçu à Arras par Jacques Le Selier, commis à recevoir les droits dus pour la délivrance des sauf-conduits, fut seulement de 53 livres, 4 sols, 3 deniers (1). En 1545-1546, le péage fut adjugé à Jean Bacheler, maïeur de Bapaume, pour trois ans, à raison de 904 livres par an (2). Affermé au même personnage moyennant la redevance annuelle de 1,098 livres en 1551-1552 (3), il ne produisit pourtant que 274 livres, 13 sols, 4 deniers, car le fermier avait obtenu la résiliation à cause de la guerre. Le 1er mars 1552, Jacques Blondeau, d'Arras, le prit à ferme pour un an, au prix de 120 carolus, valant 160 livres tournois, « en prenant pour lui à sa charge durant ladite année tous périls et fortune, sans pouvoir demander quelque modération ou quictance, fut que les saufconduitz fussent rappellez avant l'expiration dudit an ou aultrement ; mais au cas que paix, tréves ou abstinence survinssent avant ledict an expiré, ledit accord cesseroit en payant par ledict Blondeau à rase et portion du temps (4) ».

En 1553-1554, la guerre durant toujours, on ne trouve

(1) *Archives du Nord. Chambre des Comptes.* Ancien B. 127.
(2) Idem. Ancien B. 128.
(3) Idem. Ancien B. 132.
(4) Idem. Ancien B. 131.

plus à louer le péage qu'à raison de 8 florins carolus par mois, ce qui donne un revenu annuel de 96 livres, 5 sols, 4 deniers (1). Il en fut de même jusqu'au 11 mars 1556, date de la publication de la trêve avec la France (2). Antoine Cocquerel prend alors le péage à ferme pour trois ans, à raison de 888 livres par an. Mais la rupture de la trêve, le 5 janvier 1557, le délie de son engagement et Jean Bacheler se charge de percevoir les droits en payant 6 livres par mois (3). La paix avec la France fut enfin signée au Câteau-Cambrésis le 7 avril 1559 et le péage fut loué à partir de ce jour à Jacques Blondeau à raison de 540 livres par an (4).

En 1561-1562, il est régi par les officiers du roi d'Espagne; il rapporte, tous frais déduits = 140 livres, 16 sols, 6 deniers ; les *helles* des autres villes = 131 livres; soit en tout = 271 livres, 16 sols (5). L'année suivante, même situation. Le travers de Bapaume produit 81 livres, 6 sols ; l'*helle* d'Achiet = 73 livres, 2 sols ; idem, d'Arras = 109 livres, 18 sols, 1 denier ; idem, des faubourgs d'Arras = 37 livres, 10 sols, 5 deniers ; idem, de Cantimpré-les-Cambrai = 24 livres, 10 sols, 6 deniers; idem, de St-Pol = néant; idem, de Beaumetz-les-Cambrai = 4 livres, 8 sols; idem, de Pas-en-Artois = néant; idem, de Metz-en-Couture = 5 livres, 8 sols. Total = 320 livres, 16 sols, 1 denier (6). En 1563-1564, la recette du péage aussi levé directement par les officiers du Roi, n'est plus que de 239 livres, 2 sols, 6 deniers (7). L'année suivante, il est affermé à Jean Escaillet, tavernier à

(1) *Archives du Nord. Chambre des Comptes. Ancien B. 131.*
(2) Idem. *Ibidem.*
(3) Idem. *Ancien B. 135.*
(4) Idem. *Ibidem.*
(5) Idem. *Anciens B. 135, 136, 137, 138, 139.*
(6) Idem. *Ancien B. 131.*
(7) Idem. *Ibidem.*

Bapaume, à raison de 560 livres de 40 gros par an (1) mais ce fermier est déchargé de son bail en 1565-1566 et ne paye que 103 livres, 15 sols, 6 deniers (2). Il le reprend, l'année suivante, seulement pour un an et moyennant 200 livres (3).

A partir de 1567-1568, le péage est affermé assez régulièrement, mais toujours avec la clause de résiliation en cas de guerre, jusqu'en 1595-1596, à des prix qui oscillent entre 250 livres, minimum (1576-1577) et 620 livres, maximum (1590-1591) (4). On remarque qu'il est spécifié dans le bail passé avec Antoine Cocquerel, bourgeois de Bapaume, pour l'année 1587-1588, qu'il s'engage « à porenssuier à ses frais et despens de pooir asseoir *aesles* (*helles*) ès villes de St-Omer, Aire, Fauquembergue et aultres lieux par où les marchandises prendent présentement cours par la rébellion de Cambray où la recette dudit droit de péage se faisoit, y commectant gens souffisans tenans toujours, à la main copie autenticque de l'enqueste faicte à Cappy etc. ». La redevance annuelle due par ce fermier n'était que de 350 livres (5).

Jacques Goublet, qui avait été déclaré adjudicataire à raison de 600 livres en 1595, fut admis à résilier son bail et ne paya rien, ni pour ladite année, ni pour les suivantes (6). Ce ne fut qu'après la publication de la paix de Vervins, le 7 juin 1598, que le péage fut de nouveau affermé à Adrien Dannel pour six ans, au *rendage* annuel de 600 livres (7). Cependant, malgré la persistance de la

---

(1) *Archives du Nord. Chambre des Comptes. Ancien. B. 134.*
(2) Idem. *Ancien. B. 135.*
(3) Idem. *Ibidem*
(4) Idem. *Anciens B. 135, 136, 137, 138, 139.*
(5) Idem. *Ancien. B. 139.*
(6) Idem. *Anciens B. 140 et 141.*
(7) Idem. *Ancien. B. 141.*

paix, le bail passé, en 1604, avec Adrien Cocquerel, ne stipula plus que la redevance de 530 livres (1). Cette redevance resta à peu près stationnaire jusqu'en 1614, où, par suite des frais du procès qui devait être soutenu au Grand Conseil de Malines par le fermier contre les habitants de St-Omer, elle tomba à 250 livres (2). Elle est de 200 livres en 1615-1616 (3); de 390 livres, en 1617 (4); de 265, en 1618 (5); de 350 livres, en 1619 (6); de 400 florins ou livres parisis, en 1620 (7); de 350 livres, en 1622 (8); de 230 florins, en 1624 (9). Le 1er février 1625, Jean Thirion, au nom de Charles Lacère, prit à ferme le péage de Bapaume, « pour en jouir tant pour Arthois que pour lieux de Flandres nouvellement establis (par un arrêt du Grand Conseil de Malines), pour le terme et espace de trois ans continuelz, » à raison de 7,220 livres par an, somme vraiment très élevée quand on la compare au montant des redevances payées depuis deux siècles. Il est vrai qu'elle ne devait pas être intégralement versée, même la première année. Charles Lacère céda son droit, avec l'agrément de la Chambre des Comptes de Lille, à Nicolas van Merstraten, marchand demeurant à St-Omer, qui paya seulement 2,859 livres, 18 sols, 4 deniers. Les marchands de St-Omer avaient soulevé de nouvelles difficultés pour acquitter les droits de péage à St-Omer. Une nouvelle instance fut introduite au Grand Conseil de Malines par eux et par les marchands et magistrats

(1) *Archives du Nord. Chambre des Comptes. Ancien. B. 142.*
(2) Idem. Ancien. A. 116.
(3) Idem. Ancien. B. 117.
(4) Idem. *Ibidem.*
(5) Idem. Ancien. B. 118.
(6) Idem. Ancien. B. 119.
(7) Idem. Ancien. B. 150.
(8) Idem. *Ibidem.*
(9) Idem. *Ibidem.*

d'Ypres, de Dunkerque et d'autres villes pour obtenir d'en être déclarés exempts. Le fermier n'avait donc pu percevoir que très peu de chose et dut même dépenser des sommes considérables pour soutenir le procès qui lui était intenté. Aussi, en 1626, la recette ne fut plus que de 277 livres, 14 sols, 2 deniers (1).

C'est la dernière somme que le domaine de Bapaume reçut réellement sur les produits du péage, d'après les comptes que nous avons jusqu'en 1635. Tous ne portent plus en recette la somme de 7,220 livres que pour mémoire, car, malgré une transaction intervenue le 27 juillet 1629, les frais des procès intentés par les marchands aux magistrats de St-Omer et des autres villes, avaient absorbé et même dépassé le produit du péage. Les dépenses faites à cette occasion ne sont pas estimées à moins de 21,660 livres tournois dans le compte présenté par le receveur Jean Dennin pour les trois années écoulées de 1628 à 1631 (2).

Le péage de Bapaume ne fut pas aboli après la conquête française. Il continua d'être perçu en vertu des placards de Charles-Quint du 21 septembre 1516 et des archiducs Albert et Isabelle du 7 mai 1599. Un arrêt du Conseil d'État du 12 février 1678 confirma le tarif du 22 juillet 1621, qui avait lui-même homologué et remis en vigueur ceux des XIIIe et XVe siècles. Ce n'est qu'à la Révolution qu'il disparut. Cette fin était complètement adéquate à son origine, qui était toute féodale. Il devait donc disparaître avec les restes du régime féodal. Depuis longtemps, il n'avait plus aucune autre raison d'être que celle de constituer une source de revenus fiscaux. Si, dans le principe, il avait eu une cause légitime quand le seigneur de la terre

---

(1) *Archives du Nord. Chambre des Comptes de Lille. Ancien B.* 151.

(2) Idem. *Anciens B. 152, 152 bis et 153.*

pouvait seul assurer la sécurité et l'entretien des routes, il n'était plus qu'une pure entrave au commerce lorsque le pouvoir central fut devenu assez fort pour remplir exclusivement cette double mission.

Il serait difficile, en effet, de voir dans les droits de *travers*, de *conduit* et de *chaussée* perçus à Bapaume, autre chose que des redevances féodales. Ce ne sont pas des taxes destinées à favoriser ou à empêcher l'importation ou l'exportation des marchandises, des droits de douane en un mot, avec le sens que nous leur attribuons aujourd'hui. Ce qui le prouve, c'est que ces droits sont les mêmes, qu'ils soient perçus à l'entrée ou à la sortie des marchandises en Flandre, qu'on les lève à Bapaume, à Péronne, à Roye, à Crépy ou à Compiègne. Enfin, ni le cours des siècles, ni les changements de dominations ne les modifièrent beaucoup, et ces taxes restèrent constamment les mêmes pour ces cinq péages. Il n'en eût pas été ainsi si, pour employer les expressions modernes, des idées, même très rudimentaires, de protection ou de libre-échange, avaient présidé à leur établissement. On pourrait objecter, il est vrai, que les comtes de Flandre, en exemptant des droits de péage les draps fabriqués à Arras et à Saint-Omer et exportés par Bapaume, paraissent avoir voulu favoriser le développement de l'industrie de ces villes. Mais il ne s'agit ici que d'une simple faveur de seigneur à sujets. D'ailleurs, les privilèges accordés aux habitants des villes et des pays qui, à raison de leur situation géographique, pouvaient communiquer directement avec la Flandre et les Pays-Bas sans passer par Bapaume et sa châtellenie, et dont les marchandises n'étaient soumises aux droits de péage que si elles les traversaient, indiquent bien que ces droits n'étaient que le prix de la protection qui leur était accordée à elles et à leurs propriétaires et que l'indemnité due pour l'entretien des chemins (1).

Cependant, quoique purement féodal d'abord et fiscal ensuite, le péage de Bapaume offre un sujet d'étude intéressant, car il permet de voir quel a été le développement du commerce général, on pourrait presque dire de la richesse publique dans le Nord de la France du XIIIe au XVIIe siècle. La statistique des revenus annuels qu'il rapportait et que nous avons pu établir d'une manière complète, du moins sans grandes lacunes, de 1286 à 1631, peut être considérée comme présentant le criterium faisant connaitre l'importance des relations commerciales entre la France d'une part, la Flandre, les Pays-Bas et une partie de l'Allemagne de l'autre.

Nous avons vu que ces relations ont été malheureusement souvent interrompues par les calamités de la guerre, et l'on peut dire qu'il en était autrefois du commerce comme des finances, qui, selon un mot célèbre, ne peuvent être bonnes qu'avec une bonne politique assurant non seulement la paix du jour, mais bannissant encore l'inquiétude pour le lendemain.

---

(1) Voir Pigeonneau, *Hist. du commerce de la Flandre*, tome I, p. 175. « Et por les marceans garder et garantir furent estauli li travers. Et de droit commun si tost comme li marquant entrent en aucun travers, il et lor avoir sont en la garde du signeur qui li travers est. » (Beaumanoir, chap. XXV, art. 1.).

SECONDE PARTIE

LES

RELATIONS COMMERCIALES

DE LA FLANDRE

au moyen âge

avec les villes de LA ROCHELLE, NIORT,

SAINT-JEAN-D'ANGELY,

BAYONNE, BIARRITZ, BORDEAUX,

et NARBONNE.

LES RELATIONS COMMERCIALES
DE LA FLANDRE

au moyen âge

avec les villes de LA ROCHELLE, NIORT, SAINT-JEAN-D'ANGELY, BAYONNE, BIARRITZ, BORDEAUX et NARBONNE.

Les tarifs du péage de Bapaume et les divers documents qui s'y rapportent, nous ont permis de nous rendre compte de l'origine, de la nature et de l'importance du trafic commercial entre la Flandre et la France par les voies de terre. Les traités passés entre les villes de Flandre et celles de La Rochelle, Niort, St-Jean-d'Angely, Bayonne et Biarritz, vont nous montrer quelles ont été, au moyen âge, les relations maritimes entre les deux pays. Comme les documents qui les mentionnent, concernent les trois premières villes que nous venons de nommer, c'est par elles que nous commencerons cette étude.

I

Relations avec La Rochelle, Niort et St-Jean-d'Angely.

Si l'importation des vins de l'Auxerrois en Flandre par Bapaume a été, en quelque sorte, l'origine et la cause du développement du commerce par les voies de terre entre cette province et la France, leurs relations maritimes n'ont pas eu, non plus, d'autres points de départ que l'échange des vins du Poitou et de la Gascogne, embarqués à La Rochelle, Niort et St-Jean-d'Angely, contre les productions du Nord et surtout les draps fabriqués par les grandes villes de Flandre.

A quelle époque faut-il placer l'origine de ces relations maritimes? Nous croyons qu'on peut, sans crainte d'une trop grosse erreur, les fixer à la seconde moitié du XIIe siècle, quand les provinces du centre et de l'ouest de la France, le Poitou, la Guienne et la Gascogne passèrent sous la domination des rois d'Angleterre. Jusqu'à cette époque, les vins de ces contrées avaient pu parvenir en Flandre en suivant les routes de terre ordinaires. Mais, on comprendra facilement quelles difficultés eut alors à surmonter leur importation dans les mêmes conditions par suite des hostilités presque permanentes, de l'état de guerre continuel entre la France et l'Angleterre, interdisant tout transit régulier. Leur introduction par les navires de La Rochelle offrait, au contraire, beaucoup plus de facilité et ce port prit bien vite une grande extension, puisqu'on voit la hanse de Londres et la compagnie de Rouen entrer en rapport par son intermédiaire avec Niort. Jean Sans Terre, confirmant, en 1205, les libertés de cette ville, réserva expressément, en effet, le privilège de la cité de Londres (1). Il est fort probable aussi que, dès les premières années du XIIIe siècle, les marchands flamands fréquentaient eux-mêmes les ports de l'ouest de la France. C'est ce qui semble résulter de l'autorisation donnée par le roi Jean Sans Terre, sur la demande du comte de Flandre, à Walter, bourgeois d'Ypres, de commercer librement en

(1) *Mémoires pour servir à l'histoire de Niort*, par Gouget : *Le Commerce*, p. 8.

Angleterre et dans l'étendue de ses États, autorisation datée de La Rochelle (*apud Rupellam*), le 8 mars de la 15ᵉ année de son règne (1214) (1). Mais un fait certain, c'est qu'à cette époque, Guillaume Le Breton, parlant de l'arrivée à Damme de Savary de Mauléon, raconte qu'entre autres richesses venues de toutes les nations, il trouva des navires chargés des vins de Gascogne et de La Rochelle que les marchands anglais et flamands avaient transportés en ce lieu pour les réexporter ensuite (2).

Cependant, quand sous Philippe Auguste, le Poitou rentra, du moins momentanément, sous la domination française, quoique La Rochelle eût refusé d'ouvrir ses portes à ce prince, le commerce direct par Bapaume entre la Flandre et les villes de l'Ouest, semble avoir repris quelque vigueur. On remarque, en effet, que le tarif de 1202 consacre un article spécial aux vins de La Rochelle, article qui se transforma dans celui de 1442 en un véritable privilège pour les bourgeois de cette ville. Déjà en 1202, ces vins dits de La Rochelle étaient traités à leur entrée en Flandre à Bapaume plus favorablement que ceux des autres contrées de la France. Ainsi, tandis que ces derniers payaient 6 deniers de *conduit* et 2 deniers pour le cheval par charrette, ceux de La Rochelle ne devaient que 6 deniers de *conduit* et 1 denier seulement pour le cheval, de même que la charrette chargée de sel, denrée qui était sans doute aussi un des principaux objets d'importation du Poitou en Flandre (3). Il est permis d'attribuer la cause de cette faveur au désir de ramener par

---

(1) Wauters, *Table chronologique des diplômes belges*, Tome III, p. 403. — Hardy, *Rotuli litterarum patentium in turri Londinensi asservati*, Tome I, première partie, p. 111.

(2) Guill. Briton, *Philippidos*, lib. IX, vers. 380-391. Ernest van Bruyssel, *Hist. du Commerce et de la Marine en Belgique*, Tome I, p. 205.

(3) Enquête de Cappy. *Passim*.

les voies de terre et par Bapaume, le transit de ces vins, introduits plus facilement et plus économiquement, en général, par l'intermédiaire de la navigation. C'était un avantage, une prime comme on dirait de nos jours, aux marchands rochelais pour les engager à passer par Bapaume. Il n'est, d'ailleurs, point démontré qu'ils ne jouissaient déjà pas à cette époque du privilège, que leur reconnaît le tarif de 1412, d'entrer eux et leurs marchandises en Flandre et d'en sortir, sans payer aucun droit, lorsqu'ils ne passaient pas par Bapaume même ou par sa châtellenie et qu'ils exhibaient aux péagers des *helles* d'Arras et de St-Omer les lettres attestant qu'ils étaient bourgeois de La Rochelle.

Cependant, malgré la sécurité relative que la prise de cette ville, en 1224, par Louis VIII, et la conquête de l'Aunis et de la Saintonge par saint Louis, durent donner aux relations directes entre ces provinces et la Flandre, la navigation se développa si activement dans le cours du XIIIe siècle que c'est elle qui devint le principal agent du commerce entre les deux pays. On en a la preuve dans les lettres écrites par le roi d'Angleterre Henri III à Réginald de Berneval et au frère templier Henri, leur enjoignant de lever l'arrêt mis sur les vaisseaux flamands arrivant de Gascogne, et qui avaient été chargés à La Rochelle, à Saint-Jean-d'Angely et dans d'autres villes appartenant aux ennemis du roi d'Angleterre. Celui-ci ordonna, en outre, de suspendre la saisie des marchandises et de mettre en liberté les otages flamands (17 mai 1226) (1).

« C'est surtout avec la Flandre, dit M. Gouget (2), que

---

(1) Wauters, *Diplômes belges*, tome VII, 2e partie, p. 600. Dreffus-Hardy, *Rotuli litterarum clausarum in turri Londonensi asservati*, tome II, p. 112. Fragment dans Hohlbaum, *Hansischen Urkendenbuch*, p. 63.

(2) *Mémoires pour servir à l'histoire de Niort*, loc. cit.

le commerce de Niort était le plus grand. La Flandre, pleine de métiers, cherchait partout la laine, comme font aujourd'hui les Anglais du coton ; elle l'attirait par une législation douanière, dont le mérite, alors très rare, était d'être stable, et par ses droits peu élevés. Le Poitou et la Flandre s'appelaient l'un l'autre, comme un pays de matières premières appelle un pays manufacturier ; la mer les rapprochait ; elle seule était la route de ces temps (1), puisque les routes de terre, d'ailleurs peu nombreuses, étaient le plus souvent impraticables entre des provinces tout à fait voisines. Ainsi descendaient la Sèvre ensemble, en ralliant à Marans les vaisseaux rochelais, ceux de Niort, chef-lieu d'un territoire à blé et à laine, où la vigne même était très cultivée (2), et ceux de Saint-Jean-d'Angely, chef-lieu d'un pays de vignes, tous deux greniers de l'exportation et comme arrière-ports de La Rochelle ».

Vers 1255, les Flamands voulurent profiter de cette activité commerciale pour augmenter les droits d'entrée dus par les marchandises amenées ainsi. De nombreuses exactions furent, paraît-il, commises au détriment des négociants du Poitou. Alors on vit les marchands de Niort, de Saint-Jean-d'Angely et de La Rochelle mettre la Flandre en interdit par une ligue où les trois villes s'engagèrent, l'une envers l'autre, à n'y rien importer (3). Cette coalition eut pour résultat d'amener la comtesse Marguerite à leur accorder, en 1262, des privilèges spéciaux lorsqu'ils viendraient au port de Gravelines et y

---

(1) Nous faisons toutes nos réserves sur ce point, car ainsi que nous l'avons vu plus haut, le tarif du péage de Bapaume prouve que les vins de La Rochelle entraient aussi en Flandre par les routes de terre.

(2) *Archives de la commune de Niort.* Aumôneries de Saint-Jacques et de Saint-Georges.

(3) Arcère : *Histoire de La Rochelle*, tome I, p. 219.

débarqueraient leurs marchandises. Ces privilèges, que nous allons analyser, montrent l'ancienneté et l'importance des relations commerciales entre la Flandre et le Poitou, car ils ne font que consacrer la situation exceptionnelle dont les négociants poitevins avaient joui antérieurement aux difficultés qu'ils venaient d'y éprouver.

La Comtesse s'adresse à ses « amez les maires et les communs de la vile de La Rochele, de la vile de Saint-Jehan d'Angeli et de la vile de Niort et à lor marcheans et à tous autres marcheans de Poitou, de Gascoingne et d'aillors de ces parties là, ki sunt et serunt de lor compagnie (leurs associés) » et qui viendront à Gravelines pour « marchander et besoigner de leurs marchandises ». Elle déclare d'abord qu'elle les prend, eux, leurs sergents, leurs valets et les gardiens de leurs marchandises, sous sa garde et protection dans toute l'étendue de ses terres, c'est-à-dire dans toute la Flandre et dans le Hainaut. Ils pourront, ainsi que leurs valets et sergents, aller et venir en toutes les villes, bourgs et localités quelconques de ses États, y amener leurs marchandises, les mettre en vente (*marchander*) en payant seulement les droits ordinaires et accoutumés, les vendre, les échanger ou en acheter d'autres, les mettre en gages (*en commandise*), les garder et conserver dans ces localités aussi longtemps qu'ils le voudront, s'associer à des gens sujets de la Comtesse ou d'autres seigneurs, pourvu que ceux-ci payent les mêmes droits que ceux dus par leurs associés. Si quelques-uns de ces marchands, de leurs sergents ou des gardiens de leurs marchandises avaient des procès (*convenoit plaidier*) à Gravelines ou ailleurs en Flandre et dans le Hainaut, les officiers de justice devront leur fournir conseil et avocat (*consel et amparlier*) toutes les fois qu'ils en seront requis et moyennant des honoraires raisonnables (*au cout resnable*). Si leurs procès viennent devant la justice, ils devront être jugés sans nulle surprise et sans mauvaise intention de les tromper (*ke on ne li voist à nule sous présure desconvenable, ne à nul mal engin de sa parole*).

L'inspection (*li regars*) des vins ne pourra être faite par les baillis de la Comtesse, par les échevins et par les officiers de la justice de Gravelines ou par quelque autre officier de sa part, qu'une fois par an lorsque les vins nouveaux seront arrivés à Gravelines (*après ke li moust nouvel serunt premièrement venu à Gravelinghes*). Sous prétexte d'inspection des vins et autres marchandises, les mêmes officiers n'auront pas le droit d'exiger la fermeture des celliers et des maisons où ils sont déposés, dont lesdits marchands ou leurs sergents conserveront les clefs. Si on trouvait du vin frelaté (*vins ki ne fust loiaul*), ceux à qui il appartiendrait devraient, dans le délai de vingt jours après l'inspection, le conduire hors des terres de la Comtesse, ou bien faire effondrer les tonneaux le contenant, en avertissant ou non de ce fait le bailli, les officiers de justice et les échevins; mais ils seraient quittes de tous les droits dus pour les tonneaux vides (*et li remandra quites li frés dou tonel*). Si, au bout de vingt jours, ils ne l'avaient pas fait, le bailli et les officiers de justice pourraient le faire faire eux-mêmes, et dans ce cas les droits dus pour les tonneaux resteraient acquis à la Comtesse (*et seroit adont li frés dou tonel nostres*). Dans le cas où il se trouverait du vin d'une qualité douteuse permettant d'espérer qu'il pourrait redevenir bon (*se il i avoit aucun vin dont on fust en doutance se il pourroit revenir en point ou non*), le tonneau qui le renfermerait devrait être scellé du sceau des échevins et rester ainsi tout le temps nécessaire pour savoir comment il se comportera. Si alors il redevient bon, le marchand pourra en disposer à sa volonté; dans le cas contraire, il sera traité comme le vin reconnu immédiatement mauvais. Mais on ne peut considérer comme vin de mauvaise qualité, et par conséquent faire effondrer le tonneau qui le contient, celui qui sera seulement reconnu comme étant faible ou qui consistera en un mélange de vin blanc et de vin rouge. Dans le cas où après l'inspection annuelle, il parviendrait aux gens de la justice ou aux échevins, des plaintes sur la qualité des vins des marchands du Poitou, on pourra de nouveau les examiner et les traiter ainsi qu'il vient d'être dit, s'ils sont reconnus mauvais.

Quand des habitants de Gravelines désireront s'associer avec ceux qui achèteront des vins ou d'autres denrées aux dits marchands, ils devront payer leurs parts en deniers comptants, si la vente desdits vins ou marchandises a été faite ainsi ; si la vente a été faite à crédit ou à terme, ils ne pourront pas s'associer avec les acheteurs. Le marché sera considéré comme définitif une fois le denier à Dieu donné, et l'acheteur ne pourra plus se dédire.

Les marchands du Poitou ne pourront être arrêtés, ni inquiétés dans leurs personnes et dans leurs biens à l'occasion des méfaits commis par leurs valets, sergents ou employés à la garde de leurs marchandises.

Si un ajournement était fait à un marchand, à son valet ou sergent pendant son absence, cet ajournement ne pourrait lui être préjudiciable si on voulait le lui opposer. Il pourrait prêter serment qu'il était absent, à moins que les échevins qui l'auraient ajourné, ne déclarassent qu'ils se sont adressés à sa personne même.

Les marchands pourront acheter des maisons à Gravelines et y loger avec eux autant d'associés ou d'autres gens qu'ils le voudront.

Quand leurs navires seront arrivés devant le port de Gravelines (*la havène de Gravelinghes*), ils ne pourront être abordés pour être allégés que par les barques (*les escutes*), que les marchands, leurs représentants (*ses commandemens*) ou les capitaines des navires (*li maistres de la nef*) auront commandées et attendront. La première barque ainsi commandée prendra sa charge complète (*tout arroutéement*) avant que les autres barques puissent commencer leur chargement, et ainsi de suite pour les autres, à la volonté desdits marchands, représentants ou capitaines. Nul maitre de barque (*escutemans*) ne pourra être associé à un autre (*compains de l'autre*), ni déchargeur de vins.

Les marchands ou leurs représentants pourront faire saisir la personne et les biens de leurs débiteurs selon les coutumes du lieu où la dette et le protêt (*sa connissance*) auront été faits. Si les débiteurs étaient en fuite, la Comtesse s'engage à les faire arrêter dans le cas où ils seraient trouvés sur ses terres et à les faire ramener en prison dans le lieu d'où ils s'étaient enfuis. Tous les biens du débiteur et de sa femme devront être délivrés en payement au marchand créancier.

Les marchands pourront payer ce qu'ils devront aux capitaines des navires en une part de leurs marchandises, de manière à ce que ces derniers ou leurs représentants s'en déclarent satisfaits.

S'il survenait des différends entre la Comtesse et les habitants de Gravelines, soit à cause de la guerre, du droit *d'ost et de checauchée*, de taxe à l'occasion de la moisson ou de la pêche du hareng, on ne pourra jamais infliger aucune imposition, droit ou loi nouvelle aux dits marchands, à leurs gens et à leurs représentants à ce propos.

Vient ensuite, afin que les marchands puissent en avoir une parfaite connaissance, le tarif des droits dus au port de Gravelines, tel qu'il appert des anciennes coutumes de cette ville. Le vendeur doit pour chaque tonneau de vin vendu dans le port même et sur le navire (*en l'iauwe dou dit port*), quatre deniers tournois ; pour chaque tonneau débarqué et vendu sur le port (*en terre sèche*), dans la ville de Gravelines, soit aux celliers (magasins et entrepôts des vins), soit dehors, le vendeur payera 4 deniers monnaie de Flandre (d'un cinquième plus forte). L'acheteur payera autant, à moins qu'il ne soit exempt en vertu de privilèges ou autrement. Quant aux autres marchandises et denrées, le vendeur et l'acheteur acquitteront les droits établis par les usages des lieux. Il est spécifié qu'aucune augmentation de droit ne pourra être faite spécialement pour les dits marchands, leurs gens et leurs marchandises.

Ces droits une fois payés, leurs sergents et leurs représentants pourront introduire dans le port et dans la ville de Gravelines leurs biens et leurs marchandises, les remporter ou les déposer hors de la ville (*retraire fors*) quand ils le voudront, sans être sujets à aucune opposition de la part de la Comtesse ou de quelque autre personne, à la condition cependant que, lorsqu'ils viendront audit port avec leurs marchandises, ils payeront les droits ordinaires pour celles qui n'y seront pas déchargées ou vendues.

Les échevins de Gravelines devront recevoir (*oïr*) les chartes, chyrographes et reconnaissances de dettes, présentés par les marchands, toutes les fois qu'ils en seront requis par eux ou par leurs représentants, et ils auront la garde des contre-parties desdits chyrographes et chartes, sans pouvoir exiger aucuns débours à cette occasion.

Les débardeurs (*li bromant*) devront décharger les vins avec ordre (*arroulécment*) comme ils se présenteront et les déposer dans les celliers et dans les caves (*roltes*), de manière à ne pas causer par leur faute ou par leur négligence de dommage aux marchands ; ils seront personnellement responsables du dommage résultant de leur fait.

Les échevins et le bailli de la Comtesse devront établir

un tarif (*fuer*) loyal et convenable pour régler les droits dus pour le dépôt des vins dans les celliers et dans les caves; s'ils ne le font pas, la Comtesse le fera fixer par ses officiers.

Les débardeurs déchargeront les tonneaux de vin des barques, les chargeront sur les voitures, puis les déchargeront des voitures pour les placer et les déposer dans les celliers et dans les caves, moyennant 10 deniers, monnaie de Flandre, par tonneau; le droit sera de 6 deniers par tonneau hissé avec la grue (*guindé*) sur la voiture, puis déchargé et placé dans les caves et celliers ; de 10 deniers par tonneau sorti des caves et celliers, chargé sur voiture, puis déchargé et embarqué sur des barques ; de 6 deniers par tonneau simplement retiré des celliers ou caves, puis chargé sur voiture. Les voitures chargées au delà de l'écluse devront conduire les tonneaux de vin à Gravelines dans les endroits désignés par les marchands, moyennant 10 deniers par tonneau; en deçà de l'écluse, près du fossé de la ville, moyennant 7 deniers, et *devant la ville*, c'est-à-dire au delà du fossé, pour 5 deniers, monnaie de Flandre. Si, par la faute des maîtres débardeurs ou de leurs aides, de leurs cordes ou de leurs instruments, par le fait des maîtres charretiers ou conducteurs des voitures, par le mauvais état des voitures et par la manière dont les tonneaux y auraient été arrimés (*des tonneaux loier*), il arrivait que ceux-ci fussent brisés et le vin qu'ils renfermaient répandu, ceux par la faute de qui le dommage résulterait, seraient tenus d'en indemniser complètement le marchand ou son représentant.

Un règlement devra spécifier que les marchands pourront conserver un an et un jour, s'ils le veulent, les caves et les celliers qu'ils auraient loués, d'abord pour une ou plusieurs semaines seulement, ou, au contraire, les quitter lorsqu'ils le désireront, en payant le montant du loyer correspondant au temps pendant lequel ils les auront occupés.

Les jaugeurs devront jauger les vins à l'exacte jauge (*droite verge*) de Bruges, moyennant 2 deniers par tonneau, et le courtier touchera 12 deniers par tonneau qu'il aura fait vendre. Mais il ne pourra toucher aucun courtage lorsqu'il n'aura pas été présent au marché et au don du denier à Dieu, et s'il ne s'est pas présenté sur la demande du vendeur et de l'acheteur. Les courtiers ne pourront être associés les uns avec les autres pour l'exercice de cette profession, ni loger les vendeurs et les acheteurs de vins, ni faire partie d'une compagnie commerciale (*ni compains de marchandises*), tant qu'ils l'exerceront. De même que les jaugeurs, ils devront prêter serment de remplir loyalement leurs fonctions. S'il était prouvé qu'ils eussent commis des infractions à ce sujet, on pourrait leur enlever leur office pour en pourvoir d'autres personnes à charge par ces dernières d'observer les points ci-dessus.

Si aucuns desdits marchands, et que cela n'advienne, de leurs sergents ou de leurs valets étaient passibles de la juridiction de la franche vérité de Gravelines, le bailli et ladite justice ne pourront les condamner à des peines les frappant dans leurs personnes et leurs biens. Ils devront êtres conduits en la présence de la Comtesse ou de ses successeurs où ils seront jugés en toute équité et en toute droiture, toutes ruse, déloyauté et fausseté mises de côté; la Comtesse les traitera conformément à la raison, comme un bon seigneur traite ses sujets.

La Comtesse déclare ensuite qu'elle entend que les dits marchands jouissent des mêmes avantages que ceux accordés par les bonnes et anciennes coutumes dans l'étendue de ses terres, aux autres marchands étrangers, pour leurs personnes et leurs biens dans tous les endroits où ils se trouveront.

Guy, comte de Flandre, fils de la comtesse Marguerite, approuva et ratifia l'octroi de ces franchises, en son nom et pour ses successeurs, comtes de Flandre (1).

Nous n'avons pas de documents nous faisant connaître, d'une manière aussi détaillée, les relations des marchands de La Rochelle, Niort et St-Jean-d'Angely, avec les autres ports et les grandes villes industrielles et commerçantes de la Flandre au XIIIe siècle. Nous savons d'une manière certaine qu'à cette époque ils fréquentaient déjà et depuis longtemps L'Écluse, Damme, Bruges, Gand et Ypres. Il est bon de remarquer, d'ailleurs, que dans le préambule de cette charte de franchises, la Comtesse déclare que les marchands du Poitou jouiront des privilèges qu'elle leur concède, non seulement à Gravelines, mais encore dans toutes les autres localités situées dans l'étendue de ses terres. Il est permis de penser aussi, qu'à une époque où la navigation hauturière était encore pleine de périls, la situation géographique de Gravelines dont le port était moins éloigné de La Rochelle que ceux de L'Écluse et de Damme, l'avait fait choisir de préférence à tous ceux de la côte de Flandre par les marins rochelais pour y débarquer leurs cargaisons. Les marchandises, les vins surtout ainsi débarqués et entreposés à Gravelines, étaient ensuite réexpédiés par les routes de terre dans tout le comté de Flandre et peut-être dans les grandes villes que nous venons de nommer qui ne les recevaient que rarement directement par les voies maritime et fluviale.

Quoi qu'il en soit, les comptes et les autres titres conservés dans les archives de la ville de Bruges mentionnent souvent, dans la seconde moitié du XIIIe siècle,

(1) Cette charte datée du mois de juin 1262 et dont l'original est conservé aux *Archives du Nord, B. 96*, a été publiée parmi les pièces justificatives du mémoire de M. Gouget, cité ci-dessus, d'après une copie appartenant à la Société des Antiquaires de l'Ouest.

l'importation des vins de La Rochelle et même l'établissement de marchands rochelais dans cette ville. Voici, d'ailleurs, les principaux renseignements qu'ils nous fournissent à cet égard. En 1271, on remarque dans l'état des marchandises saisies sur des vaisseaux anglais lors des difficultés qui avaient éclaté entre Henri III, roi d'Angleterre, et la comtesse Marguerite, que les vins de La Rochelle (*Rutselle* en flamand), de Bayonne (*Byane*), de Saint-Jean-d'Angely (*Saint-Jehan*), de Gascogne (*Gascongne*) et de Poitou (*Poitau*), figurent à côté de ceux de Grenache, de Grèce, du Rhin, de Bourgogne, d'Espagne, d'Alsace et de France (1). Les textes de cette époque mentionnent souvent à Bruges, d'après le savant archiviste M. L. Gjlliodts van Severen, les *rood* ou *roe wins*, *witte beane, witte bayoene, paelgette* (paillette), *poitous, malvesic*, etc. (2). En 1306, deux tonneaux de vin de Gascogne sont estimés 51 livres, 13 sols (3). Le *Livre Rouge* (*Roodenboch*) des Archives de Bruges fait encore mention des vins de Poitou, de La Rochelle, de St-Jean-d'Angely, de Grenache et d'Angleterre. Ces derniers nous paraissent être des vins de Gascogne embarqués à Bordeaux pour l'Angleterre, d'où ils étaient réexpédiés en Flandre (4).

(1) *Inventaire des Archives de la ville de Bruges*, par L. Gilliodts van Severen, t. II, p. 200. Gesproech buchlein ap. Hoffmann, IX, 93.
(2) Idem, *Ibidem*.
(3) Idem, *Ibidem*, Roodenbooch, f° 8, verso, n° 6.
(4) Idem, *Ibidem*, C. 1302, f° 26. « Item, van cens poitevins wine, XIII, vate (tonneaux). » N° 23. « Item, bi Jan Breidele, van IX vaten wyns van Rochele, XC lib. (9 tonneaux de vin de La Rochelle, importés par Jean Breidele, valaient 90 livres). » C. 1304, f° 41, n° 6. « Item, van i vate wyns van der Inghelscher wine. » F° 41, verso, n° 14. C. 1349-1350, f° 117, n° 4. « Van VI stopen garnaten (6 bouteilles de vin de Grenache), die myris keren boden drouken up tyhiselhuns, XLVIII sols. » C. 1350-1351, f° 119, n° 1. « Van XIII stopen garnaten die schepenen ende rauen drouken bin den omneganghe, III lib., XVI sols. » C. 1302, f° 26, n° 7. Summaex C IIII vaten van Sinte-Jans ende Cascoingne. Item XXX bastarde. (Le vin bâtard, fort souvent mentionné au moyen âge, était, croit-on, le *passum* de Pline, vin fait avec du raisin séché au soleil, ce que l'on appelle dans la Bourgogne et la Franche-Comté, vin de *paille*.

On trouvera encore dans les comptes et les pièces justificatives qui y sont annexées se rapportant aux dépenses des comtes de Flandre et des comtes de Hainaut, de nombreux renseignements sur les vins de La Rochelle et de Saint-Jean-d'Angely qui prouveront le grand cas qu'on en faisait à la cour de ces princes (1). Nous ne citerons que la liste des présents offerts par les villes de Flandre à la comtesse Marguerite de France, femme de Louis de Nevers, lorsqu'elle vint en Flandre au mois d'octobre 1329. La ville d'Audenarde lui fit présent de 2 tonneaux de vin de Saint-Jean-d'Angely ; celle de Gand, de 10 tonneaux du même vin et de 10 tonneaux de vin du Rhin ; celle de Bruges, de 8 tonneaux de vin de St-Jean et de deux queues de vin du Rhin ; la corporation des marchands d'Allemagne en ladite ville, de douze pièces de vin de Chio ; la ville de Roulers, d'un tonneau de vin de St-Jean ; celle d'Ypres, de quatre tonneaux de vin de St-Jean, d'un tonneau de vin de La Rochelle et d'une pièce de vin du Rhin (2). Il est à remarquer que ce sont les villes seules, et non les grands personnages ou les abbayes, qui offrent en présent à la Comtesse des vins fins, parce qu'elles pouvaient facilement se les procurer dans leurs caves toujours bien approvisionnées et dans les entrepôts que les marchands étrangers avaient établis à Bruges, Gand et Ypres. On trouve même les vins de La Rochelle vendus couramment à Douai, en 1284, pendant les troubles qui éclatèrent entre les bourgeois de cette ville et ceux de Lille (3). Un acte de 1291 mentionne la vente de 7 tonneaux de vin de La Rochelle, faite à Tournai par Gilles Mouskés au profit de Gilles Quarette, de Valenciennes ; celui-ci à son tour dut payer

(1) Tome VII de l'*Inventaire des Archives du Nord. Passim.*
(2) *Archives du Nord. Chambre des Comptes de Lille.* B. 3.231.
(3) Duthillœul, *Lille et Douai au XIIIe siècle*, p. 102.

un droit de *forage* au profit du chantre de la cathédrale (1). Cependant nous n'avons pas de renseignements positifs sur l'établissement de marchands rochelais à Bruges à la fin du XIIIe siècle. D'après les comptes de cette ville de 1285, trois habitants de Montpellier, un de Bayonne et un de Narbonne, auraient été reçus comme bourgeois pendant cette année (2). Ce silence au sujet des habitants de La Rochelle est peut-être purement accidentel. .Comme nous ne possédons pas les registres de bourgeoisie de Gravelines, nous ne savons pas non plus d'une manière certaine si des Rochelais s'y établirent. Mais il ne saurait être contesté qu'à la fin du XIIIe siècle, beaucoup de draps étaient exportés à La Rochelle par le port d'Abbeville. Un arrêt du parlement de Paris en date du 9 février 1269, déclare que les bourgeois de St-Omer qui enverront par cette voie leurs draps à La Rochelle, ne devront pas payer les tonlieux perçus au profit du roi de France à Roye, Crépy et Compiègne. Ils étaient aussi exempts de celui de Bapaume dû au comte de Flandre (3).

Mais les guerres qui éclatèrent alors entre les rois de France et d'Angleterre, et qui sévirent entre les deux nations pendant une vingtaine d'années, presque sans interruption, n'allaient pas tarder à jeter une grande perturbation dans les relations commerciales de la Flandre avec La Rochelle et avec les autres ports de l'Atlantique. Lors des trèves, ces relations étaient reprises, du moins pour quelque temps, mais toujours d'une manière précaire. Ces trèves donnaient lieu d'abord à une foule de réclamations au sujet des pertes réciproques éprouvées par les mar-

---

(1) Wauters. *Diplômes belges*. tome VI, p. 466. *Bulletins de la Commission royale d'histoire*, 1re série, tome IX, p. 145. De Reiffenberg, *Chronique de Philippe Mouskés*, tome II. Supplément, p. 29.

(2) Wauters, *Diplômes belges. Introduction*, p. LXXXVIII.

(3) Idem, tome V, p. 423. — Beugnot, *Les Olim*, tome I, p. 739.

chands flamands et français. C'est qu'en effet ces guerres avaient eu pour résultat de développer la piraterie ou plutôt l'armement de véritables corsaires aussi bien en Flandre qu'à La Rochelle et à Bayonne. Le littoral flamand, le *littus saxonicum*, avait déjà vu, d'ailleurs, au IIIe siècle, les exploits des pirates saxons qui élirent même à l'Empire le ménapien Carausius. Plus tard, les corsaires de Dunkerque, de Calais et de Boulogne se signalèrent sous Louis XIV et pendant les guerres de la République et de l'Empire. Quant à ceux de La Rochelle et de Bayonne, ils ont aussi la réputation de s'être comportés à ces deux époques comme de hardis et braves marins. En outre, les Anglais ne se privaient pas d'enlever à leur profit, sans aucune distinction, les navires flamands et rochelais.

Les Archives des villes de Flandre et du département du Nord ont conservé trace des plaintes portées par les marchands spoliés et des enquêtes poursuivies afin de leur donner satisfaction.

Ainsi, en 1315, un bourgeois de la Mude expose que les Anglais lui ont enlevé un navire appelé *Cruesenbuerch*, chargé de 206 tonneaux de vin de *Saint-Savien* en Poitou (1); Lambert Le Blanc, de Damme, que les mêmes lui ont pris : 1° un navire (*coghe*) appelé *Paradis*, qui avait été chargé de 174 tonneaux de vin à *Nendes* en Poitou (2); 2° un bâtiment vide destiné à charger du froment à Saint-Malo; 3° un autre bâtiment vide qui se rendait à La Rochelle (3). La même année, Gilles Hooft,

---

(1) Saint-Savin, chef-lieu de canton de l'arrondissement de Montmorillon (Vienne).

(2) Nedde, canton d'Eymoutiers, arrondissement de Limoges, localité située sur la Vienne.

(3) *Inventaire des chartes des comtés de Flandre, déposées autrefois au château de Rupelmonde et conservées aujourd'hui aux Archives de la Flandre Orientale, à Gand*, par Saint-Genois, p. 377.

de Damme, remontre au comte de Flandre qu'il a perdu 17 tonneaux de vin *bastart*, 2 pipes et 4 tonneaux de vin rouge, et déclare que ce qui se trouvait dans le navire de Guillaume Amis, capturé dans le port de Wurkelze (?) par les Anglais, lui appartenait ; que le roi d'Angleterre ordonna de le lui restituer, mais qu'il n'en put rien obtenir (1).

Cependant, ce fut pendant la période qui s'étend depuis la paix de 1315 jusqu'au commencement de la guerre de Cent-Ans, vers 1340, que les relations commerciales entre la Flandre et La Rochelle se développèrent surtout. En 1331, le comte Louis de Nevers accorda aux marchands de cette ville et de celle de St-Jean-d'Angely, des privilèges leur permettant d'amener et de vendre leurs vins à Damme, privilèges assez analogues à ceux que la comtesse Marguerite leur avaient octroyés à Gravelines. Il déclare que c'est sur la requête que les « maires, communes, bourgeois et marchans » des dites villes lui avaient fait présenter par leurs envoyés spéciaux (*messaigés*) Aymar de Lampsant, échevin de la ville de St-Jean-d'Angely, Pierre Odoneau, sous-maire de cette ville, Mathieu Barant, bourgeois de La Rochelle, qu'il leur accorde pour eux et leurs successeurs amenant leurs vins, marchandises et denrées dans le Zwin, baie profonde de la mer du Nord qui, formait le port de Damme, ou dans un autre port dans l'étendue de ses terres, par eau ou par terre et venant à l'étaple de la ville de Damme, les franchises suivantes :

Premièrement, il prend dès maintenant sous sa « sauve et espéciale garde » lesdits bourgeois et marchands, leurs valets, leur famille, les gardiens de leurs marchandises, enjoingnant à ses sujets de les respecter et aux bourgmestres et échevins de la ville de Damme, de punir et condamner selon la loi de ladite ville et l'importance du

---

(1) Idem, *Ibidem (Incentaire des Chartes des comtes de Flandre, etc.)*.— Bande annexée au rouleau de parchemin contenant la plainte précédente. Jeudi avant la St-André (27 novembre) 1315.

méfait, les malfaiteurs qui auront molesté les dits marchands, bourgeois et gardiens, en leurs personnes ou en leurs biens, dans l'étendue de la banlieue et franchise de Damme. Aucunes nouvelles coutumes, loi ou taxe (*establissement*) ne pourront leur être dorénavant imposées, ni sur leurs représentants (*adcoués*), ni sur leurs marchandises ; au contraire, ils ne seront tenus d'acquitter que les *bonnes et anciennes coutumes* (*les anciens droits*), sans que le Comte ou quelque autre autorité dans l'étendue de ses terres, puissent les obliger à payer « don ou prêt, taille, aide, subvention ou autre service à nous ou autre », pour quelque nécessité qu'il advienne, à moins que de leur propre volonté et consentement.

Quand seront arrivés dans le Zwin ou sur un autre point du littoral de Flandre les vaisseaux chargés des marchandises des dits marchands et bourgeois, s'il leur advient alors de faire naufrage (*se aventuroient*), ni le Comte, ni aucun autre officier ou seigneur ne pourront élever de prétention, ni réclamer aucun droit sur les marchandises naufragées. Elles reviendront, au contraire, de plein droit à leurs propriétaires s'ils parviennent à les recouvrer, après avoir prouvé qu'ils ont indemnisé de leur travail ceux qui les auront aidés à les recueillir et sauver. Toutefois, si le propriétaire de ces marchandises et ceux qui montaient le navire qui les transportaient, périssaient avec elles, sans qu'il en réchappât ni homme, ni *bête vive*, il pourrait alors être disposé dudit navire naufragé selon la manière accoutumée de toute ancienneté, à la réserve du droit du Comte.

Lesdits bourgeois et marchands auront la faculté de vendre leurs vins et marchandises, soit sur leurs navires (*nefs*), soit sur les bateaux (*couraulx*), soit sur les barques (*escoutes*) ou sur toute autre embarcation, sur l'eau ou hors de l'eau (*en yève ou hors yève*), dans la rue, dans les celliers ou ailleurs, sans encourir aucune amende envers le Comte ou envers tout autre, pourvu que les dites marchandises soient entrées dans la banlieue ou franchise de la ville de Damme, en payant les droits et les redevances perçus actuellement. Ils pourront, eux, leurs valets et les gardiens de leurs marchandises, conserver continuellement les clés des entrepôts où seront déposés leurs vins et leurs denrées, y aller jour et nuit avec de la lumière pour y ouiller (*aoiller*) leurs vins et les mélanger les uns avec les autres, pourvu qu'il ne s'y trouve aucun vin de mauvaise qualité (*puant*) et corrompu. Personne ne pourra entrer dans les dits magasins sans la permission des propriétaires desdites marchandises, ni percer les fûts pour goûter les vins sans leur autorisation ou celle du bailli du Comte, sur l'ordre spécial et pour le service de ce dernier, sous peine de 60 livres parisis d'amende, encourus par les contrevenants au profit dudit Comte.

Lesdits bourgeois et marchands pourront vendre ou conserver aussi longtemps qu'ils le désireront, leurs marchandises ou les transporter où ils voudront, par mer ou par terre, sans être contraints ni à les vendre, ni à les exporter (*geter hors*).

Il est interdit aux patrons des bateaux et des barques qui amèneront les vins et marchandises desdits bourgeois et marchands, de s'associer entre eux (*ne soient compaignons ou parçonniers les uns aus autres*), sous peine de 10 livres parisis d'amende, encourus par les contrevenants au profit du Comte.

Les débardeurs (*brumans*) qui déchargeront, chargeront, conduiront, rouleront et remiseront les vins desdits marchands dans les celliers, devront se contenter du salaire accoutumé, savoir : un gros par tonneau pour chaque fois qu'ils le chargeront et rouleront d'une maison à une autre. Moyennant ledit salaire, qui ne sera ni augmenté ni diminué, les débardeurs seront tenus de charger et rouler les vins toutes les fois qu'ils en seront requis.

Une fois que les vins auront été vendus et sortis du cellier, le vendeur ne sera plus responsable d'erreur de jauge ou du fait d'un dépôt de lie trop considérable dans le tonneau (*de trop lie*).

Aucun courtier, ni présent, ni futur, ne pourra acheter des vins dans le comté de Flandre pour les revendre, ni s'associer avec aucune personne pour faire le commerce, sous peine d'une amende de 60 livres parisis, encourue au profit du Comte.

Les dits bourgeois et marchands ne pourront être tenus à plus que ne le portent les lettres d'obligation (*chartes*) passées par eux devant les échevins de Damme. Défense est faite de mettre à exécution contre leurs personnes et leurs biens aucun jugement avant de les avoir fait dûment citer et appeler en personne, s'ils sont trouvés dans la maison où ils demeurent à Damme.

Ils pourront ainsi que leurs représentants et les gardiens de leurs biens, obtenir justice en tout temps, nonobstant guerres, saisons de moisson ou de pêche du hareng (*harengueson*) ou tout autre empêchement. Ils auront le droit d'entrer et de sortir quand ils le voudront, des navires, autres embarcations ou locaux où seront déposés leurs vins et marchandises, sans pouvoir toutefois emmener personne pour trafiquer hors de la franchise et banlieue de Damme. Ils ne devront pas être molestés dans leurs personnes et leurs biens à l'occasion du méfait commis par leurs valets ou les gardiens de leurs biens.

Le marchand qui sera dûment convaincu, d'après les règles prescrites par les anciennes coutumes, d'avoir falsifié ses vins (*affaictier vins de mauvais affaictement*), encourra une amende de 60 livres parisis au profit du Comte pour toute peine, sans confiscation des dits vins (1).

Les hostilités entre la France et l'Angleterre ayant recommencé vers 1337, jetèrent une nouvelle perturbation dans les relations entre la Flandre et les villes de La Rochelle et de St-Jean-d'Angely qui furent plusieurs fois prises et occupées par les Anglais. Aussi, pendant toute la durée de la guerre de Cent-Ans, elles ne reprirent que fort irrégulièrement, à la faveur des courtes trèves conclues entre les deux nations. Encore, malgré la paix officielle signée entre elles, les vaisseaux flamands et rochelais qui se hasardaient à faire le trafic, étaient souvent la proie des corsaires français et anglais qui se préoccupaient peu des traités. A chaque négociation pour la conclusion d'une nouvelle trève, les prises faites de part et d'autre donnaient lieu à de nombreuses réclamations qui sont de curieux documents pour l'histoire du commerce maritime. Ainsi, en 1351, le comte de Flandre Louis de Male, transmettant au roi de France, plusieurs doléances de ses sujets, recommande particulièrement à sa justice celles des Flamands demandant la restitution de marchandises qui leur avaient été enlevées dans les ports du Crotoy et de La Rochelle. Henri Braderic, Jacquême Buc, bourgeois de Bruges et de L'Écluse, et Jean Mourman, supplient qu'on leur rende ce qui leur avait été enlevé devant le port de La Rochelle. Jean Mourman avait fait de nombreuses démarches à ce sujet et obtenu même des

(1) Vidimus par Barthomé Huguecéa, garde du scel royal établi pour les contrats au profit du roi de France, à La Rochelle, en date du 17 décembre 1397, des lettres patentes du duc de Bourgogne, comte de Flandre, Philippe le Hardi, en date de décembre 1385, confirmant celles par lesquelles le comte Louis de Nevers avait accordé des privilèges aux habitants des villes de La Rochelle et de Saint-Jean-d'Angely qui viendraient trafiquer en Flandre et débarqueraient au port de Damme, du 21 novembre 1331. — *Archives du Nord*, B. 671 et 1598, 3ᵉ registre des chartes, fᵒ 87, verso. — Ces lettres furent encore vidimées et confirmées par le duc Jean Sans Peur au mois de juin 1409 et par le duc Philippe le Bon au mois de juin 1439.

lettres royaux qui n'avaient pu être mises à exécution. Au contraire, les détenteurs des marchandises enlevées voulaient l'entraîner dans un procès, lui et ses associés, au moyen de lettres subreptices et d'autres artifices de procédure, espérant qu'il lui serait impossible de se défendre en justice à cause de son ignorance des coutumes et des lois du pays. Cependant, ces détenteurs avaient reconnu devant le chancelier de France qu'ils avaient pris aux dits suppliants 88 tonneaux de seigle, et les capitaines de la ville de Nantes avaient écrit au Chancelier pour attester ladite prise (*roberie*). Nous ne savons quelle fut la suite donnée à cette réclamation (1).

En 1385, Philippe le Hardi, duc de Bourgogne et comte de Flandre, ayant confirmé les privilèges accordés, en 1331, aux bourgeois et aux marchands de La Rochelle par le comte Louis de Male, ceux-ci profitèrent de la période de paix relative qui s'ouvrit alors, pour renouer leurs relations avec la Flandre. Elles devinrent fréquentes et actives, ainsi que vont nous le faire voir les documents que nous allons analyser, et, dix ans après, un acte du 10 janvier 1395 (n. st.), nous montre même un rochelais, Jacques Ponssard, établi à Bruges et y possédant une maison portant pour enseigne *le Helle* (2).

En 1386, Pierre Varopel, maître et pourvoyeur des *garnisons*, c'est-à-dire des provisions de grains, de vins et de fourrages tant de l'hôtel du Duc que de celui de la duchesse de Bourgogne, fut chargé de réunir à Bruges les denrées de toute nature et les ustensiles de tous genres nécessaires à l'équipement du navire ducal qui devait prendre part à l'expédition que le roi Charles VI se proposait alors de diriger contre l'Angleterre. Parmi les vins

---

(1) *Archives du Nord*. B. 839. *Pièce justificative n° 3*.

(2) *Inventaire des Archives de la ville de Bruges*, tome III, p. 300, n° 779.

embarqués qui ne s'élevaient pas à moins de 857 queues comprenant des vins rouges de Bar-sur-Aube, rouges et blancs de Bourgogne, de Grenache, de Malvoisie, de Grèce et de Roumanie, on remarque 89 tonneaux de vin vermeil de Poitou et 12 tonneaux de vin blanc du même pays (1). On sait quel fut le sort de l'expédition ordonnée par Charles VI et préparée par les soins de l'amiral Jean de Vienne qui avait fait réunir une flotte de 1,280 vaisseaux dans les ports des côtes de Normandie et de Flandre. Il y en avait assez, dit Froissart, pour faire un pont de Calais à Douvres. Charles VI se rendit à L'Écluse où la plus grande partie de cette flotte était assemblée afin de se mettre à la tête de l'expédition. Mais le départ dut être ajourné par suite de retards provenant du fait du duc de Berry qui ne put être prêt que le 14 septembre. A cette époque de l'année, l'état de la mer ne permettait plus une navigation assez sûre et l'affaire fut remise au printemps. Mais pendant l'hiver la plus grande partie des vaisseaux fut brûlée ou prise par les Anglais. La flotte anglaise croisa, en effet, de novembre 1386 à avril 1387 entre les côtes de Cornouailles et celles de Normandie, épiant les navires français. Elle se trouvait dans les derniers jours de mars, dit M. Kerwyn de Lettenhove (2), à l'embouchure de la Tamise, lorsqu'on signala les voiles ennemies à l'horizon ; c'était la flotte du duc de Bourgogne, commandée par un chevalier leliaert, nommé messire Jean Buyck, qui escortait un grand nombre de navires de La Rochelle, chargés de 12 à 13,000 tonneaux de vins de Saintonge et de Poitou. Après un combat acharné dont Froissart raconte les péripéties (3), la victoire resta aux Anglais qui prirent l'amiral

---

(1) *Archives du Nord.* Compte de Pierre Varopel. B. 3,328. Voir l'Introduction du tome VII de *l'Inventaire des Archives du Nord*, p. LXXIX à LXXXIII.

(2) *Histoire de Flandre,* Tome IV, p. 64 et suiv.

(3) Tome III, p. 46. (Édit. Kerwyn de Lettenhove).

Jean Buyck et, avec lui, 126 de ses navires. Pendant toute cette année, tandis que les vins de Saintonge se vendaient à vil prix en Angleterre, ils manquèrent complètement en Flandre, ce qui augmenta les murmures du peuple. C'est alors que l'importation des vins de Bourgogne commença à être plus importante en Flandre et à prendre le dessus sur celle des vins de Poitou.

Dans les comptes de Michel Le Bourguignon, sommelier de l'échansonnerie du Duc et garde de ses vins à Arras, de 1386 à 1401 (1), les vins que l'on trouve le plus fréquemment cités comme déposés dans les caves et livrés à l'hôtel, sont ceux de Beaune, d'Arbois, de Blandans et de Poligny dans le comté de Bourgogne (2), de Bar-sur-Aube, de Grenache, du Rhin, le vin français rouge (*vermeil*) et blanc, celui de Nevers, de Germolle dans le Mâconnais, du *Lannois*, (des environs de Laon), de Hermonville (arrond. de Châlons-sur-Marne), de *Gevry* (Gevrey-Chambertin) et de Malvoisie. Les vins de Gascogne et de Poitou ne figurent pas expressément. Ils étaient peut-être désignés sous le nom de *vins français*, qui, d'ailleurs, n'étaient qu'en très faible quantité dans les caves ducales. Celles-ci contenaient à Lille à l'hôtel de la Poterne au mois de février 1388 (n-st.) (3) 2 queues de vin de *Lannois vermeil*, une queue de vin *français* blanc, une pièce de vin de Grèce, conservée depuis la mort du comte Louis de Male ; à la maison *au Kien :* 9 queues de vin *français vermeil* « que messire Jehan de Clamesi fist acheter quant monseigneur de Nevers fu à Lille, » 2 queues de vin vieux, amenées de Damme, l'un de vin rouge et l'autre de vin blanc (4) ; au Château : 2 petites *botes* (tonnelets)

(1) *Archives du Nord*, B. 3329.
(2) Aujourd'hui, département du Jura.
(3) *Archives du Nord*, B. 1816. N° 31°.
(4) Ces deux queues renfermaient peut-être des vins de Gascogne ou de Poitou.

de Malvoisie, amenées de Damme, 2 *botes* de vin de Grèce, 2 queues de vin de *Lupes* (peut-être de Lépante), une *demi-bote* de vin de Roumanie, 3 queues de vin de Beaune, une queue de vin de Bar-sur-Aube.

Ainsi c'étaient bien, comme nous l'avons dit, les vins de Bourgogne et les vins étrangers qui avaient alors supplanté les vins de Gascogne et de Poitou sur les marchés de Flandre où ils abondaient autrefois. Cependant, malgré les périls qui entouraient la navigation, on peut croire que les villes et les contrées du littoral de la mer du Nord continuèrent à recevoir des vins de La Rochelle, de St-Jean-d'Angely et de Gascogne, ce qui explique la persistance de la faveur dont ils ont joui auprès des habitants de ces pays. Encore aujourd'hui, les arrondissements de Dunkerque et d'Hazebrouck dans le département du Nord, les provinces belges de la Flandre Occidentale et Orientale, sont réputés pour leurs caves garnies des crus du Bordelais les plus renommés, tandis que la partie sud du département du Nord, le Hainaut belge, le Brabant, les provinces de Liège et de Namur préfèrent les approvisionner en grands vins de Bourgogne.

L'hôtel des ducs de Bourgogne fut toujours approvisionné en vins provenant de cette province et de la Franche-Comté. On ne trouve dans les états de leur hôtel, indiquant chaque jour la nature et la quantité des denrées qui y étaient consommées, qu'une seule mention de vin de Gascogne ; ce fut lors de l'accident de l'archiduchesse Marie, fille de Charles le Téméraire et femme de Maximilien, qui, le 16 mars 1482, chassant au faucon, se blessa mortellement en tombant de cheval. Le lendemain de l'accident, le 17 mars, on acheta à Bruges, pour cette princesse, un lot de vin de Gascogne qui fut payé 1 sols (1).

En 1411, pendant les négociations entamées entre le duc

---

(1) *Archives du Nord*, B. 3115.

Jean Sans Peur et les envoyés du roi d'Angleterre, les Anglais relâchèrent spontanément plusieurs vaisseaux flamands qu'ils avaient capturés à La Rochelle. Cet acte habile produisit un grand effet sur les négociateurs réunis à Calais. Une trêve finit par être signée et Nicolas Scoorken partit pour l'Angleterre, réclamer du prince de Galles la délivrance de dix navires de Flandre, chargés de vins et arrêtés à leur retour de La Rochelle (1). Cette quantité relativement considérable de dix vaisseaux revenant de La Rochelle avec leurs cargaisons de vins, montre que, malgré la guerre, les relations commerciales n'étaient pas complètement interrompues entre la Flandre et ce grand port de l'Atlantique, au commencement du XVe siècle. Elles se développèrent même à la faveur de cette trêve pour être plus tard presque complètement interrompues quand le duc Philippe le Bon eut fait alliance avec l'Angleterre contre la France. Comme les Rochelais restèrent fidèlement attachés au roi Charles VII, les vaisseaux flamands durent aller faire leur approvisionnement de vins à Bayonne et à Biarritz, ainsi que nous le verrons plus loin.

Après le traité d'Arras, en 1435, quand, au contraire, le duc de Bourgogne, ayant conclu la paix avec la France, fut en guerre avec l'Angleterre, les relations purent être reprises avec La Rochelle, tandis qu'elles furent interrompues avec Bayonne. Mais les Anglais se mirent alors à faire la chasse aux navires flamands naviguant dans la Manche et l'Atlantique. C'est ce que le duc Philippe le Bon constate dans des lettres de non-préjudice, délivrées aux habitants de Bruges le 12 juin 1436, exemptant de le suivre dans l'expédition dirigée contre Calais, les milices de L'Écluse, « parce que, dit-il, nostre

---

(1) *Inventaire analytique des archives de la ville de Bruges*, Tome IV, p. 61.

dicte ville de Lescluse est le plus principal port de mer de nostre dit païs de Flandres, et que ceulx de nostre dicte ville de Lescluse, ceste année présente, en une flotte venue de La Rochelle, aient perdu sur mer ung grand nombre de bonnes gens d'icelle ville qui ont esté ruez sus et mis à mort par les Anglois, anciens ennemis du royaume de France et les miens, dont nostre dicte ville est fort dépeuplée, et aussi que néantmoins il nous convient servir présentement sur mer à l'encontre des dis Anglois, noz ennemis (1) ».

Cependant, une dizaine d'années plus tard, on trouve installé à Bruges un riche marchand de La Rochelle, Jean Bridoul, qui prête à l'évêque de Verdun, Guillaume Fellastre, à Pierre de Baufremont, seigneur de Charny, à Jean, seigneur de Créquy, aux seigneurs d'Humières et de Contay, à Étienne Armenier, président du parlement de Bourgogne, à Jean Tronson, archidiacre de Bruxelles au diocèse de Cambrai, à Paul Deschamps et Louis Domessent, la somme considérable de 6.000 écus d'or, qui devait lui être remboursée par Antoine François, marchand de Florence, demeurant à Bruges, à la Noël de l'année 1445. A défaut de payement, lesdits évêque et seigneurs s'étaient engagés solidairement à rembourser cette somme par obligation « passée soubz leurs saingz manuelz », et sur l'ordre de la duchesse de Bourgogne, « pour cause de certain traictié fait entre le Roy nostre dit seigneur et elle en la journée qui se tint derrenièrement entre eulx en la cité de Chaalons en Champaigne ». Ce défaut ayant eu lieu, les dites cautions payèrent les 6.000 écus à Bridoul, qui en donna quittance et qui renonça de plus au procès pendant en la cour du Parlement, sur son appel interjeté contre une sentence de la loi de Mude, confirmée

(1) *Inventaire des Archives de la ville de Bruges*, tome V, p. 116-117.

par celle de Bruges, par laquelle il avait été banni de la ville. Le 2 septembre 1446, Bridoul céda et transporta à l'évêque de Verdun et à ses cautions tous ses droits et actions contre Antoine François, marchand de Florence, demeurant à Bruges, à cause de certains vins qu'il avait livrés pour le prix de 4.500 écus et de certaines condamnations qu'il avait obtenues, etc. (1).

Vers la même époque, on trouve dans le Mémoire présenté par les habitants de Bruges dans l'enquête faite par les commissaires du Duc, Jean de Choisi et Jean van Ogierlande, au sujet du différend qui avait éclaté entre lesdits habitants et ceux de L'Écluse relativement au privilège de l'étape de Bruges et au droit de *portage* dû à L'Écluse, le passage suivant : « Item, de Poitiers, de La Rochelle et ailleurs où l'on charge vins : à chacun maistre, contre-maistre et charpentier, deux tonnels de vin pour son portage; ung marronnier, ung tonnel; ung grommet, une pipe; et ung page, ung tonnelet de vins: mais ceulx qui chargent ensame (ensemble) n'ont aucun portage ne n'orent oncques (2) ».

La paix entre la France et l'Angleterre et la rentrée définitive dans le domaine de la couronne des villes maritimes de l'ouest et du sud-ouest de la France, eurent pour conséquence de donner une plus grande activité aux relations commerciales entre la Flandre et ces ports. Louis XI, qui avait pu se rendre compte par lui-même, lors de son séjour dans les Pays-Bas, de l'intérêt primordial qu'il y avait pour la France à les voir se développer, n'hésita pas, peu de temps après son avènement, à accorder des privilèges très étendus aux marchands de Flandre, de

---

(1) *Inventaire analytique des Archives de la ville de Bruges*, tome V. p. 281-282, n°* 1011 et 1012.

(2) *Inventaire des Archives de la ville de Bruges* tome VI, p. 531-532.

Brabant, de Hollande et de Zélande, pour leur permettre de venir trafiquer en toute sécurité dans les villes de son royaume, notamment dans celles de La Rochelle et de Bordeaux, et même d'y fonder des établissements. Dans ses lettres patentes datées du mois de février 1462 (n-st.), il commence par déclarer que, sur la requête que lui ont présentée les marchands des pays et nation de Flandre, ses sujets, ceux de Brabant, de Hollande et de Zélande, « *de tout temps, eulx et leurs prédécesseurs ont accoustumé de venir, tant par mer que aultrement, en nostre Royaume et fréquenter avec noz subgietz le fait de leur dite marchandise en plusieurs parties d'icellui, et tant en noz villes de La Rochelle et de Bourdeaux que ailleurs* ». Comme il leur a été fait plusieurs « *empeschemens* » au sujet des usages et coutumes dont ils jouissaient, qu'ils ne pouvaient avoir ni maisons, ni magasins dans le Royaume (*nulles maisons ou retraiz en nostre dit royaume*), et aussi, par suite de la longueur des procès provenant du fait de leur commerce, ils ont souvent différé d'y venir, redoutant d'ailleurs d'y fixer leur domicile par crainte d'y décéder, dans lequel cas, prétendait-on, tous les biens qu'ils auraient en France seraient confisqués comme aubaines et épaves provenant de personnes nées hors du Royaume. De même, on a usé à leur égard et à l'égard de leurs navires et de leurs marchandises, du droit de naufrage, quand leurs vaisseaux avaient été brisés par la tempête sur les rochers. En outre, on leur avait imposé de nouvelles et fortes taxes dans les ports dudit Royaume, et causé divers troubles et oppositions sous prétexte de droits de *marque, contre-marque* et *représailles*.

Ces divers griefs furent exposés au Roi par maître Jean de Ydeghem, maître ès arts et docteur en médecine, Jacob Van den Bussche, Simon Pietrezone de la Vère, Daniel Van Montfort, Hannequin Martin et Jacob Gruel, originaires desdits pays de Flandre, de Brabant, de Hollande et de Zélande, qui lui déclarèrent qu'ils en ont éprouvé de si grands dommages qu'ils ont résolu de cesser toutes relations commerciales avec le Royaume, s'il n'était pas apporté remède à cette situation. Louis XI, « *désirant à nostre pouvoir entretenir et atraire en nostre royaume lesdis supplians et autres marchans estrangiers et les soulager de toutes charges indues, et garder en toutes bonnes coustumes, usages et franchises* », de manière « *que le faict de ladicte marchandise puisse augmenter et accroistre et qu'ilz puissent communiquer avec nos subgietz au bien de nous et de la chose publicque de nostre dit royaume* », leur accorda, en conséquence, les privilèges suivants :

Ils jouiront dorénavant de tous les us et coutumes auxquels ils avaient droit pour le fait de leur commerce, tant à La Rochelle qu'ailleurs en France, comme ils en ont joui par le passé.

Ils pourront avoir une maison à La Rochelle et dans chacune des bonnes villes du Royaume où ils voudront, à condition que celui qui en sera le gardien soit bourgeois de ladite ville et y tienne « *feu et lieu* », qu'il soit assujetti au guet et garde, comme les autres bourgeois de la ville. Les marchands originaires desdits pays pourront loger et retraire leurs personnes et leurs biens dans les dites maisons et y traiter des affaires de leur commerce. Pour qu'ils puissent entretenir cette maison ainsi qu'une chapelle qu'ils ont de toute ancienneté dans l'église des Carmes à La Rochelle et pourvoir aux diverses dépenses communes qui surviendraient, il leur sera permis, du consentement de la majorité d'entre eux, de lever sur leurs denrées et marchandises une taxe convenable pour l'employer à cet objet, dont ils n'auront nul compte à rendre aux officiers royaux.

S'il survient quelques procès entre eux au sujet de leurs affaires commerciales ou pour quelque autre motif, ils pourront, pour les juger et terminer, choisir un échevin de la ville où ils résideront et un ou deux marchands de leur nation, qui eux-mêmes pourront appeler, pour les aider de leurs conseils, telles personnes qu'ils voudront, décider des dits procès sommairement et « *de plain* », ou amener une transaction entre les parties, comme ils jugeront être le plus équitable. S'ils ne parviennent pas à mettre les parties d'accord et si l'une d'elles veut en appeler, elle devra porter son appel devant le gouverneur, maire ou juge royal le plus proche du lieu du débat, dont la sentence sera définitive et sans recours possible, soit au Parlement, soit à une autre cour, sauf en ce qui concernera les habitants de la Flandre, parce qu'ils ressortissent au Parlement. S'il arrive que les juges ainsi choisis par les parties prononcent une amende contre l'une d'elles, la moitié en sera pour la ville où la sentence aura été rendue, et l'autre moitié sera applicable à l'entretien et à la réparation des chapelles fondées par les dits marchands dans le Royaume.

Dans le cas où les dits marchands viendraient à décéder dans les villes du Royaume où ils font leur résidence et exercent leur commerce, leurs héritiers légaux pourront recueillir leurs biens, même dans le cas où ils seraient bâtards, sans que les officiers royaux, sous prétexte de droit d'épave ou d'aubaine, ou en invoquant des ordonnances quelconques, y puissent mettre nul obstacle.

Si les navires des dits marchands, par *fortune de mer* ou par quelque autre accident, sont jetés à la côte dans l'étendue du Royaume et des terres soumises à l'autorité du Roi, leurs propriétaires pourront reprendre les dits navires (*mettre la main en iceulx*), ainsi que les biens et marchandises qu'ils renfermeraient, à charge d'en tenir compte à ceux à qui ils appartiendraient, et d'indemniser de leurs peines ceux qui les auraient aidés à sauver et à recueillir lesdits navires et marchandises, nonobstant « *quelconque droit de naufrage* » que le Roi ou ses successeurs pourraient prétendre sur ces choses, malgré toutes les coutumes contraires et sans que les officiers royaux puissent à ce sujet élever aucune contestation.

Relativement aux charges qui se lèvent à Bordeaux sur les navires, denrées et marchandises desdits marchands, taxes dont ces derniers se plaignent comme ayant été nouvellement imposées, quoiqu'elles existassent depuis quelque temps déjà, le Roi ordonne que les marchands des Pays-Bas seront exempts de toutes les nouvelles impositions et ne payeront que celles qu'ils ont acquittées de toute antiquité.

Quand lesdits marchands amèneront dans les ports et hâvres du Royaume des denrées et marchandises qu'ils ne trouveront ni à vendre, ni à échanger, ni à écouler, ils pourront, après avoir payé seulement les droits d'entrée du port, les recharger sur leurs vaisseaux et les conduire pour les vendre ailleurs où bon leur semblera, sans être obligés d'acquitter pour cela aucun droit de sortie (*issue*).

Les personnes et les biens desdits marchands ne pourront être arrêtés dans l'étendue du Royaume, « *par marques, contre-marques ou représailles* », à moins que ceux qu'on voudrait arrêter ne fussent les personnes mêmes ayant contracté la dette donnant lieu à la saisie, ou bien qu'elles fussent cautions ou obligées de leur propre chef.

Comme il arrive souvent que lesdits marchands ne trouvent pas à écouler promptement leurs marchandises dans les ports où ils sont débarqués, parce que les com-

merçants desdits lieux ne leur offrent pas des prix assez
avantageux, le Roi, désirant le bien et le profit desdits
marchands, leur permet de vendre, échanger et trafiquer
entre eux desdites marchandises comme ils l'entendront,
une fois qu'ils seront à La Rochelle ou ailleurs, mais à
condition d'être descendus à terre, nonobstant les privilèges locaux et pourvu aussi que, s'il y avait des marchands du pays leur offrant les mêmes prix que ceux de
leur nation, les premiers eussent la préférence.

Il leur sera permis de même d'amener en leurs navires
toute sorte d'étrangers, Anglais, Portugais, Navarrais et
autres, de quelque nationalité et condition qu'ils soient,
à condition que ce soit à raison d'affaires commerciales
(*marchandaument*) et de la manière suivante : sur
chaque navire deux marchands étrangers (autres que des
habitants des Pays-Bas) et deux facteurs et serviteurs avec
leurs denrées et marchandises, lesquels pourront faire le
commerce à La Rochelle et dans l'Aunis comme ceux des
Pays-Bas, pourvu toutefois qu'ils n'entreprennent rien de
préjudiciable à l'autorité du roi de France, aux intérêts de
ses sujets, et qu'avant de descendre à terre, ils demandent
permission au maire de La Rochelle de débarquer et
d'entrer en ville avec leurs biens et marchandises. Ils
pourront s'en retourner en toute sécurité avec leurs marchandises quand bon leur semblera.

Louis XI terminait en mandant à ses gens du Parlement
et de la Chambre des Comptes, aux trésoriers de France,
aux baillis de Rouen, Caen, Caux, Cotentin (*Constantin*),
Évreux et Gisors; aux sénéchaux de Guienne et de Saintonge, au gouverneur de La Rochelle et au maire de
Bordeaux ainsi qu'à tous autres officiers et magistrats ou
à leurs lieutenants présents et avenir, de laisser lesdits
marchands de Flandre, sujets du Roi, et ceux de Brabant,
de Hollande et de Zélande, jouir paisiblement des privi-

lèges ci-dessus, sans leur causer aucun trouble ni préjudice en leurs personnes, biens, navires ou marchandises ; bien au contraire de leur faciliter la jouissance des dites franchises (1).

C'est le dernier document que nous ayons dans les archives de la Flandre constatant d'une manière officielle, en quelque sorte, les relations qu'avaient au XV⁰ siècle, les villes des Pays-Bas avec celles du littoral de l'ouest de la France : La Rochelle, Niort et St-Jean-d'Angely. Malgré la rivalité qui éclata au XVI⁰ siècle entre les maisons de France et d'Autriche, les longues guerres qui en résultèrent, malgré les luttes religieuses qui durèrent près de cinquante ans, les relations commerciales ne furent jamais interrompues complètement entre les deux pays ; mais elles ne reprirent pourtant tout leur essor qu'après la conquête et la réunion définitive de la Flandre à la France.

II

Relations des villes de Flandre avec Bayonne, Biarritz, Bordeaux, Narbonne et autres villes du Sud-Ouest et du Midi de la France.

Quoique le tarif de Bapaume ne mentionne pas expressément les vins de Gascogne et de Guienne en même temps que ceux de La Rochelle ou du Poitou, nous savons par les vers de Guillaume Le Breton, cités plus haut, que ses vins se trouvaient déjà en abondance en Flandre au commencement du XIII⁰ siècle. Il est permis d'affirmer qu'ils y étaient importés principalement par les navires

(1) *Archives de la ville de Bruges*, N⁰ 1087. Publiée dans l'*Inventaire des Chartes de la dite ville*, Tome V, p. 426.

bayonnais. « Dès le commencement du XIIe siècle, dit M. Pigeonneau (1), les patrons des navires et les mariniers de Bayonne constituent une association qui a ses règlements, ses tarifs de frêt, et qui arme à frais communs des escadres destinées soit à la pêche de la baleine dans le golfe de Gascogne, soit au commerce avec l'Espagne et la Flandre. Les membres de l'association s'engagent à ne prêter aucune assistance aux patrons bayonnais qui refuseraient d'en faire partie. Pour les voyages de Bayonne à Bordeaux, à Royan, à Oléron, à La Rochelle, pour le commerce direct avec la Flandre et la côte d'Espagne de St-Sébastien à Faro, les navires des associés doivent partir ensemble et partagent les bénéfices. Cependant un bâtiment bayonnais affrété à La Rochelle pour la Flandre n'a pas à rendre compte de son chargement (2) ». D'après cet acte d'association, remontant à 1215, les principaux objets du commerce de Bayonne étaient alors, à l'importation : le plomb, l'étain, le cuivre, les chanvres filés, les harengs, les draps ; à l'exportation : les laines, les cuirs en poils ou tannés, le chanvre, le lin, la cire, le miel, les vins, les figues, les amandes et les fourrages.

Le paragraphe CXVII des anciennes coutumes de Bayonne, rédigées en 1273, a trait à la garantie que devait donner le marchand qui, se trouvant en Flandre, en Angleterre ou à Séville, y empruntait une somme d'argent ou une pacotille pour revenir et la rapporter à Bayonne (3). A la fin du XIIIe siècle, les comptes de la

(1) *Histoire du Commerce de la France*, Tome 1er, p. 152.

(2) Pardessus, *Collection des Lois maritimes*, Tome IV, p. 233 et suivantes. *Societas nacium Baionensium* « Quando navisque ad navigandum in Flandriam affectabitur. »

(3) *Archives communales de Bayonne*, Série AA, Registre coté 11. « Si en Flandres, o en Angleterre, o à Civili, o en autre louhan loc que de Baione, angum pren diers per porter à Baione o l'emplique d'aquetz, etc. ». Nous devons communication de ce renseignement à M. L. Hiriart, bibliothécaire et archiviste de Bayonne.

ville de Bruges et d'autres documents que nous allons citer indiquent que les marins de Bayonne fréquentaient très régulièrement les ports de Flandre pour y amener des vins. Le compte de l'année 1284 mentionne les marchands Guillaume Dobbernai (1) et Bertrand de Luko (2), de Bayonne. Dans celui de 1285 on voit que le droit de bourgeoisie a été accordé à 19 personnes dont 1 de Lombardie, 3 de Montpellier, 1 de Bayonne, 1 de Narbonne et 1 de Londres (3).

La guerre qui éclata vers cette époque entre Philippe-le-Bel et Édouard Ier, jeta une perturbation encore plus grande dans les relations commerciales de la Flandre avec Bayonne qu'avec La Rochelle, par ce que la première de ces villes était toujours dans les mains des Anglais et que ses marins se montrèrent alors corsaires aussi hardis que ceux des ports flamands. Il y eut à cette époque de véritables hostilités entre Bruges et Bayonne. Les comptes de la première de ces villes pour les années 1290 et 1291, indiquent l'envoi de négociateurs auprès du roi d'Angleterre, chargés de traiter des difficultés qu'elle avait avec les Bayonnais (4). Nous ne savons quel fut le résultat de ces négociations. Mais, malgré les trêves qui de temps à autre faisaient cesser la guerre entre la France et l'Angleterre, les conflits, les querelles et les actes de piraterie n'en continuaient pas moins entre les marins français, flamands, anglais et bayonnais.

Le comte Guy de Dampierre n'avait pas su, d'ailleurs,

(1) F° 4, verso, N° 6.

(2) Idem, N° 15.

(3) Wauters, *Table des Diplômes belges*, tome VI, *Introduction*, p. LXXXVIII.

(4) 1290, F° 32, N° 11. « Item, Petro de Weida in Anglia ad regem pro negocio de Bayona, LXVI lib., XIII s., IIII den. — 1291, F° 31, N° 9. Item. Petro de Steerkin, misso ad regem Anglie, pro discordia de Bayone. XII lib., XIII s., IIII den.

prendre parti d'une manière énergique pour l'une ou l'autre nation dans l'état d'hostilité ouverte ou sourde qui régnait entre la France et l'Angleterre. Ses nombreuses tergiversations durent nécessairement devenir funestes au commerce de la Flandre en exposant ses sujets aux attaques, courses et représailles des deux partis (1). Ainsi, dans les premiers mois de l'année 1293, des gens de Flandre, conduisant un navire aux environs de Saint-Mathieu, en Bretagne (aujourd'hui département des Côtes-du-Nord), se prirent de querelle avec des marins de Bayonne et d'Angleterre. Plusieurs Flamands furent tués et les marchandises pillées. Le 14 mai suivant, le comte Guy adressa au roi d'Angleterre une missive dans laquelle il excusa les Flamands et rejeta la responsabilité du conflit sur leurs adversaires (2). Il exprima en même temps la crainte que de tels faits ne finissent par troubler l'état général du commerce s'il n'y était porté promptement remède. Puis il envoya vers le même souverain Jacques de Acris, professeur ès lois, clerc du Conseil, Pierre van der Weyden, bourgeois de Bruges, et Guillaume van der Speyen, bourgeois de Damme, afin de s'entendre sur les mesures à prendre (3).

Néanmoins, malgré les négociations attestées par ces documents, deux lettres de Philippe-le-Bel nous montrent les relations commerciales entre la Flandre et Bayonne encore souvent troublées dans le cours des deux années

---

(1) *Histoire des relations diplomatiques entre le comté de Flandre et l'Angleterre au moyen âge*, par Émile Varembergh, p. 177.

(2) Biervliet. « Joesdi devant Pentecouste », sans date d'année. Fragment dans les *Bulletins de la Commission royale d'histoire*, 3ᵉ Série, tome Iᵉʳ, p. 101. — Wauters, *Diplômes belges* tome VII, 2ᵉ partie. *Supplément*, p. 1158. Wauters date cette lettre de 1291; mais la date de 1293 paraît préférable.

(3) *Histoire des relations diplomatiques, etc.*, p. 168. Nous renvoyons à cet ouvrage pour le récit des négociations qui eurent alors lieu entre les deux pays.

qui suivirent, par suite de la guerre toujours pendante entre la France et l'Angleterre. La première, datée du 8 mai 1296, blâme le comte Guy de s'être adjugé, quoiqu'elle n'eût pas eu lieu dans l'étendue de ses domaines, la prise faite en pleine mer par Pierre Monetarius et son compagnon, tous deux bourgeois d'Amiens, d'un navire portant plusieurs individus, ennemis du Royaume, à savoir : des Bayonnais, des Anglais et certain serviteur du comte de Bar, ainsi qu'une cargaison de marchandises et d'argent. Comme le Comte refusait de rendre cette prise aux deux bourgeois susmentionnés, le Roi lui prescrivait de délivrer entre ses mains et sans délai, par l'entremise des gens qu'il envoyait audit Comte à cet effet, les captifs ci-dessus, et de rendre à Pierre Monetarius et à son compagnon, les marchandises et l'argent saisis, ou de remettre le tout au Roi, pour que la question de la possession de ces choses fût convenablement examinée; et, afin que celle-ci pût être débattue promptement, le Roi fixait le dimanche 3 juin au Comte, à ses gens et aux deux bourgeois susmentionnés, pour se rendre en sa présence. Il envoyait en même temps le comte Guillaume d'Hangest le jeune, Léonard le Set l'ainé, d'Amiens, et Jean d'Amiens, porteurs de ces présentes lettres, pour s'entendre avec lui, et les chargeait de dresser en présence de ses gens et des captifs susdits, l'inventaire exact et fidèle de ce que renfermait le navire (1).

Par la seconde, datée d'Asnières, le samedi après la Saint-Denis (13 octobre) de l'année 1296, Philippe-le-Bel ordonna à Guy de Dampierre de relâcher Bernard de Montaigu *(de Monte-Aculo)*, Jean de Bordeaux, Jean de Haldre, Jean et Pierre Dobigneau, de Bayonne, qui avaient été pris en mer sur certain navire, et Jean, dit Pape,

---

(1) Saint-Genois, *Inventaire des Chartes de Rupelmonde*, conservées aujourd'hui aux Archives de la Flandre Orientale, à Gand, N° 821, p. 240.

d'Allemagne, qu'il retenait tous en prison. Il le pria de remettre ces individus aux mains du bailli d'Amiens, comme ennemis du royaume de France, afin qu'ils fussent amenés au Roi (1).

On comprend dans quelle situation difficile se trouvait le comte Guy de Dampierre, car l'intérêt de la Flandre ne lui permettait pas de donner satisfaction aux demandes du Roi, son suzerain, de livrer ainsi des habitants de Bayonne, par conséquent des sujets du roi d'Angleterre, avec lequel il n'était pas lui-même en guerre ouverte, sans entraîner par là une rupture complète avec l'Angleterre et, par suite, la ruine de l'industrie et du commerce flamands. Après bien des hésitations et des tergiversations, il se décida, afin d'assurer la prospérité commerciale de son comté, à conclure un traité d'alliance offensive et défensive avec le roi Édouard Ier contre Philippe-le-Bel, traité qui fut signé à Winendale le 7 janvier 1297 (2). Le 8 mars suivant, un traité de commerce et un accord relatif à la police des navires furent arrêtés par les délégués des marins d'Angleterre, de Bayonne et de Flandre, en présence du comte Guy, de Gauthier, évêque de Chester, trésorier d'Angleterre, de Jean de Berwick et de William de Libourne, amiral d'Angleterre. Il y était stipulé, en substance, que tous les navires d'Angleterre, de Bayonne et des autres pays des domaines du roi Édouard Ier et ceux des sujets du comte de Flandre, seraient reçus dans les ports de chacune des deux puissances, sous le pavillon de leur nation ; que, si un Anglais tuait un Flamand, le volait ou lui causait quelque dommage, il serait puni de la peine de mort s'il avait tué, de l'amende s'il avait volé ; dans le cas où il aurait abattu

---

(1) Saint-Genois, *Inventaire des Chartes de Rupelmonde*, conservées aujourd'hui aux Archives de la Flandre Orientale, à Gand, N° 840, page 245.

(2) Rymer, *Fœdera*, Édition de 1816, tome I, partie II, page 821.

un membre à un Flamand, le même membre lui serait enlevé à lui-même. Même justice serait faite à l'égard des Flamands qui auraient méfait vis-à-vis des sujets du roi d'Angleterre. Mais aucun des méfaits susdits ne romprait l'alliance et le pacte d'amitié qui existaient entre la Flandre et l'Angleterre (1).

Ce fut en vertu de ces traités que, les 1ᵉʳ et 7 avril, Édouard Iᵉʳ demanda au Comte de rendre justice à des marins de Bayonne dont les navires avaient été pillés par des Espagnols venant de Flandre, et de les faire indemniser au moyen des biens desdits Espagnols, séquestrés dans son comté. Le premier de ces bayonnais est Nicolas de Martyngs, qualifié du titre de bourgeois de Bayonne ; le second, Pierre de Artikelunge est désigné comme marin. La forme de ces noms est complètement anglaise, ce qui semblerait indiquer que c'étaient surtout les marins d'Angleterre qui, après s'être établis à Bayonne et y avoir reçu la bourgeoisie, armaient, équipaient et conduisaient les navires faisant le trafic entre cette ville et la Flandre (2).

Pendant les années qui s'écoulèrent de 1297 à 1305, les événements malheureux qui désolèrent la Flandre abandonnée par le roi d'Angleterre et envahie par les troupes de Philippe-le-Bel, portèrent un coup aussi grave au commerce maritime qu'à celui qui empruntait les voies de terre. Nous avons vu précédemment, à propos du péage de Bapaume, que ce dernier fut alors presque complètement anéanti, car le revenu du péage fut, pendant ces années, nul ou insignifiant. C'est à peine aussi si

---

(1) « Le second vendredi de quaresme, chest à savoir le wytyme jour de marz l'an de Notre-Seigneur mil deus centz quatre-vint-et-sesyse, à Bruges » (8 mars 1297 n.-st.). Rymer, *Fœdera. Idem*, p. 861. — Luinig, *Codex Germaniæ diplomaticus*, tome II, p. 1999. — Wauters, *Dipl. belges*, tome VI, p. 565. — *Hist. des relations diplomatiques*, etc., p. 183-184.

(2) Rymer, *Fœdera, Ibidem*, p. 862 et 863. — Wauters, tome VI, p. 569-570.

les titres et les comptes de la ville de Bruges nous fournissent pendant la première moitié du XIV⁰ siècle, quelques mentions attestant que les relations entre Bayonne et la Flandre ne furent pas complètement interrompues. Ainsi, en 1303, on voit figurer dans une déclaration des deux échevins Jehan de Le Haye et Jegan Donker, un certain Ménaut de Vitain, marchand de Bayonne, habitant alors Bruges et y faisant le commerce du miel, denrée formant l'objet d'un commerce important au moyen âge (1). En 1316 (la paix régnait alors entre la France et l'Angleterre), Clais Hurtemœlge est cité comme ayant amené d'Angleterre et de Bayonne des bateaux chargés de soude (2). On trouve encore une mention de marchandises venant de Bayonne en 1310 (3).

Mais ce ne fut qu'après la trêve de 1348 et l'alliance conclue entre le comte Louis de Male et Édouard III, que les relations commerciales entre Bayonne et les villes de Flandre purent être renouées, au moins pour quelque temps, car nous les verrons encore fréquemment interrompues dans la seconde moitié du XIV⁰ siècle. Dès le 28 janvier 1347, près d'un an avant la conclusion de la première trêve, Édouard III, sans doute afin de s'attacher encore davantage les Flamands que leur intérêt, pourtant, portait déjà à prendre parti pour l'Angleterre, qui leur fournissait la plus grande partie des laines nécessaires à leurs draperies, ratifia un traité de commerce conclu entre eux et la ville de Bayonne, stipulant le libre trafic entre les parties contractantes (4). Grâce aux efforts des légats du Pape, une trêve d'un an fut signée entre les

(1) *Inventaire des Archives de la ville de Bruges*, tome I, p. 161, N° 187.
(2) Idem. Tome II, p. 121. — Compte de 1316, B, f° 13, verso, N° 2.
(3) Idem, *Ibidem*. Compte de 1310-1311, f° 88, N° 7.
(4) *Hist. des relations diplomatiques*, etc., p. 370. *Archives de la ville de Gand*. Imprimé dans Oudegheerst, édit. de Lesbroussart, tome II, p. 503.

deux rois de France et d'Angleterre le 28 septembre 1347. Elle s'étendait à tous les alliés d'Édouard III, et, en ce qui concerne la Flandre, elle portait que « le comte de Flandres soit liés en espécial serment de tenir les trewes et toutes les pointz de ycelles et qu'il ne fera guerre ne grevance par luy ou par ses alliés, ne aultre de par luy en païs de Flandres ne de Flemynges durant les trewes ». Toutes les relations commerciales purent donc être reprises, au moins dans une certaine mesure. Mais ce ne fut pourtant qu'après une nouvelle reprise des hostilités de la part de Philippe de Valois contre les Flamands, que ceux-ci s'allièrent définitivement avec les Anglais par un traité qui fut signé par les commissaires des deux nations le 10 décembre 1348 (1). Édouard III voulait se ménager l'appui des communes de Flandre pour la lutte qu'il méditait de reprendre contre la France. Comme conséquence de cette alliance, un nouveau traité de commerce fut conclu avec Bayonne le 7 décembre 1351.

A cette date, les maires, jurés et habitants des villes de Bayonne et de Biarritz consentirent à une trêve marchande de trois années entre les dites villes et localités voisines, d'une part, et les cités de Bruges, de Gand, d'Ypres, de L'Écluse et de Damme et autres villes du comté de Flandre, d'autre part. Dans le préambule de cet acte, ils déclarent et constatent qu'à l'instigation du démon, fauteur de discorde (2), la cruelle rigueur de la guerre avait longtemps sévi entre eux et les dites cités, qu'il en était résulté réciproquement d'innombrables querelles, injures, oppressions, haines, colères, méfaits, violences, rancunes, discordes, homicides, blessures, incendies, pillages et autres maux menaçant encore de s'accroître à

---

(1) *Hist. des relations diplomatiques*, etc., page 331. Rymer, loc. cit. tome III, p. 178.

(2) Dyabolo, fautore discordie, instigante.

l'avenir (1). Quelques hommes nobles et puissants, amis de la paix, ont donc voulu en faire partager les bienfaits aux dites parties, et la faire régner entre elles, avec l'aide de Dieu. Comme la conclusion d'une trêve est la voie nécessaire pour parvenir à une paix définitive, les dites parties ont, à l'instigation desdits personnages et avec l'aide de Dieu, et dans leur désir de voir se rétablir entre elles les relations pacifiques qu'elles avaient autrefois, décidé de commencer par arrêter les trêves suivantes :

Nous, maire, jurés et Cent pairs (2), représentant toute la commune de la ville de Bayonne, et Nous, abbé séculier (3) de Biarritz, ainsi vulgairement désigné, pour nous et nos successeurs et pour tous les habitants résidant dans la dite cité de Bayonne et audit lieu de Biarritz et localités voisines, octroyons, concédons et promettons d'observer les trêves bonnes, fermes et loyales (4), aux honorables et sages hommes les seigneurs mainbours, échevins, conseils et à tous les autres habitants de quelques condition et état qu'ils soient, des villes de Bruges, de Gand, d'Ypres, de Damme et de L'Écluse, à partir du jour où lesdits seigneurs mainbours, échevins et conseils desdites villes pour eux et leurs successeurs et pour les bourgeois et habitants de toutes les autres villes de Flandre, auront octroyé, concédé, confirmé et promis d'observer les mêmes trêves, sous les mêmes termes, peines, obligations et clauses, aux dits habitants de Bayonne et de Biarritz, en les scellant de leurs sceaux authentiques avec l'homologation du noble et puissant comte de Flan-

---

(1) Ex quâ guerrâ, controversie, injurie, oppressiones, odia, ire, malivolencie, iniquitates, rancores, discordie, homicidia, vulnera, combustiones, depredationes et multa alia mala innumerabilia sunt sequta et in posterum sperabuntur esse majora.

(2) Centum pares.

(3) Abbas secularis.

(4) Treugas bonas, firmas et fideles.

dre, depuis le jour où la remise effective nous en aura été faite jusqu'à l'expiration d'un délai de trois ans entiers et sans interruption.

Nous, les dits maire, jurés, Cent pairs et abbé, pour nous et nos successeurs, promettons, concédons et confirmons aux dites gens de Flandre que nous ne mettrons aucun empêchement à ce qu'ils puissent venir trafiquer et faire le négoce en toute sécurité et liberté, dans la cité de Bayonne et à Biarritz, sur toute l'étendue de la terre et de la mer où il leur plaira de le faire, à leur libre volonté. Nous avons promis d'observer ces dites trèves d'une manière inviolable, sans machination, fraude, ni dol, sous les peines portées contre la trahison (1), et nous consentons, dans le cas où nous irions à leur encontre, d'être traités comme les violateurs des trèves. Nous nous engageons à observer lesdites trèves, non seulement à l'égard des personnes, mais encore en ce qui concerne les biens de quelque condition et de quelque nature qu'ils soient, de manière à n'apporter aux gens de Flandre aucun empêchement ni en leurs personnes, ni en leurs marchandises, ni en leurs biens, ni en leur négoce (2), ni autrement, soit par nous-mêmes, soit par autrui, à Bayonne, à Biarritz, ou en quelque endroit que ce soit sur terre ou sur mer. En outre, nous voulons et accordons que si un ou plusieurs habitants des dites villes de Bayonne et de Biarritz, causaient, faisaient ou procuraient quelque dommage, préjudice, empêchement ou quelque tort aux dites gens de Flandre, en leurs marchandises, biens, personnes ou à leurs affaires, pendant le terme des dites trèves, celui ou ceux qui seraient l'auteur de ce dommage, fussent punis comme violateurs des trèves, encourussent la peine de la trahison et que leurs biens fussent confisqués,

(1) Sub pena proditionis.
(2) Seu eorum negotiationibus prosequendis.

la moitié au profit du juge et l'autre à celui de la victime du dommage. Si l'auteur du méfait ne pouvait être arrêté par nous, nous permettons aux dites gens de Flandre de saisir tous ses biens et marchandises pour les appliquer à la réparation du dommage. Considérant qu'il est juste que les auteurs du dommage soient tenus de le réparer, nous voulons et ordonnons que les présentes trêves durent et soient maintenues par ceux qui les ont observées et qu'elles conservent leur vigueur en tous leurs articles, peines, obligations et clauses. En outre, nous promettons de tenir la main fermement à ce que les défenseurs, aides, conseillers ou autres fauteurs de tels méfaits et de la violation des trêves, soient punis comme traîtres et violateurs des trêves. Et afin que les seigneurs et juges actuels et futurs soient plus diligents et plus attentifs à punir les malfaiteurs et les violateurs de ces présentes trêves, nous voulons et ordonnons que si les seigneurs et les juges sont trouvés manquant à ce devoir, leurs biens soient confisqués de plein droit, qu'une moitié en appartienne au seigneur et l'autre à la victime du dommage. De plus, comme toute réclamation, tout méfait et tout débat doivent cesser pendant les trêves, nous avons jugé à propos d'ordonner et nous promettons qu'à l'égard des dommages, méfaits, injures, homicides, incendies et autres excès commis et perpétrés par les dites gens du comte de Flandre vis à vis des habitants de Bayonne et de Biarritz, de quelque manière que ce fût jusqu'au présent jour, nous ne les poursuivrons, ni ne les inquièterons pendant la durée des dites trêves, ni ne les ferons inquiéter par nous, ni par autrui, en justice, ni en dehors du juge civil ou ecclésiastique, ni devant la juridiction ordinaire, ni devant la justice extraordinaire (1) ; — que nous ne leur causerons aucun empêche-

(1) Nec coram ordinario, seu delegato.

ment, ni aucun préjudice en leurs personnes, leurs biens, leurs marchandises ou leurs affaires, soit ouvertement, soit d'une manière occulte, soit de quelque autre manière, si ce n'est à l'occasion d'autres obligations consenties à l'amiable ou de contrat passé juridiquement pour affaires d'intérêt (1).

Nous promettons d'observer toutes ces choses, sous les peines frappant la trahison et la violation des trêves. Et nous promettons, sous les mêmes peines, que, par le moyen de tierces personnes de quelques juridiction, pays ou nation qu'elles soient, nous ne causerons ou ferons causer aux dites gens de Flandre, à l'occasion des injures et dommages perpétrés durant les guerres et les hostilités qui ont régné ci-devant, aucun préjudice en leurs biens et marchandises quelconques, ni en leurs personnes, ni en leur négoce. Nous nous engageons à ne leur faire ni molestation, ni injustice quelconques dans les dits lieux de Bayonne et de Biarritz, dans toute l'étendue de notre territoire et de notre juridiction ; au contraire, nous les défendrons et les protégerons dans lesdits lieux et juridictions.

Enfin nous promettons et accordons que lorsque lesdits seigneurs mainbours, échevins et conseils des dites villes, en leur nom et pour toutes les autres villes du comté de Flandre, nous auront sous les mêmes clauses, obligations, articles et peines, concédé, de la même manière, des trêves, et promis de les observer, que nous en aurons été pleinement assurés par nos procureurs et magistrats, nous ferons dans les huit jours qui suivront cette signification, proclamer publiquement et sans délai les dites trêves dans la dite cité de Bayonne et dans la dite ville de Biarritz. Nous promettons encore d'envoyer dans le cours de l'année commençant à la prochaine fête de saint Jean-Baptiste, des délégués solennels en Angleterre,

(1) Seu contractu inter partes inito pecuniario et civili.

savoir à Londres, à Ashby? (1) ou à Calais, avec pleins pouvoirs pour traiter, ordonner et confirmer une bonne paix avec les dits seigneurs de Flandre ou leurs procureurs munis des mêmes pouvoirs. Renonçant sur ce point à tous privilèges, toutes coutumes, statuts, droit général écrit et non écrit, civil et canonique et à tous les autres moyens de défense de quelque nature qu'ils soient, grâce auxquels nous pourrions empêcher que les conventions ci-dessus pussent avoir leur pleine vigueur. Et pour plus grande efficacité, Nous, Maire, Jurés, Cent Pairs et Abbé, pour nous et nos successeurs, obligeons tous les biens, rentes, émoluments et revenus de la dite cité de Bayonne et de la dite ville de Biarritz partout où ils se trouveront présents et futurs (2).

Malgré ce traité, quand les hostilités recommencèrent entre la France et l'Angleterre un an après, les relations commerciales entre la Flandre et les villes de Bayonne et de Biarritz, furent de nouveau gravement compromises, surtout par la piraterie qui prit alors une grande extension ainsi que nous le verrons par les documents que nous analyserons plus loin. Le comte Louis de Male, qui tenait secrètement pour la France, encourageait les corsaires flamands qui prirent et pillèrent plusieurs navires anglais et, sans doute aussi, bayonnais. Édouard III, dit Varembergh (3), après plusieurs actes de guerre restés impunis, se vengea en enlevant à la ville de

(1) Asenbiis.

(2) *Archives du Nord*, B. 827. Original sur parchemin auquel sont encore appendus les sceaux des deux villes de Bayonne et de Biarritz, en cire brune, pendant sur double queue. Le premier représente une porte de ville devant une enceinte fortifiée enfermant l'église cathédrale de Notre-Dame ; dans le champ : SANCTA MARIA. En légende : SIGILLVM COMVNIE CIVITATIS BAION. Revers : un léopard devant trois chênes. Légende...... NEDICTVS QVI VENIT IN NOMINE DOMINI. Le second représente : Une pêche à la baleine. Légende : SIGILLVM CONSILII DEBEIARRIZ. (Demay. *Sceaux de la Flandre*, n° 3867 et 3875.)

(3) Loc. cit., p. 392.

Bruges l'étape des laines qu'il transporta définitivement en Angleterre par acte du 2 août 1353 (1). Par cette disposition il était stipulé que toutes les marchandises d'exportation devaient être d'abord transportées dans les villes d'étape contre paiement des droits et frais ordinaires; les indigènes devaient, en outre, promettre sous serment de ne conserver sur le continent aucun dépôt autre qu'à Calais (2). Malgré cette mesure rigoureuse, Édouard III déclara que les marchands étrangers continueraient à être sous sa protection toute spéciale, qu'eux seuls avaient le droit d'exporter et que ses sujets anglais n'y étaient en aucune façon autorisés, même sous le couvert des étrangers (3).

Cependant de nouvelles négociations s'ouvrirent entre les villes de Flandre et Bayonne afin de remettre en vigueur le traité du 7 décembre 1351 qui n'avait pas, pour ainsi dire, reçu d'exécution, et de parvenir à une paix définitive. En attendant, par un acte du 27 octobre 1354, les Maire, Jurés et toute la communauté de Bayonne, voulant faire cesser les graves désordres qui avaient régné entre eux et les gens de Flandre, accordèrent aux négociants de cette nation une trêve et un sauf-conduit pour une année, à partir de la Saint-Michel (30 septembre) jusqu'à pareil jour de l'année suivante (1355), afin qu'ils puissent en toute sûreté fréquenter le port et la place de Bayonne, et traiter des conditions d'une paix durable (4).

(1) Walsingham, p. 170. Cette étape fut accordée à onze villes anglaises et à quatre villes d'Irlande.
(2) Lappenberg (Sartorius), *Geschicte des Hanseatischen, etc.*, p. 30.
(3) *Statuts of the Realm*, p. 332. Ordinatio stapulorum.
(4) *Archives de la ville de Bruges. Inventaire analytique.* Tome II. p. 17, N° 509. Sceau et contre-sceau encire blanche, pendant à double queue de parchemin, dont la description se trouve dans les *Éléments de paléographie* de Nathalis de Wailly, tome II, p. 205. Une partie de l'écriture de cette pièce est effacée par l'humidité.

Cette trêve d'un an fut-elle renouvelée lors de son expiration le 30 septembre 1355 ? C'est peu probable. En tous cas, aucune paix définitive ne fut conclue entre la Flandre et Bayonne et les actes de piraterie continuèrent à ruiner le commerce des deux pays. D'ailleurs, Louis de Male, de plus en plus attaché à la France, fit même décapiter ou exiler les marchands anglais résidant en Flandre, ce qui détermina une terrible sédition à Bruges, dont la population industrielle et ouvrière tenait, au contraire, pour l'Angleterre, comme toutes celles des grandes villes de la province. Afin de l'apaiser, le Comte dut retirer ses dispositions prohibitives à l'égard des Anglais, en leur rendant leurs privilèges et en réglementant leurs relations avec ses sujets. Par un acte daté de Gand le 26 février 1359, il déclara que les Anglais pourraient aller et venir dans le comté de Flandre en toute sûreté, y commercer, vendre et acheter (1). Puis, le 11 juillet suivant, il enjoignit aux baillis et officiers de Nieuport, Ostende, Bergues, Dunkerque, Gravelines et autres lieux voisins de la mer, d'empêcher les insultes qui se commettaient journellement à l'égard des marchands anglais et autres qui passaient et repassaient par le pays de Flandre, et de les laisser aller et venir paisiblement en toute liberté (2).

De son côté, Édouard III accorda, le 22 novembre 1359, toute sûreté et protection aux marchands flamands pour trafiquer librement en Angleterre (3), sans toutefois rendre l'étape des laines à la Flandre. Ce ne fut cependant qu'après le traité de Brétigny entre la France et l'Angleterre, qu'il put être mis un terme, au moins pour

(1) *Archives du Nord*, B. 802 et 1506. Premier registre des Chartes, f°s. 12 et 13.

(2) Idem, *Ibidem*, f. 19.

(3) Rymer, *Fœdera*, Tome III ; p. 459.

quelques années, à la guerre maritime et aux actes de piraterie qui avaient depuis si longtemps entravé le commerce et la navigation dans la Manche et sur les côtes de l'Atlantique. Aussi le premier obstacle à aplanir pour pouvoir reprendre d'une manière sérieuse les relations entre la Flandre et Bayonne consistait-il dans la liquidation des réclamations que, de part et d'autre, on élevait à propos des prises réciproques. Chacune des deux parties ne voulait renoncer à la piraterie qu'à condition d'être indemnisée des pertes éprouvées, car les victimes espéraient à leur tour s'indemniser par des courses heureuses. C'est ce que constate Édouard III dans la lettre qu'il écrivit le 23 novembre 1360 (1) au comte de Flandre au sujet des pertes subies par les habitants de Bayonne. Il commence par lui dire qu'il doit tenir en *fraiche mémoire* que lorsque la paix fut naguères conclue entre lui et le roi de France, il fut convenu avec ce dernier à Calais, en sa propre présence, que « toutes dommaiges, greuvances et mesprisions, trespas et fourfaitures faites par les amis, aidans, subgiés et adhérenz d'une partie et d'autre, pour cause et occasion des guerres entre nous et nostre frère devant dit » devaient être complètement pardonnés, et « bonne paix et perpétuelle faite et reformée » et publiée entre tous « les royaulmes, seigneuries et subgiez d'une constrée et d'autre », laquelle paix, dans tous ses points et articles, le dit comte de Flandre est, en ce qui le concerne, tenu par son serment d'observer, sans l'enfreindre en aucune manière. Le Roi avait appris que naguères pendant les dernières guerres et avant que « les dictes genz de Flandre entrèrent en nostre obéis-

(1) Cette lettre ne porte que la date du quantième du mois qu'on peut, croyons-nous, compléter par celle de l'année en lui assignant le 23 novembre 1360, puisqu'elle est postérieure au passage du roi de France Jean le Bon à Calais où il se trouva avec le roi d'Angleterre et le comte de Flandre dans le courant de l'été de cette année.

sance », c'est-à-dire avant l'alliance signalée plus haut, il existait un différend au point de vue maritime *(un débat contre la mier)* entre ses sujets, les gens de la cité de Bayonne et des gens de Flandre, qui occasionnait de part et d'autre de graves dommages, maintenait entre eux une grande animadversion *(grant rancœur)*, et qui produirait encore de plus grands inconvénients si les choses restaient longtemps ainsi. Aussi, comme il désirait la tranquillité et la sûreté tant de ses sujets comme de ceux du Comte et espérait voir de bonnes relations s'établir entre eux, afin qu'ils puissent trafiquer et se fréquenter comme de vrais et sincères amis ainsi qu'en temps de bonne paix, il priait son cher cousin, le comte de Flandre, de vouloir bien faire observer fermement la paix, ainsi qu'il l'a promis, par les gens de ses quatre bonnes villes (Bruges, Gand, Ypres et Damme) et par tous ses autres sujets et de la faire publier partout où bon lui semblerait, et spécialement aux endroits indiqués plus haut, puis de délivrer des lettres patentes scellées de son grand scel aux habitants de Bayonne qui lui présenteront de leur côté les lettres royales relatives à la solution du différend. Aussitôt qu'il l'en aura prié, ledit roi fera expédier de semblables lettres en faveur des habitants de la Flandre (1).

Le 14 janvier suivant (1361), le comte Louis de Male répondit au roi Édouard III qu'il avait pris connaissance de la lettre qu'il lui avait plu de lui envoyer sur le différend existant entre les habitants de la Flandre et les gens de Bayonne, par lesquelles il le priait de faire observer la paix conclue entre le roi de France et lui. Il l'assurait qu'il était prêt, pour sa part, à faire observer cette paix en tous points, comme il l'avait promis. Mais, comme ce différend n'avait pas commencé sous son règne *(pour che*

---

(1) *Archives du Nord*, B. *1596* 1er Registre des Chartes, f° 136, verso.

que les choses ne sont mie commenchié de mon temps),
il en a parlé à ses officiers et conseillers (*à mes gens*) qui
lui ont représenté que sur le fait des habitants de
Bayonne, les Flamands avaient de nombreux griefs au
sujet de leurs parents et amis qui avaient été massacrés et
de leurs biens qui avaient été pillés ; que ces faits
n'étaient pas les suites de la guerre et ne devaient point
être couverts par le traité de paix ; car si, disaient-ils,
durant les guerres qui ont régné entre les rois de France
et d'Angleterre, il y avait eu à un moment trêve entre
ceux-ci, les gens de Bayonne et de Flandre néanmoins
avaient guerroyé, malgré la trêve, les uns contre les
autres. Au contraire, quand la guerre sévissait entre les
deux rois, les Bayonnais et les Flamands étaient en
trêve, car ils n'étaient pas compris dans les trêves que
les deux princes signaient, et n'observaient que celles
qu'ils concluaient directement entre eux. Aussi, il semblait que le traité de paix (de Brétigny) ne pût pas
être invoqué pour faire cesser leurs hostilités. Néanmoins, ajoutait le Comte, comme il désirait que bonne
paix et affection régnassent toujours entre les sujets du
roi d'Angleterre et les siens, il avait, en considération
des sentiments d'amitié et d'honneur qu'il a pour lui
(*pour amour et honneur de vous*), obtenu de ses sujets
qu'en vertu dudit traité de paix, les habitants de
Bayonne puissent venir et trafiquer en toute sûreté dans
ses pays ; ce qu'il a fait publier et proclamer à L'Écluse
et aux autres endroits nécessaires. De même, ses sujets
de Flandre pourront en toute sûreté aller et trafiquer à
Bayonne et dans les terres du roi Édouard III, ainsi qu'il
l'a fait plus amplement connaître aux dites gens de
Bayonne. Enfin, comme il avait appris que plusieurs
conspirateurs, bannis de son Comté, s'étaient retirés, sous
la protection du roi d'Angleterre, à Calais et sur d'autres

points de la frontière de Flandre, il priait le dit roi de ne pas soutenir davantage ces bannis, de ne pas supporter qu'ils séjournassent dans son royaume, mais, au contraire, de les en expulser et spécialement de Calais et des autres points de la frontière (1).

Comme on le voit, les guerres entre la France et l'Angleterre avaient non seulement interrompu les relations ordinaires entre la Flandre et Bayonne, mais encore servi de prétexte à l'armement de corsaires et à des actes de piraterie réciproques que les trêves étaient impuissantes à faire cesser. Comme le faisait remarquer le comte de Flandre, ses sujets et les habitants de Bayonne ne se préoccupaient nullement des traités passés entre les Anglais et les Français et ne tenaient compte que des conventions particulières qu'ils concluaient entre eux. On comprend facilement combien les trêves qui résultaient de ces dernières conventions devaient être précaires, car il suffisait d'un fait isolé, d'une prise douteuse, d'une rixe entre matelots, comme nous l'avons vu plus haut, pour en amener la rupture.

Il semblerait, d'après une requête adressée au comte de Flandre le mardi 8 août 1363 (2), que, malgré l'assurance donnée par lui au roi d'Angleterre, le 14 janvier précédent qu'il avait fait publier à L'Ecluse le traité de paix conclu entre la France et l'Angleterre en vertu duquel les gens de Bayonne pouvaient venir trafiquer en Flandre, ceux-ci ne se fussent pas hâtés de renouer les relations qu'ils avaient eues jadis avec ce pays. Ne se contentant pas de la parole du prince que ses communes pouvaient, d'ailleurs, contraindre à ne pas tenir complè-

(1) *Archives du Nord*, B. 1595, 1er Registre des Chartes, f° 136 recto.
(2) La date de l'année n'est pas indiquée; mais nous croyons qu'il faut assigner à cette requête l'année 1363, parce que c'est seulement celle-ci, où, sur une période de dix ans, le 8 août tombe un mardi (*die mareyti*).

tement, ils désiraient un traité particulier entre eux et les villes de Flandre qu'ils considéraient, à cause du degré de puissance politique auquel elles étaient parvenues, comme un gage plus certain de la paix que les lettres patentes du Comte. Aussi le 8 août 1363, ses bons et féaux amis les Maïeur, Jurés et communauté de la cité de Bayonne représentèrent au magnifique et puissant comte de Flandre que l'amitié et l'affection ont régné aux temps passés entre lui, ses gens et villes de Flandre et eux, habitants, communauté et cité de Bayonne ; qu'une association fraternelle résulta entre eux d'un traité de paix conclu pour le bien du commerce et du négoce, leur permettant de se fréquenter en toute sécurité; que cet état se maintint jusqu'au moment où quelques-uns de ses sujets de Flandre saccagèrent sans raison et sous l'injuste prétexte de dommages qu'ils auraient éprouvés sur mer du fait du roi d'Angleterre, souverain des dites gens de Bayonne, et commis, d'après ses ordres, ce qui ne peut, ni ne doit leur être imputé. C'est pourquoi, désirant vivre dans les mêmes conditions d'amitié, d'affection et d'association fraternelle que par le passé avec ses gens des villes de Flandre et avec lui sous sa souveraineté paternelle, ils le suppliaient avec la plus vive instance et conjuraient sa magnificence qu'il lui plaise octroyer, concéder et confirmer un traité de paix, concorde et amitié, ferme à tout jamais entre les habitants des dites villes de Flandre, ses sujets, et les habitants de Bayonne, leurs personnes et leurs biens, de manière à ce qu'ils puissent demeurer en toute sûreté, trafiquer sur terre et sur mer dans toute l'étendue du pays, de la souveraineté et au milieu de toute la population de la Flandre (1).

Les négociations qui s'engagèrent alors pour trans-

(1) *Archives du Nord*, B. 1506. 1er registre des chartes, f° 136, verso.

former la simple trêve marchande en une paix définitive entre la Flandre et Bayonne, aboutirent à la délivrance de lettres patentes octroyées par le roi Édouard III et le comte Louis de Male, et qui paraissent avoir donné pleine et entière satisfaction aux deux parties.

Par les premières, datées de Westminster le 28 janvier de la trente-septième année de son règne, c'est-à-dire de l'an 1364 (1), le roi Édouard déclara qu'il avait été souvent *moult* troublé par les « *grandes contencions et discortz* » qui ont existé pendant de longues années entre ses féaux sujets de Bayonne et ses bons amis et féaux sujets de Flandre, tant durant les guerres qui ont régné entre lui et son très cher frère, le roi de France, comme après. Aussi a-t-il grand désir de voir ce différend apaisé, de manière à ce que nulle étincelle de discorde ne subsiste entre lesdites parties, et, comme conséquence de la paix conclue entre lui et le roi de France, que chacun doit vouloir garder et maintenir. Comme il est venu à sa connaissance que le comte de Flandre et ses sujets ont accordé aux dits habitants de Bayonne le droit de venir et de trafiquer dans le pays de Flandre, ce qu'ils ont fait publiquement proclamer et annoncer à L'Écluse et aux endroits où cette publication était nécessaire, ainsi qu'il en a été sûrement informé par les lettres closes qu'il avait reçues à ce sujet, il octroie pareillement tant pour lui que pour ses hoirs, et au nom desdits habitants de Bayonne présents et avenir, que tous les habitants de la Flandre pourront en toute franchise et liberté venir tra-

---

(1) Il nous semble préférable, quoique Édouard III soit monté sur le trône le 24 janvier 1327 et date le commencement de son règne du lendemain 25 janvier, de fixer la date de ces lettres patentes à 1364 plutôt qu'à 1363, car elles paraissent postérieures à la supplique adressée au comte de Flandre par les habitants de Bayonne et lui font immédiatement suite dans l'insinuation qui en a été faite dans le premier registre des Chartes. C'est, d'ailleurs, cette date du 28 janvier 1364 que leur attribue l'*Incentaire analytique des Archives de la ville de Bruges*, tome II, p. 123-124, N° 554.

fiquer à Bayonne et en toutes ses autres seigneuries, comme en temps de bonne paix, sans pouvoir en être empêchés, ni autrement molestés à l'occasion des différends passés et de la même manière que si aucune difficulté ne se fût jamais élevée entre eux.

Le 13 mars suivant, par des lettres patentes données à Gand, le comte Louis de Male, s'inspirant des mêmes sentiments que le roi Édouard, dont les lettres, scellées du grand scel royal, lui avaient été remises, considérant que, puisque ce dernier avait accordé aux habitants de la Flandre le droit de venir paisiblement commercer à Bayonne et dans toutes ses autres seigneuries, selon ce qui s'était pratiqué quand la paix régnait entre les deux pays, et sans qu'ils puissent être molestés à l'occasion des débats et querelles antérieurs, concéda les mêmes privilèges aux habitants de Bayonne qui viendront faire le commerce en Flandre (1).

Il est probable que les relations entre la Flandre et Bayonne furent de nouveau interrompues à la fin du XIVe siècle, lorsque la guerre recommença entre la France et l'Angleterre. Ainsi quand le 15 janvier 1387 (n-st.), le duc de Bourgogne Philippe le Hardi, comte de Flandre du chef de sa femme Marguerite, fille de Louis de Male, publia un mandement accordant le libre commerce et l'entrée des ports de Flandre aux marchands de toutes les nations, il en excepta « les Englèz, leurs subgiéz et ceulx qui tiennent leur partie » (2). Les habitants des villes de Guienne et de Gascogne, encore soumises à la domination anglaise, devaient être compris dans cette exception. A partir de cette époque, d'ailleurs, les négo-

---

(1) *Archives du Nord*, B. 1505, 1er registre des Chartes, f° 110, recto.

(2) Emile Varembergh, *loco citato*, pages 178-179. *Archives de la ville de Bruges*.

ciations diplomatiques, les traités de paix et de commerce passés entre les rois d'Angleterre et les ducs de Bourgogne, ne font aucune mention spéciale de Bayonne dont les habitants ne sont probablement désignés, après l'énumération précise des marchands « d'Engleterre, de Calais et d'Yrlande » que par l'appellation vague et générale « et d'autres pays subgiéz du royaulme d'Engleterre », comme on peut le remarquer dans les lettres patentes du roi Charles VI et du duc Jean-Sans-Peur publiant une trêve de trois ans entre les deux pays, le 15 juin 1408 (1), puis prolongeant cette trêve pour trois autres années à partir du 15 juin 1411 (2). Il en est de même dans les lettres du roi d'Angleterre, Henri VI, ordonnant à ses sujets anglais de respecter les biens de ses sujets de Flandre tant sur terre que sur mer, le 14 juillet 1426 (3); enfin, dans le traité de commerce conclu entre la Flandre et l'Angleterre le 22 mars 1440 (4).

Bayonne ne fut reprise par les troupes de Charles VII qu'en 1451. Mais, l'année suivante, la Guienne fut le théâtre d'un soulèvement contre les Français qui nécessita une nouvelle conquête. De ce fait, cette province fut privée de ses privilèges. Bayonne, qui paraît avoir tenu longtemps le parti des Anglais, perdit alors beaucoup de son importance commerciale au profit de Bordeaux. C'est ce qui explique pourquoi les lettres patentes du roi Louis XI, datées de 1461 et analysées plus haut, ne mentionnent pas spécialement Bayonne à côté de La Rochelle et de Bordeaux.

(1) *Archives de la ville de Bruges.* Grœnenbœck, A, f°. 1. Em. Varembergh, *loc. cit.*, pages 499 et 548.

(2) Idem, *Ibidem*, A, f°. 14 et suiv. Em Varembergh, *loc. cit.*, pages 500 et 572.

(3) *Archives de la ville de Gand. Invent.*, n. 511. E. Varembergh, *loc. cit.*, p. 578.

(4) Idem, *Ibidem*, n. 580. E. Varembergh, *loc. cit.*, p. 579.

A partir de la seconde moitié du XVe siècle, les relations directes entre cette dernière ville et la Flandre prirent une réelle extension. Nous avons vu que les vins de Gascogne, dont il est si souvent question dans les comptes et dans les titres des XIIIe et XIVe siècles, doivent être assimilés aux vins connus aujourd'hui sous le nom de vins de Bordeaux. Mais ces vins de Gascogne quand ils étaient embarqués sur des navires bordelais ne paraissent pas avoir été expédiés directement en Flandre, du moins en règle générale. C'était ordinairement sur l'Angleterre qu'ils étaient dirigés, sauf des ports anglais à être ensuite réexpédiés en Flandre où ils étaient désignés, comme nous l'avons dit ci-dessus, dans les comptes de la ville de Bruges, sous l'appellation de vins d'Angleterre (1).

Ce n'est pas que nous n'admettions avec MM. Francisque Michel (2) et Malvezin (3), que la ville de Bordeaux ait été au moyen âge en relations commerciales suivies avec les villes de Flandre. On trouvera dans leurs ouvrages de nombreux faits témoignant qu'aux XIIe et XIIIe siècles, les négociants bordelais fréquentaient les ports et les foires de Flandre. En 1243, par exemple, le roi d'Angleterre Henri III, réglant une dette de 600 marcs souscrite à deux bourgeois de Bordeaux, Élye de Chausel et Étienne Gote, ordonna de les payer tout de suite, et prévoyant le cas où ce mandement resterait sans exécution, de manière à priver les deux créanciers de la possibilité de faire, à l'aide de ces fonds du négoce à la foire de Turnhout en Flandre, il prit l'engagement de les indemniser,

(1) *Archives de la ville de Bruges*, C. 1301, f°. 41 n° 6. « Item, van I vate wiins van der Ingelscher wine ».

(2) *Histoire du commerce et de la navigation de Bordeaux*. chap. vi. Commerce de Bordeaux avec les Pays-Bas et l'Espagne, p. 139 et suiv. Idem, p. 232 et suiv.

(3) *Histoire du commerce de Bordeaux*, Tome II, p. 296 et 319-321.

au jugement des autres marchands bordelais qui s'y trouveraient, de tout dommage résultant pour leurs deux compatriotes d'un défaut de payement (1). Mais, on remarquera que parmi les faits rapportés par ces deux érudits, il s'agit presque toujours de négociants de Bordeaux dont les marchandises ont été embarquées sur des navires espagnols ou bayonnais à destination de la Flandre, ou de marchandises amenées d'abord en Angleterre par des vaisseaux bordelais puis réexpédiées en Flandre par des Anglais. Francisque Michel le reconnait d'ailleurs. « Les Flamands, dit-il, qui importaient des vins dans leur pays avaient quelquefois meilleur compte à s'approvisionner ailleurs, qu'aux lieux de production, surtout s'ils étaient en guerre avec l'Angleterre; c'est ainsi que nous voyons un marchand belge, Pélage de Saint Jacques, obtenir licence d'exporter une cargaison de vins qui se trouvait à Southampton ». Dans un autre passage il ajoute : « tandis que la Guienne par son industrie s'appropriait une partie des richesses de l'Angleterre; celle-ci, spéculatrice plus habile, voulait au moins voiturer elle-même les vins qu'elle consommait, et ne permettait guère à la navigation de se développer à Bordeaux. Déjà donc elle avait imaginé et mis en pratique, bien avant le règne d'Henri VII, bien avant nous, ce système d'habileté profonde, par lequel elle a depuis rendu sa marine si formidable, de n'employer autant qu'elle le pourrait, que ses seuls vaisseaux pour importer chez elle, pour exporter au dehors, toutes les marchandises qui constituaient son commerce. Un pareil système de conduite ne pouvait qu'exciter la jalousie des autres peuples qui se livraient aux transports maritimes. L'explosion ne se fit pas attendre. Vers 1316, les Flamands et les Bayonnais, unis par une étroite alliance, bloquèrent en

---

(1) Francisque Michel, *loc. cit.* p. 111.

quelque sorte les ports français, malgré les vaisseaux des rois de France et d'Angleterre » (1). M. Malvezin remarque aussi que « l'une des raisons pour lesquelles le mouvement commercial entre les deux pays (la Flandre et Bordeaux) apparaîtrait moins important qu'il ne l'était réellement, c'est que certains ports anglais servaient d'entrepôt et de marchés, tant pour l'importation que pour l'exportation » (2).

Les marchands bordelais rapportaient de Flandre, comme ceux de La Rochelle et de Bayonne, et, ainsi que nous venons de le voir, généralement transportés par les vaisseaux de ces derniers, des draps, de la mercerie, de l'étain, des métaux, des cuirs et des peaux, des harengs et autres poissons salés. Dans le rôle gascon de la dix-huitième année du règne d'Édouard II (1325), se trouve un acte qui a trait à une importation de cent quintaux de cuivre, chargés en Flandre à destination de Bordeaux, par trois habitants de Condom (3). Celui de la vingt-cinquième année du règne d'Édouard III (1352) indique que le commerce de Bordeaux s'approvisionnait en Flandre de tissus de laine, de chapeaux, de selles et de cuivre. Cependant il faut remarquer que, dès 1234, le maire Galcelin Columbarius et les jurés de la commune de Bordeaux, avaient autorisé Boniface de Sainte-Colombe, citoyen de cette ville, à fabriquer des draps à la manière des Flamands, des Français, des Anglais, etc., et à faire venir pour cela des ouvriers de ces pays (4). Cette autorisation, datée du 31 mars 1234 (n.-st.), fut confirmée par le roi d'Angleterre Henri III, le 20 mars

---

(1) Kerwyn de Lettenhove, *Hist. de Flandre*, tome III, p. 78. Francisque Michel, *loc. cit.*

(2) Malvezin, *loc. cit.*, p. 320.

(3) *Rotuli Vasconiæ*, 15, 16, 17 et 18. Edw. II.

(4) Wauters, *Diplômes belges*, tome VII, *Suppl.*, p. 670.

1236 (1). Cette draperie indigène, dans un pays voisin de l'Espagne où les laines abondaient, dut naturellement amener un certain ralentissement dans l'importation des draps de Flandre.

Il est donc certain que les relations commerciales entre la Flandre et Bordeaux au moyen âge furent presque toujours indirectes et qu'elles ne peuvent être comparées à celles qui existèrent alors entre la première et les villes de La Rochelle, Niort, Saint-Jean-d'Angely, Bayonne et même Biarritz, relations non seulement attestées par de nombreuses mentions dans les comptes, mais consacrées et réglées par de véritables traités de commerce. On ne rencontre, au contraire, aucune convention de ce genre, passée entre les villes flamandes et Bordeaux. L'ancien texte du droit maritime de Damme, copié sur les rôles d'Oléron, règle bien tout ce qui concerne la navigation dans les ports de l'Océan, notamment à L'Écluse, Bordeaux, La Rochelle, etc. (2); mais la mention de Bordeaux n'est là qu'incidemment, d'une manière générale et employée par suite d'une formule de style. On peut ajouter que les comptes et les registres de bourgeoisie indiquant l'établissement dans la ville de Bruges, en 1285, de marchands de La Rochelle, de Bayonne, de Narbonne et de Montpellier, sont muets relativement aux négociants bordelais.

« Les rapports de Narbonne avec l'Angleterre et avec la Flandre, selon M. Célestin Port (3) avaient lieu sur les marchés de Bordeaux, en suivant la route antique, ou dans les foires de Champagne, de Beaucaire et de Montpellier. Les commerçants de cette dernière ville qui,

---

(1) Wauters, Diplômes belges, tome VII, Suppl., p. 692.

(2) Warnkœnig, *Flandrische Staats und Rechts Geschiete*, tome I, 1ʳᵉ partie, Urkunden, p. 86. — Wauters, *Diplômes belges*, p. 716.

(3) *Essai sur l'histoire du commerce de Narbonne*, p. 159.

comme on sait, formaient une société avec les Narbonnais et les marchands réunis du Languedoc, avaient des maisons à Londres où ils se rendaient sur les vaisseaux de Guienne ou de Normandie ». Nous avons tout lieu de croire que c'était principalement par les navires de Bayonne que Narbonne expédiait ses vins et ses miels renommés, dont la Flandre faisait une grande consommation, sur les ports de L'Ecluse et de Damme. Le commerce intérieur en introduisait aussi par les voies de terre, comme le prouve le tarif du péage de Bapaume. Les marchands du Languedoc rapportaient de Flandre des draps qui, aux XIIIe et XIVe siècles, abondaient sur les marchés des villes du Midi où on les voit soutenir la concurrence des étoffes de fabrication indigène. Ainsi le tarif des droits de *leude* levés à Perpignan (1), cite les draps verts de Gand (*panno pers de Gant*), ceux de Douai, de Cambrai, d'Ypres, *l'étamine forte d'Arras*, les draps de St-Omer, de Bruges, les draps rayés d'Ypres, les draps blancs de Thamyse, en même temps que ceux d'Angleterre venant des villes de *Grava*, de *Elaxon*, de *Doyn*, que ceux de Saint-Quentin, de Provins, de Chartres, de Narbonne, de Gourdon, de Figeac, de Rodez et que les grosses futaines de Vérone. Les droits perçus pour la mise en vente de ces draps étaient en général de 12 deniers par pièce, pour ceux de Flandre, excepté pour les draps de Bruges qui ne payaient que 3 deniers comme ceux de Narbonne, de Gourdon, de Figeac et de Rodez. Les draps d'Angleterre, de Saint-Quentin et de Saint-Omer devaient 8 deniers. Ceux d'Ypres, de Provins et de Chartres en payaient 6.

(1) Tarif des droits de *leude* à Perpignan. *Per lo dret de la leuda régal ques leca à Perpinya.* Archives des Pyrénées orientales B. 202 folio XXVII. Sans date ; XIVe siècle. (Nous devons la connaissance et la communication de ce document à l'obligeance de notre confrère M. E. Desplanques, archiviste des Pyrénées-Orientales.)

Ce curieux tarif montre combien a été grande l'activité des relations commerciales entre la Flandre et le Midi de la France, au moyen âge, malgré les guerres qui venaient si souvent les troubler. Mais heureusement, le commerce intérieur et la navigation se prêtaient un mutuel appui et parvenaient à se suppléer pour l'exportation et l'importation des marchandises, car il était rare que la guerre put les interrompre tous les deux en même temps. Enfin, ainsi que nous le verrons plus tard, les marchands florentins et lombards d'un côté, les navires anglais, basques et castillans, de l'autre, contribuèrent pour une part considérable à entretenir les relations commerciales entre la Flandre et la France, même pendant les époques les plus troublées de la guerre de Cent ans.

PIÈCES JUSTIFICATIVES

DE LA

PREMIÈRE PARTIE

(PÉAGE DE BAPAUME)

I

Cahier de dix feuillets in-12 contenant une enquête tenue à Cappy, en présence de Barthélemy de Roye, du prévôt Pierron d'Amiens et de Névelon le maréchal, bailli d'Arras, et des sergents qui avaient levé le travers de Bapaume, Bauduin d'Arras, Guillaume Pastes, Aurri de Bapaume, qui ont déclaré qu'il ne peut passer nulle marchandise à Bapaume, tant venant de France qu'y allant, sans payer des droits. (Mai 1202). — Lettres du roi Philippe-le-Bel déclarant qu'il a fait extraire et transcrire sur les registres de sa Cour, le procès-verbal de ladite enquête donnant le tarif des droits que les diverses marchandises doivent payer à Bapaume (Jeudi après la Pentecôte, 14 juin, 1291). (Archives du Nord, B. 12).

Ceste enqueste fu faite à Capi pardevant mon signeur Beiremieu de Roie et le prévost Pierron d'Amiens et Nevelon le marescal, baillieu d'Arras. Là furent li serjant qui avoient cuelli le travers de Bapaumes au tans le conte de Flandres : Bauduins d'Arras, Villiaumes Pastes, Aurris de Bapaumes, et dirent que nus avoirs de France, de Bourgongne, de Champagne, de Provence, de Saint Jaqueme d'outre les mons d'Espagne, ne puet aler en Flandres ne el fief de Flandres qui ne doie passer et aquiter à Bapaumes, pour que li avoirs soit à gens des teres que j'ai ore nomméez. Ne il ne puecnt prendre point d'avoir en Flandres, ne u fief de Flandres pour mener en lor terres qui ne doie passer et aquiter à Bapaumes. Ne cil de Flandres ne del fief de Flandres ne puecnt prendre point d'avoir en Flandres, ne el fief de Flandres pour mener es terres devant dites qui ne doie passer et aquiter à Bapaume. Et si ne puecnt prendre point d'avoir en ces devant dites terres pour mener en Flandres ne u fief de Flandres qui ne doie passer et aquiter à Bapaumes, Terewane, Fauquenbergue, Boulenois, Ternois, Cambrais, Tournais, Valenchiennes, Hainnaus, Lempire, Pontieu, Normendie, Biauvais, Amiens, Corbie, ne doivent point de cemin se il ne si embatent, mais sil s'embatent en le castelerie de Bapaumes; il doivent le travers ausi comme li autre. Actum anno domini M° CC° secundo Mense Mayo (1).

Philippus Dei gratia Francorum Rex, universis presentes litteras inspecturis, Salutem. Notum facimus quod nos ad requisitionem Gentium dilecti et fidelis nostri comitis Attrebatensis, in registris et libris curie nostre fecimus diligenter inspici et videri, et littera que sequitur ibi est reperta et eam sub sigillo nostro fecimus transcribi. Hec est inquisitio qui facta fuit apud Capiacum, scilicet de transversis Regis et comitis Sancti Pauli, coram B. de Roya et A. de Haniest et P. preposito Ambianensi et Nevelone Marescalco, hanc inquisitionem fecerunt burgenses Attrebatenses, Bapalmenses et Perrone et de Roya et Compendii et Montis Desiderii et Ambianenses et servientes qui tenebant pedagia tempore Comitis Flandrie et dixerunt quod omnia averia que transeunt de Flandriâ sive in Franciam, sive in Burgundiam, sive in Campaniam, sive ultra montes, sive in Provintiam, debent pedagium apud Bapalmas; et omnia vina venientia de Franciâ, vel de Burgundiâ in Flandriam euntia debent pedagium apud Bapalmas. Omnes autem illi qui debent pedagium apud Bapalmas, debent pedagium apud Peronam, apud Royam, apud Compendium et Crispiacum. Ternenses vero et Bono-

---

(1) Cette date est exacte, Névelon le Maréchal ayant été bailli d'Arras et de Bapaume à la fin du XIIe et au commencement du XIIIe siècle. D'ailleurs, ce préambule se trouve, en latin, dans le Registre des Actes de Philippe-Auguste, contemporain de ce prince, conservé aux Archives du Vatican.

nienses et Normanni et Corbienses, Ambianenses, Pontinenses, Belvacenses, Tornacenses, Cameracenses et Falquenborgenses, omnes isti vadunt quo volunt, reddendo, suas rectas consuetudines; sed si isti aportarent averia de Flandriâ in terras predictas, ipsi redderent pedagium apud Bapalmas sicut alii, vel reportando vina sicut supradictum est. Transcriptum autem hujusmodi littere fecimus fieri sub sigillo nostro ut dictum est, jure, cujuslibet salvo. Actum Parisius die Jovis post Penthecostam, anno domini millesimo ducentesimo nonagesimo primo.

Suit le tarif du péage de Bapaume.

Cascuns qui mainne vin à voiture en Flandres doit à Bapaumes de le carctée vi deniers et ii deniers du ceval. Et s'il le maine en l'empire, s'en doit il autant pour qu'il s'enbate en le castelerie de Bapaumes.

Quant bourgois de Bapaumes mainne vin à voiture si doit vi deniers de conduit et i denier du cheval; et s'il mainne sen avoir, ne autres li mainne, il ne doit nient de travers, mais s'il a parchonnerie (1) avoec autrui, on en prent le travers entièrement, s'il ne set à se partie à assener. Et s'il maine herenc, ne autre poisson, il ne doit nient de ses chevaux, mais le conduit et le travers si comme li autre; du millier de herenc: i denier; de le mande de poisson: iiii deniers; du C: iiii deniers et du panier: i denier. De le mande de raies: iiii deniers. De le mande de plais (plies): ii deniers et du panier: i denier. Du millier de makerel: iiii deniers. Du millier de merlene: iiii deniers, de vi^{xx} pour le cent, et li carete: vi deniers de conduit. Li cent d'aloses doit xvi deniers et li saumons une obole; mais les aloses ne li saumons ne doivent point de conduit s'il n'a avoec autre poisson u autre cose qui conduit doie;

(1) Association.

mais del cheval ɪ denier. Et se nus mainne sen vin u fait mener en se carete qui ni ait voiture ne compagnie en le carete, ne el vin, se il non si doit vɪ deniers de conduit et ɪ denier du ceval. Nus qui soit manans de là le bos d'Arrouaise ne puet mener carete wide en Flandres, ne de là liaue de Quaguel (1) qui ne doie vɪ deniers de conduit et ɪ denier du cheval; et, se il ramainne poisson, si ne doit point de conduit ne de ses chevax, se il n'en a plus que il enmena. Et s'il va cargiés et revient cargiés, si doit conduit alant et venant et travers, fors de sel, se il est siens, s'en doit une obole; et se li seus est autrui que siens, si doit xvɪ deniers de conduit et del cheval ɪ denier et une obole de cauchie. Et se il acate ɪ cheval et il trait en se carete, s'en doit ɪ denier et xɪɪ deniers de douzaine quant ele est. Et se li chevax acatés ne trait, si doit ɪɪɪ denier et douzaine s'ele est et une obole de cauchie. Se Flamens ne hom qui soit de delà Bekorel (2), mainne carete wide de là le bos d'Arrouaise, si doit de le carete vɪ denier de conduit et du cheval ɪ denier. Et se il liue cheval hors de le castelerie ne enprunte, si doit ɪɪ deniers. Et s'il fait nueve carete, si doit de cascun ceval double ɪ denier, pour que che soit voiture et le conduit, et de chiaus qu'il acuita à l'aler de cascun ɪ denier et le conduit por qu'il amaint voiture ; mais s'il amainne son avoir que nus ni ait part, se il non n'en l'avoir, n'on le carete, si ne doit point de travers, fors de froumages u d'avoir de pois u de grant autre avoir, pour qu'il n'ait demouré plus de xv jours; mais s'il demeure plus de xv jours, si doit de le carete vɪ denier et du cheval ɪ denier. Et se çou est voiture u compagnie si ait ensement demouré plus de xv jours, si doit vɪ deniers de conduit et

(1) Le Cojeul, petite rivière prenant sa source près de Moyenneville, coulant du sud-ouest au nord-est, entre Arras et Bapaume et se jetant dans la Sensée à Estaing.

(2) Boiry-Becquerelle, canton de Croisilles, arrond. d'Arras.

ii deniers du ceval ; et s'il avoit mené voiture à l'aler, il doit travers au revenir de sen vin u d'autre cose combien que il demeurt ; et se hom qui ne soit de le castelerie mainne vin à voiture à homme de le castelerie, si doit vi deniers de conduit et ii den. du ceval ; et se hom de le castelerie mainne vin u autre cose qui soit à homme de le castelerie, si ne doit point de conduit, mais i den. du ceval ; il ne doivent point de douzainne de leur avoir, mais il doivent de vin à voiture vi deniers et ii du ceval ; mais de lor avoir ne doivent il point de conduit. D'un tourssel de dras : xii den. et une obole de cauchié ; de la tourssoire : vi den. et une obole de cauchié ; de cascun drap en carete : iiii den. et i den. du cheval et i den. de cauchié sans conduit. Cil de Martinpuch (1), ne cil de Courceletes (2) ne pucent prendre point d'avoir en ces II villes pour mener es fiés de Flandres qui nen doie travers du ceval i denier sans conduit, soit sour carete u sor cheval. De le poiso de lainne : iiii deniers, mais s'il le mainent d'iluec es fiés de Vermendois, il n'en doivent nient. Carete qui mainne miel : xii deniers de conduit et ii deniers du ceval. La somme d'ole : iiii deniers et du ceval i denier sans conduit quant ele est en carete ; uns soumiers qui porte ole : iiii deniers de le somme. De clau (clou) en carete : iiii deniers et du ceval i denier sans conduit. Li garbe de fer : i denier. Li garbe d'achier en carete : iii oboles et du ceval i denier sans conduit. Li soumiers qui porte claueterie : iiii deniers et s'il porte lin : iii deniers. Li poise de lainne : i denier, ix˟ libvres iiii mains pour le poise, et v sols de conduit s'il ni avoit que demie poise et du ceval i denier. Li soumiers qui porte lainne : xii

---

(1) Martinpuich, cant. de Bapaume, arrond. d'Arras (Pas-de-Calais).

(2) Courcelette, canton d'Albert, arrondissement de Péronne (Somme), et non Courchelettes, arrondissement de Douai (Nord), comme le dit Tailliar.

deniers et une obole de cauchié. Li take de cuirs, x cuirs pour le take, dusques à vi takes : iiii deniers et del ceval i denier sans conduit ; et s'il y a plus de vi takez, si doit cascune i denier et xii deniers de cascun parchonnier quant douzainne est, et v sols de conduit et du ceval i denier. Li carete à waide : vi deniers de conduit et du ceval i denier pour que li waides soit à houme de delà le bos ne de l'Empire. Carete qui mainne lin : vi deniers de conduit et i denier du ceval, et s'il est cerenchiés (peigné), si doit v sols de conduit et i denier du ceval. Li carete qui mainne moeles : ii deniers ; li muele et li mainmoliaus (meules à main) : i denier et vi deniers de conduit et nient des cevaus et son vent, on prent de cascun ceval i denier et vi deniers de conduit et nient des mueles, car on se prent au mieux paiant. La carete à ougnons : iiii deniers de conduit et i denier du ceval. Li carete à blé, autant. Li carete à veche et à pois, autant. Li carete à poisson de douce yauwe, autant. Carete à roisins autant. Carete à mortiers, autant ; à tille, aus, escalongnes, bos escaples, lances, frins, pierre, escueles, hanas, croiseus pour argent fondre, patins, gravele, voirre ; vi deniers de conduit ; cendres doivent iiii deniers de conduit, et du ceval i denier. Lame de pière sour carete : iiii deniers, et du ceval i denier sans conduit. Li carete à nois vi deniers de conduit et i denier du ceval. Carete qui mainne waide en sas : iiii deniers de conduit et i denier du ceval. Carete à waisdele : vi deniers de conduit et i denier du ceval. Carete à cardons : iiii deniers de conduit et i denier du ceval. Carete d'asnes doit autant comme de cevax. Et se cist avoir que j'ai chi nommé, si comme waisde et waisdele et toutes les autres coses si comme vi deniers et iiii deniers de conduit, estoient à home qui soit des fiés de Flandres ne qui i eust part, li cevax deveroit ii deniers et li carete le conduit se le ne fu acuitié à l'aler ; mais se le fu acuitié à l'aler, li cevax ne deveroit cun denier au revenir et le conduit ; sil avoit demouré plus de xv jours, si deveroit li cevax ıı deniers ei le conduit. La carete à sel : vı deniers de conduit et ı denier du ceval. Vins de la Rocele, autant. Nois menues, autant ; et oves, autant s'il ni avoit coses qui le conduit tolist des oves. La carete qui mainne tonniaus wis : ıııı deniers de conduit et ı denier du ceval por qu'il ait en le carete trois tonniaus u plus, car de ıı ne doit on nient. Et ce nus hons avoit fait vendre vin à broke à Bapaumes u ailleurs et il en remenoit ses tonniaus wis, il n'en doit nient de travers, son ne li menoit à voiture, et s'il vendoit vin en gros, il deveroit de ııı tonniaus wis en carete le travers s'il les remenoit. Cil de Biaumès (1), cil de le Buskière (2), de Harmies (3), de Buisnies (4), de Boussies (5), de Doegnies (6), de Moreries (7), de Bertincort (8) doivent de vin et de waide, vı deniers de conduit et ı denier du ceval pour qu'il soit à gent qui cemin doivent, et autant doivent il de lor avoir por qu'il s'embatent en le castelerie ; il ne doivent nient de lor avoir, ne de chiaus de l'Empire sil ne si enbatent. Dun bacon : ı denier. Li cevaus acatés : ııı deniers ; li soumiers de poisson : ııı deniers. Cascuns saumons sour cheval : une obole. Et cil qui porte le soie cose (la chose lui appartenant en propre) sor son chief ou en brouete : ıı deniers et obole et s'il porte

(1) Beaumetz-les-Cambrai, arrond. d'Arras, canton de Bertincourt (Pas-de-Calais).
(2) La Bucquière (idem).
(3) Hermies (idem).
(4) Beugny-le-Château (idem).
(5) Boursies, cant. de Marcoing, arrond. de Cambrai (Nord).
(6) Doignies (idem).
(7) Morchies, cant. de Bertincourt, arrond. d'Arras (Pas-de-Calais).
(8) Bertincourt, chef-lieu de canton de l'arrond. d'Arras (Pas-de-Calais).

autrui cose ou il se fait aidier, si doit xii deniers et obole.
Et s'il maine autrui avoir en brouete et on trait devant,
si doit ii sols et une obole et douzainne, se ele est ; et s'il
porte avoir por loier con doie aquiter par pièces, si comme
pennes et autres coses, la penne : ii deniers ; li couvretoirs : ii deniers ; li keute-pointe : ii deniers et li pliçons :
ii deniers ; li cens de fil d'or : iiii deniers : la livre de
soie : iii oboles. Li crois de Limoges : ii deniers. Et se ce
estoit viés freperie si doit li pliçons : i denier ; li penne :
i denier ; li surcos : i denier. La douzaine de mances : ii
deniers. Li soumiers de mercerie : xxv deniers, et s'il est de
Douai : xix deniers. Li aluns : xxv deniers, et s'il est de
Douai : xix deniers. De brésil : xxv deniers et s'il est de
Douay : xix deniers. Encens : v sols, et s'il est de Douay :
iiii sols et vii deniers. Espiserie : xxv deniers et s'ele est
de Douay : xix deniers. De cascun gros drap : i denier
au repaire et xii deniers de conduit et i denier de caucie.
Li carge de poivre : v sols et i denier, et se ele est de Douay :
iiii sols et vii deniers. La carge de graine : iiii sols et
i denier ; et se ele est de Douay : iiii sols et vii deniers.
La carge d'amandes : xxv deniers, et se ele est de Douay :
xix deniers. Li carge de figes : xxv deniers, et se ele est
de Douay : xix deniers. Li cens de file de canvre : viii
deniers et obole et la beste : xiii deniers du que li files
soit. Li cens de file de lin : viii deniers et la beste : xiii
deniers. Li fardiaus de file de Miaus (Meaux) à faire
cordes : xii deniers et obole sor beste u sor carete sans
conduit, et del ceval en carete, i denier. Li soumiers de
file de lainne et de file d'estoupes : xxv deniers. Li bari-
siaus de laituaire : ii deniers. Li pains de çucre : ii deniers. Li sakiaus d'espices : i denier. Li bougherans :
iiii deniers. Li dras de soie : iiii deniers. Li casure : iiii
deniers. Li cendaus : ii deniers. Li C de piaus : iiii
deniers. Li douzaine de goupiex : ii deniers. Li douzaine

cordouan : ii deniers. Li douzaine de basane : i denier. Li nape : i denier. Li piéce de toile : i denier. Li tapis : i denier. Li touaille : i obole. Li lorains : ii deniers. Li haubers : iiii deniers. Li haubregons : ii deniers. Li couvretoire de fer à cheval : ii deniers. Les cauces de fer : i denier. Li hiaumes : i denier. Li capiaus de fer : i denier. Li douzainne de cauces : ii deniers. Li fustanes : i denier. Et li beste qui ce porte doit : xiii deniers. Li tourssoire de toiles : xii den. et i obole. Cascune toile sour soumiers : i denier et li beste : xiii deniers et se asne porte toile d'Arras : xii den. et obole. Li carge de cordes : xiii den. Li carge de cengles : xiii den. De demie carge d'avoir de pois en carete, se plus ni a, ne doit on point de conduit. Li carge de poivre en carete : iiii sols et i den., et de conduit v sols et du ceval i den. Li carge de grainne : iii sols et i den., et de conduit v sols et del ceval i denier. Li carge d'alun : xiii den., et de conduit v sols et du ceval i den. Li carge de brésil, autant. Li carge d'encens : iiii sols et i denier. Li carge de figes : xiii deniers. Li carge de mercerie, autant. Li carge d'espicerie, autant. Li carge d'amandes, autant et d'autres coses meismes si comme peleterie, cordewan et soie et file de canvre et d'autres coses doit on v sols de conduit en carete et del ceval i denier. Li carge de poivre en carete qui est à gent de Douay : iii sols et vii deniers et v sols de conduit et i denier du ceval. Li carge d'encens, autant. Li carge de grainne : ii sols et vii deniers et v sols de conduit et i denier du ceval. Li carge d'amandes, de figes, de brésil, d'alun et d'autres coses qui doivent estre aquitées par pièces, autant : s'il est à savoir xiii den. en carete et v sols de conduit comme des autres villes. Cascune carge d'avoir de pois, por ovec qu'il aient lettres : xvi deniers sor soumier, pour que li avoirs soit à bourgois de le Carité d'Arraz, manans dedens les murs ii à bourgois de Saint

Omer dedens les murs manans; et se ces carges estoient mises sour carete, u sour car, si deveroit cascune autant comme d'autres villes, car lettres ni valent nient, et v sols de conduit et du ceval i denier; et s'il avoit avoec aucune carge u autre avoir qui fust defors les murs d'Arras u de Saint Omer u d'autre ville, qui doit : iiii sols et i denier, en car u en carete; et grainne iii sols et i denier si comme poivre, grainne, brésil et alun et d'autres coses, si comme de xiii den. sor carete u sor car, sans plus de conduit : mais, se cil d'Arras u cil de Saint-Omer faisoient mener leur avoir en carete u en car, si fust li carete croisié devant et derrière et liée à une corde, si deveroit v sols et v den. et du ceval i den., et li cars vii sols, iii deniers mains (moins), pour quil aient lettres; mais sil avoient autre avoir avoec qui fust de defors les murs d'Arras u de Saint Omer, on en prenderoit le travers si comme des autres villes, sans conduit. Et d'autres villes cascuns avoirs deveroit sen acuit (acquit), si comme en car u en carete et v sols de conduit, car li avoirs d'Arras u de Saint Omer liées à une corde ne puet mie conduire autrui avoir avoec le sien. Li cars à dras de Bruges u de Gant doit : xxxii sols, et en douzaine xlii sols. Li cars d'Ypre : xviii sols et viii deniers, et quant il est douzaine, de cascun parchonnier : xii den. par lor lettres. Li carete a dras de Lisle : xxv sols, et en douzaine : xxxii sols. Carete qui mainne dras d'Arras u de Saint Omer, liées à une corde, doit v sols et v den.; et de cascun ceval : i den., et en douzaine : vii sols et v deniers, et s'il avoit autrez dras mis aveuc les leur, ne autre avoir qui ne fust de lor Carité, on ne prenderoit le travers et le douzaine sele estoit et v sols de conduit, car il ne pueent mie en leur carete croisié et liée à une corde, ne en leur car, conduire autrui avoir. Li cars d'Arras : vii sols, iiii deniers mains, et en douzainne : ix sols, iiii deniers mains, par lettres.

Et se chil d'Arras u de Saint-Omer metoient tourssiaus en plate sor car u sor carete, si deveroit cascune plate : xvi deniers et v sols de conduit par leurs lettres et i denier du ceval et de cascune plate : xii deniers de douzaine quant ele est. Et s'il avoit autre avoir mis avoec, sen prenderoit on le travers sans autre conduit et le douzaine se ele estoit. Li torsiaus sor beste d'Arras u de Saint Omer : xvi deniers par lor lettres. La toursoire : viii deniers et obole. Toursiaus de dras à dos qui n'est de le Carité d'Arras, u de Saint Omer, u de Douay, doit xxv deniers et la toursoire : xii deniers et obole. Li soumiers de parchemin : xxv deniers. Li milliers de vair oveuré : xl deniers et li beste qui ce porte : xiii deniers de conduit, et se çou est toursoire, si ne doit que vi deniers de conduit et de caucie une obole. Li cars qui va wis (vide) : xv deniers et au revenir : xvi deniers s'il amaine voiture, et, s'il demeure plus de xv jors, si doit xxxi deniers de vin, u de waide, u de blé; et se çou est miels, si doit xlvi deniers, et s'il ne demeure que xv jours, si ne doit que xxxi deniers de miel. Et se li cars maine son avoir alant et venant, si ne doit nient fors à l'aler, mais il deveroit de ses froumages ; s'il amaine sen blé u s'avoine u sen vin, il ne doit nient s'il ne demeure plus de xv jours ; mais s'il demeure plus, il doit de son avoir : xvi den. au revenir, et, sil amaine sen miel, si doit xxxi deniers. Se cars maine dras en France u de là le bos, si doit au revenir : xxxi deniers, et de miel : xvi deniers. Cascune carge u cascuns toursiaus sor car u sour carete u sor ceval : xii deniers de douzaine quant ele est. Et cars et carete et gens qui travers doivent et douzaine et cascune fié qui mainent voiture, doivent douzaine quant ele est ; mais se li hom est tout ales aveuc se carete qui maine son avoir, si ne doit que une douzaine. Cil de France u de Bourgougne et de Provence et de là le bos et autre pour quil ne soient de Flandres, doivent de cascun drap en carete u en car: i den.; del coutil : i den.; de la douzaine de cauce : ii den. et v sols de conduit et du ceval i den. et i den. de cauchié et du car xv den., et de cascun parchonnier des dras : xii den. de douzaine quand ele est. Cil de Péronne doivent de cascun drap en car u en carete dusques à xliiii, du drap et du coutil : i denier et de lescaufaire : i den.; et sil i avoit plus de xliiii, si deveroit cascuns dras i den. et v sols de conduit et du cheval en carete : i den. et del car : xvi den. Li soumiers de cauce : xxv den. Li toursoire : xii den. et obole. Son metoit dras sor carete u sour car dusques à vi dras, si deveroit cascuns dras iiii den. et i den. du ceval et i den. de cauchié et v sols de conduit sil ne estoient de Péronne. Cire, ne bures, ne oins, ne sains, ne cueuvres, ne arains, ne estains, ne fers, ne plons, ne métaus ne doivent point de conduit, mais, sil avoit aveuc, cose dont on deust prendre conduit, on ne prenderoit de le poise de cire, ne de bure, ne d'oint, ne de sain, que iiii deniers de le poise. Li poise de cire : viii den. Li poise d'oint : viii den. Li poise de bure : viii deniers. Li poise de sain : viii deniers. Li soumiers qui porte bure : viii den. et obole. Li tonniaus de sain : xxxiii den. et du cheval i denier et i den. de cauchié. Li poise de cuevre, d'estain, d'arain : quarel *(sic)* denier et du ceval : i denier et i de cauchié sans conduit, et de cascun parçonnier : xii den. de dousaine quant ele est. Li cens de bestes : iiii sols et viii den., si en sont li vi den. de cauchié, car cascune brebis ne doit cune maille de travers, et li cens : vi den. de cauchié, et, se eles sont de le castelerie, si doit on de iii bestes i den. Li vaque : iii den. et obole et, se ele est de le castelerie, si doit i denier et obole. Li cevax : iii den. obole et, sil est à home de le castelerie, si doit iii obole. Li carete acatée doit ii deniers. Cil qui porte faus sans mache : ii den. et obole. Cil qui porte grues : ii den. et obole. Li carete qui maine blé en garbes ne avainne, ne vece, ne pois en warat : doubliau denier de cauchié, sans travers. Cuilliers, fuisiaus, keus, vers (1), fruit, airemens (2), herens ne viande con porte à sen col, ne doit point de travers, fors saumons. Cil qui porte semence u pumes de grenate doit ii den. et obole. Cuirs tailliés pris à Bapaume ne doit point de travers. Carete qui vient de delà le bos pour cuirs entiers à Bapaumes, si doit li cuirs i sol et li carete i obole de cauchié, sans conduit et sans travers de chevax pour con les maint par de là le bos. Li huce : ii den. Li keute : iiii den. Li coussins : ii den. Li pos de cueuvre : i den. Li paeele : i obole. Li caudière brasserete : viii den. Li bouterole : iiii den. Li caudière pour maison : ii den. Li cauderole : i den. Li cauderons : i sol. Li faus à fèvre : viii den. et li doi fol (3) à fevre : xvi den. Li carete qui tel harnas mainne ne doit point de conduit, mais i den. du ceval et i den. de cauchié. Carete qui maine malades u pelerins, u qui va toute wide pour pelerins u pour malades, ne doit point de travers. Li bladons (4) : i sol et i obole de cauchié. Cars qui maine dras de là le bos et reviègne wis si doit xv den. et carete qui maine dras de là le bos et reviègne wide : vi deniers de conduit et i denier du ceval. Cil qui porte pumes de citre : ii den. et obole. Li soumiers d'orpiement : xxv deniers et li soumiers de dens divore : xxv den. Li poise d'ale : iiii den., et en carete : vi den. de conduit. Li taule de plonc : i den, et li poise : iiii den., sans conduit ; li cevax i den. et i den. de cauchié. Se cil de l'Empire amainent avoir de lor tere en le castelerie, il nen doivent

---

(1) Peut-être broches en fer, du latin *ceru*.
(2) Ustensiles d'airain.
(3) Soufflet.
(4) Tamis.

nient; et, se cil de l'Empire en remenoient avoir en lor tere de le castelerie, ne doivent nient; mais de l'avoir qu'il averoient amené de lor tere en le castelerie, il en deveroient travers por qu'il le menaissent outre le bos u en Flandres. Cil de Miraumont (1) ne doivent nient de cose qu'il amainent de Miraumont en le castelerie, ne de çou qu'il prenderoient en le castelerie pour mener à Miraumont; mais sil le menoient outre le bos, u en l'Empire, u en Flandres, il en deveroient travers por qu'il s'enbatent en le castelerie. Nus ne puet prendre avoir en le castelerie pour mener outre le bos qui ne doie travers. Cil qui vienent à Bapaumes nomméement pour le marché, ne doivent nient de chou qu'il y amainent por qu'il sen revoisent le jour meisme de là le bos. Cil de Flandres pucent mener de lor terre en le castelerie et d'iluec remener en lor terre, nen doivent nient, ne d'autre avoir qu'il i prenderoient; mais sil faisoient avoir venir de France u des festes de Bourgougne por vendre u pour demourer en le castelerie, il en deveroient autant comme sil le faisoient mener en Flandres u ailleurs. Toute cose qui paie travers paie cauchié u denier u obole. Li flece de porc : II deniers. Li pourchiaus doit I fort u I tournois. Li truie autant u li IIIe : II deniers, si a I den. de cauchié en ces II den. Et, si li pourel (2) sont à houme de le castelerie que autres ni ait part, si doivent li III : I den. Li c de froumages : VIII den. u la poise : VIII den. et du ceval I den. et I den. de cauchié, sans conduit et XII den. de cascun parchonnier de douzainne quant ele est. Mais, s'il avoit aveuc les froumages autre cose qui conduist deust, on prenderoit du C de froumages u de le poise : IIII den. et le conduit de l'autre avoir se

(1) Miraumont, canton d'Albert, arrondissement de Péronne (Somme).

(2) Les porcelets.

miex valoit, car on se prent au miex paiant. Et se li froumage estoient à homme de le casteleric de Bapaumes, si prenderoit on du C u de le poise : IIII den. Li soumiers qui maine poisson u herenc, u ales, u tele cose, ne doit cune douzaine tant comme ele est u dure à cui que li avoirs soit. Li soumiers de hueses qui venroit de Saint Omer, u de Bétune, u de Flandres, u dailleurs, si deveroit xxv den. et douzaine se ele estoit. Et se les hueses estoient en carete si en prenderoit à le raison. Carete qui maine pos de terre doit IIII pos sans plus. Carete qui maine balainne doit de le poise : III den. et de cascun ceval I den. et I den. de cauchié sans conduit. Li soumiers qui porte hanas de madre doit : xvIII den. et obole sans plus, et douzaine quant ele est.

II

Tarif du péage de Péronne (sans date, fin du XIIIe siècle).
(Archives de la ville de Douai, CC. 156).

C'hest l'ordonnanche du paage du roy no seigneur à Péronne :

PRIMEZ

Uns chevaus marchans doit quatre deniers.
Le jument doit deuz deniers.
Une vaque doit deus deniers ; viaus desous I an, I den.
Uns pourchiaus doit une maille.
Quatre berbis doivent I denier.
Uns asnez doit trois mailles.

Uns mulès doit deuz deniers.
Une mule doit 1 denier.
Uns fouc (troupeau) d'auez (oies) quatre deniers, les xxv font le fouc.
Uns haubert nuef doit quatre deniers.
Uns haubrejon doit deuz deniers.
Uns camail doit 1 denier.
Les cauches de fer doivent 1 denier.
Uns bachinès doit 1 denier.
Une keute doit quatre deniers.
Uns kavecheus doit deus deniers.
Une kurtepointe doit deuz deniers.
Unes oreilliers doivent une maille.
Quatre coussins doivent 1 denier.
Uns couvretoir de vair doit quatre deniers.
Uns drap d'or doit quatre deniers.
Uns couvretoir de connins doit deuz deniers.
Uns drap de soie doit deuz deniers.
Uns escrins ferez doit quatre deniers.
Une huche doit deuz deniers.
Uns huchel doit 1 denier.
Uns croffre doit 1 denier.
Uns pos de coivre doit 1 denier.
Une caudière doit 1 denier.
Uns cauderons doit une maille.
Une paiele doit une maille.
Uns bachins lavoir et 1 pot lavoir 1 denier.
Deuz keminaus doivent 1 denier.
Dis escuelez d'estain doivent 1 denier.
Uns pot d'estain doit une maille.
Uns asnes mis à vente à Péronne doit quatre deniers.
Une ânesse doit deuz deniers.
Uns quevaus doit quatre deniers et sil sont vendu il ne doivent nient.

Une doloire doit une maille.
Une penne de vair doit deuz deniers.
Une fourrure à capron doit ı denier.
Li chens d'ermines doit vııı deniers.
Uns mantiax de vair doit quatre deniers.
Li chens de vairs doit quatre deniers.
Uns plichons de dos de lievrez doit ı denier.

COLIERS

Hons qui porte entonnoirs doit ı maille.
Hons qui porte hanas de bruis doit ı denier.
Hons qui porte draps de France doit deuz deniers.
Hons qui porte toiles doit deuz deniers.
Hons qui porte lin doit ı denier et s'il le porte à voiture deuz deniers.
Uns bouc doit une maille.
Uns merchier a taulette (tablette portée devant lui) doit ı maille s'il nia soie ou dedans.
Uns merchier à fardel doit ı denier; s'il le fait porter, il doit deuz den., et, s'il y a soie ou chendal, il doit siz deniers.
Uns fardiaus de kenvrequiez doit ı denier et à voture ıı deniers.
Uns fardiax de flepperie (friperie) doit ı den.; à voiture en doit deuz den., et, s'il y a refoule, il doit deuz sols et une obole.
Uns fardiaus de toile doit ı den., à voiture doit deuz deniers.
Uns fardiax de tiretagnez venans de Flandre, deuz sols et une maille.
Uns fardiaus de coton doit ı deniers, à voiture doit ıı den.
Uns fardiaus de cloquez à brebis doit ı denier, à voiture ıı den.

Uns fardiaus de cordouan doit deuz solz et une maille, et, sil y a siz piaus, cascune pel doit une maille.

Uns fardiau de cordouan blanc, cascun pel doit deuz den.

Uns fardiax de draps de Flandrez doit deuz sols et une maille.

Hons qui porte bourses, vans (gants), chaintures, siz pièches doivent ɪ denier, et s'il n en y a sis, il ne doivent riens.

Uns fardiax de keutiex, cascun doit deuz deniers.

Uns cuirs de bugle doit quatre deniers.

Hons qui porte denréez à vendre à Péronne et il s'en va le quemin quil est venus, il n en doit nient, et, sil va autre quemin, il doit de chelle denrée qu'il porte.

Hons qui porte uns fardiax de pennez d'agniax, cascune doit ɪ denier, et chelle à capron ɪ den.

Hons qui porte soie, sil n'en y a siz livrez ou plus, il ne doit que ɪ denier, et, sil y en a siz lib., il doit siz den.

Hons qui porte soie ou chendal doit siz deniers.

Hons qui porte piaus de connins, li chens doit ɪ denier.

Hons qui porte chucre doit siz deniers.

Hons qui porte vair ou gris doit ɪ denier, et à voiture deuz den.

Hons qui porte cauchez venans de Flandrez ou des parties devers Cambray, doit deuz sols et une maille.

Uns fais de voirres doit ɪ double voirre.

Uns fardiaus de flepperie refoulé doit deuz sols et une maille.

Uns fardiaus de piaus de poissons doit deuz solz et une maille.

Uns boullon de vif argent doit quatre deniers.

Hons qui porte hanaps de madre doit quatre deniers.

Hons qui porte alez (harengs?) doit quatre deniers si y a ɪɪɪɪ^{xx} loiens en le poise.

Hons qui porte capiaus de bièvrez, le douzaine doit deuz deniers.

Hons qui porte coivre, arain, estain, chire ou laine, le pois doit iiii den.

Hons qui porte plonc, le poise doit deuz deniers.

Uns fardiaus de parquemin doit i denier.

Uns fardiax de sargez et couvreturez venans de Flandrez doit deux solz et une maille.

Hons qui porte pois blanque ou noire doit i den.

Hons qui porte oisiaus marchans doit deuz deniers, excepté l'esprevier qui ne doit riens.

Hons qui porte volille doit i den.

Hons qui porte connins marchans, le douzainne doit deuz den.

Uns fardiax de gratuise de tonniaus (tartre) doit i den. et à voiture deuz den.

Uns fardiaus de laine doit deuz den.

Uns fardiax de vair euvré, li milliers doit quarante deniers, excepté chiax de Paris, qui ne doivent que vint deniers sil i sont ou sil ont baillié taille.

Uns fardiax d'espisserie doit siz den.

Hons qui porte figuez, roisins et amandez, doit deuz den.

Hons qui porte limaille, li chens doit i den.

Hons qui porte pingnez à laine doit i den.

Hons qui porte semenche doit i den, et à voiture deuz den.

Hons qui porte boure doit i den. et à voiture deuz den.

Hons qui porte couhourdez (courges) doit i den.

Hons qui porte saumons, li chens doit wit d. et, sil en y a mains de douze, cascune pièche doit une maille.

Hons qui porte esperons doit i den.. et à voiture doit deuz den.

Hons qui porte dras de retour doit siz deniers.

Hons qui porte patrenostrez doit deuz deniers.

Hons qui porte draps de Flandrez, se chest à gens de Flandrez, il doit deuz solz et une maille et se chest à gens de Franche, cascune pièche doit deuz den.

Hons qui porte armurez, li hauberc doit deuz den., le gorgerette, I den., li camail I den., panz et bras deuz den., cauchez de fer I den., uns hauberc nuef IIII den., li muschins (dos de cuirasse) ne doit niens.

BROUETTES

Brouette qui maine marbre, doit I den. et à trait, III oboles.

Brouette qui maine mercherie merlée, doit XVIII deniers, I obole.

Brouette qui maine keutez, cascune keute quatre den.

Brouette qui maine keutiex, cascun keutil doit deuz den.

Brouette qui maine penne, le poise doit quatre den. et vaut le poise XXX lib. pesant.

Brouette qui maine caveches, cascun doit deuz den.

Brouette qui maine orelliers, cascun orellier doit une maille.

Brouette qui maine coussins, li quatre doivent I den.

Brouette qui maine toile, li bale doit quatre den.

Brouette qui maine viez linge, doit II den. et à trait, III oboles.

Brouette qui maine draps de Flandrez, doit II den., I obole.

Brouette qui maine peleterie escrue, doit XVIII den., I obole.

Brouette qui maine peleterie ouvrée, doit deuz solz et une obole.

Brouette qui maine vair euvré escrue, li milliers doit quarante den., excepté chiaus de Paris sil y sont ou sil baillent taille, il ne doivent que XX den.

Brouette qui maine couvretoirs ou mantiax, cascun doit quatre deniers.

Brouette qui maine pennez de vairs à sercos, cascune doit deuz deniers et chelle à capron doit I den.

Brouette qui maine fleperie, doit deuz den. et à trait, III den.

Brouette qui maine soie, il doit deuz sols et une obole.

Brouette qui maine fleperie refoulée, doit II sols et une obole.

Brouette qui maine cordouan, doit II sols et une obole.

Brouette qui maine poisson, il doit deuz den. et à trait, III den.

Brouette qui maine hérens, doit deuz den. et à trait, III den.

Brouette qui maine merlens, doit deuz den. et à trait, III den.

Brouette qui maine espisserie, doit douze den. et maille; à gens de Flandrez et à gens de Franche XVIII d. ob.

Brouette qui maine arain, estain, coivre ou chire, le poise doit quatre den. et...

Brouette qui maine sain, seur (suif), plonc, doit IIII den.

Brouette qui maine fustaille, doit I den. et à trait. III oboles.

Brouette qui maine figues et roisins, le couple doit II den.

Brouette qui maine draps de retour, doit IX den. et obole.

Brouette qui maine draps à gens de Franche ou des parties, doit XVIII den. et obole s'il y sont, et, s'il ni sont, il doivent deuz solz et une maille.

Brouette qui maine fer ou achier, le somme doit IIII den.

Brouette qui maine laine ou filache, le poise doit iiii den.

Brouette qui maine saumons, li chens doit viii den., s'il en y a douze ou mains, cascun doit maille.

Brouette qui maine fil de lin, le poise doit iiii deniers.

Brouette qui maine cuirs de chief, cascun doit deuz den. et chiex de vaque i den.

Brouette qui maine cuirs de bugle, cascun doit iiii den.

Brouette qui maine capiax de bièvre, le douzaine doit ii den.

Brouette qui maine capiax de feutre, doit ii den. et à trait, iii den.

Brouette qui maine coton ou fustaine, doit xii den. et obole.

Brouette qui maine piaus de poisson, doit deuz sols et une maille.

Brouette qui maine parquemin, doit ix den. et maille.

Brouette qui maine vif argent, li boullons doit quatre den.

Brouette qui maine hanas de madre, le douzaine doit ii den.

Brouette qui maine œule ou miel, le somme doit iiii den.

Brouette qui maine fauchilles, li chens doit i den. et à voiture, ii den.

Brouette qui maine keuvrequiez doit douze deniers et maille.

Brouette qui maine sargez, tapis, palios, doit deuz sols et vi den.

. Brouette qui maine avoir à bourgois de Neelle, doit ii den., et à trait doit troiz deniers.

Brouette qui maine ....taine. doit iiii deniers; iiii^{xx} loiens font le poise.

Brouette qui vient à Péronne doit II den. et à trait, III den.

Brouette qui maine fourmages, li chens doit VIII oboles.

Brouette qui maine fruit doit I den, et à trait doit III oboles,

Brouette qui maine aulz, oignons doit I den. et à trait, III ob.

Brouette qui maine keus, doit I den. à trait, III ob.

Brouette qui maine mortiers, doit I den.. à trait, III ob.

Brouette qui maine waide courée, doit I den. à trait, III ob.

Brouette qui maine graine à gens de Franche, doit XVIII den. et maille et à gens de Flandres, XII den. et ob.

Brouette qui maine waude, warance, doit II den., à trait, III ob.

Brouette qui maine bresil en pourre, doit XVIII den. et maille, à gens de Franche et à gens de Flandrez, XII den. et obole.

Brouette qui maine dras d'or, cascun doit quatre den.

Brouette qui maine dras de soie, cascun doit II den.

Brouette qui maine piaus d'aigniaus, connins, cas, lièvres, li chens doit I den.

Brouette qui maine cuirs d'ivoire, doit XVIII den. et ob.

Brouette qui maine asur, doit XVIII den. et maille et quant on le maine à queval doit plain paage.

Brouette qui maine osiere, doit I den. et à trait doit III oboles.

Brouette qui maine platez à amer (1), doit cascun I den.

Brouette qui maine lin, doit douze den. et maille.

Brouette qui maine liège, doit I den. et à trait, III den.

Brouette qui maine gorgerette, cascune doit I den.

(1) Sans doute pour *à armer*, *armures de plates*.

Brouette qui maine camaus à armer, doit i den. li haubere neuf iiii den.

Brouette : uns haubregon ii den., pans et bras ii den., cauches de fer i den.; li musekins ne doivent nient.

Brouette qui maine tiretainnez, doit ix den. et ob.

QUEVAUS

Queval qui porte bresil, vair gris, gingenbre, canele et autre avoir de pois pour aler de Franche en Flandrez, quest à marchans de France, de Navare ou d'icelle condicion, doivent xviii den. et obole; se chest à gens de Flandres il doivent douze deniers et maille.

Queval qui porte fustane, doit xviii den. et obole.

Queval qui maine avoirs à marchans de Flandrez pour mener en Franche, prins de là le Lis, doit plain paage selon l'avoir quil porte.

Queval qui porte peleterie de Flandrez et des apertenanches, se chest à gens de Flandrez il doit iii sols, vi den. et obole et se chest à gens de Franche et il y sont où il ont baillié taille, il ne doivent que xviii den. et obole du torsel, et sil ni sont il paient plain paage.

Queval qui porte draps à gens de Flandrez en Franche, iii sols, vi deniers obole.

Queval qui porte draps à gens de Franche ou des parties à Navarois ou à Lombars ou à gens d'ichele condicion, ne doivent que xviii den. et obole du cheval sil i sont ou se leur varlés y est et il n'a manu i an à son maistre, il paie plain paage.

Queval qui porte fil d'arqual, doit xviii deniers et obole.

Queval qui porte lart venant de France en Flandrez, doit xviii den. et obole, venant de Flandrez en France, iii sols vi den. et obole.

Queval qui porte draps de retour, doit xii den. et ob.

Queval qui porte avoir de pois à gens de Franche, de Navare ou des parties, doit xviii den, et maille.

Queval qui porte vaire cuvré à gens de Flandrez en France, doit trois solz siz den. et maille.

Queval qui porte vaire cuvré à gens de Franche, de Navare, de Provenche ou des parties, doivent, alant et venant, xviii den. et ob., mais qu'il y soient ou qu'il aient baillié taille.

Queval qui porte amandez, doit ix den. et maille.

Queval qui porte cordouan, doit iii sols et vi den. et i maille.

Queval qui porte saie de Flandrez en Franche, doit iii sols, vi den. et obole.

Queval qui porte (1) de Franche en Frandrez, xviii den. et obole.

Queval qui porte selles venans de Flandrez, doit iii sols vi den. obole.

Queval qui porte fleperie refoulée à gens de Flandrez, doit iii sols, vi den. et obole.

Queval qui porte mercherie à gens de Flandrez venans en Franche, doit iii sols vi den. et obole.

Queval qui porte toilez à gens de Flandrez venans en Franche, doit iii sols, vi den. et ob. et de Franche en Flandrez, xii den. ob.

Queval qui porte dras de Flandrez à gens de St Quentin, doit iii sols, vi den. et maille, et s'il y sont, il ne doiventt que xviii den. et maille, et en tel manière est il de chiax de Saintlis, de Clermont et de che paiz.

Queval qui porte connins escrus, doit xviii den. et ob.

Queval qui porte souffre à gens de Franche ou de Navare, doit xviii den. et ob. et à gens de Flandrez, doit xii den. et maille.

(1) Sans doute aussi de la saie.

Queval qui porte papiers à gens de Flandrez, doit xii den. et maille et de Franche, xviii den. et maille.

Queval qui porte erminez, doit iii sols et vi den. et ob.

Queval qui porte à gens de Neelle, doit ii den.

Queval qui porte toursoire à gens de Flandrez en Franche, doit ii sols et une maille.

Queval qui porte toursoire d'autre liu, quel cose que che soit, ne doit que ix den. et maille.

Queval qui porte laine, doit vi den.

Queval à bas doit deuz deniers.

Queval qui porte graine à gens de Flandrez en Franche, iii sols vi den. obole.

Queval qui porte poisson, noiz, hérens, connins, doit ii den.

Queval qui porte saumons, li chens doit viii den. et s'il en y a douze, cascun doit maille.

Queval qui porte alez, le poise doit iiii den.

Queval qui porte plume, le poise doit iiii den.

Queval qui porte œle, miel, le somme doit iiii den.

Queval qui porte sargez, tapis, palios, doit xviii den. et ob.

Queval qui porte claus, le somme doit iiii den.

Queval qui porte coutiax à gens de Flandrez, doit xii den. et ob., et à gens de Franche, xviii den. et maille.

Queval qui porte lormerie, doit siz den.

Queval qui porte viesez armurez de tournois, doit ii den.

Queval qui porte fustaille, doit ii den.

Queval qui porte figuez et roisins, le couple doit iiii ob.

Queval qui porte draps ou peleterie à gens de Franche, de Provenche, de Lombardie, Geneuois ou gens d'ichelle condicion, doivent du queval xviii den. maille s'ils y sont ou s'il ont varlet qui ait demouré i an à euz ou plus, ou se che non, il doivent plain paage.

Queval qui porte coivre, chire ou arain, estain, le poise IIII den.

Queval qui porte agniax, doit XII den. et maille.

Queval qui porte lievrez, doit XVIII den. et ob.

Queval qui porte haubregerie, li haubers doit IIII den. uns hauberjons II den., uns camax I den., pans et bras II den., le gorgerette une maille, uns musequins I ob.

CARETTE

Carette à voirrez, doit sept den.

Carette qui maine chire ou craisse, le poise doit IIII den. et le carette, VIII den.

Carette qui maine lin, doit VII den.

Carette qui maine mercherie mellée, se elle vient de Flandres, les II balez doivent III solz, VI den. et ob., et le carette doit V solz de conduit à gens de Flandrez.

Carette qui maine oele ou miel, le somme doit IIII deniers et le carette doit VII den.

Carette qui maine mercherie mellée à gens de Franche, le merque doit, alant et venant, XVIII den. et ob. III et demi font le carque, et le carete, V sols de conduit.

Carette qui maine toilez à gens de Flandrez alans en Franche, le bale doit XVIII den. et ob. et le carete, VII den.

Carette qui maine toilez à gens de Franche, le bale doit IX den. et maille, et le carette, VII den.

Carette qui maine poisson de douche yave, doit VII den.

Carette qui maine poisson de mer, le somme doit II den. et le carette doit VII den.

Carette qui maine hérens rous (saurs), li milliers I den. et le carette, VII den.

Carette qui maine saumons, li chens VIII den. et le carette, VII den., et s'il en y a douze deseure, cascun doit ob.

Carette qui maine oint, sain, estain, arain, coivre, chire, le poise doit IIII den. et le carette, VII den.

Carette qui maine vin, blé doit vii den.

Carette qui maine cordouan, le douzaine doit ii den. et le carette, vii den.

Carette qui maine laine ou filache, le poise doit iiii den. et le carette, vii den.

Carette qui maine figuez, rosins, le couple doit ii den. et le carette doit vii den.

Carette qui maine amandez, le carque doit ix den. et ob. et le carette, vii den.

Carette qui maine fer, achier, le somme doit ii den. le carette, vii den.

Carette qui maine cleus, le somme doit iiii den. et le carete, vii den.

Carette qui maine keutez, cascune doit iiii den. et le carette, vii den.

Carete qui maine keutepointez cascune doit ii den. et le carette, vii den.

Carette qui maine gens en pèlerinage doit vii den.

Carette qui mainne parquemin, le merque doit xviii den. et ob. et le carette doit vii den.

Carette qui maine draps de Flandrez, d'Artois ou des parties et li drap sont à gens dessus dis, le gibe doit xlviii sols, et se chest en toursel, li toursel doit iii sols, vi den. et ob., et le carette v sols de conduit, et se li drap sunt en plache, on conte x dras pour le toursel, et se paie le toursel trois solz, vi den. et ob.

Carette qui maine dras de Franche ou de chelle partie, on conte quans dras il a en le plache, si fait on de x dras toursel, si paie le toursel iii sols, vi den. et ob. sil nissont, et sil y sont ou leur varlès qui ait servi i an ou plus à son maistre, il ne doivent que xviii den. et ob. du toursel et fait on de iii toursiax iiii, et le carette, v sols de conduit.

Carette qui ramainne draps de retour, on conte x dras

pour le toursel. et le toursel doit xii den. et ob., et le carette doit v sols de conduit.

Carette qui maine avoir de poiz à gens de Franche, à Navarois, à Pourvenchiax, cascune quarque doit alant et venant xviii den. et obole, et le carette doit v sols de conduit.

Carette qui maine vaire euvré dont quelle soit, li millier doit xl den. hors chiax de Paris qui ne doivent du millier que xx den. sil y sont ou s'il ont baillié taille et le carette doit v sols de conduit.

Carette, se quevaus quiet maladez, et on met le toursel seur le carette, le tourser doit iii sols, vi den. et ob., et le carette doit v sols de conduit.

Carette qui maine vaire euvre ouvrée, li couvretoirs et li mantiax, cascum doit iiii den., li sercos ii den., li caprons i den., li plichons ii den. et le carette doit v sols de conduit.

Carette qui maine peleterie à gens de Flandrez en Franche, on conte ccc et demi pour le quarque, et doit le quarque iii sols, vi den. et obole, et le carette v sols de conduit, tant pour l'escrue comme pour l'ouvrée.

Carette qui maine viez linges, ccc pezant doivent xii den. ob. et le carette doit vii den.

Carette qui maine avoir en le ville de Péronne doit de retour vii den.

Carete qui maine meulez, cascune doit iiii den., le carete, vii den.

Carette qui maine meulez treuéez, cascune viii den., le carette, vii den.

Carete qui maine draps à gens de Saint Quentin aussi comme chil de Flandrez s'il y sont, et s'il ni sont, il paient aussi que chil de Franche ; à bourgois de Neelle doit vii den.

Carete qui maine cuirs, le taque doit IIII den. : si a x cuirs en le taque et le carette doit VII den.

Carete qui maine parquemin, le toursel doit XVIII den. ob., le carette, VII den.

Careté qui maine graine, le quarque doit III sols, VI den. et ob., et le carette doit v sols de conduit si y a ccc chinquante livrez pesant en le quarque.

Carete qui maine cuirs de vaque courées, cascune doit I den., et le carette doit VII den.

Carette qui maine sayez d'Engleterre, le toursel doit III sols, VI den. et ob. et s'il y a plus de xx pièchez de sayez en le plache chest gibe, et doit le gibe XVIII sols et le carete doit v sols de conduit.

Carete qui maine cassiasfitre, tone dadez, oele d'olive, rigolisce, savelon, cascune quarque doit XVIII den. et ob., ccc et demi font le quarque et le carette doit v sols de conduit.

Carete qui maine connins en gibe, doit XVIII sols, se che nest à gens de Franche que le toursel ne doit que XVIII den. et ob., sil y sont ou valles qui sont à eulz; le fait on de III toursiax quatre et le carette doit v sols de conduit.

Carete qui maine waranche molute, le quarque doit XVIII den. et ob. et le carette, VII den.

Quarette qui maine papiers, le quarque doit XVIII den. et ob. et le carette doit VII den.

Quarette qui maine dades, oele d'olive, le quarque doit XVIII den., et le carette doit VII den.

Carette qui maine haubergerie, li haubers doit IIII den., le gorgerette I den., li camaux doit I den., pans et bras doit II den., et le carette doit VII den.,

CARS

Cars qui maine saffren, poivre, alun, ris, souffre, cassiafitre, gingenbre, canele, rigolisse, ver de gris, oele d'olive et autre avoir de pois à gens de Franche ou de Navare dont qu'il viegne, le carque doit alant et venant xviii den. et ob., ccc et demi pesant font le quarque ; à chiax de Flandrez, xii den. ob.

Cars de Flandrez à gibe (1) doit xviii sols, se che nest à gens d'Ippre, de Gant ; et se chest à gens des villez dessus dittes, cascune doit lx sols, et selles vont à Troyez ou à Bar, cascune gibe doit iiii livres et x sols, et ne paient nient de retour dessi à dont qu'il revient s'il ne veulent.

Cars de Flandrez à timon doit xxxiii den.; à limon, xvi den. et ob.

Cars qui maine en toursel, cascun toursel doit iii sols vi den. ob., li cars, xxxiii den.

Cars qui maine enplate on conte x dras pour le toursel, et doit le toursel iii sols, vi den. et ob., et li cars, xxxiii den., et sil y a xx dras ou plus en le plate chest gibe.

Cars à gens de Franche, de Navare ou de Provenche, soit en gibe ou en plate, on conte x dras pour le toursel et le fait on de iii toursiax iiii, se doit le toursel xviii den. et ob. sil y sont ou vallés pour eulx souffisant, ou se che non il doivent aussi comme chil de Flandrez, et li cars doit xxxiii deniers.

Cars qui ramaine draps de retour, on conte x dras pour le toursel et doit xii deniers et li cars doit xxxiii den.; s'il a passé xv jours il n'a point de retour.

Cars qui maine vaire euvré, li milliers doit xl den. dont quil viegne, hors chiax de Paris qu'il ne doivent que xx den. du millier sil y sont et sil ni sont, il doivent plain paage.

Cars qui maine madre en gros, soit à carete ou à brouette dont qu'il viegne, le carque doit xviii den. et obole.

---

(1) Voitures chargées de draps en *gibes*, *toursels* ou *plates*.

Cars qui maine cordouan le toursel doit III sols VI den.
et ob., ccc et demi font le toursel, et li cars XXXIII den.

Cars qui maine waranche molute, le carque doit XVIII
den. et ob. et li cars doit XXXIII den.

Cars qui maine graine, le carque doit III sols, VI den.
et ob. et li cars doit XXXIII den.

Cars qui maine oele ou miel, le somme doit IIII den.,
IIII^{xx} lib. font le somme, et li cars doit XXXIII den.

Cars qui maine oele d'olive, le carque doit XVIII deniers
et ob., ccc et demi pesant font le quarque.

Cars qui maine poivre, le quoque (sic) doit III sols,
VI den. et ob.

Cars qui maine estains, li chens doit II den. et li cars
XXXIII den.

Cars qui maine chire, le poise doit IIII den. et li cars
XXXIII den.

Cars qui maine haubregerie, li haubers doit IIII den.,
le gorgerette doit I den. et li camaux doit I den., pans et
bras doivent II den. et li cars XXXIII den.

Cars qui maine commin, bresil dont qu'il viègne, le
carque doit XVIII den. et ob. et li cars XXXIII den.

Aporté par Guillaume Hardi, eschevin, en l'an mil
III^c L (1).

---

(1) Cette note est d'une écriture bien postérieure à celle de la pièce elle-même.

III

Plainte des marchands de Flandre dans laquelle ils exposent toutes les exactions et les griefs dont le receveur du tonlieu de Bapaume, à l'endroit nommé Coupe-Gueule, s'était rendu coupable à leur égard, en rançonnant impitoyablement les gens dudit pays de Flandre qui allaient à la foire de Troyes en Champagne, ou qui en revenaient, de telle sorte que les marchands sus-mentionnés ont résolu d'abandonner les foires de France et de ne plus fréquenter que celles de l'Empire (sans date, vers 1248) (1).

(Archives de l'État, à Gand).

A un jour qui passés est, vindrent marcheant de la foire de Troies, et passèrent à une vile qui a à non Coupe Gueule par dehors Batpaumes, et vint li paagierres de Batpaumes et aresta icheus marcheans qui venoient de Troies, et leur mist sus quil en avoient enporté le paiage de Batpaumes, et les fist destrousser; et li marcheant li respondirent quil nen avoient point enporté de son paiage; il en fist un destrousser, maugré sien et à force, et trova en la male de celui une aune de drap dont li dras tous entiers sestoit paagiés à laler en la foire de Troies, et pour ce que li dras nestoit dune sieute raportoit il cele aune de draps et lavoit fet coper pour raporter au Bailliu,

---

(1) Comme il est question dans cette curieuse requête du dommage que causeraient au roi de France les marchands flamands en s'abstenant de passer par Bapaume et qu'il y est fait mention d'un marchand d'Ypres ayant été rançonné par les péagers lorsqu'il se rendait à la foire du Lendit de l'an 1261 avec des balles de poivre et d'alun, il semble qu'elle a dû être adressée au comte de Flandre peu de temps après cette année. Elle est en tous cas postérieure comme nous l'avons dit plus haut, p. 27, de quelques années à 1262, date que lui assignent de Saint Genois et M. Wauters.

car li dras estoit en la merci la contesse de Flandres ; et li
marcheans qui li dras fu a à non Jehans, bachelers Dipre,
et si en prist on xxx s. Et un autre marcheant destroussa
il en après, si trouva en sa male ginginbras dont il avoit
usé et acheté por son mengier. Ce fu Jakemes li Rois de
Dickemue, et li paagiers dist quil en estoit en amende de
lx s. et li marcheans en fina et les paia. En après il
destroussa un autre marcheant et trouva en sa male
formages qui avoient cousté xi d. et o. de tornois et dist li
paagierres quil estoit en forfet de lx. s. Il en fina et à tort
et maugré sien et paia les lx s. et si fu cil meismes. Et si
destroussa un autre marcheant et trova en sa male demi
camelot quil avoit acheté por faire un sorcot à sa feme et
por son user, et dist li paagierres qil estoit en amende de
lx s. et cil en fina et les paia, et si a non Salemons
Nesekin. Et il iot un autre marcheant qui avoit un cuiret
desous lui en sa sele. Et li paagiers li demanda qil avoit
en ce cuiret ; et li marcheans li respondi et dist que ce
estoit argent en plate. Et li paagierres li dist quil estoit en
forfet de lx s. Il en fina et on enprist xxxii s. et il furent
rendu. Et en après si vint uns voituriers à Batpaumes
qui aportoit une charge dencens, et il demanda al
paagier qu'il devoit, et dist li paagierres quil li devoit
xxv de paiage et iiii s. doutrage, et cil estoit joenes
voituriers et navoit pas longement usé le paiage de
Batpaumes. Et en après si vint uns autres voituries qui
estoit daage et avoit usé le paiage de Batpaumes maint
jor et aporta une charge dencens, et il demanda al
paagier quil devoit, et li paagiers dist quil ne devoit que
xxv d. par tout. Del premier qui estoit joenes et ne
savoit l'usage, il prist xxv d. et iiii s. doutrage, et del
daerrain qui estoit anciens et savoit lusage, il ne prist
que xxv d. Et en après si vint uns autres voituriers qui
aporta çucre goutant ; si demanda au paagier quil

devoit, et li paagiers dist qil devoit xxx d. et sen passa outre atant, mes il estoit preudom et daage et savoit les usages. Au tiers jor après vint uns hom qui n'avoit pas usé lo paiage de Batpaumes qui aportoit çucre goutant et demanda au paagier quil devoit, et li paagiers dist xxv d. et iiii s. doutrage. Et en après vint uns garçons de Flandres de Brugburgh à Batpaumes et aporta xxviii harens dont les testes des harens furent coupées et les queues; il aresta lo garçon et li demanda où il portoit cos harens; il dist qil les portoit à Soissons por son mangier car il i aloit por aprendre françois, et li paagiers dist qu'il en devoit xiiii d. o. de paiage, et li garçons dist quil navoit nul denier, car il ne savoit que ce montoit, mes volentiers li donroit tous les harens ensamble; li paagiers ne lo volut pas por ce lessier passer, ains lo destrainst à ce quil li convint paier xiiii d. ; hélas, dist li garçons, ma mère ne les achata que iiii d. Et en après vint Johans de Flamertingue, merciers Dypre, qui repaire en Champaigne et ès foires de France; si aporta en sa male, troussée derrière lui, iii piax de loutre, et demanda au paagier quil devoit por les iii piaus, et il li dist xxvii d. et o. et il les paia dont la male sele fust toute chargiée ne deust que xii d. o., car par itant sen seulent passer tuit marcheant merchier. En après, vint uns autres merchiors, Herbers a non; si aporta sa male troussée derrière lui, et vot paier au paagier xii d. o., lus et la coustume quil avoit usé, et li paagiers dist que ce ne feroit il mie, ains voloit qu'il nommast toutes les choses qil avoit troussées derrière lui, lune pièce après lautre, et li preudom dist que ce ne feroit il mie quil ne lavoit onques usé; par force, li nomma toutes les pièces qui estoient en sa male, et nomma dras de soie quil estoient en sa male et li paagiers li dist que chascune pièce devoit iiii d. doutrage. En après li nomma dras à or dont li paagiers li dist quil devoit viii d. de la pièce doutrage. En après li merciers nomma quil avoit en sa male crespines par dozaines et coutiax par dozaines et coroies et bourses et autres pluseurs choses, de quoi li paagiers leva et prist iusqua vi s. desterlins dont li merciers navoit acostumé à vendre que xii d. o. por toute sa male. En après si porta uns vallés de clusieres (ferme) un chent de creveices et passa parmi Cope Geule, et li vit li paagiers de Batpaumes et li commanda quil s'acuitast des escreveices quil portoit ; cil dist qil non devoit nule riens, et li pria qu'il preist la moitié des escreveices et les plus bieles et le lessast aller, car il navoit point dargent, et il dist que nonferoit, ancois li fist paier à force ii d. o. que cil emprunta à i vallet qui aloit avoecques lui. En après, si vint uns marcheans qui venoit de la foire de Bar; si avoit achaté xl. livres de soie, et il demanda qil devoit au paagier de Batpaumes et il respondi qil devoit iii oboles de la livre, il les paia et li avoirs sen ala iusques à Arras; quant il vint à Arras il fist desloier le toursel enquoi cele soie estoit loiée, et fist cele soie peser et trova des xl. livres qil avoit achatées à Bar, xli livres et demie au pois Darras, et il estoit drois car li pois de Bar est plus fors de celui Darras de tant comme il itrova plus ; ce sevent bien tuit marcheant et Darras et daillors, et pour le cruture (l'augmentation) de ce pois, il le mist à lx s. d'amende et les paia. Et cil merciers meismes si ot troussé unes chauces coussues derrière lui por son user, et il li destroussa et len mist à lx s.; il les paia. Et uns autres hom Dipre qui a à non Jehans Vetehere, saportoit iii palettes, s'ala au paageur et li demanda sil endevoit riens et li paagieres de Batpaumes dist oil, xiii d. o. il enfina et si aloit en lot (hôtel) Madame la Contesse de Flandres. Et en après vinrent marcheant qui avoient achaté ii gelines pour lor mangier et passèrent parmi Coupe Gueule et

vint li paagiers de Batpaumes sen prist v d. Et en
après vint une preudeferme qui avoit achaté i millier
de patrenostres à Bruges et passa parmi Cope Gueule et
li paagiers li demanda quele portoit et ele dist que ce
estoient paternostres por revendre, et il dist quele devoit
de chascun c, xii d. et ele les pai a, et toutes les paternostres navoient cousté que xi s. En après vint uns bachelers
Dypre chevauchant à Coupe Gueule, et vint li paagiers,
silo détint et li demanda paage de son cheval, et li bacelers
dist quil nen devoit point, car il ne lavoit pas achaté à
Troies et li paagiers li demanda sil iavoit acheté nule
autre chose : il dist, que nenil, fors que i pou despicerie
pour faire sa sause, et li paagiers demanda où ele estoit,
et cil respondi en sa boursse, et li paagiers dist quil devoit
del espicerie iiii d. o. doutrage et xii d. por le cheval qui
laumonière portoit, car il estoit si comme il disoit entrés
en dozaine; li bacelers a à non Lambers Spikine. En
après vint uns preudons de Flandres qui en menoit ii
de ses enfans seur une somme en ii paniers pour querre
lieu là où il peuscent aprendre françois, et li paagiers de
Coupe Gueule le vit et li dist quil saquitast, et li predom
sesmerveilla moult, et li demanda de quoi, et li paagiers
li dist des ii enfans quil devoient outrage; li preudom
demanda combien et il dist xxi d. et ob. et cil les pai a. Et
nous vous faisons à entendre que se len achatast une
livre de commin vi d. et len meist la livre en viii saches,
si prendroit il et a jà pris de chascun sachet ii d. et prent
et a pris ausi de chascun cendal ii d. et de chascune
penne daigniax ii d. et dun bariselet dune livre ou de
demie livre ou dun quartron ii d., jatant ne sera petis,
et dune bouteille de gingembre, jatant ne sera petite,
ii d. ou dune boiste d'anis ii d. doutrage. Et pour
ce tort fet et pour cest outrage leissons nous à achater
es foires de Champaigne, et es foires de Frances et

si achatons à ceus qui apendent à l'Empire qui ne doivent point de chemin, et ensi en pert me Sires li rois de France ses paiages por le paaige de Batpaumes, et por le grant larencin que on ifait, et cil del Empire qui lachatent lamainent à Bruges et là lachatent li marcheant de Flandres. Après, dune touaille dont on suie les mains, on en prent II d. doutrage. Après, dune coife que uns hom met en son chief, on en prent de la dousaine II d. Après, dun chent de cannove ou de coton, on en prent VIII d. o. doutrage. Après, dune dousaine de cordewan : II doutrage. Après, li paagiers prent et a pris de chiaus Dypre IX d. plus, dune kerke quil ne fait de chiaus Darras ou de Saint-Omer. Et quant il a pris sen droit paage, si demande il arriere et prent tel outrage que deseure est dite. Après, de wesde que li bourgois Dypre assamblent dedens la castelerie de Péronne, li paagiers les vuet constraindre quil voisent par Batpaumes por assambler lor wesde, et après çou quil seront assamblé, si vieut il quil reviegnent autre fié par Batpaumes, por paier autre fié luer paage. D'autre part, uns bourgois avoit acheté wesde à livrer en un liu là il avoit son autre wesde asamblé ; chius qui mena ce wesde ne paia point de son paiage ; li paagiers vint après, si aresta ce wesde por le meffet que cil fist qui le mena. Il avint que Gilkin Olric passa parmi Cope Guele et porta sor son col unes forches por tondre en Champaigne por waignier son pain ; li paagiers li demanda LX s., il i laissa son sorcot, ces forces furent vieses et usées grant tans et si ne les portoit mie por vendre, et ce fist Tierris li clers. En après vint uns vallés Dypre qui a non Lamkins Spikine ; si passa à Coupe Gueule, si portoit demi livre de chitewal en un saccolet en sa bourse por son user et por son mangier ; il demanda au paagiers sil en devoit riens, et li paagiers li dist oïl, fait il, vous devés dou saccolet II d. et del cheval qui laumoniere porte xxv d. il les paia. Et après vint uns garchons Dypre qui a non Masekin Halle à Coupe Gueule et porta III formages de Brie por son mangier et por son user, li paagiers en prist III tornois. En après vint Johans de Flamertinghes uns merciers Dypre, si aporta à Coupe Gueule IX hanas de masere (sorte de marbre), en un hanepier ; li paagiers en prist xviii d, et si ne devoit nient. En après cil meismes porta uns lorains (mors) qui fu envoiés à un borgois Dipre qui a non Salemons Belle por son user et por son chevauchier; li paagiers en prist LX s. de forfet. En après vint uns marcheans Dipre qui a à non Herbers et paia à Batpaumes de III bastons dor de chascun vIII den. et si ne devoit de ce nule chose. En après vint uns marcheans Dipre à Bapaumes qui a non Gherars li merciers, si amenoit mercherie sor I sommier; il demanda al paagiers combien il devoit; li paagiers dist xxv d. o. dou cheval, et li paagiers li demanda avant quel mercherie il i avoit; li marcheans li respondi mercherie mellée; il li covint nomer toutes les pièces; si nomma fil dor dont il prit del baston vIII d.; après il nomma ermines lux (peaux d'hermines), il en prist x d. et si prist de chascun camelot II d. et si prist de croisettes de Limoges, de chascune croisette IIII d., et si prit doutrage del sommier ki leva duska xxIIII s. et III d. En après vint uns marcheans Dipre qui a non Gillies de Bailluel ou reper de Lendit qui ore passa en lan del incarnation M.C.C.LXV an, si mena une bale de poivre et une bale dalun; il en paia xxv d. dou paiage et III s. doutrage de la bale de poivre, et en le bale de poivre avoit demi livre de poivre en un sackelet; il en prist II d. En après vint Herbers, uns merchiers Dipre, si aporta mercerie trousée deriere lui en une torsoire dont il ne soloit doner ke XII d. o.; li paagiers en prist un marc desterlins. En après uns borgois Dipre vint de Champaigne, si porta une cote de camelot taillié et cousue en sa male ; li paagiers le sivi après dusqua Assieres et li fist là destrousser et trova cele cote en sa male; si le mist à xl sols damende. En après il prent d'un pine divorie (peigne d'ivoire) iiii d. doutrage qui nient ne doit. Et il prent d'un forchiet qui cousta xiiii d. il en prist ii d. doutrage et si ne doit riens ; d'un millier daguilles iiii d. qui niet ne doit; d'un bockeran iiii d.; dune herbe kom apielo astrologie qui cousta iiii oboles il en prist iiii d. De piaus (feuilles) dor et dargent qui nient ne doivent il en prent de le douzaine iiii d. Dune bale dorpiement dont on taint candelles, il en prent v s. de le bale et si ne doit nient ; dun pain de sucre qui ne doit que ii d. il en prent iiii d. doutrage. Dune toursoire de mercerie communal que uns marcheans porte derriere lui troussée, qui ne doit que xii d, o., il en prent xxv d, et de cel mesme avoir quant il aura paiet son droit paage, si reprent il autre flé outrage. Li voiturier de Nueveglise dient que li paagiers de Batpaumes prent d'un saccelet dont on ne soloit prendre ke i den., kon en prent ore ii d.; il dient d'autre part de sucre goutant de quoi on ne soloit prendre que xxv d., on prent ore xii d. por le cheval et iiii s. doutrage de le bate. Après dun bariselet dont on ne soloit donner que i d., on en prent ore ii d. Après dun drap dor qui ne soloit paier que iiii d., on en prent ore viii d. Après il dient ke li drap que ont paiet leur paiage al aler en foires de Campaigne s'il revienent arriere.....

IV

Lettres par lesquelles Robert, comte d'Artois, exempte les abbé et couvent du mont Saint-Eloi, ordre de Saint-Augustin, diocèse d'Arras, de tous droits de péage, tonlieu, pontenage, vinage ou autres coutumes, pour tout ce qu'ils feront venir destiné à leur usage par terre et par eau. — Paris, décembre 1268.

(Archives du Nord, B. 1593. Premier cartulaire d'Artois, pièce 202).

V

Lettres par lesquelles Robert, comte d'Artois, assigne sur le travers de Bapaume, en faveur de l'hôpital Saint-Jean, près la porte Saint-Sauveur, à Arras, 200 livres parisis à recevoir annuellement en différents termes, pour lui tenir lieu de 100 livres que Philippe, comte de Flandre et de Vermandois, et Elisabeth, sa femme, avaient donné précédemment à cette maison, sur les tables des changeurs d'Arras, et de 100 autres livres que cet hôpital percevait déjà sur ce travers; Gilles de Courcelles, receveur du Comte, devant jouir, sa vie durant, de 30 livres sur cette somme. Paris, le vendredi avant la fête de la chaire de saint Pierre 1269, 1270 n. st.

(Archives du Nord. B. 1593. Premier cartulaire d'Artois. Pièce 139).

VI

Déclaration du comte d'Artois reconnaissant devoir à Audefroid, dit Louchart, son cher bourgeois, 2,000 livres parisis qu'il lui avait prêtées sans usure, et en assignant le remboursement en différents termes sur le péage et la prévôté de Bapaume. Datum Parisis, anno Dom. M° CC° LX° IX°, mense martio. (Mars 1270 n. st.)

(Archives du Nord. B. 1593. Premier cartulaire d'Artois. Pièce. 242).

Robertus, comes Attrebatensis, universis presentes litteras inspecturis, salutem. Noverint universi quod nos debemus dilecto burgensi nostro Ardefrido, dicto Louchart, duo milia librarum parisensium que dictus a nobis mutuavit in bona sica pecunia et bene numerata, de propria et pura sorte sua, cessante omni usurâ et illicita pactione. Quam quidem pecunie summam dicto A. vel ejus mandato secum presentes litteras deferenti, tenemur reddere et solvere certis terminis inferius annotatis, videlicet ad instans festum omnium Sanctorum quingentas libras parisienses, et ad Ascensionem Domini in medio sequentem, quingentas libras parisienses, et ad festum Purificationis sequens quingentas libras parisenses et ad festum omnium sanctorum post sequens, alias quingentas libras parisenses. Et sciendum est quod dicta pecunie summa dictum A. ad pedagium nostrum Bapalmens et ad preposituram nostram ejusdem loci, assignamus. Et volumus et precipimus quod dictus A. vel ejus mandatum, dictam pecuniam absque dilatione dictis terminis recipiat et habeat de dicto pedagio et prepositura nostra predictis. In cujus rei testimonium litteras sigilli nostri dicto Audefrido tradidimus roboratas. Datum Parisius, anno domini millesimo ducentesimo sexagesimo nono, mense martio.

VII

Arrêt du parlement de Paris portant que toutes marchandises, venant de France en Flandre et de Flandre en France, doivent acquitter les droits de péage à Bapaume, Péronne, Roye, Compiègne, Crépy et autres lieux. (29 novembre 1318.) — Vidimus du 20 janvier 1454.

(Archives du Nord. B. 550).

Karolus, dei gratia Francorum Rex, universis presentes litteras inspecturis, salutem. Notum facimus quod nos ad requestam carissimi fratris et consanguinei nostri ducis Burgundie, ex registris nostro parlamenti curie extrahi fecimus quoddam arrestum, hujus tenoris : Philippus, dei gratia Francorum et Navarre rex, universis presentes licteris inspecturis, salutem. Notum facimus quod cum mercatores ville Ambianensis dicentes se in bona saisina esse et per tantum tempus de cujus contrario non existit memoria, vel saltem quod debet sufficere ad bonam saisinam acquirendum, fuisse in bona saisina ducendi qualescumque mercaturas suas per mare et terram de Flandria apud Ambianis per quecumque loca placet eis et de Ambianis in Franciam, vel in Burgundiam vel ad alias partes Regni Francie, non transeundo per Bappalmas, nec per terram, nec solvendo in dictis locis transversum, solvendo tamen consuetudines locorum per que transeunt mercature predicte, requirerent impedimentum quod super eis apponebant eis indebite, et de novo ut ipsi dicebant pedagiarii de Bappalmis et de Peronna amoveri offerentes se paratos sufficienter probare saisinam suam predictam. Et e contra, dicti pedagiarii proponerent ipsos mercatores ad probandum factum per eos propositum recipi non debere, maxime cum hujusmodi questio per antiquum registrum nostre curie valeat declarari et terminari, facta retentione de respondendo ad factum predictum et de proponendo factum contrarium si hoc nostre curie videretur dictis mercatoribus pluribus rationibus ex adverso dicentibus dictum registrum non debere sibi predjucare contra suam saisinam predictam, ymo se debere recipi ad eam probandam, facientibus tamen retentionem si ipsi non reciperentur ad dictam saisinam probandam quod ipsi non renunciant in aliquo in his de quibus ipsi possunt juvare ex registro predicto. Tandem auditis hinc inde propositis et viso diligenter dicto registro, per arrestum nostre curie dictum fuit quod mercatores predicti ad dictam saisinam prout eam proponunt probandam non recipientur et q super hujusmodi questione stabitur dicto registro, cujus registr tenor sequitur in hec verba : videlicet quod omnia averia que transeunt de terra Flandrie sive in Franciam, sive in Burgundiam, sive in Campaniam, sive ultra montes, sive in Provinciam, debent pedagium apud Bappalmas, et omnia vina venentia de Francia vel de Burgundia in Flandriam euntia, debent pedagium apud Bappalmas; omnes autem illi qui debent pedagium apud Bappalmas debent pedagia apud Peronnam, apud Royam, apud Compendium, apud Crespiacum. Teruenenses vero et Bononienses et Normanenses et Corbienses, Ambianenses, Pontinenses, Belvacenses, Tornacenses, Cameracenses et Falqueborgenses, omnes isti vadunt quo volunt reddendo suas rectas consuetudines. Sed si isti apportarent averia de Flandria in terras predictas, ipsi redderent pedagium apud Bappalmas sicut alii, vel repportando vina sicut predictum est. In cujus rei testimonium presentibus litteris nostrum fecimus apponi sigillum. Actum Parisius in Parlamento nostro, die penultima novembris anno domini millesimo tricentesimo decimo octavo, sic signatum per arrestum curie Dupp. Bituris. In cujus extractus testimonium nostrum presentibus litteris fecimus apponi sigillum. Datum quoad hujusmodi extractum Parisius, in parlamento nostro, die vicesima Januarii, anno domini millesimo quadringentesimo quinquagesimo quarto et regni nostri tricesimo tertio.

Sur le repli :

Extractum a registris curie Parlamenti.

CHENETEAU.

Collatio facta est.

Sceau à l'écu de France en usage au Parlement de Paris.

VIII

Compte du péage de Bapaume présenté par Wautier Drivart, garde dudit péage, du 28 août 1318 au 13 juin 1320.

(Archives du Pas-de-Calais. A. 382).

C'est li value du paage de Bapaumes rechupt en le main Madame d'Artois par Wautier Drivart adont warde dudit paage, depuis le xxviii° jour d'aoust l'an xviii jusques au joedi devant le jour de le Nativité saint Jehan Baptiste l'an xix.

Premiers, deniers pris en le huche et envoiés à Paris à Madame d'Artois par Gillet fil ledit Wautier et Grart as

Malos, sergant dudit paage, le vi⁰ jour de novembre l'an xviii == iiii ͨ xxix libvres xix sols parisis.

Item, depuis che vi⁰ jour de novembre l'an dessus dit jusques au xiiii⁰ jour de jenvier ensuivant, porté à Paris à Madame par ledit Wautier == v ͨ li libvres xi sols et viii deniers parisis.

Item, depuis che xiiii⁰ jour de jenvier l'an xviii jusques au joedi devant la S⁺ Jehan Baptiste l'an xix, porté à Paris à Madame par Gillet fil ledit Wautier et Grart as Malos, sergant dudit paage == viii ͨ libvres et xi sols.

Somme de ches deniers envoiés à Paris par devers Madame depuis le xxviii⁰ jour d'aoust l'an xviii jusques au joedi qui fu devant le Saint Jehan Baptiste l'an xix == xvii ͨ iiii ˣˣ ii libvres et xx deniers parisis.

Item, valut li paages en che tamps avoec che que dessus est dit :

Premiers, paiet à monseigneur Aubert d'Audresel, chevalier, de le rente qu'il a sour le paage pour le terme de le Toussaint qui fu l'an xviii == xxx libvres tournois valant xxiiii libvres parisis.

Item, à chiaus de l'ospital S⁺ Jehan en l'Estrée d'Arras, de leur rente qu'il ont sour le paage pour le terme de Pasches qui fu lan xix, paiet l libvres parisis.

Somme de fiés et d'aumosnes paiés en ce temps == lxxiiii libvres parisis.

Item, valut li paages en che temps dessusdit avoec toute le value dessusdite.

Premiers, pour i cheval morel acaté pour les besoingnes du paage, liquels est pardevers ceus qui wardent le paage : xv libvres parisis.

Item, pour les reubes des sergans pour le terme de Pasches qui fu l'an xix, pour l'anée == xxviii libvres, x sols parisis.

Pour le salaire Jehan Castelain, sergant à Coupe-Guele, pour l'anée = xii libvres parisis.

Pour Gillet Mascart, sergant à Biaumès, pour l'anée : x libvres, viii sols parisis.

Pour Jehan de Ervilly, sergant au paage à Arras, pour l'anée = xii libvres parisis.

Pour Grart as Malos, sergant à cheval alant par le pays, pour sen salaire de l'anée = c sols parisis.

Somme de ches parties pour cheval, pour reubes, pour salaire de sergans = iiii^{xx}ii libvres, xviii sols parisis.

Item, a eu li dis Wautiers en che tamps, avoec toute le value dessus dite en le présence des sergans du paage en rabais de ce que on li puet devoir pour les despens des sergans fais en se maison = lxxv libvres parisis.

Somme de toute le value du paiage de Bapaumes depuis le xxviiie jour d'aoust qui fu l'an xviii jusques au joesdi proche devant le jour St Jehan Baptiste l'an xix = ii^mxiii libvres xix sols et viii deniers parisis.

C'est li value du paage de Bapaumes rechupt en le main Madame d'Artois par Wautier Drivart, adont warde dudit paage, depuis le joedi devant le jour de le Nativité St Jean baptiste l'an xix jusques en tresime jour de juing l'an xx.

Premiers, depuis che joedi devant le St Jehan l'an xix jusques au xxve jour de fevrier ensivant, envoiés à Paris par devers Madame par signeur Andrieu de Courceles et ledit Wautier, portés par Jehan de Ervilly et Grart as Malos, sergant audit paage = ix^c xvii libvres, xvi sols et x deniers parisis.

Item, depuis che xxve jour de fevrier l'an xix jusques au venredi après le Pentecouste l'an vint, porté à Paris à Madame par Gillet fil ledit Wautier = iiii^clxxii libvres, x sols, viii deniers parisis.

Item, valut lidis paages depuis che venredi après le

Pentecouste jusques au xiii° jour de juing l'an xx, porté à Arras par devers le Receveur par signeur Andrieu de Courcelles = ii°xx libvres, x sols, viii deniers parisis.

Somme de ces deniers envoiés à Paris par devers Madame et de che qui a esté porté à Arras par devers le recheveur depuis le joedi devant le St Jehan Baptiste jusques au xiii° jour de juing l'an vint = xvi° x livres, xxiii sols et ii deniers parisis.

Item, valut li paages en che tamps avoec che que dessus est dit :

Premiers, pour l'abbé et le couvent de Cistiaus de leur rente qu'il ont sour le paage pour le terme de le mi-aoust qui fu l'an xix, paiet = x libvres parisis.

Item, à monseigneur Aubert d'Audresel, chevaliers, pour le rente qu'il a sour le paage pour le terme de le Toussaint qui fu l'an xix, paiet xxx libvres tournois valant xxiiii libvres parisis.

Item, à Monseigneur Pierron le Veye, chappelain en la chapele fondée en l'église Nostre Dame le Royal dalès Pontoise pour l'âme de très haut et très excellent prince monseigneur le conte d'Artois dont Diex ait l'âme, de se rente sour le paage pour le terme de le Toussaint qui fu l'an xviii et pour le terme de le Toussaint qui fu l'an xix, pour ces deux termes = xxxii libvres parisis.

Item, à Henri de Fontainnes, sergant d'armes nostre seigneur le Roy et à Amisse se feme, de le rente qu'il ont sour le paage pour le terme de le Toussaint l'an xix, paiet xxx libvres parisis.

Item, à monseigneur Thumas de Savoie de le rente que Madame d'Artois li a donné sour le paage pour le terme de le Toussaint et pour le terme de le Chandeller qui furent l'an xix, pour ces ii termes paiet vi^{xx}xiii libvres vi sols et viii deniers tournois, valent c vi libvres, xiii sols et iiii deniers.

Item, à Madame de Marli le Chastel, de le rente que ele a sur le paiage pour le terme de le Candeler qui fu l'an xix, paiet l libvres parisis.

Item, à chaus de l'hospital St Jehan en l'Estrée d'Arras, en rabais de ce que on leur poet devoir pour rente que il ont sur le paiage, paiet le nuit St Pierre en février l'an xix, cent l libvres parisis.

Item, à Medame de Barloez, de se rente que ele a sur le paiage pour le terme de le Toussaint qui fu l'an xix, et pour le terme del Ascention ensievant l'an xx, paiet pour ces deux termes = l libvres parisis.

Item, à chaus del hospital St Jehan en l'Estrée d'Arras, pour le terme qui fu de Paskez l'an xx, paiet — l libvres parisis.

Somme de fiez et d'aumosnes paiiez en ce tamps = v^c xxxii libvres, xiii sols et iiii deniers parisis.

Item, valut li diz paiagez en ce tamps dessus dit avoek toute le value dessus dicte :

Premiers, pour les reubez des sergans pour le terme de Paskes qui fu l'an xx, pour l'anée = xxxi libvres, x sols parisis.

Item, pour le salaire Jehan Castelain, sergant à Copegheule, pour l'anée = xxii libvres parisis.

Item, pour Gillet Mascart, sergant à Biaumez, pour l'anée = x libvres, viii sols parisis.

Item, pour Jehan Dyerviler, sergant du paiage à Arras, pour l'anée = xii libvres parisis.

Item, pour Girard Amalot, sergant à cheval alant par le paiis, pour sen salaire de l'anée = c sols parisis.

Item, pour Jehan de Kirices, sergant à la huche, pour sen salaire del anée = c sols parisis.

Somme de ces particz pour reubez et pour salairez de sergans = lxxv libvres et xviii sols parisis.

Item, a eu li dis Wautiers en ce tamps aveck toute le

value dessus dicte en le présence des sergans du paiage en rabais de ce que on li poet devoir pour les despens des sergans fais en se maison = lvii libvres, xix sols, ii deniers parisis.

Somme de toute le value du paiage de Bapaume depuis le joesdi proche devant le jour de Saint Jehan Baptiste qui fu l'an xix jusques au xiiie jour de juing qui fu l'an xx = xxii^c lxxvii libvres, viii sols et x deniers parisis.

Somme de toute le value du dit paiage es deux tamps dessus dis, c'est assavoir depuis le xxviiie jour d'aoust l'an xviii dessus dit jusques au xiiie jour de juing qui fu l'an xx devant dit, contenans vint i mois et xiii jours = xlii^c iiii^{xx} xi libvres, viii sols et vi deniers parisis.

VIII (bis)

Arrêt déboutant les péagers de Compiègne, de Péronne, de Roye et de Nesle, qui réclamaient à Guillaume « Mar: le Veue » et aux héritiers de « Berthel de Kelmes », à « Thomas d'Assele », à Jean « de Nockere », à Etienne de « Lakin », à Simon « Stacin » et à Jean « Folhe », bourgeois de Saint-Omer, une somme de 500 lb. par. pour avoir apporté du vin d'Auxerre ou de France. Le procureur des péagers prétendait que la ville de Saint-Omer était en Flandre. Il fut prouvé que les Audomarois avaient le privilège de faire venir les vins de France par mer sans acquitter de péage. (Parlement de la Saint-Martin d'hiver, 12 décembre 1321.)

(Actes du parlement de Paris, par E. Boutaric. — Première série, tome deuxième. 1299-1328. N° 6571. P. 401. Col. 1).

IX

Défense faite aux échevins de Gravelines de connaître du cas d'amende encourue par quelques marchands arrivés au port dudit Gravelines avec un navire chargé de vins et autres marchandises venant de France et qui n'ont point payé le droit de péage à Bapaume; la connaissance de ce cas appartient exclusivement au bailli et au receveur du péage de Bapaume. *(Bruges, le 9 octobre 1333.)*

(Archives du Nord. B. 1565. 5e Cartulaire de Flandre. Pièce 111.)

Mandement au bailliu et eschevins et maïeur de la ville de Gravelinghes.

Loys, cuens de Flandres, de Nevers et de Rethel, à noz amez bailliu le maïeur et eschevins de la ville de Gravelinghes, salut. Nostre paageur de Bappalmes nous ont monstré en complaignant que comme il ait venu aucuns marchans ou port de Gravelinghes liquel ont emportey et détenu les redevances de nostre dit paage de pluseurs vias et marchandises qu'il ont amenées de France; desquelles redevances et amendes que pour ce sont ancourrues, la cognoissance appartient tant seulement as bailliuis de Bappalmes et gardes dou dit paage, selonc les franchises et privillèges d'iceli et selonc ce que li paageur dessusdit en ont usé par tout et usent poisiblement; et néant mains vous vous entremetez de vouloir cognoistre des choses dessusdictes ou préjudice de nous et des privillèges et franchises de nostre paage dessus dit, conbien que nostre paageur vous aient requis suffisaument que de ce leur feissiez retour et rendissiez la court si comme fere le devez selonc les franchises, privillèges et usages dou dit paage. Pour ce est il que nous vous requérons que vous des cas dessusdiz rendez le retour de court à nos dis bailliuis et paageurs et les en laissiez cognoistre ainssi que fere le devez selonc les franchises et privillèges dessus diz. Et sur ce tant faisans que en vostre deffaut il ne conviengne pas que nous y fachiemes pourveur d'autre remède. Donné à Bruges, le ixe jour dou mois d'octobre l'an de grâce mil cccxxxiii.

X

Arrêt du Parlement de Paris confirmant l'accord passé entre la communauté de la ville de Bray-sur-Somme et les comte et comtesse de Flandre, Louis de Male et Marguerite, sa femme, propriétaires comme héritiers de Jeanne de France, fille de Mahaut d'Artois, du péage de Bapaume, par lequel les échevins et habitants de ladite ville consentent à payer le droit de péage de Bapaume, à Posières, qui est une des estes et dépendances dudit péage. 26 avril 1334. — Vidimus du 16 février 1446-1447 (n. st.).

(Archives du Nord. B. 709.)

XI

Acte par lequel les échevins et communauté de Miraumont s'obligent à payer à l'avenir le droit de péage de Bapaume pour toutes les marchandises qu'ils feront passer par Posières. 23 novembre 1334. — Vidimus du 16 février 1446-1447 (n. st.). (Archives du Nord. B. 720).

XII

Vidimus sous le scel de la prévôté de Paris d'une sentence arbitrale rendue par Philippe de Haveskerke, chevalier, et Jean Chauvyars, contre la communauté et les habitants de la ville d'Ardres, condamnés à payer le droit de péage de Bapaume suivant la coutume qui en est établie. 26 février 1335-1336 (n. st.). — Vidimus du 26 juin 1349.

(Archives du Nord. B. 737).

A touz ceux qui ces lettres verront, Alexandre de Crèvecuer, garde de la prévosté de Paris, Salut. Savoir faisons nous avoir veu unes lettres scellées en double queue du grant scel du Roy nostres sires et unes autres scellées, si comme il apparait, des seaux Monseigneur Ph. de

Havesquerque, chevalier, et Jehan Chauwyars, desquelles lettres les teneurs sont telles : Philippus, dei gratia Francorum Rex, universis presentes litteras inspecturis, salutem. Notum facimus quod a procuratoribus partium infrascriptarum in curia nostra concordatum extitit in hunc modum : Accordé est entre le procureur du conte de Flandres, d'une part, et le procureur de Jehan Poulart, Eustasse Corment des hoirs de feu Eustasse du Mont, Jehan Poest, tuteur des désaagiez hoirs dudit Eustasse du Mont, Colart du Courtil, Jehan Bonnegonze, hoir de feu Guillaume du Courtil et de Jehan Cardon, tuteur des désaagiez hoirs dudit feu Guillaume du Courtil, du terrouer d'Arde, d'autre part; que d'un plait meu en parlement, ou vivant de Madame d'Artois, en cas de nouvelleté pour cause du paiage de Bappaumes dont les parties cheurent en faiz contraires et en firent article, scellé souz le contre scel du Roy nostre sire, de laquelle dame lidiz contes a cause à présent pour cause de sa chastellenie de Bappaumes, et a fait adjourner les dessusdiz d'Arde pour aler avant en ladite cause; messire Philippe de Havesquerque et maistres Jehan Chauwyars, procureur dudit conte, puissent ordener à leur voulenté, du haut et du bas tant du principal comme des despens, et que leurs diz ou ordonnance vaille et tiengne comme arrès de parlement, et par ainsi se délaissent les dictes parties dudit procès et renoncent à yceli expressément. Datum Parisius in parlamento nostro, ultima die decembris, anno domini millesimo trecentesimo trigesimo quarto : Hangest. Concordatum a partibus. A touz ceulz qui ces présentes lettres verront et orront, Philippe de Haveskerques, chevaliers, et Jehan Chauwyars, Salut et dilection. Les lettres du Roy nostre sire, scellées à double queue avons recheues contenant la fourme qui s'ensuilt : Philippus, dei gratia Francorum Rex, universis presentes litteras, inspecturis, Salutem. Notum facimus quod a procuratoribus partium infrascriptarum in curia nostra concordatum extitit in hunc modum. Accordé est entre le procureur du conte de Flandres, d'une part, et le procureur de Jehan Paulart, Eustasse, corment des hoirs de feu Eustasse du Mont, Jehan Pœst, tuteur des désaagiez hoirs dudict Eustasse du Mont, Colar du Courtil, Bonnegonze, hoir de feu Guillaume du Courtil et de Jehan Cardon, tuteur des désaaigiez hoirs dudit feu Guillaume dou Courtil, du terrouer [d'Arde], d'autre part ; que d'un plait meu en parlement ou vivant de Madame d'Artois, en cas de nouvelleté pour cause du paiage de Bappaumes, dont les parties cheurent en faiz contraires, et en firent article scellé souz le contre scel du Roy, nostre sire, de laquelle dame lidiz contes a cause à présent pour cause de sa chastellenie de Bappaumes, et a fait adjourner les dessusdiz d'Arde pour aler avant en ladite cause ; messire Philippe de Havesquerque et maistres Jehan Chauwyars, procureurs dudit conte, puissent ordener à leur voulenté, du haut et du bas tant du principal comme des despens, et que leurs diz ou ordenances vaillle et tiengne comme arrés de parlement, et par ainsi se délaissent les dictes parties dudit procés et renoncérent à y celi expressément. Datum Parisius, in parlamento nostro ultima die decembris, anno domini millesimo trigentesimo tricesimo quarto. Par vertu desquelles lettres et du povoir à nous donné en ycelles, nous le xviiie jour de décembre l'an de grâce mccccxxxv appellasmes par devers nous à Paris en parlement du Roy, nostre sire, maistre Mahieu au Coste, procureur en parlement de haut prince et poissant nostre chier et redoubté seigneur le conte de Flandres, de Nevers, de Rethel et Jaquemart Molais, procureur des dictes personnes dudit terrouer d'Arde, fondez par certeinne procuracion baillée par ledit Jaqmart à la court aus jours des présentacions du bailliage d'Amiens, du parlement commenchiés l'an de grâce MCCCXXX et quatre, et par vertu de laquelle lidiz Jaqmars se dist estre consentiz pour les diz d'Arde en la court, duquel les dictes lettres font mencion, et oys lesdiz procureurs en tout ce qui ils vourrent proposer et dire pour leurs diz seigneurs et maistres, tant pour le principal de la cause dont li diz accors fait mencion comme pour les despens faiz en icelle cause; Eu conseil, avis et bonne délibéracion avec pluiseurs bonnes personnes et saiges, Nous, par vertu de nostre dit povoir et du consentement des diz procureurs, avons dit et ordenné que les dessus diz d'Arde paieront dores en avant paiage à Bappalmes, des avoirs, vins et marchandises que il feront amener et venir de Flandres en France, en Bourgongne, en Provence, en Champaigne et oultre les Mons, et de ceulz que il feront amener, comme dit est, des diz lieux en Flandres et es terres gouvernées selon les usaiges de Flandres, selon la teneur du registre du Roy faisant mencion dudit paiage, et, avoec ce toutesfois que débas ou question se fera pour cause dudit paiage entre les dictes parties ou leurs hoirs, les dessus diz d'Arde prendront et venront prendre droit par devers le seigneur de Bappalmes ou son bailli audit lieu de Bappalmes, sans ce que il se puissent traire à autre seigneur en justice quelconques, tant pour ledit paiage comme pour l'amende accoustumée à prendre et lever de ceulz qui ne se viennent acquitter à Bappalmes, des avoirs que il mainent ou font mener hors des mectes dudit paiage de Flandres es diz lieux et des diz lieux en Flandre, et, avoec ce, paieront les dessus diz d'Arde audit conte de Flandre ou à son procureur à Paris pour les cause et deppens que il et si devanchier ont eu en le poursieute de la cause dont lidiz accors fait mencion, douze libvres parisis dedenz le jour de l'Ascension nostre

Seigneur, prouchain venant; et parmi ce, les dessus diz
d'Arde sont et deviennent quitte de touz débaz et procès
meuz en parlement ou temps passé pour ledit paiage ;
et s'aucune chose leur a été baillée par récréance pour
ledit débat ou procès, tournée leur sera à délivrance,
sanz préjudice dudit conte, de son héritage et de l'héritage de ses successeurs seigneurs de Bappaumes. En
tesmoignage de ce, nous avons mis noz propres seaulz à
ces présentes lettres faites et données le xxvi° jour de
février l'an de grâce mil ccc trente et cinq ; et nous à ce
transcript avons mis le scel de la prévosté de Paris. Ce
fu fait l'an de grâce mil ccc quarante-neuf le vendredi
xxvi° jour de juing. J. JACQUES.

Sur le repli :
Collation faite.
(Le sceau sur double queue a été brisé.)

XIII

Extrait des registres du parlement de Paris renfermant un arrêt rendu contre les habitants d'Amiens, par lequel la comtesse d'Artois est maintenue dans la possession où elle était, de faire payer le droit de péage de Bapaume sur toutes les marchandises appartenant aux habitants d'Amiens, à l'encontre de la prétention de ces derniers réclamant l'exemption pour les marchandises qui avaient été déchargées dans leur ville. 14 avril 1338. — Vidimus du 2 août 1446.

(Archives du Nord. B. 762).

XIV

Extrait des registres du parlement de Paris renfermant un arrêt rendu contre les habitants d'Amiens, par lequel ils sont condamnés à payer le droit de péage de Bapaume, tant pour les marchandises qui leur arrivent par terre pour les expédier ensuite en Champagne, en Bourgogne et autres lieux, que pour celles qui leur arrivent par mer. 12 mai 1341. — Vidimus du 28 août 1446.

(Archives du Nord. B. 780).

XV

Arrêt du parlement de Paris condamnant les habitants de Vervins en Thiérache à payer le droit de péage à Bapaume pour leurs marchandises qu'ils prétendaient être exemples de ce droit lorsqu'elles avaient séjourné une nuit et avaient été déchargées dans leur ville, quoiqu'elles en eussent été réexpédiées ensuite en France, en Champagne, en Bourgogne ou à Paris. 11 mars 1367-1368 (n. st.).

(Archives du Nord. B. 910).

XVI

Lettres par lesquelles le duc de Bourgogne, Philippe-le-Hardi, ordonne que son péage de Bapaume sera affermé pour un certain temps. Compiègne, le 30 juin 1396.

(Archives du Nord. B. 1598. 3ᵉ registre des Chartes, f° 45, verso).

Philippe, etc., à nos amez et féaulx gens de nos comptes à Lille, salut et dilection. Il est venu à nostre cognoissance que nostre péage de Bapaumes, lequel nous avons depiéça fait cueillir, lever et recevoir jusques à présent par noz péageurs dudit lieu et autres commis de par nous, tant en noz païs de Flandres et d'Artois comme ailleurs en pluseurs autres villes et lieux esquelz le droit de nostre dit péage doit et appartient estre levé, nous a esté et est encore de petite valeur et revenue par an, tant par ce que l'on n'a pas si diligemment cueilli, levé et receu en chascun lieu le droit de nostre dit péage comme aultrement, en quoy nous avons pris jusques à ores et pourions prendre plus ou temps avenir très grans dommages, se en ce n'estoit par nous pourveu de remède. Pourquoy nous ces choses considérées, voulons pourveoir à icelles et obvier aux dis dommages, et pour nostre prouffit évident, par bonne et meure déliberacion sur ce eue avecques pluseurs des gens de nostre conseil et autres en ce expers et cognoissans, avons ordonné et voulu et par ces présentes ordonnons et voulons que nostre dit péage et les appartenances et appendances d'icelui, tant en noz diz païs de Flandres et d'Artois comme ailleurs en autres villes et lieux esquelx icelui nostre péage doit et appartient estre levé, soit baillié à ferme, à criz et renchières en la manière quil est accoustumé à faire de noz autres fermes et marchiez. Et combien que dès maintenant nous at esté offert par aucuns pour la ferme de nostre dit péage la somme de deux mille cinq cens livres, toutesfoiz pour ce que de pieça nostre dit péage ne fut baillié à ferme, et afin que chascun qui son proufit y saura puisse avoir cognoissance du bail de ladicte ferme pour le renchiérir et prendre se bon lui semble, Nous avons voulu et ordonné et par ces mesmes présentes voulons et ordenons que il soit crié et publié es bonnes villes et lieux accoutumez à faire criz et publications en nos diz païs de Flandres et d'Artois, es villes et lieux où nostre dit péage doit et appartient estre levé, comme dit est, que la ferme de nostre dit péage est bailliée à criz et à renchière de deux cens livres parisis pour chacun denier à Dieu qui mis y sera; en laquelle renchière le renchérisseur aura le tiers se la ferme ne lui demeure; que le temps dudit renchérissement durera jusques au XIIe jour d'aoust prochain venant, et que durant icelui temps tous ceulx qui le vouldront renchiérir voisent par devers noz bailli et receveur d'Arras, et ilz y seront par eulx receuz, et, en oultre, que audit XIIe jour d'aoust sera alumée une chandelle en la ville d'Arras au lieu que l'on dit la chambrette au bout des changes en nostre ville d'Arras, durant laquelle chandelle ardant et non plus tous ceulx qui vouldront renchiérir le dit péage seront ad ce receuz par noz diz bailli et receveur, et que

dudit xii⁰ jour d'aoust le fermier à qui ladicte ferme sera
demourée par les derrains recroiz et rencherissemens,
usera et joira plainement et paisiblement d'icelle ferme
et de touz les droiz deuz et appartenans à nostre dit péage,
appendances et appartenances d'icellui, par la fourme et
manière que contenu est et déclairé plus à plain ou
registre ancien de nostre dit péage et que l'en peut ou
doit user à lever icelui pour la somme sur laquelle il
sera renchéry et demouré, et laquelle somme ledit fermier sera tenu de paier à nostre dit receveur chacun an,
à quatre termes en l'an, c'est assavoir de trois mois en
trois mois. Et tant de paier icelle somme aux diz termes
comme de garder et faire garder diligemment et loyaul-
ment les droiz dudit péage senz yceulx, ne nostre heri-
tage aucunement diminuer, icelui fermier sera tenu de
bailler à nostre dit receveur bonne et souffisante caution,
et de promettre par serement et sur certaines peines à
appliquier à nous, le faire et acomplir par la manière que
dit est, et selon certaine instruction sur ce faicte, que
nous voulons estre baillée et délivrée audit fermier ou
fermiers avec ledit registre ancien, laquelle instruction
nous vous envoions, scellée de nostre contrescel et signet
par l'un de noz secrétaires. Si vous mandons et commettons par ces mesmes présentes que noz dictes ordonnances et volenté vous criez et publiez ou faictes crier et
publier es villes et lieux et aux jours accoustumez à faire
criz et publications en nostre dit pays de Flandres, et
noz dictes ordenances et volenté accomplissiez et ente-
riniez et faictes acomplir et entériner de point en point,
selon la forme et teneur tant de ces présentes comme de
ladicte instruction. Desquelles choses faire et leurs cir-
constances et dépendances, Nous vous avons donné et
donnons povoir, auctorité et mandement espécial par
ces mesmes présentes. Mandons et commandons par

icelles à touz noz baillis, justiciers et officiers de nos diz
pays de Flandres et d'Artois ou à leurs lieuxtenans, prions
et requérons touz les justiciers, officiers et subgez de
monseigneur le Roy et autres qu'il appartendra ou leurs
lieuxtenans et à chacun d'eulx que, toutesfoiz que requis
en seront de par vous ou voz commis, ilz facent ou facent
faire lesdiz criz et publications chacun en droit soy es
mettes et lieux de son office accoustumez à faire telz cris
et publications, afin que chacun en soit avisié pour y
procéder et faire selon ce que bon lui semblera.

Donné à Compiègne le dernier jour de juing de l'an de
grâce MCCCIII^{xx} et seize. Ainsi signé par monseigneur le
Duc en son conseil ouquel vous et pluseurs autres estiez.
Daniel. Duplicata.

Collation faicte.

XVII

*Cahier des charges pour l'adjudication de la ferme du péage
de Bapaume. 30 juin 1396.*

(Archives du Nord. B. 1259).

Cy après s'ensuit la fourme avisée par les gens du
Conseil de monseigneur le duc de Bourgoigne, conte de
Flandres et d'Artois, comment son péage de Bappaumes
sera baillié à ferme et par quelle manière les fermiers
seront tenus de garder les droiz dudit péage et icellui
cueillir et recepvoir.

Premiers, sera baillié ledit péage, avec tous les droiz,
appartenances et appendances d'icellui, tant és pais de
Flandres et d'Artois comme aultrepart, à ferme par
l'espace de troiz ans à cris et à recroiz par la fourme et
manière qu'il est accoustumé à faire des fermes et
marchiez de mondit seigneur en ses pais de Flandres et

d'Artoiz; et sera le recroiz et renchière de chascun denier à Dieu de ii^c libvres parisis dont le renchérisseur aura le tiers se le ferme ne lui demeure; et seront bailliez les renchières et recroiz aux bailli et receveur d'Arras à Arras.

Item, sera crié et publié ès bonnes villes notablez de Flandres et d'Artois et aultre part, et certain temps et jour assigné et ordonné auquel le derraine enchière cherra, est assavoir : à Arras, au lieu que on dit le chambrière au bout des changes, et là sera alumée une chandeille, durant laquelle chascun sera receu à renchérir et non plus. Et en joira le derrain renchérisseur du jour dudit renchérissement jusques à troiz ans continuelz, sur les condicions et par la manière que baillié lui sera par instruction, et s'obligera le fermier à certainez et grosses peines à garder les droiz dudit péage et à non aler contre ladicte instruction, à l'ordenance dudit Conseil : et durra le temps du renchérissement jusques au xiie jour d'aoust, prouchain venant.

Item, s'obligera le fermier et donra souffissante caucion de paier la somme au receveur d'Aras à iiii termez; c'est assavoir de troiz mois en troiz mois.

Item, s'ensuit la fourme de ladicte instruction : Premiers, le registre dudit péage, tel et sur le fourme que en ont usé les péageurs de Bappaumez, sera baillié au fermier et jurera solempnement de cueillir et faire cueillir et lever ledit péage selonc le teneur dudit registre, tout sans fraude et sans aucunement empirier, ne aliéner l'éritage de mondit seigneur, comme se c'estoit son propre héritage.

Item, que justement et léalment gardera les droiz dudit péage sans composer aucuns marchans ne autres personnes ou préjudice de l'éritage de mondit seigneur, et par espécial que tous ceulx qui par le registre et usage ancien sont tenu de paier et acquittier et doivent chemin à Bappaumes ne viengnent et passent par Bappaumes ou soient encheu en l'amende et ou péage comme il est accoustumé, sur les peines qui seront déclairiez.

Item, et samblablement sera fait de ceulx qui povent acquiter et passer ès ellez dudit péage sans donner grâce, ne composer, de passer autre part.

Item, que les sergens dudit péage qui chevaucheront par lez pais seront tenus de faire justes prisez et arrez, et, que sur les contrediz ou oppositions il assigneront jour à le huche de Bappaumez par devers le bailli de Bappaumez ou son lieutenant comme juge dudit péage par la manière accoustumée, sans faire aucune composition ou préjudice de l'éritage du seigneur et par espécial de passer aultre part que par les lieux déclairés oudit registre.

Item, que ledit fermier ne devera, ne porra faire ne fourmer aucun procès par devant ledit bailli ou aultre juge pour cause dudit péago, que, premiers, il n'en ait baillié congnissance audit bailli ou lieutenant et au Conseil du seigneur estans à Lille, ou à Arras, ou à Paris, selonc ce que les cas y escherront.

Item, et ou cas que par le Conseil seroit ordonné de faire aucuns procès ou pourchas pour cause dudit péage, le fermier sera tenu de faire les missions et le procureur du seigneur sera tenus de soy fonder, se mestierz est, là u il appertendra et poursuir les causes comme il est accoustumé avec le procureur des diz fermiers et à leur despens, comme dit est.

Item, et s'il avenoit que les diz procureur et fermiers subcombent d'aucuns procès, lesdiz fermiers seront tenus de paier fraiz et admendez, et, s'ilz obtiennent le prouffit et les despens, seront tous à eulx à prendre sur les parties adverses.

Et lesdiz fermiers seront tenus de paier touz commis, sergens et autres officiers qui seront ordenez à cueillir et recevoir ledit péage.

Philippe, filz de Roy de France, duc de Bourgongne, conte de Flandres, d'Artois et de Bourgongne, Palatin, sire de Salins, conte de Rethel et seigneur de Malines, à noz amez et féaulx gens de noz comptes à Lille, salut et dilection. Pour ce que l'instruction sur les choses et articles cy dessus déclairées plus à plain, nous avons fait avisier et conseillier par plusieurs des gens de nostre Conseil et autres en ce expers et cognoissans, pour le bien, utilité et proufit de nous et de nostre péage de Bappaumes, Nous vous mandons et commettons par ces présentes que ladicte instruction, de point en point, selon les formes et teneur cy dessus déclairées, vous entreteniez et acomplissiez et faites entretenir et acomplir sanz délay. Donné à Compiengne, le derrain jour de juing l'an de grâce mil ccc quatre vins et seze.

(*plus bas*) : Par Monseigneur le Duc en son Conseil où quel vous et plusieurs autres estiez.

(Signé : DANIEL.)

Duplicata

XVIII

Mandement des gens de la Chambre des Comptes de Lille aux baillis de Flandre, leur signifiant les lettres du duc de Bourgogne ordonnant l'adjudication de la ferme du péage de Bapaume. 10 juillet 1396.

(Archives du Nord. B. 1259).

XIX

Attestation des publications faites pour l'adjudication du péage de Bapaume dans les villes de Courtrai, Audenarde, Gand, L'Ecluse, Damme, Ypres, Dunkerque, Furnes, Bergues, Nieuport, Tournai, Lille et Douai. 24 juillet 1396. (Archives du Nord. B. 1259).

XX

« *Copie de certain extrait des anciens cartulaires ou registres du droit que le Roy prent à cause de son péage ou winaige de Péronne et appartenances* » (XIVe siècle).

(Archives du Nord. B. 1603, 8e registre des Chartes, folio 61, recto).

Saichent tuit que nous, Foursy le Carbonnier, conseiller du Roy nostre sire, lieutenant de monseigneur le bailli de Vermendois et commissaire du Roy, nostre dit seigneur, en ceste partie, avons faiz extraire des anciens cartulaires ou registres du Roy, nostre dit seigneur, à Péronne certaine partie de l'ordonnance du droit que le Roy, nostre dit seigneur, a et prent, à cause de son péaige ou winaige de Péronne et appartenances, sur les denrées cy après déclairées qui sont traictes et menées de Flandres en France ou en autres parties déclairées plus à plain en une clause d'un extrait des registres de Parlement, et en ramenant vins de France, ou d'autres parties déclairées en ycellui extrait, en Flandres. De laquelle clause la teneur s'ensuit : Quod omnia averia que transeunt de terra Flandrie, sive in Franciam, sive in Burgundiam, sive in Campaniam, sive ultra montes, sive in Provinciam, debent pedagium apud Balpamas. Et omnia vina veniencia de Francia vel de Burgundia, in Flandria euncia, debent pedagium apud Balpamas. Omnes autem illi qui debent pedagium apud Balpamas debent pedagia apud Peronnam, apud Royanam, apud Compendium et Crispiacum. Teruenses vero, Bononienses, Normanenses et Corbienses, Ambianenses, Pontinenses et Belvacenses, Tornacenses, Cameracenses et Falquembergenses, omnes isti vadunt quo volent reddendo suas rectas consuetudines. Sed isti apportarent averia de Flandria in terras predictas, ipsi redderent pedagium apud Balpamas sicut alii, vel reportando vina sicut supradictum est.

Et est assavoir que toutes denrées qui passent et viennent de la terre de Flandres soit en France, en Bourgoingne, en Champaigne ou oultre les mons ou en la Province, doivent péaige à Bappaulmes. Et tous vins venans de France ou de Bourgoingne en alant en Flandres, doivent péaige à Bappaulmes. Tout cil aussi qui doivent péaige à Bappalmes doivent péaige à Péronne, à Roye, à Compiengne et à Crespy; ceulx de Thérouenne, de Boulonnois, Normans et Corbigoys, de Ammiennois, de Ponticu, de Beauvoisis, de Tournesis, de Cambrésis et de Fauquemberghe, vont leur ilz veulent en paiant les droictes coustumes. Mais se iceulx apportoient denrées de Flandres és terres devantdictes, ils devroient péaige à Bappaulmes ainsi comme li autres en ramenant vins comme dit est. En tesmoing duquel extrait, nous avons commandé à mettre nostre séel à ces présentes lettres. Lesquelles lettres furent faictes et données à Paris en nostre Parlement, le xiiie jour de may l'an de grâce m ccc iii^{xx}v et de nostre règne le xve. Ainsi signé J. Willequin.

Premièrement, un cheval marchant   iiii deniers parisis.
Item, un haubert de fer ou d'achier.   iiii den. par.
Item, un camail. . . . .   i den. par.
Item, unes chausses de fer. . . .   i den. par.
Item, un bacinet . . . . . .   i den. par.
Item, une karante (1) . . . . .   iiii den. par.
Item, ung traviers . . . . . .   ii den. par.
Item, i oriller . . . .   i obole parisis.
Item, un coussin . . . . . .   i poitevin par.
Item, une coulte-pointe neufve . .   ii deniers parisis.
Item, ung couvertoir de bancs neuf.   iiii den. par.
Item, ung couvertoir de conins . .   ii den. par.

(*) Probablement carreau, coussin carré.

Item, un escrin ferré . . . . . . IIII den. parisis.
Item, une queste de fust ou huchel. II den. par.
Item, un coffre . . . . I den. par.
Item, s'il a piés . . . . II den. par.
Item, un pot de cuivre. . . . . I den. par.
Item, I pot d'estaing . . . . . I den. par.
Item, I pot lavoir . . . . . . I^e obole par.
Item, une chaudière . . . . . I den. par.
Et se elle tient plus d'une soille. . II den. par.
Item, un chaudron. . . . . . . I den. par.
Item, une paelle . . . . I^e obole par.
Item, I bacin lavoir . . . . . I poitevin.
Item, un queminel. . . . . . . I den. par.
Item, un quicaudonne . . . . . I den. par.
Item, un escaudart (1) de métail à
 mettre vin refroidier . . . . II den. par.
Item, VI escuelles d'estaing . . . I den. par.
Item, une fauq . . . . I^e obole.
Item, une penne de vair neuve . . II deniers.
Item, ung cent d'ermines. . . . VIII deniers.
Item, ung timbre de lestices, XL
 lestices pour le timbre . . . . VIII deniers.
Item, ung pliçon de doz de lièvre. II deniers.
Item, ung millier de rampaille ou
 vaire euvré escrue ou autre. . XL deniers.
C'est IIII deniers le cent.
Une XIIe de hannaps de madre . . II deniers.
Item, une XIIe de hannaps d'argent. II deniers.
Item, VI louchettes d'argent . . . I denier.
Item, une XIIe de gobelez d'argent. II deniers.
Item, ung marc d'argent en fille . IIII deniers.
Item, ung marc d'or en fille. . . VIII deniers.
Item, une besague à carpentier . . I^e obole.

(1) Vase en forme de petite chaudière.

Item, une englume ou englumel . . i obole.
Item, ung drap d'or . . . . . . iiii deniers.
Item, ung drap de soye . . . . iiii deniers.
Item, cordouen venant de Flandres,
　trait et mené en France ou ès
　lieux dessus déclairées, le cent
　de pesant doit xii deniers parisis
　ou le xiie de pièches de cuir . . xii deniers.

Item, gingembre, canelle, saffren, poivre, grain de paradiz, pain en sucre et toute autre espicerie quelle que elle soit, laine d'Angleterre, et cotton fillé, chascun cent de pesant doit xii deniers parisis, venant de Flandres alant en France et de France alant en Flandres, xviii den. par.

Item, cotton, saffren, warence, brésil, réculisse, anis, commin, pappier, souffre, seue blanc d'Espaigne, nois musquades, amandes, ris, oille, miel, fustaines, vairs de gris, le querquio monte iii^c demi, à chacune des choses dessusdictes pour chascune charge xviii deniers obole, venant de Flandres et venant de France alans en Flandres, la moittié. Et avec ce aussi que se lesdictes denrées estoient menées sur harnas, c'est assavoir sur un char à thimon, il paieroit xxxiii deniers; le char à lymon, xvi deniers obole et la charrette. . . . vii deniers.

Item, oint, sieu et fer, chascun cent doit iiii deniers avec l'acquit des harnas sur quoy les dictes denrées seroient menées.

Item, cire, plume et laine qui ne seroit mie d'Angleterre, fillaches, cuivre, arain, plonc et estain, le poise vault ix^{xx} livres. Et doit chascune poise iiii deniers parisis. Et frommaiges de Flandres pareillement, vi^{xx} livres pour le poise.

Item, fruit de karesme, deux figues et i roisin fait le couple. Et fait chascune couple. . . . iiii deniers.

Item, le millier de harenc sor ou autres doit ii deniers.

Item, chascune mande de poisson ou merllans doit . . . . iiii deniers.

Item, se ilz sont en cotterez, chascun cotterez doit. . . . . , ... ii deniers.

Item, ung tonnelet de kaque harenc, doit ii deniers.

Item, ung tonnelet ou coquet d'alles iiii^{xx} loiens doit . . . . iiii deniers.

C'est assavoir le queue d'oublies. . . xvi deniers.

Item, le cent de saumons doit . . . viii deniers.

Et avec l'acquit desdictes voittures, se ainsi estoient menées, et se il n'y avoit que xii saumons, sy doit chascun. . . . . i obole.

Item, draps et sayes admenées de Flandres en France ou ès dictes parties en gibe, xxi et au-dessus draps font la gibe, doit xlviii sols. Et se ladicte gibe estoit menée à Troies, à Bar-sur-Aube ès foires de Champaigne, la dicte gibe devroit iiii livres, x sols, avec l'acquit desdictes voictures, se ainsi estoient menées. Et se elle estoit menée sur charrette, ladicte charrette devroit v sols de conduit, avec l'aquit de ladicte gibe.

Item, cuir à poil en taque, le taque doit iiii deniers. C'est assavoir dix cuirs pour le taque.

Item, cuirs sans poil, s'ils sont entiers, chascun cuir doit i denier, et, s'ils sont taillez, chascun cuir doit i den. et chascun harterel. . . . . . , . . i obole parisis.

Item, une meule à molin, le treuée doit viii deniers parisis, et celle qui n'est mie treuée doit iiii deniers parisis.

Item, draps ou sayes amenées de Flandres en France ou ès dictes parties, x draps ou x soies sont le fardel, chascun fardel doit iii sols, vi deniers obole. Et la platte xx draps ou xx sayes pour le platte, le platte doit vii sols. Et s'il y en a plus de xx draps, elle se acquicteroit comme gibe avec l'acquit et conduit desdictes voittures, se ainsi estoient menées. Et aussi, se oudit fardel avoit plus de x draps, il se acquiteroit comme platte et devroit comme dessus est dit. . . . . vii sols.

Item, tous draps ou sayes sont comptés pour drap puis qu'ilz ont deux kiefs, combien qu'ilz soient cours ou lons.

Item, ung fardel ou ung cheval chargé de pèleterie, de toilles, de sayes ou de draps, venans de Flandres alans en France ou èsdictes parties, doit iii sols, vi deniers obole; et venant de France alans en Flandres le moittié, xviii deniers obole, et pareillement des chausses venant de Flandres alans en Flandres doivent iii sols, vi deniers parisis, et venant de France alans en Flandres la moittié, comme dessus est dit.

Item, vins de France ou de Bourgoingne alans en Flandres, par mer ou par autre eaue, chascune pièce soit grande ou petite doit. . . . . . viii deniers parisis.

Item, une meulle de molin, le treuée doit viii deniers, et l'autre qui n'est mie treuée. . . iiii deniers parisis.

Item, une gomme (1) d'anguilles, c'est assavoir xxv livres de pesant pour le gomme, le gomme doit. viii den. parisis.

Item, un buillon de vif argent, xxv livres pour le buillon, le buillon doit. . . . viii deniers parisis.

Item, pennes de griz, de vair ou d'escureux, de martres, de faynes (fouines) ou d'autres de pareille condicion, chascune penne, doit. . iiii deniers parisis.

Item, pennes de noirs aignaulx ou blans, chascun pièce doit. . . . . i denier parisis.

Item, pennes de blans connines et de wauppes (renard), la pièce doit . . . . ii deniers parisis.

Item, se uns homs qui a une maison en la chastellenie de Péronne et y demeure, admaine à voicture à Péronne,

---

(1) Paquet, ballot. Ce mot vient peut-être de l'hébreu *gomor* qui désignait une mesure de capacité.

à un manant en ycelle ville qui n'a point de maison en ladicte chastellenie, il doit péaige pour le retour de sa voicture. Et se uns homs qui n'auroit point de maison en ladicte chastellenie, feust qu'il demourast en ycelle ou hors, admenoit à voiture aucun avoir à Péronne, à personne franque dudit paage, si devroit ledit voitturier péaige pour le retour d'icelle.

Et se aucuns maine ou fait mener et conduire aucunes des denrées dessus dictes de Flandres en France ou de France en Flandres, par quelconques lieu que ce soit, sans passer paier et acquicter ledit paaige audit lieu de Péronne pour le Roy, nostre sire, ou aux elles et lieux ordonnez à ycellui péaige cueillir et recevoir, il doit et est esqueux envers le Roy, nostre dit seigneur, en amende de lx sols parisis pour chascune fois que on aroit passé et trangressé le péaige, avec aussi ou peaige pour ce deu au Roy, nostre dit seigneur, à cause des denrées qui ainsi auroient passé saus acquicter par la manière devant dicte.

En tesmoing de ce, nous avons mis nostre séel à cest présent transcript duquel nous avons usé, usons et ententendons à user. Ce fu fait le xviie jour de septembre l'an m. ccc iiii^{xx}xv.

Déclairé les choses dessus dictes estre vrayes aujourduy, xixe jour de septembre l'an mil ccc iiii^{xx} et xv, pardevant moy sire Foursy le Carbonnier, lieutenant de monseigneur le bailli de Vermendois, par Drieu Kennel, Mahieu le Vassal, Oudart Wynace, Pierre Chynart et autres qui ont autreffois et lonctemps gouverné le fait dudit péaige.

Item, tous vins de France et de Bourgongne alans desdicts lieux en Flandres doivent chemin à Péronne ou aux helles dudit péage. Et doit chascun char de vin, c'est assavoir le char à thimon chargé de vin, xxxiii deniers parisis et le char à limon, xvi deniers obole, et la charete. . . . . vii deniers parisis.

Item, tant que est aux bourgois et communiers de Tournésis, se acquittent audit lieu au commis qui est pour le Roy, de leurs denrées qu'ilz font mener de Flandres en France que point n'est muée par la manière devant dicte et comme on fait audit lieu de Péronne. Et oultre pour ce qu'ilz font mener vins par charroy de France ou de Lannois à Tournay et ilz l'ont deschargé et depuis rechargé, mettre en l'eaue et mener en Flandres, ilz paient de ce qui ainsi est mené par eaue, viii deniers parisis la pièce ; et de celluy qui est mené par charroy : c'est assavoir de ce qui est mené sur i char à thimon : xxxiii deniers ; de ce qui est mené par i char à limon : xvi deniers parisis ; et sur une charrette : vii deniers parisis. Et s'ilz menoient ou faisoient mener leurs dictes denrées desdits pays de l'un à l'autre sans acquitter audit commis ou à autre qui eust povoir de ce recevoir, ils seroient descheuz en ladicte amende pour chascune fois et ou péage desdictes denrées deu par la manière devant dicte.

Item, et toutes autres personnes de quelque pays qu'ilz fussent et ou cas qu'ilz ne auroient franchise dont ilz feissent apparoir, qu'ilz menoient ou feroient mener les vins desdits pays et aussi de Beauvoisiz de delà la rivière d'Oise, de Nevers, de France en Flandres et en Artois qui en ce cas est des coustumes de Flandres, par Tournay, par Guyse, par Cambray, par Amiens, paient aux gardes qui anciennement furent mis ès diz lieux et autres lieux d'environ pour les marchans qu'ilz transgressoient et encore paient de jour en jour ledit peaige, c'est assavoir : du char chargé de vin : viii sols parisis et de le charrette : iiii sols. Et pour le charge de herenc mené par lesdits lieux de Flandres en France : xii deniers. Et tous lesdits vins, qui par les personnes de cette condicion sont menez ou font mener par eaue ou par la mer en

Flandres ou en Artois, c'est assavoir : à Saint-Omer, à Gand, à Gravelinghes, à Neufport, à Dunkerke, et jusques à Lescluse en Flandres, paient aux gardes, qui èsdits lieux furent japieça mises pour ladicte cause et qui encores y sont ou partie d'iceulx, pour chascune queue de vin II sols parisis. Et ou cas que les personnes dessus nommées menrroient ou feroient mener lesdicts vins par lesdicts lieux ou autres sans acquicter, ilz seroient escheuz, chascun pour chascune fois qu'ilz aroient ainsi transgressé et passé ledict péaige sans acquicter, en LX sols parisis d'amende avec le péaige tel qu'il se cueille en ladicte ville de Péronne, comme dessus est dit (1).

XXI

Sentence du conseil du duc de Bourgogne ordonnant que les marchands bourgeois de Tournai et tous autres seront tenus de conduire leurs denrées et marchandises, soit par terre, soit par eau, par les chemins, passages et détroits anciens et accoutumés, et d'acquitter les droits de péage et de vinage, à peine de confiscation. Lille, le 8 octobre 1388.

(Archives du Nord. B. 1597. 2e registre des Chartes. f° 12).

XXII

Mandement du duc de Bourgogne, Philippe le Hardi, aux baillis d'Ypres, de Lille et de Douai, pour arrêter les marchands et marchandises de Laon et de Saint-Quentin, ainsi que des lieux circonvoisins, qui n'auraient pas acquitté le péage de Bapaume. Paris, le 21 janvier 1392-1393 (n. st.).

(Archives du Nord. B. 1597, 2e registre des Chartes, folio 55, verso).

(1) Nous avons cru devoir publier ce tarif du péage de Péronne, dressé en 1395, parce qu'il est différent, sinon par le montant des droits à payer, du moins par l'énumération des denrées et marchandises, de celui reproduit précédemment et qui lui est antérieur de près d'un siècle.

XXIII

Recette du tonlieu de Bapaume appartenant au duc de Bourgogne (1390-1391).
(Archives du Nord. Chambre des Comptes de Lille. N° 18719 de l'Inventaire chronologique).

C'est la recepte de Audry Langlement, de Dunkerque, recheveur dou tonlieu de Bapalmes appartenant à mon très redoubté seigneur Monseigneur le duc de Bourgoingne, conte de Flandres, de chacune v queues de vin un double blanc de viii deniers, commençant à le Saint Jehan Baptiste l'an iiii^{xx} et x jusques à Saint Jehan l'an iiii^{xx} et onse.

Premièrement de sire Paulyn de Rouf, de Jennes (Gênes), de iiii^{xx} et x queuez montent iii frans et ii double blans, et c'est de une demie année.

Item, receu de l'autre demi année de Huward de Collier de Vely, de xxv queuez, montent un franc et un double blanc.

Somme de ceste année iiii frans et demi et iii double blans.

Item, receu de l'an iiii^{xx} et xi de le Saint Jehan Baptiste jusques à Nouel.

Premièrement de Guillaume Baron, de Paris, de xxv queuez, montent un franc et un double blanc.

Item, de Robert de Forentier, de Rouan, de iiii^{xx} et xii queues, montent iii frans et xx double blans.

Item, de Guillaume de Gaigi, de Rouan, de xxxii queuez, montent un franc et viii double blans.

Item, de Julien de le batelrie, de Noyon, c et xxiiii queuez, montent v frans et iiii double blans.

Somme de ceste demi année xi frans et xi blans.

Item, receu de novel de l'autre demi année de Jehan le Roy de Sainthomer, de IIII^{xx} et III queuez qui montent III franz et XI double blanz.

Item, de Symon de le Nesse, de Sainthomer, de XXXVIII queues, montent I franc et XIII blans.

Item, de Alebrecht le Conte de Dunkerke, de XLII queuez, montent II franc et VI double blans.

Item, de Symon de le Nesse, de Sainthomer, de XXXVII queues, montent II franc et I blanc.

Item, de Jehan de le Hovine le bielge, XX queues, montent XX double blanc.

Item, de Isenbard, de Rouan, de XXVIII queues, montent I franc et IIII double blans.

Somme de ceste demi-année ; X frans et VIII blans. Somme de ceste année entière : XXI frans et I blans.

Item, receu de l'an IIII^{xx} et XII, de Saint Jehan Baptiste jusques à Nouel.

Premièrement, de Brix de le Mauwère, de Cassele, de XXII queuez, montent XXII double blans.

Item, de Jehan Krikette, de Parchy, de XXVIII queuez, montent II franc et II double blans.

Item, de Jehan Robliard, de Rouan, de XXVII queues, montent I franc et III blans.

Item, de Robert Forentier, de Rouan, de XXXIX queues, montent II frans et III double blans.

Item, de Guillaume Legier, de Paris, de XXXII queues, montent VII frans et VIII blans.

Somme de ceste demi année : VII frans et II blans.

Item, receu de novel de l'autre demi année de Jehan Le Roy, de Sainthomer, de XXXVI queues, montent II franc.

Item, de Pieres Corbraem, de Paris, XVIII queues montent XVIII blans.

Item, de Jannyn Maiseel, de Parys, de XXIII queues, montent XXIII blans.

Item, de Jehan Hannon, de Paris, de xxxviii queues, montent ii franc et ii blans.

Item, de Theri Le Mone, de Vély de xxxiii queuez, montent i franc et ix blans.

Somme de ceste demi année : vi frans et ii blans.

Somme de ceste année entière : xiii frans et iiii blans.

Item receu de l'an iiii^{xx} et xiii de saint Jehan baptiste jusques à Nouel.

Premièrement de Robert Forentier, de lix queues, montent ii frans et xi blans.

Item, de Guillaume de Gangi, de Rouan, de xxxiii queues, montent i franc et ix blans.

Item, de Adam Deri, de Vély, de xxxv queues, montent i franc et xi double blans.

Item, de Jehan de Severi, de Vély, de xxxii queuez, montent i franc et viii blans

Item, de Julien, de Clemersi (Clamecy), de xvi queues montent xvi blans.

Somme de ceste demi année vii frans et vii blans.

Item receu de novel de l'autre demi année de Baudwyn le Josne, de Broubuerch, de xxxii queues, montent i franc et viii blans.

Item, Jaqmard le Sind, de Berghes, xlv queues, montent ii fran et ix double blans.

Item, de Adam Deri, de Vély, de xxxii queuez, montent I franc et viii blans.

Item, de Jehan de Severy, de Vély, de xxxiiii queues, montent i franc et x double blans.

Somme de ceste demi année : v frans et xxiii blans.

Somme de ceste année entière : xiii frans et vi blans.

Item, receu de l'an iiii^{xx} et xiiii, de saint Jehan baptiste jusques à Nouel.

Premièrement, de Guillaume Crayeu, de Sainthomer, de xxiii queues montent xxiii double blans.

Item, de Jehan Rosier, de Noyon, de xxxviii queues, montent ii franc et ii blans.

Item de Jehan de Lezennes, de Rouan, de xxxviii queues, montent ii frans et ii blans.

Item de Jehan Rosier, de Noyon, de xxxii queues, montent i franc et viii blans.

Somme de ceste demi année :
v frans et vi blans.

XXIV

Commission pour Colard de Boleghem, commis à recouvrer les droits appartenant au péage de Bapaume, à Menin. — Lille, le 8 août 1397.

(Archives du Nord. B. 1598. 3e registre des Chartes, fo 69 verso et 70 recto).

Philippe, etc. A tous ceulx qui ces présentes lettres verront, salut. Comme ainsi que à nostre cognoissance est venu pluseurs marchandises, biens et denrées qui doivent péage à Bappaumes, passent souvent par nostre ville de Menin et par les destroiz illecques, sen avoir paié ne paier ledit péage, lequel par ce que l'en ny a prins garde a esté et est ainsi emporté en nostre grant préjudice et déshéritance et seroit encores plus se par nous ny estoit pourveu de remède. Pour ce est-il, que nous veullans noz droiz, mesmement nostre héritage estre gardez, et obvier aux fraudes que l'on commet encontre les droiz de nostre dit péage, confians plainement des sens, loyaulté et bonne diligence et pour le bon rapport que fait nous a esté de nostre bien amé Colart de Bolleghem demourant à Menin, ycelui Colart avons commis et ordené, commettons et ordenons par ces présentes pour cueillir, exécuter, lever et recevoir ou faire cueillir, lever et recevoir

par ses commis et députez, les droiz de nostre dit péage,
de toutes marchandises, biens et denrées qui passeront
par ledit lieu de Menin et par les destroiz d'illecques
environ, et n'auront paié et devront le dit péage, et aussi
les arrérages que l'en trouvera estre deuz du temps passé
d'icelui péage, de prendre et arrester, ou faire prendre
et arrester pour ce et aussi pour les amendes pour ce
commises, les diz biens, marchandises et denrées, et
aussi les personnes, se mestier est, qui auront emporté ou
emporteront ledit péage, et de faire toutes choses, qui y
appartendront estre faictes et que pour nostre dit péage
l'en a accoustumé de faire, dont nous donnons audit
Colart plain povoir, auctorité et mandement espécial: et
des receptes et exploiz que ycelui Colart aura fait dudit
péage, il sera tenu de rendre compte à noz péageurs
audit lieu de Bappaumes ainsi qu'il appartendra. Si
donnons en mandement à touz nos officiers et subgès,
requérons les autres et chascun d'eulx que, audit Colart
comme nostre commis et à ceulx qui par lui seront
députez en ce fait, faisans les choses dessus dictes,
obéissent et entendent diligemment et leur prestent en ce
conseil, confort et aide se mestier en ont et ilz le requiè-
rent. En tesmoing de ce nous avons fait mettre nostre
seel à ces présentes lettres. Donné à Lille, le VIIIe jour
d'aoust l'an de grace MCCCIIII^{xx} et dix sept. Ainsi signé
par monseigneur le Duc à la relation du Conseil ouquel
vous estiez. TH. GHERBODE.

Copie du Registre de l'acquit du péage de Bappaumes.
Premier.

Uns kars querquiez de draps, chascune plate doit
xxv deniers, et si doit le kar v sols de conduit et xvi
deniers pour l'acquit du kar, et doit tenir la plate xix
draps.

Le cent de fer, soit ouvré ou non, doit IIII deniers pour

chascun cent, cœuvre autant que fer, plonc et métal autant que fer.

Uns kars qui merroit alun, les iiiᵉ pesant doivent xxv deniers et si doit le kar xvi deniers d'aquit et v sols de conduit, pour tant qu'il y ait iiiᵉ pesans sur ledit kar.

Le cent de cire doit v deniers d'acquit et s'elle estoit sur 1 kar, le kar devroit xvi deniers d'acquit.

Uns kars qui merroit cuir à poil, le taque doit iiii deniers et si doit v sols de conduit et xvi deniers pour l'acquit du kar, et fault x cuirs pour le taque.

Uns kars qui merroit cuir courée, la pièce à faire les semelles, chascune pièce doit i den. et le fouble (faible), chascune pièce doit i obole, et si devroit le kar xvi den. d'acquit et v sols de conduit.

Uns kars qui merroit cordoan, la xiiᵉ doit ii den., et se doivent, les iiiᵉ pesans, xxv den., xvi deniers pour l'acquit du kar et v sols de conduit.

Uns kars qui merroit basanne, la xiiᵉ doit i denier, et si doivent, les iiiᵉ pesans, xxv den., xvi den. pour l'acquit du kar et v sols de conduit.

Uns kars qui merroit ris, gingembre, canelle, garingal, citoual et pluseurs autres espices, les iiiᵉ pesans doivent xxv den. d'acquit, xvi den. pour le kar et v sols de conduit.

Uns kars qui merroit poivre, ancens, les iiiᵉ pesans doivent iiii sols d'oultrage, et si doivent encore xiii den. d'acquit, xvi den. pour le kar et v sols de conduit.

Uns kars qui merroit graine d'escallate, les iiiᵉ pesans doivent iii sols d'oultrage, xiii den. d'acquit, xvi den. pour l'acquit du kar et v sols de conduit.

Uns kars qui merroit peleterie, le millier doit xl den. d'outrage, c'est assavoir pour chascun cent iiii den., et se doivent, les iiiᵉ pesans, xiii den. d'acquit, xvi den. pour l'acquit du kar et v sols de conduit; mais s'il avenoit qu'il y eust de la peleterie ouvrée, chascun manteau doit iiii deniers, ii den. pour le penne et, pour i plichon, ii deniers; et s'il y en avoit tant que iii^c pesans, ilz devroient xiii den. d'acquit avec les iii den. et ii den. de conduit.

Uns kars qui merroit waide, le kars devroit xvi den. d'acquit.

Uns kars qui merroit caquez de hérens, le caquet doit i denier d'acquit, xvi den. pour le kar; le millier de soret doit i den., et se len les maine par eaue se doivent toutes les choses dessusdictes autant que à kar.

Uns kars qui merroit vin, le kar doit xvi den. d'acquit.

Uns kars qui merroit soye, saffren, yvoire, la livre doit iii obole, c'est le cent pesant xii sols, vi den., et si devroient les iii^c pesans, xiii den. d'acquit, xvi den. pour le kar et v sols de conduit.

Uns kars qui merroit fustaines, la pièce doit ii den. et si doivent, les iii^c pesans, xv den. d'acquit, xvi den. pour le kar et v sols de conduit.

Uns kars qui merroit laine, le sac doit iiii deniers, et si doit le kar xvi den. d'acquit et v sols de conduit.

Un kars chargié de mercerie doit xvi deniers d'acquit, et si se acquitte la mercerie tele peut estre par pièces : un drap d'or doit = viii deniers; un drap de soie = iiii deniers; la pièce de cendal = ii deniers; uns bouguerans ne doit que iiii deniers; la xiie d'aumuces = ii den.; la xiie de chappiaux de bèvre (castor) = ii den.; la xiie de cauches = ii den.; et si a pluseurs merceries qui se appellent mercerie mellée, c'est assavoir : coustiaux, bourses, courroies et pluseurs autres choses qui ne doivent, les iii^c pesans, que xxv den., et si doit le kar v sols de conduit, mais qu'il y ait sur ledit kar iii^c pesant.

XXV

Tarif du Péage de Bapaume en 1442.
(Archives du Nord. Chambre des Comptes.
Fonds d'Artois. Ancien B. 51).

C'est le registre ou instruction du droit acquit du payage de Bappalmes, fait et renouvelé par l'ordonnance de monseigneur le Duc de Bourgongne, de messeigneurs de son conseil et de la chambre de ses comptes à Lille, en l'an de grâce mil cccc et quarante deux, par Jehan le Caron, lieutenant de monseigneur le gouverneur du bailliage dudit Bappalmes, et qui, depuis l'espace de trente ans encha, a continuellement eu cognoissance du droit d'icellui payage, tant en recepte comme aultrement, et Collart Mannars, rechepveur dudit Bappalmes, qui certaine espasse a esté commis audit payage recepvoir, ladicte instruction ou registre fait tant selon aucuns registres très anchiens faisans mencion dudit acquit, comme selon ce que on a acoustumé de user audit payage de sy long temps quil n'est mémore du contraire. Lors Thomas Plucquel, clerc dudit payage.

Et premiers.

Senssieut la table de che présent livre, comment on peult trouver l'aquit de toutes denrrées, harnas, chevaulx et bestail cy-après par article, sur le nombre et comme amplement y est déclairié.

1° Lenqueste de Cappy en lattin I
Item, l'enqueste de Cappy en franchois . . . II

Item, l'oultrage (1) de toutes denrrés . . . III
Item, l'avoir qui doit querques (2) IIII
Item, les querques d'Arras et Saint-Omer et des
draps d'Arras V
Item, de ceulx de Douay, de Bruges, de Gand,
de Ypre et de Lille. VI
Item, l'aquit des cars à vin et autres qui ne doi-
vent que XVI deniers VII
Item, ung car à cuir à poil. VIII
Item, ung car à cuir tanez IX
Item, ung car à cordouwan. X
Item, ung car à bazennes (3) XI
Item, ung car à peaux de moutons et autres . XII
Item, ung car aux draps en gibe (4) XIII
Item, ung car aux draps en placte (5). . . . XIIII
Item, comment ung car menans draps ou autre
avoir qui seroit à lombars, se acquite. . . XV
Item, ung car qui maisne à pluseurs marchans
se acquitte et, en XIIe (6), quantes XIIe il paye
et peult reprendre aux marchans XVI
Item, pour savoir comment XIIe se paye et à
quel cause XVII
Item, quant XIIe commence, court et fine. . . XVIII
Item, ung car à laines XIX
Item, ung car à myel. XX
Item, ung car à cotton XXI

(1) Droit perçu pour passer outre, appelé dans l'enquête de Cappy *tracers*.

(2) Charges.

(3) Basanes.

(4) Ballot contenant au moins 20 pièces de drap.

(5) Ballot de moins de 20 pièces de drap.

(6) Droit dû par tous les marchands se trouvant dans l'étendue de la châtellenie de Bapaume, trois semaines avant et quinze jours après les fêtes de Noël, de Pâques et de la Pentecôte.

Item, ung car à cire XXII
Item, ung car à cordes de canvres. XXIII
Item, ung car à pappier . . . , ... XXIIII
Item, ung car à cendres. XXV
Item, ung car à plumes XXVI
Item, ung car à fustennes XXVII
Item, ung car à toilles XXVIII
Item, ung car à lis . . . . , XXIX
Item, ung car à frommages de Flandres . . . XXX
Item, ung car à frommages de Brie ou de Chauny XXXI
Item, un car à frommages de Champaigne en presse. XXXII
Item, ung car as lars. . , ... XXXIII
Item, ung car à fauchilles XXXIIII
Item, ung car à figues et roysins XXXV
Item, ung car à cappiaux de feutre ou autres . XXXVI
Item, car à hérencq XXXVII
Item, ung car à poisson salé XXXVIII
Item, ung car à rayes, plays, macqueriaux ou merlens XXXIX
Item, ung car à fer XL
Item, ung car à oeuille (1) ou autres craisses. XLI
Item, ung car qui est asochon (2) à deux gens. XLII
Item, ung car à vin où il y avoit ung tonnlet wyt . . . , ... , . . . , . XLIII
Item, ung car à mittaille (3) XLIIII
Item, ung car à pines de bos (4) XLV
Item, ung car à dames (5) XLVI

(1) Huile.
(2) Par association.
(3) Ferraille.
(4) Peignes de bois.
(5) Voiture à l'usage des dames, appelée un siècle plus tard, « char branlant », parce qu'elle était suspendue.

Item, ung car à lin ou à canvre à cherenchier
  ou cherenchié (1) XLVII
Item, ung car à fillé de lin ou canvre. . . . XLVIII
Item, ung car à poivre ou enchens XLIX
Item, ung car à graine (2) L
Item, ung car à moeulle de molin (3). . . . LI
Item, ung car à pleterie (4). LII
Item, ung car à mercherie merlée (5) . . . LIII
Item, ung car à housiaux et soleis (6) . . . LIIII
Item, ung car à espées , ... LV
Item, ung car chargié de acier. LVI
Item, ung car à queuwes de widengues (7) . . LVII
Item, un car à cuir blancq LVIII
Item, comment ung voiturier menant avoir à
  pluseurs marchans, poeult fourfaire pluseurs
  amendes LIX
Item, comment ung voiturier qui a pluseurs
  harnas, ne poeult fourfaire que une amende. LX
Item, comment se ung marchant acquitte avoir
  pour autre, mais que il ayt payé assés d'ar-
  gent, il est quitte sans amende LXI
Item, comment avoirs qui doit oultrage, querquiet (8) aveuc blé ou autre semblable avoir,
  se acquitte .. . . , ... LXII
Item, comment on acquitte joyaux que on porte
  pour donner. LXIII

(1) Peigné avec le *chérin* ou non peigné.
(2) Graine de Paradis.
(3) Meules de moulin.
(4) Pelleterie.
(5) Menue mercerie.
(6) Bottes ou guêtres de cuir et souliers.
(7) Fûts vides.
(8) Chargé.

Item, comment avoir en carettes se acquitte. . . LXIIII
Item, le droit de cauchie que la ville prent sur
    les karnas, bestail et marchandises. . , . LXV

L'ACQUIT DE TOUS CHEVAULX

Primo. Comment tous chevaulx chergiez de tous
    grains ou poisson se acquittent LXVI
Item, comment chevaulx chergiez de toutes
    vollilles se acquittent. LXVII
Item, comment chevaulx chergiez de fruits se
    acquittent LXVIII
Item, pareillement comment ung cheval chargié
    de plusieurs autres choses qui ne doivent que
    pour cheval III deniers obole. LXIX
Item, ung cheval chergié de draps LXX
Item, ung cheval chergié de espices LXXI
Item, ung cheval chergié de viéserie (1), tire-
    taine, viez linge, laine, lis et mercherie
    merlée LXXII
Item, ung cheval à sayes d'Engleterre . . . LXXIII et c
Item, ung cheval à fillé, toille, futenne, cau-
    ches, housiaux, saullers, cuir à poil et tané. LXXIIII
Item, ung cheval à lin ou canvre cherenchié. LXXV
Item, ung cheval à pleterie LXXVI
Item, ung cheval à plumez ou cotton, fillé ou non LXXVII
Item, ung cheval à peaulx de moutons, de brebis
    ou de aigneaulx. LXXVIII
Item, ung cheval à queuttes pointes (2), couver-
    toirs, banquiers (3) et sarges (4) LXXIX

(1) Friperie.
(2) Courtes-pointes.
(3) Tapis qui se mettaient sur les bancs.
(4) Couvertures en laine croisée appelée serge.

Item, ung cheval à corderie de canvre . . . . IIII^{xx}
Item, ung cheval chergié de poil de cherf, pappier, cordouen et basennes . . . . . . IIII^{xx}I
Item, ung cheval à yf (1) ou cappeaux (2) . . IIII^{xx}II
Item, ung cheval à poivre, enchens, graine et couvrechiés . . . . IIII^{xx}III
Item, ung cheval à pines de bois . . . . . IIII^{xx}IIII
Item, ung cheval à mercherie de Lucques . . IIII^{xx}v
Item, ung cheval à alun . . . . IIII^{xx}vi
Item, ung cheval à souffre, copperose, nappes, lincheux ou toilles . . . . IIII^{xx}vii
Item, comment tous chevaulx menans avoir qui doibt querque seulement, se acquitte en xiie et hors xiie . . , ... IIII^{xx}viii
Item, ung cheval à craisses (3) . . . . . . IIII^{xx}ix
Item, ung cheval à voirres . . . . IIII^{xx}x
Item, ung cheval nouvel acheté . . . . . IIII^{xx}xi
Item, ung cheval de marchans . . . . . . IIII^{xx}xii
Item, chevaulx à wyt . . . . IIII^{xx}xiii
Item, comment ung voiturier qui a pluseurs chevaulx à dos, poeult fourfaire ung ou pluseurs amendes selon l'avoir qui maisne . . IIII^{xx}xiiii
Item, ung cheval à frommages de Chauny ou de Brie . . . . IIII^{xx}xv
Item, ung cheval à frommages de Champaigne ou presse . . . . IIII^{xx}xvi
Item, ung cheval à frommages de Flandres . . IIII^{xx}xvii
Item, ung cheval qui porte parmi la selle ou à dos sans selle . . . . IIII^{xx}xviii
Item, se ung voiturier a chevaulx de rencontre, comment il se poeult acquitter . . . IIII^{xx}xix

(1) Bois d'if brut ou ouvré.
(2) Chapeaux de feutre et de fourrure.
(3) Chevaux chargés de graisses, suifs, etc.

Item, ung cheval à sayes d'Engleterre et sarges ensemble merlées c

Item, ung cheval à figues et roysins et l'aquit de mulles et de asnes ci

Item, à l'aquit de brouttiers (1) cii

Item, comment qui porte poisson à son col en cauderons et rapporte ses cauderons wis . . ciii

Item, comment qui porte auchune chose et passe sans acquittier, il est quitte pour ce que il porte . . , ... ciiii

Item, combien chacune personne doibt pour porter à son col. cv

Item, combien une personne portant draps portant à son col doibt cvi

Item, qui porte à son col denrrées pour argent. cvii

Item, qui porte à son col vin ou miel. . . . cviii

Item, combien ung boef, vacque ou vel (2) doit. cix

Item, combien la blanche beste (3) doit . . . cx

Item, combien ung pourchel doit cxi

Item, la franchise de bourgois de Bappalmes . cxii

Item, comment le venrredi on ne doit point de payage pour venir ou marchié de Bappalmes. cxiii

Item, comment on ne doit point de payage de ce que on acquitte en venrredi, sinon de beste vive cxiiii

Item, comment de ce que on a acquatté en la ville ou chastelerie de Bappalmes on ne doit point de xiie. cxv

Item, la franchise des manans en la chastelerie de Bappalmes cxvi

Item, de ceulx de Miraumont. cxvii

(1) Gens poussant des brouettes ou charrettes à bras.
(2) Veau.
(3) Mouton, brebis.

Item, de ceulx de Courchelettes CXVIII
Item, de ceulx de l'Empire CXIX
Item, des bourgois de la Rochelle. CXX
Item, comment qui maisne par Beaumez draps
   entiers il ne sy poeult acquittier . . . . VI^{xx} et I
Item, ce que le payage a de propre . . . . VI^{xx} II

Jadis en temps passé ce que nous avons oy de nos prédécesseurs furent toutes forestz entre Lens et Péronne, où que estoit le grant chemin de Franche en Flandres. Sy passoit par là toute marchandise qui de lung pays aloit en l'autre, car il y avoit pau d'autres chemins. Sy estoit le chemin périlleux par les dictes forestz, car il y avoit des robeurs pluseurs, entre lesquelz estoit ung appellez Bérengiers, qui fut gayans et demeuroit au troncq Bérengier emprès l'abbaye d'Arouaise, et ung autre ses frères demouroit emprez l'abbaye Nostre-Dame d'Yaucourt à Coppegueulle, qui, pour les fais que on y fist d'icelluy temps, enporte encoires le nom de Coppegueulle : et passoit pau d'avoirs, ne de marchans qui ne fussent desrobez. Pourquoy ly marchans considérant le grant péril et dommage que ilz y avoient et pourroient avoir au temps advenir firent complainte au roy de Franche pour le temps de cuy le pays estoit tenus, en suppliant que il fesist widier les malfaiteurs adfin que la marchandise que on amenoit par mer en Flandres peuist venir en son royalme. Ly roys qui fut enclins, si comme de droit est, à faire justice et conseil à savoir moult que bon en seroit à faire, se fut conseillé que on manderoit le conte de Flandres, et veullent ly aulcuns dire que ce fut le conte Bauduins, filz du conte Robert de Flandres, qui passa oultre mer avecq Godeffroy de Buillon, car il estoit grans et poissans pour wydier le pays des malfaiteurs ; et de ce temps aloit le conté de Flandres jusques au troncq Bérengier gayan dessus nommé. Se fu mandé ledit conte et lui venu fut dit que se il volloit emprendre le pays wydier des malfaicteurs, on lui en donroit certain treu. Il sy accorda, et sur ce s'en vint au pays, et en une tour qui estoit, ou que Bappalmes est ad présent qui fu abattue l'an mil cccxxxv ou environ, et ordonna ung nombre de sergens qui conduiroient l'avoir passant jusques à certains mettes : c'est assavoir vers Péronne jusques au troncq Bérengier, et là avoit autre sergens de par le Roy qui conduissoient jusques à Péronne ; et vers Lens conduissoient jusques à Becquerel, et de là en alant vers Lens avoit peu de péril, et toutes voyes y avoit il sergans qui conduissoient jusques à Lens, mais non mie tant que à Bappalmes. Et en ce temps ledit conte de Flandres fist copper les forestz par tout le pays, et lui cousta trop plus à faire widier les malfaicteurs du pays que le treu ne valoit, ne valu en long temps aprez. Et quant les malfaitteurs virent que ly sires faisoit ainsy desrimer le pays des forestz, et que quant on les tenoit on en faisoit si grandement justice, ilz se tinrent de malfaire et se partirent du pays ; et en cellui temps prinst Bappalmes son nom, car il ny avoit point de ville où que elle est maintenant, ains estoit comme dient ly aulcuns où que est la fontaine de Franqueville ; se advint que aucuns annemys qui furent par le pays y boutèrent les fus et quant les bonnes gens qui estoient trais vers ladite tour virent leurs maisons ardoir, de grant yre et courus quilz eulrent, batirent et férirent leurs palmes ensemble. Se édifièrent les gens entour celle tour, et demoura pour celle cause appellée Bappalmes, qui depuis a esté fortifiée de portes, de tours, de murs, de fossez, si comme il peult apparoir. Et demoura ledit treu depuis là en aprez et furent ly sergans ostez et mis aultres gens qui coeulloyent selon ce qui fu acoustumé long temps, et par passement de temps se diversifièrent ly acquit des marchandises passans, pour ce que ly sires donna son payage à censse, si que ly censiers pour ravoir leurs frais acenssirent aucune fois autrement que la coustume ne le donnoit; de quoy fut faicte complainte des marchans vers le seigneur et vers le Roy ; se fu ordonné par le command du Roy et du seigneur qu'ilz voloyent que raison fust faicte aux marchans que on feroit une enqueste à Cappy de bonnes gens de Bappalmes qui savoyent des coustumes du péage et escriproit on ung registre de l'acquit selon, leur dit et l'anchienne coustume et ainsy fut fait, dont le teneur et fourme s'ensieult :

I. Philippus, dei gratia, Francorum Rex, universis presentes litteras inspecturis, salutem. Notum facimus quod nos, ad requisitionem gencium dilecti et fidelis nostri Comitis Attrebatensis, in Registris et libris curie nostre, fecimus diligenter inspici et videri, et littera que sequitur ibi est reperta; et eam sub sigillo nostro fecimus transcribi : hec est inquisicio que facta fuit apud Cappiacum, scilicet de transversis regis et comittis sancti Pauli coram B. de Roya (1). Compendii, Montisdesiderii, Ambianensis et servientes qui tenebant pedagia tempore comitis Flandrie, et dixerunt quod omnia averia que transeunt de Flandria in Franciam sive in Burgundiam, Campaniam vel ultra montes, seu in Provinciam, debent pedagium apud Bappalmas ; et omnia vina veniencia de Francia vel Burgundia in Flandriam cuncia debent pedagium apud Bappalmas. Omnes autem illi qui debent apud Bappalmas, debent pedagium apud Peronnam, Royam, Compendium et apud Crispiacum. Teruenses vero et Bolonienses, Normanenses et Corbienses, Ambianenses, Pontivenses, Belvacenses, Cameracenses et Falquembergenses, omnes isti vadunt quo volunt reddendo suas rectas consuetudines.

(1) Le copiste a omis en cet endroit deux lignes, lacune qui rendrait sa phrase incompréhensible si nous n'avions pas une transcription plus correcte de ces lettres de 1291 en tête du plus ancien tarif de Bapaume publié ci-dessus.

Scilicet si isti apporterent averia de Flandria in terras predictas, ipsi redderent pelagium apud Bappalmas, sicut alii vel reportando vina sicut supra dictum est. Transcriptum autem hujusmodi littere fecimus fieri sub sigillo nostro, ut dictum est, jure cujuslibet salvo. Actum Parisius, die jovis post Pentecostes, Anno domini millesimo ducentesimo nonagesimo primo.

Item, s'ensieut en franchois ladicte enqueste de Cappy.

II. Ceste enqueste fu faitte à Cappy pardevant monseigneur Beltremieu de Roye, en le prévosté Piéron d'Amiens et Nevelon le marissal, baillieu d'Arras ; là furent ly sergans qui avoient coeully le travers de Bappalmes au temps le conte de Flandres, Bauduins d'Arras, Willaume Pastes, Auris de Bappalmes. Et dirent que nulz avoirs de Franche, de Bourgongne, de Champaigne, de Prouvence, de Saint Jacque de oultre les Mons de Espaigne, ne poeult aler en Flandres ne u fief de Flandres qui ne doye passer et acquittier à Bappalmes ; ne cil de Flandres, ne del fief de Flandres ne peuent prendre point d'avoir en Flandres ne el fief de Flandres pour mener es terres devant dictez qui ne doye passer et acquittier à Bappalmes. Et si ne poevent point prendre avoir en ces devant dictes terres pour mener en Flandres ne u fief de Flandres qui ne doye passer et acquittier à Bappalmes. Terouwane, Fauquembergue, Boullenois, Ternois, Cambray, Tournay, Valenchiennes, Haynau, l'Empire, Pontieu, Normendie, Beauvais, Amiens et Corbie ne doivent point de chemin se il ne se embattent, mais se ilz se embattent en le chastelerie de Bappalmes, ilz doivent le travers aussy comme ly autres. Fait l'an mil iie et ii, en may.

Item, s'enssieut comment et combien toutes denrrées doivent de oultraige, avec laquit des chevaulx qui les mainent.

III. Pour chacun drap d'or doit de oul-
traige . . . .   viii deniers.
Le drap de soye . . . .   iiii den.
La pièce de beluel camocas (1) . . . .   iii den.
La pièche de cendal. . . . .   ii den.
La pièche de bougran . . . .   iiii den.
La xiie pièche de ruban. . . . . . .   ii den.
La pièche de coeuvrequiez amples . . .   i den.
La livre de soye . . . .   iii d. obole.
La livre de ambre . . . .   iii den. ob.
La livre de saffren . . . .   iii den. ob.
La livre de yvore . . . .   iii den. ob.
La livre de cristail . . . .   iii den. ob.
La livre de gayet . . , ...   iii den. ob.
La timbre de letiches ouvrées ou à ouvrer   xl. den.
Le millier de bauret (2) de corail . . .   xl. den.
C'est le cent dudit corail . . . . . .   iiii den.
La penne ou plichon (3) fait . . . . .   ii den.
La fourrure d'un capperon . . . . .   i den.
Le hanap d'argent à piet . . . . . .   ii den.
Le hanap de madro (4) à piet d'argent. .   i den.
Le hanap ou gobelet d'argent sans piet. .   i den.
Le éghière d'argent . . . .   i den.
Le hanap de madro pour son boire (5) . .   Néant.
Le plat ou escuelle d'argent . . . . .   i den.
Le pot d'argent petit ou grant . . . .   i den.
La couppe d'or à couvercle . . . . .   viii deniers.
Le onche d'or fillé saudis (6) ou en masse.   i den.

(1) Beau *camocas*, étoffe faite primitivement avec du poil de chèvre.
(2) Barrette, petite barre de corail.
(3) Pelisse de fourrure confectionnée.
(4) Marbre.
(5) Hanap pour l'usage personnel du marchand.
(6) Or à un titre inférieur, valant seulement 16 francs le marc, tandis que l'argent blanc en valait 12.

Le onche d'argent	i obole.
Le cappel d'or eslevé	iiii den.
Et sans eslever	ii den.
Le cruchefis ou Dieu est en crois, porveu que ce soit pour vendre.	viii den.
Aultres ymages, chacun	iiii den.
La nostre dame et tous autres, chacun.	iiii den.
Ou cas toutes voies que ce seroit pour vendre, mais pour donner on nen doit riens	
Le onche de perles	i den.
Le pain de chuche (1)	ii den.
Et cellui qui n'est en pain se acquitte à le querque	
Le haubregon	iiii den.
Les plattes pour armer.	viii den.
Les bras de fer ou avant bras.	ii den.
Les gambières ou harnas de gambes de fer.	i den.
Et celles de cuir bouly	Néant.
Le pain (2) de haubregerie.	ii den.
Le bachinet	i den.
Le chreffette	i den.
Le cantail pour armer	i den.
Les wantelés (3).	ii den.
La payelle simoire (4)	i obole.
La balanche	ii den.
Le pot de coeuvre noef.	i den.
Le ferieul (5) noef	i den.
Le cauderon noef	i den.
Le candeller noef	i den.

(1) Le pain de sucre.
(2) Le pan (*pannus*) de *haubergerie* ou cotte de mailles.
(3) Les gantelets.
(4) Probablement le vase à semer, le semoir. (V. Ducange au mot *Semeurus*).
(5) La seille entourée de cercles de fer.

Le pot lavoir noef	I den.
Le bachin à laver et aultres, noefz . . .	I den.
Le pot d'estain noef.	I den.
La sallière d'estaint	I obole.
La payelle d'airain noefve.	I obole.
Mais que tout soit noef et, se c'estoit qu'il ny eult chose entière et que fust mitaille, chacun cent de livres de pesant doit	IIII den.
Le couvretoir doit	IIII den.
Le queute pointe.	IIII den.
Le banquier	IIII den.
La pièche d'estamines	I den.
La pièche de drap petite ou grande, mais que il y ait aulne en la pièche, doit . .	IIII den.
La pièche de tiretaine	IIII den.
La pièche de sayes	IIII den.
La caudière à brasseur, noefve	VIII den.
La caudière à tainturier, noefve. . . .	VIII den.
La caudière noefve	IIII den.
Mais se les dittes caudières estoient rompues en mittaille, chacun cent de livres doit	IIII den.
Le tronel ou rouwet à filler laines . . .	IIII den.
Les gardes (1)	I den.
Le cherens (2)	I den.
Le paire de soufflés à fèvre	VIII den.
Le XIIe d'escuelles d'estain.	II den.
Le XIIe de sausserons (3)	II den.
Le plat d'estain	I obole.

(1) Morceaux de bois placés aux deux bouts des peignes du tisserand pour en assujettir les broches.

(2) Peigne de fer pour peigner le lin.

(3) Saucières.

Le marcq de coeuvre pour peser. . . .	iiii den.
Le marc d'estain s'il est ouvré pour bouter l'un dedens l'autre	iiii den.
Le marcq de plocq ou d'estain qui ne se met point l'un dedens l'autre	Néant.
La couche à coucher sups (1).	iiii den.
Le parcavach (2).	ii den.
La huche à piés	iiii den.
Le huchiel à piés.	iiii den.
Et celles sans piés . , ...	Néant.
Le espée ou faucon (3) chacun	- i obole.
Le cuignié (4)	i obole.
Le doloire.	i obole.
La soyoire (5) à monter	i obole.
Le achette à cuvelier	i obole.
Le faucq à monter	i obole.
Le faucq montée.	i obole.
Le picq à monter	i obole.
Les forches à retondeur	i den.
La paire de reuwes à car	ii den.
Le cartil ou escalliers (6)	ii den.
Les fers à faire wauffres	ii den.
Le porcq de mer (7)	ii den.
Le esturgeon	iii den.
Le cent d'alozes, vi^{xx} pour le cent . . .	xvi den.
La pierre (8) de fustanes	ii den.

(1) Le bois de lit.
(2) Le traversin.
(3) Sorte d'épée courbe, sabre ou cimeterre.
(4) La cognée.
(5) La scie non montée.
(6) La charrette.
(7) Le marsouin.
(8) Le copiste a probablement écrit par erreur, pierre au lieu de pièche.

La pièche de toilles . . . . I den.
La pièche de boucquassin . . . . . . II den.
Le cocquet de blé (1) . . . . XII den.
Le cent de poisson salé. . . . . IIII den.
Mais drogués (2), la pièche . . . . . I den.
Le cocquet de héreng . . . . I den.
La fillette de hérens (3) . . . . I den.
La meze ou millier de sorés . . . . . I den.
La mande de hérens sallés. . . . . . I den.
Le englumel à caudrelier, à fauqueur ou
   aultre (4) . . . . I den.
Le paire de pines à piner laines . . . . I den.
Le XIIe de cordouwan . . . . II den.
Le XIIe de bazennes . . . . I den.
Le cent de peaux de moutons, brebis ou
   aignaulx . . . . IIII den.
Le cent de connins . . . . IIII den.
Le grant cuir tané . . . . I den.
Le hatterel ou les brayes (5), chacun . . I obole.
Le lincheul, nappe ou doublier noef, cha-
   cune pièche . . . . I den.
La garbe d'achier qui poise chacune V
   livres . . . . III oboles.
Le pain de vermoillon pur ne doit . . . Néant.
Le bullon ou le cent de vif argent . . . V den.
Le cent de fer ouvré ou à ouvrer . . . IIII den.
Le cent de livres de ploncq, estain, coeuvre
   ou mettail . . . . IIII den.
Le XIIe de cappeaux de bièvres, de feutre,

---

(1) La caque ou baril de blé.
(2) La caque de poisson sec.
(3) La feuillette ou demi-caque de harengs.
(4) Enclume de chaudronnier et de faucheur.
(5) Le cuir de la nuque et des jambes du bœuf.

de clichés (1), de bureau, doit pour chacune xiie . . . . ii den.
La xiie de barettes . . . . ii den.
La xiie de bonnés (2) . . . . ii den.
La xiie de aumuches (3) de nuyt. . . . ii den.
La xiie de patrenostres de gayet ou ambre. ii den.
La xiie de pièches de balaines à ouvrer. . ii den.
La xiie de galoches de liège . . . . . ii den.
La xiie de saulers ou cauches. . . . . ii den.
La xiie de housiaux. . . . . ii den.
La xiie de rasoirs . . . . ii den.
La xiie de chains à berchs (4). . . . . ii den.
La xiie de parchemin pour vendre . . . ii den.
La xiie de clocquettes de Melan (5) ou autres ii den.
La xiie de bouteilles de cuir bouilli . . . ii den.
La xiie de fromages de Chauny . . . . ii den.
La xiie de frommaiges de Brie . . . . ii den.
La poise de frommages de Flandres, viii^xx x livres pesant pour la poise. . . . . . viii den. ob.
Le cent de auwes (6) . . . . xvi den.
La gomme de aguilles à coudre, la gomme contient iiii^xx milliers et doit la gomme. xl den.
Et s'il n'y a gomme se paye à l'avenant.
Le cent de fauchilles . . . . iiii den.
Le cent de livres de lin chérenchiet ou canvre chérenchié, doit. . . . . . viii den. ob.
La poise de balme (7), iiii^xx et x livres pour la poise. . . . . viii den. ob.

(1) Chapeaux de paille tressée.
(2) Bonnets.
(3) Bonnets de nuit en forme de capuchon, serre-tête.
(4) Ceintures ou liens en étoffe pour entourer les berceaux.
(5) Clochettes ou grelots de Milan.
(6) Oies.
(7) Baume.

Le coupple de figues	viii den.
C'est chascun fraiel	iiii den.
Le frayel de roisin	ii den.
Le bacon entier	i der.
La flicque de lart (1)	i obole.
Le cent de livres de fille	viii den. ob.
Le cent de cotton fillé ou non fillé . . .	viii den. ob.
La poise de chire viii den. ob., mais ce n'est point oultraige.	
Le sacq de lai..es	iiii den.
Le pappier d'or doit	viii den.
Le pappier d'argent	iiii den.
Et contient chascun pappier iiiᶜ fœulles, et sil ny avoit que xxv feulles se payeroit on aussy bien que de iiiᶜ feulles, mais desoubz xxv feulles nen doit on point doultraige.	
Le sacquet de dades (2), soit d'une livre ou plus pour vendre u pour mengier, doit .	ii den.
Le cent de pesant de orpiement	iiii den.
Le motuble (3) de molin ou autre chacune pièche	iiii den.
La quasséo (4) de cœuvrequiefz de Lombardie	xxx sols.
La quassée de mercherie de Lucques . .	xxx sols.
La quassée de mercherie de Boulongne,	
Comment lesdictes quassées se maisnent soit à car, carette, cheval, brouette ou à col :	xxx sols.
La pièche de cœuvrequiefz amples, comme contenu est cy-devant, doibt i denier et le	

(1) La flèche de lard.
(2) Dattes.
(3) Le moteur de moulin, c'est-à-dire les pièces de bois ou de fer qui le mettent en mouvement.
(4) La caisse.

crespo à par lui (1) ne doit point de oultraige, mais se avec c crespez nen avoit
que ung ample sy aservivoit il tous les
aultres et deveroit chacune pièche i den.
pour cho ou cas que ainsy seroit de la
pièche , ...,   i den.

Des coeavrequiefz qui sont fais par de châ
les mons, pour ce que ceulx de Lombardie,
se acquittent à la quassée, etc.

La querque de poivre de oultraige . . .   iiii sols.
La querque de cachens, de oultraige. . .   iiii sols.
La querque de graine, de oultrage . . .   iii sols.
Le saumon, d'oultrage . . . . . .   i obole.
Le mande des rayes. . . . .   iiii den.
Le mande de plays . . . .   ii den.
Le panier . . . .   i den.
Le mande de macquerel . . . . . .   iiii den.
Le millier de merlans, xiie pour le millier.   iiii den.
Le cent de frommages de Champaigne ou de
presse, non mie le cent de livres, mais le
cent de pièches combien qu'il poisent, ne
doivent que . . . . . . , . . .   viii den. ob.
Le coquet ou tonnelet d'oile doit de oul-
trage xii den., mais sil estoit en ung
grant tonnel qui plus tenist d'un coquet,
on acquitteroit au cent, v deniers du cent
Le coquet de tercq' . . . .   xii den.

IIII. S'enssieut la déclaration de l'avoir qui se acquitte soit sur car, carette ou cheval et fait on de iiie livres une querque, et s'il n'y avoit que vi^{xx}x livres si en fait on une querque, et de v^{c}xxx livres pesant feroit on deux querques; sy doit chascune querque, soit à car ou à carette, aveuc l'ac-

---

(1) Tout seul.

quit du harnas, xxv den. pour le querque et son oultrage
se c'est denrrée qui doive oultrage. Et s'il y avoit tant
d'oultrage qu'il passast xxv den., chascune querque ne
payeroit que xiii deniers de ce qui devroit oultrage seulement. Mais le car ou carette qui le menrroit deveroit v sols
de conduit, et pareillement se acquitte à cheval sans
conduit ; et le demourant qui demourroit deveroit
querque, seulement payroit pour chascune querque, xxv
den. ; et, s'il ny avoit en tout seulement que une querque,
se deveroit il v solz de conduit.

PRIMO

Cordewan doit querque s'il y a poix de
   querque, aveuc, de chascune xiie, ii den.
   d'oultrage, est assavoir de chascune
   querque jusques à xii xii^ines. . . . . . xxv den.
Et s'il y avoit jusques à xiii xii^ines, pour ce
   que l'oultrage desdictes xiii xii^ines monteroit à xxvi den. et passeroit l'aquit de
   ii sols ou xxv d., chascune querque, puis
   qu'il y avoit plus de xii xii^ines, ne debveroit que. . . . . xiii den.
Bazennes doibt pareillement, pour chacune
   querque. . . . . xxv den.
Cendres (1), pour querque. . . . . xxv den.
Plumes, pour le querque . . . . . xxv den.
Yf à faire ars (2), pour le querque . . . xxv den.
Pappier, pour le querque . . . . . xxv den.
Copperost (3), pour le querque . . . . xxv den.
Alun, pour le querque. . . . . . xxv den.
Soufre, pour le querque . . . . . xxv den.

(1) Tartre ou lie de vin desséchée et incinérée.
(2) Arcs.
(3) Couperose.

Cuir blancq, pour le querque. . . . . xxv den.
Peaux de moutons, pour le querque. . . xxv den.
Peaux de brebis, pour le querque . . . xxv den.
Peaix de aignaulx (1), pour chascune querque. . . . . xxv den.
Peaux de connins, pour chascune querque xxv den.
Poivre, pour querque . , ... xxv den.
Enchens, pour querque. . . . . . . xxv den.
Graine, pour chascune querque . . . . xxv den.
Cappeaulx quelz quilz soient, pour le querque xxv den.
Daddes, pour chascune querque . . . . xxv den.
Linge viez, pour le querque . . . . . xxv den.
Pignes de bois, pour le querque . . . . xxv den.
Cotton fillé ou non, pour querque. . . . xxv den.
Corderie de canvre, pour querque . . xxv den.
Fustaines, pour querque . . . . . xxv den.
Toilles, pour querque . . . . xxv den.
Lis et parcaves (2), pour querque . . . xxv den.
Pleterie, pour querque. . . . . . . xxv den.
Mercherie merlée, pour querque. . . . xxv den.
Nappe, pour chascune querque . . . . xxv den.
Boure, poil, laine et aultres, pour querque xxv den.
Tournesot, brésil et autres, pour querque . xxv den.

Toutes manières d'espisseries se acquittent à le querque seulement, sans oultrage, excepté poivre, saffren, chucre en pain et graine qui doivent querque, conduit et chacun son oultrage.

Tous avoirs de poix qui doivent querque et oultrage, querques sur car ou carette, le voiturier doit l'acquit de son car ou carette et, aveuc ce, l'aquit de toutes les denrées qu'il maisne, réservé que, s'il y a chose qui donne oultrage, ce est aux despens desdits marchans.

(1) Agneaux.
(2) Traversins.

Et tel avoir en xii⁰ la première fois, le car ou carette doibt sa xii⁰ aveuc son acquit, et se doit chascune querque dudit avoir sil ny a tant d'oultrage qu'il passe xxv den. etc., xxxvii deniers, et assavoir xxv pour le querque et xii den. pour le xii⁰ de chascune desdictes querques; et, aveuc ce, pour le harnas v sols de conduit.

Et sil y avoit avoir qui deuist oultrage tant que ledit oultrage passast xxv deniers, chascune querque en xii⁰ ne deveroit que xxv deniers, chest assavoir pour le querque xiii deniers et pour le xii⁰ de chascune querque xii deniers, aveuc les acquit du car, oultrages et conduit dessus déclarez. Et ainsy se acquitte toute la xii⁰ durant, puis que c'est à voiture.

Et sil ny a avoir qui doive oultrage, chascune querque, aveuc les acquis du harnas et conduit, doibt hors xii⁰, xxv deniers et en xii⁰, iii sols, i denier, toute la xii⁰ durant puis que c'est à voiture.

V. S'enssieut les querques d'Arras et de S⁺ Omer.

Une querque ou fardel d'Arras doit xvii deniers se elle a lettres soubz le seel de ladicte ville que ce soit aux bourgois, manans dedens les murs de ladicte ville; se on le porte à cheval les dictez lettres doivent estre enclozes en chire soubz le seel ad ce servant.

Et se la querque en fardel va sur brouette, elle doit xvii deniers et xii den. obole le brouette, et sil y avoit aide qui sacquast (1) devant xii den. plus ; mais se lavoir est à cellui qui les maisne, il ne doit pour se brouette que ii deniers obole, aveuc l'autre acquit pour le querque.

Ceulx d'Arras ne de Saint-Omer ne doivent point d'oultrage puis que ilz ont lettres desdictes villes et que ce soit à bourgois manans dedens les murs desdictes villes et

---

(1) Tira ou traina la brouette. Cette expression semble indiquer qu'il ne s'agit pas ici de la brouette à roue unique, inventée, dit-on, par Pascal, mais d'une voiture à bras à deux roues.

leurs lettres enclozes en chire soubz le seel desdictes villes ad ce servant.

Une querque ou fardel de Saint Omer doit xvii deniers, se elle a lettres, et, selle n'a lettres, elle doit comme aultres gens.

Une toursoire d'Arras ou de Saint-Omer doibt viii deniers obole, se elle a lettres, et, selle n'a lettres, se paieroit comme aultres gens.

Collyere d'Arras doit xii deniers obole s'ilz ont lettres. Ung car ou carette qui maisne draps à bourgois d'Arras en plattes ou en gibe, le car debveroit vii sols, viii deniers, le carette v sols, vii deniers, mais que ilz eussent lettres de la dicte ville qui ce fust à bourgois d'Arras et que la gible ou platte fust loyet en croix devant et derrière, et, se elle nestoit ainsy, ils ne avoyent point de franchize et acquitteroient comme les autres.

DOUAY

VI. La querque de enchens de Douay doibt.	iiii sols, vii den.
La querque de poivre de Douay . .	iiii sols, vii den.
Et d'autres villes elles doivent pour chascune querque dudit avoir. . .	v sols, i den.
La querque de graine de Douay. . .	iii sols, vii den.
Et d'autres villes, chascune querque doit iiii sols, i den. pour ladite graine.	
La querque de mercherie de Douay ne doit que.	xix den.
La querque de alun de Douay . . .	xix den.

Et génerallement toutes querques ou fardeaux de Douay qui sont à bourgois manans dedens les murs de ladicte ville, mais que esdictes querques ou fardiaux n'ait chose qui doibve oultrage, ne doit, pour chacune querque ou fardel, que xix deniers ; mais sil y a chose qui doive oultrage, il payeront oultrage comme les autres gens ; mais toutes voyes ont sur chascune querque, quel avoir que ce soit, vi deniers milleur marchié que aultres gens, car autres gens doivent pour chacune querque xxv deniers et ceulx de Douay, comme dit est, ne doivent que xix deniers.

Et en xii⁰, les premiers viii jours à l'entrée et viii jours à l'issue, ne doivent point de xii⁰

BRUGES

Ung car as draps de Bruges doit, hors xii⁰,   xxxiii sols.
Et en xii⁰ . . . . xliii sols.

GAND

Ung car as draps de Gand doit, hors xii⁰, . xxxiii sols.
Et en xii⁰ . . . . xliii sols.

YPPRE

Ung car aux draps de Yppre doit, hors xii⁰,
  sil a lettres de ladicte ville, xviii sols, viii
  den., et sil ne a lettres . . . . xxxiii sols.
Et en xii⁰, plus x sols, est assavoir . . . xliii sols.
Et s'il a lettres de chacun parchonnier par
  leurs lettres, xii den. de xii⁰.

LILLE

La carette aux draps de Lille, hors xii⁰, . xxv sols.
Et en xii⁰ . . . . xxxii sols.

CARS

Senssieut l'aquit comment tous cars, de quelles denrées qu'ilz soyent chargié, se doivent acquittier.

VII. C'est assavoir que tous cars venans achergiet de vins de Franche en Flandres ou alans de Flandres en Franches chargié de blé hors xii⁰, ne doit que xvi deniers.

Et en xiiᵉ, la première fois, iii sols, iii deniers et les autres tours chascun jour la xiiᵉ durant, ii sols, iiii den.

Et chascune fois que car passe à wit après la xiiᵉ payé une fois, il doit pour chascun xvi deniers, aussy bien en xiiᵉ que hors et aussy hors xiiᵉ que ens.

Item, pareillement se acquitte ung car à waide, est assavoir hors xiiᵉ . . . . xvi den.
Item, ung car à waranche (1). . . . . xvi den.
Item, ung car à waude (2). . . . . . xvi den.
Item, ung car à waidelle (3). . . . . xvi den.
Item, ung car à blé. . . . . xvi den.
Item, ung car à avaine. . . . . . xvi den.
Item, ung car à navette. . . . . . xvi den.
Item, ung car à pois . . . . xvi den.
Item, ung car à fèves . . . . . . xvi den.
Item, ung car à vesches . . . . . xvi den.
Item, ung car chergié de sel. . . . xvi den.
Item, ung car chergié de carbon. . . . xvi den.
Item, ung car chergié de cauch (4). . . xvi den.
Item, ung car chergié de pierres. . . . xvi den.
Item, ung car chergié de mabres . . . xvi den.
Item, ung car chergié de pommes . . . xvi den.
Item, ung car chergié de poires. . . . xvi den.
Item, ung car chergié de cherises . . . xvi den.
Item, ung car chergié de pronnes . . . xvi den.
Item, ung car chergié de nois . . . . xvi den.
Item, ung car chergié de cordes de tille (5) xvi den.
Item, ung car chergié de vans . . . . xvi den.

(1) Garance.

(2) Gaude, plante tinctoriale servant à teindre les étoffes en jaune.

(3) Wesdelle, sorte de pastel donnant une teinture en bleu moins foncé.

(4) Chaux

(5) Cordes faites avec de l'écorce de tilleul.

Item, ung car chergié de corbeilles. . . xvi den.
Item, ung car chergié de mandes . . . xvi den.
Item, ung car chergié de lanternes . . . xvi den.
Item, ung car chergié de soufllés. . . . xvi den.
Item, ung car chergié de bos escarré . xvi den
Item, ung car chergié de pain . . . . xvi den.
Item, ung car chergié de fain (1) . . . xvi den.
Item, ung car chergié de pos de terre . . xvi den.
Iiem, ung car chergié de potterie de grès . xvi den.
Item, ung car chergié de toute potterie de
 terre ou grès . . . . xvi den.
Item, ung car chergié de toute poullailles . xvi den.
Item, ung car chergié de planté de vingne (2) xvi den.
Item, ung car chergié de houbelon . . . xvi den.
Item, ung car chergié de cardons lains (3) xvi den.
Et génerallement tous cars chergiés de denr-
 rées dessus dictes et de pluseurs aultres,
 comme de tous fruis, réservés ceux de
 karesme, de toutes futalles, réservés
 queues wides qui doivent, soient en garbe
 ou aultrement, une obole ledit pièche, de
 tous bos esquarré et de toutes potteries de
 terre ou de grès, ne doivent, hors xiie, que xvi den.

VIII. Ung car chergié de cuir à poil, se il y a sur
ledict car six tacques ou plus, chascune tacque qui est de
x cuirs, doit ii deniers, le car xvi deniers, hors xiie, et
v sols de conduit.

Et sil y a desoubz vi tacques sur ledit car, chascune
tacque doit iiii deniers et néant de conduit, car cuir à poil
ne doit point de querque.

(1) Foin.
(2) Plants de vigne.
(3) Chardons à foulon.

IX. Ung car qui maisne cuirs tanez ou courois doibt son acquit, est assavoir pour le car xvi den. et se doit pour chascun grant cuir, soit tanez ou courroés, i denier la pièche, les brayes et le hatterel i obole la pièche et, sil y a jusques à xl cuirs ou en dessus, le harnas doibt v sols de conduit aveuc ledit oultrage.

X. Ung car qui maisne cordewan doit l'aquit du car. c'est assavoir xvi den., hors xiie, et se doit chascune xiie de cordewan, ii den. de oultrage, et s'il y a poix de querque, il doit querque et v sols de conduit, et ainsy doit l'aquit de harnas, oultrage, querque et conduit.

XI. Ung car chergié de bazennes doit son acquit pour le car, et se doit chascune xiie de bazennes, i den. de oultraige, et, sil y a poix de querque, elles doibvent querque et le harnas v solz et le conduit aveuc ledit oultrage.

XII. Item, ung car chiergié de peaulx de moutons, de brebis, de aignaulx, de connins doit l'aquit du harnas, et se doit, pour chascun cent de peaux, iiii deniers de oultrage, et sil ny a cent, à l'avenant, et sil y a sur ledit harnas poix de querque il paye aveuc ledit oultrage, querque et v solz de conduit.

XIII. Ung car qui maisne draps en gibe qui tiengne xl draps ou plus, chascun drap doit un denier, le car xvi deniers et v sols de conduit, et pour le droit du clerc de le huche dudit péage, xxi den.

XIIII. Ung car qui maisne draps en platte doit tenir xix draps et doit chascune xxv den., hors xiie, et, en xiie, iii sols i den., et le harnas son acquit avec v sols de conduit, et, se il ny avoit que une platte, se doit il v solz de conduit.

Mais se sur ledit harnas navoit dessy à (1) xix draps.

(1) Jusqu'à.

chascun drap ou pièche, mais que il y eust aulne (1), doit
IIII deniers, et le car néant de conduit, fors seulement
XVI deniers, hors XIIe, aveuc ledit oultrage.

Et s'il y avoit sur ledit car avec lesdis draps chose qui
deuist oultrage et l'oultrage passast l'acquit de II sols, sy
payeroit chascun drap IIII deniers aveuc l'autre outrage et
l'acquit du harnas.

Item, et s'il y avoit sur ung car pluseurs plattes de
drapz qui teinssent plus de XX draps, on feroit de II plattez
trois et deveroit conduit. Mais s'il n'y avoit que une
platte de XXX draps ou environ, on prenderoit IIII deniers
pour chascune pièche, ou au plus grant prouffit pour le
payage.

XV. Ung car qui menrroit draps ou aultres avoirs qui
fust à Lombars ou aultres oultremontans qui ne fust mie
mariez en ce pays, ne en Franche, le avoir deveroit VI
XIIes en XIIe pour VI marchans et le car une XIIe; sont que
ledit harnas et avoir debveroit VII XIIes dont, selong le
coustume du péage, le carton (2) en paye l'une pour son
car, et une pour les marchans et les aultres V XIIes, il
poeult recouvrer sur les marchans à qui sont lesdictez
denrrées et non plus; car, en XIIe le carton doit tousjours
une XIIe pour les marchans et une pour son car, s'il n'est
paravant en XIIe.

XVI. Ung car as draps ou aultrez avoirs qui seroient
à pluseurs marchans, le voiturier doit pour chascun marchant jusques à VI marchans, XII deniers de XIIe et pour
son car XII den. de XIIe et autant de XIIes que le carton
payeroit oultre celle de son car, et une pour les marchans
il porroit par le coustume dudit péage recouvrer sur lesdis
marchans.

XVII. Item, et pour savoir à quel cause on paye cous-

(1) Pourvu que la pièce de drap soit d'une aune.
(2) Charretier.

tumièrement à entrer en xiiᵉ, iii sols, iiii deniers et depuis durant ladicte xiiᵉ, ii sols, iiii deniers; la première fois est que le car de son propre acquit, doit xvi deniers. Item, doit pour la xiiᵉ de son car ou aultre harnas, xii deniers et pour les denrrées qu'il maisne, mais que ce soit tout à ung marchant à voiture, xii deniers; sont lesdis iii sols, iiii deniers. Et depuis durant ladicte xiiᵉ, pour ce que le car a payé une fois xiiᵉ, il ne doit que xvi deniers pour laquit de son harnas et pour laquit de ce qu'il maisne, xii deniers de xiiᵉ; sont les ii sols, iiii deniers, mais que il maisne à voiture.

Et à wit il ne doit à entrer en xiiᵉ que ii sols, iiii deniers et les aultres à wit durant ladicte xiiᵉ, puisquil a une fois payé xvi deniers.

Et ce c'estoit chose que les harnas et denrrées fussent tout au marchant, il ne deveroit la première fois que ii sols, iiii deniers et les autres fois pour tant qu'il ne menast que pour lui xvi deniers et non plus durant la xiiᵉ, puisqu'il averoit payé la première fois.

Et n'est nul voitturier menans denrrées à voiture, à car ou carette, puisque c'est à voiture, qu'il ne doye à chascun tour qu'il passe puis que xiiᵉ queurt et passast chascun jour.

DOUZAINES

XVIII. La douzaine queurt trois fois l'an: est assavoir: au Noël, à le Pasque et à le Penthecouste etc. La xiiᵉ du Noël commenche et entre xv jours tout franchement devant le jour de Noël et si dure aprez le Noël jusques à le nuyt de le Saint Vinchen et qui gerroit (1) la nuyt Saint Vinchent en la chastellenie, il debveroit la xiiᵉ et qui auroit jeut (2) hors de la chastellerie, il n'en deveroit néant; et entre et ysse ladicte xiiᵉ tousjours à minuit.

(1) Demeureroit, coucheroit.
(2) Demeuré.

La xii⁰ de Pasques commenche xv jours tout plainement devant et dure iii sepmaines aprez etc.

La xii⁰ de Penthecouste commence xv jours tout plainement devant le Penthecouste et dure trois sepmaines après.

XIX. Ung car qui maisne laines en sac, le sac doit ɪɪɪ den., se harnas son acquit et v sols de conduit, et ne doit point de querque; car laine ne se acquitte point à le querque fers à le poise, et fait on de deux poises de laines qui contiennent chascune viiɪˣˣ livres, ung sacq.

XX. Ung car chergié de miel doit tousjours pour tant que ce soit à voiture, hors xii⁰, xxxii deniers qui est le double que vin doit, et, en xii⁰, vi sols viii deniers la première fois, et les aultres fois chascune fois, iiii sols, viii deniers, et se les car et miel est tout à ung marchant, il ne doit, hors xii⁰, que ii sols, viii deniers, et, en xii⁰, à la première fois, que iiii sols, viii deniers, et les autres tours pour chascun tour, ii sols, viii deniers, car miel en quelque manière que on le maisne ou porte doit tousjours, en xii⁰ et hors xii⁰, le double que vin payeroit et non aultre chose.

XXI. Ung car qui maisne cotton fillé ou à filler doit son acquit, et se doit chascun cent de livres de cotton viii deniers obole et de oultrage, et, se il y a pois de querque, il paye querque en la manière que autre avoir; c'est assavoir se l'oultrage ne passe xxv deniers, il paye pour le querque xxv deniers, et se l'oultrage passe xxv deniers, la querque ne doit que xiii deniers et le harnas v sols de conduit aveuc ledit acquit et oultrage, et, en xii⁰, comme les autres avoirs qui doivent querque.

XXII. Ung car chergié de chire doit, hors xii⁰, xvi den.; chascune poise de chire doit viii deniers obole, et vault la poise viiɪˣˣ x livres; c'est de chascun cent de livres, v deniers, hors xii⁵, et ne doit ladite chire querque ne conduit.

XXIII. Ung car chergié de corde de canvre se acquitte à le querque.

XXIIII. Ung car chergié de pappier doit son acquit, soit hors xii⁵ ou en xii⁵, comme les autrez et pour chascune querque dudit pappier comme d'autres avoirs, et le harnas, v sols de conduit.

XXV. Ung car chergié de cendres en temps passé se acquittoit à le querque comme aultres avoirs, et se doit le harnas, v sols de conduit. Et aussy se doit acquittier qui veult, mais on a acoustumé de long temps prendre de chascun car ung escu d'or pour tout.

XXVI. Ung car chergié de plumes doit son acquit, et se acquitte plume à le querque s'il y a poix assez, et se doit le harnas v sols de conduit.

XXVII. Ung car chergié de fustaines doit son acquit et se doit pour chascune pièche ii deniers d'oultrage. C'est la valle (1) qui contient xlv fustaines, vii sols, vi deniers d'oultrage et se doit avec ce, sil y a poix assez, querque et le harnas, v sols de conduit.

XXVIII. Ung car chergié de toilles doit son acquit, et se doit, pour chascune pièche de toille, i denier d'oultrage et, sil y a poix de querque, il doit querque et v sols de conduit.

XXIX. Ung car qui maisne lis doit son acquit et se doit pour chascun lit iiii deniers et ii deniers pour le parcavach et, s'il y a poix de querque, il doit querque et v sols de conduit, avec ledit oultrage de lit et parcavach.

XXX. Ung car qui maisne fromages de Flandres doit

(1) Balle.

son acquit et se doit chascune poise de fromage, viii den. obole.

Le poise vault viii^{xx}x livres, c'est chascun cent, v deniers, et ne doit ne querque, ne conduit, mais sil ny a cent se paye à l'avenant.

XXXI. Ung car chergié de frommages de Brye ou de Chauny, chascune xiie doit ii deniers d'oultrage, et, s'il n'y a xiie, se paye à l'avenant, et ne doit querque, ne conduit.

XXXII. Ung car chergié de fromages de Champaigne ou de presse doit son acquit, aveuc pour chascun cent de fromages, non mie de livres, mais de pièches, combien quilz poisent, viii den. obole, sans querque, ne conduit.

XXXIII. Ung car chergié de lars doit son acquit, et se doit chascun bacon entier, i denier et la flique, une obole, sans querque, ne conduit.

XXXIIII. Ung car à fauchilles doit, aveuc son acquit pour chascun cent de fauchilles, iiii deniers sans querque, ne conduit.

XXXV. Ung car chergié de fréaux de figues, de roisins de karesme, doit son acquit, et pour chascun frayel de figues, iiii deniers, et pour chascun frayel de roisins, ii deniers d'oultrage, et ne doit ne querque, ne conduit.

XXXVI. Ung car ou carette qui maisne cappeaux de feutre, de bièvres, de bureau, de cliche, d'estrain, de tille et aultres, doit son acquit, et pour chascune xiie desdits cappeaux, ii deniers d'oultrage, et s'il y a pois de querque, ilz y doivent querque et v sols de conduit.

XXXVII. Ung car qui maisne hérencq en cacquet, fillette, mande ou bassière (1), soyent fres ou sallez, blans ou sors, doivent son acquit, avec, pour chascun cacquet, fillette, mande ou meze dudit hérencq, i denier, et se ilz

(1) Hotte ou bac.

estoient en bassière, de chascun millier, 1 denier sans querque, ne conduit.

XXXVIII. Ung car qui maisne poisson sallé doit son acquit, chascun cent dudit poisson, IIII deniers, et ne doit querque, ne conduit.

XXXIX. Mais se cestoient drogbés, chascune pièche doit 1 denier.

La mande de rayes, IIII deniers; la mande de plays, II deniers, le panyer, I denier; la mande de macquerel, IIII deniers; le millier de merlens, XII c. pour le millier, IIII deniers sur car et sur carette, sans querque, ne conduit.

XL. Ung car chergié de fer ouvré ou à ouvrer, doit son acquit, et se doit chascun cent de livres, IIII deniers de oultrage, et pareillement clauwetterie (1), sans querque, ne conduit.

XLI. Ung car qui est chergié de oeulle ou de sieu ou aultres craisses, doit son acquit, et se doit, pour chascun cocquet de oeulle, XII deniers, et, sil est en plus grant vaissiel, pour chascun cent de pesant, v deniers, et toutes aultres craisses, v den. du cent de livres, sans querque, ne conduit.

XLII. Ung car à sochon (2) doit, quant XIIe queurt à entrer en XIIe, XL deniers, soit à wit ou à querquiet, et pour chascun tour puis que il est à querquiet, toute la XIIe durant, XL deniers, et wit, tousjours ladicte XIIe durant, pour chascun XXVIII deniers, puis que il a payé la première fois XL deniers à wit; et ne met on point cars à sochon en XIIe, ne cars qui maisne avoirs de poix pour ce que tousjours doibvent il XIIe.

Et ung car à sochon, hors XIIe, ne doit non plus que aultres cars que XVI deniers.

(1) Clouterie.
(2) Appartenant à plusieurs associés, tenu en association.

Ung car à vin doit xvi deniers, et, se le vin et tous les chevaulx sont tous au carton, se doit il xvi deniers.

XLIII. Item, s'il y avoit sur ung car ou carette menant vin aulcun tonnelet wit pour remplage, qui tenist demy muy ou plus, il deveroit i obole d'oultrage et xiie se xiie couroit.

XLIIII. Le car chergié de métaille, comme caudrela (1), potin (2), mettail, coeuvre, plonc, estain, mais que il n'y ait chose entière qui doive oultrage à la pièche, le car doit, hors xiie, xvi deniers, et pour chascun cent de livres dudit avoir, iiii deniers, et sil y a pos, payelle, ne aultre oeuvre entière, il se acquite à la pièche, et ne doit ledit avoir ne querque, ne conduit.

XLV. Ung car chergié de piques de bos doit son acquit et pour chascune querque, xxv deniers, et, sil y a poix de querque, le harnas doit v sols de conduit.

XLVI. Ung car ou carette aux dames on demoiselles, soit à timon ou à limons, mais que il y ait aucunes personnes et que ce ne soit à voiture, n'en doit néant.

Mais se ly cars estoit wis xvi deniers et sil maisne à voiture (3), se doit-il xvi den., qui qui soit dedens.

XLVII. Ung car chargié de lin ou canvre cherenchié doit son acquit, et se doit, pour chascun cent dudit avoir, viii den. obole ; et, se il y a poix de querque, le harnas doit v sols de conduit ; mais le denrrée ne doit point de querque.

XLVIII. Ung car à fille de lin ou aultre doit son acquit, et, pour chascun cent de livres dudit fille, viii deniers obole, et ne doit point de querque, mais se il y a poix de querque, le harnas doit v sols de conduit.

(1) Cuivre battu pour les chaudières.
(2) Bronze.
(3) C'est-à-dire, que ce ne soit pas une voiture de louage.

XLIX. Ung car querquiet de poivre ou enchens doit son acquit et se doit, pour chascune querque dudit avoir, iiii sols d'oultrage, xiii deniers pour le querque pour ce que l'oultrage passe xxv den., pour le harnas v sols de conduit, et en xiie pour le querque avec l'oultrage, xxv deniers.

L. Ung car chargié de graine doit son acquit, et pour chascune querque, iii sols d'oultrage et xiii deniers pour le querque pour ce que l'oultrage passe xxv deniers et, avec ce, v sols de conduit.

LI. Ung car chergié de moles de molin, soyent trouuées ou non, doit, avec son acquit de chascune moeulle, iii deniers.

LII. Ung car chergié de pleterie doit son acquit et se doit le millier de vaire ouvrée xl deniers, cest chascun cent, iiii deniers ; la pesne ou plichon fait ii deniers ; la fourrure de chapperon, i denier ; le timbre de lettiches, xl deniers : et s'il y a poix de querque, il doit querque et v sols de conduit avec ledit oultrage.

LIII. Ung car chergié de mercherie merlée doit son acquit et se acquitte le querque v sols de conduit, mais s'il y avoit, avec ladite mercherie, chose qui deuist oultrage, il payeroit l'oultrage avec les querques dessus dictes et v sols de conduit.

LIIII. Ung car qui maisne houseaux ou sollers doit son acquit et se doit chascune xiie, ii deniers d'oultrage et le harnas v sols de conduit, s'il y a poix assez comme de vi^{xx} x livres ou plus.

LV. Ung car chergié de espées doit son acquit et se doit chascune espée, i obole de oultrage sans querque et sans conduit.

LVI. Ung car chergié de acher (1) doit son acquit et se

(1) Acier.

doit pour chascune garbe dudit acher, qui est pesant v livres ou environ, III oboles. C'est le cent de pesant, II sols, VI deniers. Et s'il y a poix de querque, le harnas doit v sols de conduit sans querque.

LVII. Ung car menans queues ou cocquez de widenghe, fustaille soit en garbe ou aultrement, la pièche doit I obole pour tant qu'elle tiengne L. los ou plus avec laquit du harnas qui ce menrroit, et ne doit querque, ne conduit.

LVIII. Ung car ou carette chargié de cuir blancq doit son acquit du harnas et ledict car se acquitte à le querque, et sil y a poix assez comme de VI^{xx} x livres ou plus ; le harnas menant ledit cuir doit v sols de conduit.

LIX. Se ung voiturier maisne avoir à pluiseurs marchans à voiture sur car ou carette, et que soit avoir que les marchans doyent acquittier l'oultrage, comme de draps d'or, de soye, cendaux, pains de chucre et telz choses qui payent oultrage que le marchant restitue ou voiturier, se le car ou carette qui ce menrroit passoit sans acquittier chascun avoir estant dudict harnas de le condicion desous dicte, ce seroit amende de LX sols parisis.

Item, et se ledit voiturier avoit II ou trois harnas ou plus, se l'avoir qui doit oultrage, comme dit est, n'estoit acquittiez avant que il passast oultre, ledit voiturier seroit pour chascun harnas, fust car ou carette, pour cause dudit oultrage à amende de LX sols parisis, et fust ledit avoir tout à ung marchant.

LX. Mais se li voituriers a trois ou quatre cars ou carettez, et il ne maisne dessus chose qui doive oultrage que le marchant doive payer comme dit est, et que le voiturier doye tout acquittier, il ne fourfait que une amende et y eust x harnas passans tout à une fois.

Et est assavoir que on n'appelle point oultrage : chire, craisse, sieu, ploncq, estain, métail, potin brisiet ne pluseurs aultres telz choses que le voiturier doit tout acquittier; de tel avoir ne poeut avoir que une amende, combien que il y ait de harnas tout à ung homme, ne de marchans ayans sur iceulx marchandise.

LXI. Se ung marchant ou voiturier maisne aucuns avoirs, si comme cendaux ou aultres denrrées qui doivent samblablement oultrage sur car ou sur carette, sur chevaulx, sur brouette, à col ou en quelque manière que ce soit, et il vient au péage disant qu'il veult acquittier xx ou xxx pièches de cendaux, et les acquitte, et les péageurs envoient aprez et faisoient visiter les balles, queues ou fardiaux, et on trouvoit que ou lieu de cendaux ce soyent autant de fustennes et non cendaux, pour ce ne seroit-il point à amende, et pareillement de toutes autres denrrées, s'il nommoit denrrées pour aultres et acquitast denrrées pour aultre se on le faisoit retourner et on trouvoit aultrez denrrées qu'il navoit nommées, pour tant qu'il eust payé aultant d'argent qu'il deveroit à nommer ce que ce seroit, il lui tenrroit bien et ne seroit point à amende par le coustume dudit péage.

LXII. Ung car ou carette menans quelsconques denrrées que ce soyent qui ne doivent point de querque comme blés et aultres grains de pareil acquit, sil advenoit que sur ledit harnas euist aultre avoir comme draps, toiles, fustennes, cuirs, pleterie, mercherie ou aultres samblables avoirs, et il eust tant desdis avoirs avec ledit blé ou aultre qu'il y eust poix de querque ou platte de draps ou tacque de cuirs, ledit harnas deveroit v sols de conduit avec l'oultrage desdictes denrrées. Et s'il n'y avoit point poix de querque, platte ou tacque, il deveroit seulement l'acquit du harnas et l'oultrage des denrrées, sans conduit, et pareillement se acquitteroient tous autres avoirs qui doivent oultrage et seroient chargié avec tel avoir que dessus est dit.

LXIII. Qui porte joyaulx pour donner, est assavoir bourses, corroyes, coustiaux et pluiseurs aultres choses, il doit ıı deniers pour le xııᵉ de telx choses, et ı denier pour le demie xııᵉ, et s'il n'y a que v pièches en tout, il n'en doit néant, ne à piet, ne à cheval; et qui porteroit pour vendre les choses dessusdictez, on en feroit mercherie merlée; qui le porteroit à piet, il en deveroit ıı den. obole; item, qui le porteroit à cheval, tourssé en son archon devant lui, il payeroit xxv deniers; et s'il estoit tourssé derrière, il ne payeroit que xıı deniers obole; et s'il n'y avoit que une bourse ou ung coustel ou deux chacun, par luy se debveroit il en autel manière, puis que c'est pour vendre et n'est à paine chose que on porte vendre qui ne doye péage en autel manière, réservé les choses qui doivent oultrage.

S'ENSSIEUT LAQUIT DE CARETTES

LXIIII. Une carette chergié de vin, de blé ou de toutes choses dont ung car querquiet ne doit que xvı deniers, doit, pour le carette, vı deniers, ı obole, et pour chascun cheval de laditte carette, hors xııᵉ, ıı deniers, et en xııᵉ, tousjours avec laquit dessusdict, xıı deniers.

Une carette chergié de miel doit le double de vin, est assavoir, pour le carette, xııı deniers et pour chascun cheval de ladite carette, hors xııᵉ, ıııı deniers, et en temps de xııᵉ, ıı sols plus, pour ce que le xııᵉ de miel double celle de vin.

Et génerallement toutes carettes à chergiet doivent tousjours, pour le carette, vı deniers obole et pour chascun cheval, ıı deniers.

Et se sur le carette a aucun avoir qui doive oultrage, querque, platte de draps ou tasque de cuirs, ledict avoir se acquite du harnas comme sil estoit sur ung car et sil y avoit poix assez comme déclaré est cy-devant en laquit des cars, le harnas doit v sols de conduit.

Item, carettes qui retournent à wit ne doivent point de péage.

Mais se cestoit que, avant le xiie entrant, ladicte carette eust passé sans paier xiie et elle retournoit à wit aprez la xiie entrée, il convenroit qu'elle payast xiie sans aultre acquit, pour ce que au passer ne laveroit point payé.

CAUCHIE

LXV. Item, il est assavoir que toutes gens, harnas, bestail, denrrées et marchandises qui doivent droit de péage et passage par Bappalmes, doivent droit de cauchie au prouffit de la ville de Bappalmes; est assavoir denier ou obole de toutes gens portans à col qui payent ii deniers obole, au droit de ladicte cauchie appartient . . . . i obole.
De ung cheval payant iii deniers obole, au droit
   de ladicte cauchie appartient . . . . . i obole.
De une brouette qui paye ii deniers obole, au
   droit de ladicte cauchie appartient . . . i obole.
De une carette payant vi deniers obole, au droit
   d'icelle cauchie appartient . . . . . . i obole.
De ung car de quel denrrée qu'il soit chergiet,
   qui doit audit péage xvi deniers, au droit
   d'icellui péage n'en appartient que xv deniers
   et au droit de ladite cauchie . . . . . i denier.
Et toutes querques de avoir en payent, hors
   xiie, xxv deniers ou xiii deniers pour chascune
   querque, au droit de ladicte cauchie en
   appartient . . . . i denier.

Et génerallement en tous acquis comme de xxv deniers, i denier est à le cauchie : de xvi deniers, i denier; de iii deniers obole, une obole; de vi deniers obole, une obole;

de II deniers obole, une obole; de XIII deniers, I denier; de VI blanches bestes, I denier de cauchie; de IIII pourchaux, I denier de cauchie, et aussy des autres choses.

Mais qu'il ne payeroit ladicte cauchie, on ne seroit à point d'amende se elle n'estoit damander, et pour ce le demand on avec l'aquit par le manière dessus déclairée, et le font les péageurs et ont coustume de faire de sy long temps qu'il n'est mémoire du commenchement à la requeste des maires et eschevins de la ville de Bappalmes et pour le plus grand pourfit d'icelle ville.

S'ENSIEUT LA MANIÈRE COMMENT TOUS CHEVAULX SE ACQUITTENT, DE QUOY QUE ILZ SOYENT CHERGIEZ.

LXVI. Le cheval chergié de blé doit, hors XIIe . . . . III den.

Et en XIIe, quant XIIe queurt, XVI deniers obole la première fois seulement, car ung cheval ne doit que une fois XIIe la XIIe durant.

Le cheval chergié d'avoine, pareillement hors XIIe. . . . . III den. obole.

cheval chergié de peaux de poix (1) pareillement. . . . . III den. obole.

Le cheval chergié de vesche, pareillement   III den. obole

Le cheval chergié de waide. . . . . III den. obole.

Le cheval chergié de waranche . . . III den. obole.

Le cheval chergié de waude ou waudelle.   III den. obole.

Le cheval portant lin sans cherenchier.   III den. obole.

Le cheval chergié de poisson de doulche eauwe. . . . . III den. obole.

Le cheval chergié de moulles. . . . III den. obole

Le cheval chergié de hanons (2). . . III den. obole.

(1) Peaux de porcs ou peaux estimées au poids et non à la pièce.
(2) Poissons de mer dans le genre de la morue, merluches.

Le cheval chergié de oistes (1) ou hérens
frès ou sallez. . . . . III den. obole.

Et génerallement tous chevaulx chergiez de quelzconques grains ne de quelques poissons que ce soit soyent de mer ou de doulche cauwe, mais quil ny ait poisson qui doive oultrage avec l'autre, le cheval ne doit, hors XIIe, que III den. obole, et en XIIe la première fois seulement comme dit est chy dessus. . . . . xv den. obole.

LXVII. Le cheval chergié de pigeons. III den. obole.
Le cheval chergié de poullailles. . . . III den. obole.
Le cheval chergié de hairons . . . . III den. obole.
Le cheval chergié de buttoirs. . . . III den. obole.
Le cheval chergié de pertris (2) . . . III den. obole.
Le cheval chergié de plouviers. . . . III den. obole.
Le cheval chergié de faisans. . . . . III den. obole.
Le cheval chergié de oisaux de rivière. III den. obole.
Le cheval chergié de paons. . . . . III den. obole.

Et génerallement tous chevaulx, de quelque volille que ilz soient chergiez, ne doivent de droit acquit, hors XIIe, que III deniers obole, excepté s'il porte chines (3), chascun chine doit I obole d'oultrage; et sil porte auwes chascun cent XVI deniers d'oultrage, et sil n'y a cent, se paye à l'avenant, et en XIIe comme dit est cy devant la première fois seullement doit chascun cheval. . . . . xv den. obole.

LXVIII. Le cheval chergié de pommes. III den. obole.
Le cheval chergié de poires . . . III den. obole.
Le cheval chergié de cherises. . . . III den. obole.
Le cheval chergié de pronnes . . . . III den. obole.
Le cheval chergié de noifz . . . . . III den. obole.

(1) Huitres.
(2) Perdrix.
(3) Cygnes.

Et génerallement ung cheval, de quelque fruit qu'il soit chergiet, mais que ce ne soyent fruis de karesme, ne doit, hors xiie, que. . . . . iii den. obole.

LXIX. Le cheval chergié de oeus . . iii den. obole.
Le cheval chergié de plante de vingne . iii den. obole.
Le cheval chergié de sel . . . . . iii den. obole.
Le cheval chergié de carbon . . . . iii den. obole.
Le cheval chergié de houbelon . . . iii den. obole.
Le cheval chergié de cardons lains . . iii den. obole.
Le cheval chergié de platteaux de bos . iii den. obole
Le cheval chergié de corderie de tille . iii den. obole
Le cheval chergié de lars, avec l'oultrage iii den. obole.
Le cheval chergié de aulx . . . . . iii den. obole.
Le cheval chergié de chives (1) . . . iii den. obole.
Le cheval chergié de porions (2) . . . iii den. obole.
Le cheval chergié de quelque porée que ce soit . . . . iii den. obole.
Le cheval qui porte pain de pays à aultre iii den. obole.
Le cheval chergié de cataignes (3). . . iii den. obole.
Le cheval qui porte wides boistes de bos. iii den. obole.
Le cheval chergié de fustailles, quelles quelles soient ne doivent que. . . iii den. obole.
Excepté de queuwes ou tonniaux wis qui doivent, soyent en garbe ou aultrement, une obole la pièche de oultrage, avec l'acquit du cheval.
Le cheval chergié de vin en tonnelés. . iii den. obole.
Le cheval qui porte potterie de terre. . iii den. obole.
Le cheval chergiet de potterie de gréz, godés et aultre potterie. . . . . iii den. obole
Le cheval chergié de clincquaille, mais qu'il n'y ait sur ledit cheval chose qui doive oultrage comme candel-

---

(1) Herbe potagère appelée aujourd'hui ciboulette.
(2) Poireaux.
(3) Châtaignes.

liers, bachins, et aultres samblables denrrées etc, ne doivent que III deniers obole et pour chacun cent de livres de ladicte cincquaille. . . . IIII den.

Le cheval chergié de espées, doit, pour chascune espée, une obole d'oultraige et pour laquit du cheval. . . . . III den. obole.

Et est assavoir que tous les chevaulx menans les denrrées dessusdictes, ne doivent, hors XIIe, que III deniers obole. En XIIe, quand elle queurt, doivent xv deniers obole et l'outraige de le denrrée, se aulcune en y a qui doive oultrage selon ce qu'il est contenu ou capitle de oultrage cy devant. Et s'il n'y avoit chose qui deuist oultrage, sy doit le cheval pour le première fois en XIIe, comme dit est cy-devant. . . xv den. obole.

LXX. Le cheval chergié de draps doit,
    hors XIIe seulement , ... xxv deniers.

Mais sil y avoit sur ledit cheval, avec les draps, aulcune aultre chose qui deuist oultrage, et ledit oultrage passast xxv deniers, chascune pièche de drap paieroit IIII deniers, mais qu'il y eust aulne en la pièche, et le cheval avec ledit oultrage . . . . xxv deniers.

LXXI. Le cheval chergié de gingembre   xxv deniers.
Le cheval chergié de canelle . . . . xxv deniers.
Le cheval chergié de cloux de girofle . xxv deniers.
Le cheval chergié de grains (1). . . xxv deniers.
Le cheval chergié de commin (2). . . xxv deniers.
Le cheval chergié de chittauwal (3). . xxv deniers.
Le cheval chergié de recaulisse (4) . xxv deniers.
Le cheval chergié d'amandes . . . . xxv deniers.

(1) Graine de girofle.
(2) Cumin.
(3) Citoal, zédoaire.
(4) Réglisse.

Le cheval chergié de chucre en roc-
que (1) ou platte (2) . . . . xxv deniers.
Le cheval chergié de noix mugades (3) . xxv deniers.
Et générallement de quelques espices que ung cheval
soit chergiet, mais quil ny ait point de saffren, de
poivre, de chucre en pain, ne de graine (4), ne doit
que . . . . xxv deniers.
Mais s'il y avoit chucre en pain, graine ou poivre ou
saffren, il paieroit querque, conduit et oultrage comme
il est déclaré es cappittres cy devant, avec l'aquit du
cheval; c'est assavoir pour ce que l'oultrage passeroit
xxv deniers, etc., le cheval ne doit que   xiii deniers.
LXXII. Le cheval chergié de tiretaine
doit . . . . xxv deniers.
Le cheval chergié de viéserie . . . . xxv deniers.
Le cheval chergié de viez linge . . . xxv deniers.
Le cheval chergié de laines . . . . xxv deniers.
Le cheval qui porte un lit, aveuc l'oultrage . . . . xxv deniers.
Le cheval chergié de mercherie merlée. xxv deniers.
Mais se avec ladite mercherie avoit chose qui deuist
l'oultrage, il se payeroit tel qu'il seroit deu et se ledit
oultrage passoit xxv deniers, le cheval ne deveroit
que . . . . xiii deniers.
LXXIII. Le cheval chergié de sayes
d'Angleterre . . . . xxv deniers.
Mais s'il y avoit avec lesdictes sayes chose qui deuist
oultrage, chascune pièche deveroit iiii deniers comme
draps cy dessus.

(1) Sucre candi.
(2) Sucre en tablette.
(3) Noix muscades.
(4) Graine de Paradis, épice fort en usage aux xive et xv^e
siècles.

LXXIIII. Le cheval chergiet de tille de
Bourgogne ou aultre, avec l'oultrage.   xxv deniers.
Le cheval chergié de toilles, avec l'oul-
trage. . . . .   xxv deniers.
Le cheval chergié de fustennes, avec
l'oultrage . . . .   xxv deniers.
Le cheval chergié de cauches, avec l'oul-
trage. . . . .   xxv deniers.
LXXV. Le cheval chergiet de lin cherenchiet ou canvre cherenchié, doit, de chascun cent de livres, viii deniers obole, et, sil ny a cent, se doit à l'avenant et pour le cheval qui ce porte, hors xiie . . .   xxv deniers.
LXXVI. Le cheval chergié de pleterie,
avec l'oultrage. . . . .   xxv deniers.
Et sil ny avoit sur ledict cheval que une penne ou plichon ou viii ou x ou xii, se payeroit ledict cheval xxv deniers, mais se l'oultrage passoit xxv deniers, .edit cheval ne deveroit que xiii deniers hors xiie et en xiie.
LXXVII. Le cheval chergié de plumes,
hors xiie. . . . . , . .   xxv deniers.
Le cheval chergié de cotton fillé ou non
fillé, doit d'oultrage pour chascun cent
à lavenant, et pour ledict cheval. .   xxv deniers.
LXXVIII. Le cheval chergiet de cuirs à
poil. . . . .   xxv deniers.
Le cheval chergiet de peaux de brebis, de
moutons ou de aignaulx ou de peaux
de connins, avec l'oultrage . . . .   xxv deniers.
LXXIX. Le cheval chergié de couver-
toirs, aveuc l'oultrage . . . . .   xxv deniers.
Le cheval chergiet de queutes pointes,
pareillement avec l'oultrage. . . .   xxv deniers.

Le cheval chergié de banquiers ou sarges, pareillement avec l'oultrage . . . xxv deniers.

IIIIe Le cheval qui porte corderie de canvre . . . . xxv deniers.

Mais pour deux ou pour trois paires de combles (1) ou aultre ouvrage ou goreaulx (2) que on porte pour faire son labourage et non pour marchandise, on nen prent point de acquit.

IIIIe I Le cheval chergiet de poil ou de boure noefve, doit. . . . . xxv deniers.

Le cheval chergié de pappier doit. . . xxv deniers.

Le cheval chergié de cordewan, aveuc l'oultrage . . . . xxv deniers.

Le cheval chergié de bayennes (3), avec l'oultrage . . . . xxv deniers.

IIIIe II. Le cheval chergié de yf ouvré ou à ouvrer. . . . . xxv deniers.

Le cheval chergié de cuirs tancz . . . xxv deniers.

Le cheval qui porte cappeaux de bieuvre, de feutre ou de bouriau (4), de cliche, d'estrain, de tille et de tous aultres cappeaux, doit avec l'oultrage desdits cappiaux. . . . . xxv deniers.

IIIIe III. Le cheval qui porte poivre, avec l'oultrage. . . . . xiii deniers.

Le cheval qui porte enchens, avec l'oultrage. . . . . xiii deniers.

Le cheval qui porte graine, avec l'oultrage. . . . . xiii deniers.

(1) D'après Hécard (*Dictionnaire rouchi-français*), grosses cordes servant à soutenir le chargement des voitures.
(2) Colliers des chevaux de trait.
(3) Basanes.
(4) Bure ou bureau, sorte d'étoffe grossière.

IIIᵉ IIII. Le cheval chergié de pignes de
bos . . . . xxv deniers.

IIIIᵉ V. Le cherge de mercherie de Lucques, avec l'oultrage . . . . xiii deniers.

IIIIᵉ VI. Le cheval chergié de alun . . xxv deniers.

IIIIᵉ VII. Le cheval chergié de souffre
ou copperost . . . . xxv deniers.

Le cheval qui porte lincheux, toilles, nappes, avec l'oultrage, xxv den., mais que ledit linge soit noef. Mais se c'estoit viez linge, il ne deveroit point de oultrage, mais seullement ses xxv deniers, et sil ny en avoit sur ung cheval que une pièche, se doit il xxv den.

IIIIᵉ VIII. Tous chevaulx menans avoir qui doit querque, doit xxv deniers, hors xiiᵉ, et, en xiiᵉ, xxxvii deniers, et toute le xiiᵉ durant pour chascun tour puis qu'il maisne avoir qui doit querque et que ce est à voiture; mais se l'avoir et cheval estoit tout à ung homme et qu'il ne menast à voiture, il ne deveroit xiiᵉ que la première fois.

Item, sil y avoit sur ledit cheval aucun avoir qui deuist oultrage, tant que l'oultrage passast xxv deniers, ledit cheval ne deveroit, hors xiiᵉ, que xxv deniers.

Car tout avoir qui doit oultrage et se acquitte à le querque et l'oultrage passe xxv deniers, chascune querque dudit avoir ne doit que xiii deniers hors xiiᵉ, et, en xiiᵉ, xxv deniers avenc leur oultrage, la xiiᵉ durant; car tousjours les querques dessusdictez doivent xiiᵉˢ puis que elle queurt et que on maisne à voiture.

Et se les voituriers maisnent pour eulx et que les chevaulx et marchandises soyent leurs, ilz ne doivent que une xiiᵉ, la xiiᵉ durante, et puis que ilz vont à voiture ils doivent tousjours xiiᵉ et passassent chascun jour.

IIIIᵉ IX. Le cheval qui porte craisses, scieu, oint,

candeilles, tereq, chire et aultrez craisses, doit, pour le cheval, III deniers obole et, pour chascun cent de pesant, v deniers et, sil ny a cent, à l'avenant.

Mais œulle de cocquet ou tonnelet doit XII deniers en quelque manière que on le porte, mais se ladicte œulle estoit en ung tonnel ou plus tenist, il se acquitteroit au poix du cent, v deniers.

IIII^{xx}X. Ung cheval qui porte voirres à faire verrières ou pour boire, combien qu'il y ait de chevaulx tout à ung marchant, ne doit pour an que ung voirre tel que il porte pour chascun cheval; et passast puis qu'il a une fois payé chascune sepmaine; mais l'année commenche et fine toujours à Pasques commenchant.

IIII^{xx}XI. Ung cheval que ung homme de Flandres aroit acheté en Franche, doit pour passer, hors XIIe, IIII deniers obole. Item, se ungs homs de Franche achettoit ung cheval en Flandres, il deveroit, hors XIIe, III deniers obole; et, en XIIe, xv deniers obole; mais chilz de l'Empire, s'ilz ont achetté en leurs terres aulcuns chevaulx, ilz n'en doivent néant; mais se ceulx dudit Empire achettoient chevaulx ou royalme ou en Flandres et ilz passoient par la ville ou chastellerie de Bappalmes, ilz deveroient comme aultre gens.

IIII^{xx}XII. Se marchans de chevaulx ou aultres maisnent chevaulx de Flandres en Franche, ou de Franche en Flandre, pour les vendre, il doit, pour chascun cheval, III deniers obole. hors XIIe, et, en XIIe, xv deniers obole. Et se cest chose qu'ilz ne les puissent vendre et ilz les ramainent, ilz doivent autant au revenir que de l'aler, sans XIIe; est assavoir : III deniers obole, et s'il advenoit aultres chevaulx qu'ilz n'avoit menez, il payroit pour lesdicts chevaulx, en XIIe, xv deniers obole; et passassent et rappassassent chascun jour puisque on les veult vendre.

Et ne met on point en xiie chevaulx de marchans ne nouveaux achetez pour ce que les chevaulx de marchans doivent tousjours xiie en alant tant qu'elle est, puisque on les veult vendre et maisne pour vendre, et chevaulx nouviaux achetez ne se acquittent que la première fois se ilz ne sont chergiez ou se on ne les met en vente.

IIII^{xx}XIII. Tous chevaulx à wit, à bas, paniers à erdes (1) ne doivent néant silz ne sont nouveaux achettez ou on ne les offre à vendre, ouquel cas il les convenroit acquittier.

IIII^{xx}XIIII. Ung voiturier qui maisne sur chevaulx à dos, sil a x ou xii chevaulx ou plus ou mains et il passe sans acquittier, mais que les chevaulx soyent tous siens et que sur iceulx nait chose qui doive oultrage, chascun cheval doit une amende et sil y avoit sur l'un desdits chevaulx avoir de deux marchans, sy ne fourfait il que une amende.

Item, il est assavoir que se sur ung des chevaulx chargiet des avoirs cy-devant à l'encommenchement de ce cappitle déclairiez qui hors xiie, ne payent que iii deniers obole, comme de bledz et aultres grains, sel, poisson et aultres samblables denrrées, avec chose qui deuist oultrage, comme draps, fustanes, toilles, pennes, pos, paielles et aultres samblables avoirs qui doit oultrage, chascune pièche paieroit son oultrage et le cheval deveroit avec ce, hors xii, xxv deniers, pour cause que dudit oultrage et xiie quant elle queurt.

IIII^{xx}XV. Ung cheval chergié de frommages de Chauny ou de Brie doit iii deniers obole, et, pour chascune xiie de frommages, ii deniers, et, pour le demi xiie, i denier d'oultrage.

IIII^{xx}XVI. Ung cheval chergié de frommages de Cham-

---

(1) Paniers joints ensemble.

paigne ou de presse doit iii deniers obole, et pour le cent de pièches desdicts frommages, combien quilz poissent, viii deniers obole ; et, sil ny a cent, se paye à l'avenant.

IIII^{xx}XVII. Ung cheval chergié de frommages de Flandres doit iii deniers obole, et, pour le poise desdicts frommages, viii deniers obole ; c'est du cent de livres v. den. et s'il n'y a cent, se paye à l'avenant.

IIII^{xx}XVIII. Se ung cheval porte parmy la selle ou à dos sans selle, aulcun avoir qui à car ou à carette deveroit querque ou oultrage, il doit xxv deniers quel peu qu'il y ait dudit avoir avecq l'oultrage, se oultrage y a qui oultrage doive, réservé de draps, pour ce que ung cheval chergié de draps, combien qu'il en porte, ne doit que xxv deniers.

Et se ung homme, qui chevaucheroit ledit cheval avoit tourssé ledit avoir à son archon devant luy, il deveroit xxv deniers comme dessus, mais s'il avoit ledit avoir tourssé à son archon derrière luy, il ne deveroit que xiii deniers.

IIII^{xx}XIX. Chevaulx de rencontre quel avoir que il maisne, s'il troeuve ses chevaulx en la chastellerie ou avant qu'il ait acquittiet ou aprez qu'il aura acquittiet, mais que il acquitte une fois pour ledit avoir autant qu'il en a de chevaulx chergiez, faire le poeult sans meffait, et n'y a point de péril lequel il a acquittié ou cellui qui desquerque ou cellui qui requerque (1).

C. Ung car chergié de sayes d'Angleterre et de charges merlées ensemble sur ung cheval, ne doit que xxv deniers, supposé que le sayes soyent royées de diverses couleurs, mais que tout fust de fille et ouvrage d'un pays.

CI. Ung cheval chergié de figues et roisins doit iii

(1) Qui décharge ou recharge.

deniers obole et, pour chascun frayel de figues, iiii deniers et, pour chascun frayel de roisins, ii deniers.

Item, ung mulet ou mulle doit, de quelques denrées qu'il soyent chergiez, samblable acquit que fait ung cheval.

Item, ung asne ou asnesse pareillement.

BROUETTES

CII. Se ung homme ou femme maisne sur une brouette aulcun avoir qui soit sien, si comme blé, avaine, fruit et autres avoirs dont ung cheval ne doit que iii deniers obole et ung car querquiet, xvi deniers hors xiie, ne doit pour ladicte brouette que. . ii den. obole.

Et s'il advenoit qu'il y eust sacqueur (1) devant à ladite brouette, le sacqueur payeroit. . xii den. obole.

Et se l'avoir qui seroit sur ladicte brouette nestoit sien et qu'il menast à voitture (2), et il y avoit sacqueur devant, il deveroit. . . . . . . ii sols, i obole.

Et sans sacqueur, à voiture. . . . xii den. ob.

Et, avec ledict acquit, s'il y avoit chose sur ladicte brouette qui devist oultrage, il payeroit l'oultrage et xiie s'elle couroit.

CIII. Se aucune personne portoit poisson à col en ung ou en deux cauderons, il ne doit, hors xiie, que iii deniers obole; mais sil rapportoit ses cauderons wis, il deveroit i denier de chascun cauderon et ii den. obole du portage, mais que les cauderons fussent siens, et s'ilz estoient à aultruy, il deveroit xii deniers obole de portage avec l'oultrage du cauderon, et si deveroit xiie se cestoit en temps de xiie, en le manière qui est accoustumée.

CIIII. Sil estoit aucun marchant ou aultre portant

---

(1) Homme trainant la brouette ou voiture à bras.

(2) C'est-à-dire moyennant salaire pour le transport de la marchandise.

à son col aucune chose qui deuist payage et il passoit sans acquittier et pour lamende fust retournez, se che que il porteroit estoit de petite valeur, il le porroit laissier aux péageurs et ne lui porroit on aucune chose demander aultre chose, car on demeure quitte pour perdre ce que on porte.

Mais se che qui deveroit ledit péage estoit lyé à ung planchon ou aultre baston, à une espée ou quil y eust lyé avec tout en ung fardel ung capperon ou des draps, linges ou aulcune autre chose, tout ce qui seroit lyé avec demourroit ou il payeroit l'emende et le droit de l'acquit.

CV. Ung homme ou femme, petit ou grant qui porte parmi les mettes et destrois du péage quelques denrrées que ce soyent, soit blé, avaine ou aultre grain, sel, poisson de mer ou de douche eauwe, fruis, frommages et autres telles et samblables denrrées ou de quelzconques aultres marchandises, chascune personne doit pour le portage, hors xiie, ii deniers obole, et, en xiie, xiii den. obole. Et s'il porte chose qui doive oultrage, il paye avec ce ledict oultrage, comme d'une pièche de drap iiii deniers, d'un pot de cœuvre i denier, et ainsy de toutes choses qui doivent oultrage.

CVI. Item, se ung homme à piet portoit drapz ou autres denrrées à col, mais que ce soit sien, il ne doit avec l'oultrage que ii deniers obole comme dit est, hors xiie; mais s'il se faisoit aidier pour luy sollagier par personne estant à son pain et pot ou à loyer à années, laditte ayde ne payeroit pareillement que ii den. obole.

Mais se c'estoit ung d'aventure qui se fust acompaignié avec luy, qui pour aumosne pour luy faire plaisir ou pour argent le aydast à porter, il deveroit, pour ladicte ayde, xii deniers obole et pour luy lesdicts ii deniers obole, avec ledict oultrage de le denrrée se aucune en y avoit et s'il n'en parloit et acquittoit et il estoit sceu que dedens la chastellerie fust devant l'acquit il eust esté aidiet, ledit aidant aroit fourfait amende.

CVII. Ung homme qui porte aulcun avoir à son col pour gaignier argent, il doit, hors xiie, xii deniers obole, et sil y a avoir qui doive oultrage, il paye ledit oultrage et xiie se elle est.

Ung homme qui porte vin à son col doit. . . . . ii deniers.

CVIII. Ung homme qui porte miel doit le double de vin, cest assavoir v deniers; car comment que miel se porte ou maisne, il doit tousjours le double que vin deveroit, soit en xiie, soit hors.

CIX. Ung boeuf, vacque ou vel petit ou grant que on maisne de pays à aultre, comme de Flandres ou d'Artois en Franche, ou de Franche en Flandres ou en Artois pareillement ou d'aultres pays, chascune beste doit iii den. obole, hors xiie, et en xiie, xv den. obole.

CX. La blanche beste brebis, mouton ou aignel, soit petite ou grande, doit une obole la pièche les vi, i denier de cauchie et en temps de xiie, les lx, xii deniers de xiie et autant de lx^{ines} quil en y a autant doivent elles tousjours de lx, xii deniers de xiie quant elle queurt.

CXI. Chascun pourchel doit i tournois et une poitevine de cauchie, cest chascun pourchel i denier et les lx, xii deniers de xiie et d'autant de lx^{nes} aultant de xii^{es}, mais se il n'en y avoit que ii, iii ou x ou xii desoubz lx, sy en prenderoit on une xiie quant elle queurt.

BOURGOIS DE BAPPALMES

CXII. Bourgois de Bappalmes ne doivent point de péage de quelque avoir ou denrrées qu'ilz maisnent ou fachent mener de pays à aultre pour tant que la denrrée soit à eulx et que nulz n'ait part avec eulx; mais se aulcuns non bourgois avoit part en la marchandise, ilz payeroient comme non bourgois.

Mais supposé que sur car ou carette avec l'avoir du bourgois euist aultre marchandise appartenant à non bourgois, mais que le bourgois euist son avoir fardelé et lyé à par luy, tellement quil seuist (sût) à sa part assener, il ne debveroit néant de son avoir.

Item, que tous bourgois de Bappalmes, marchans ou aultres, qui achattent aulcunes marchandises en Franche ou en Flandres, et ilz louent pour les mener aulcunes voitures, et par iceulx font mener leurs dictez denrrées de pays à aultre, se lesdictz voituriers veullent retourner à wit de là où ils auront mené ledit avoir de bourgois jusques au lieu où le bourgois les aura louwez, faire le peuent sans avoir aucun péage, car ilz sont ou conduit dudit bourgois jusques ad ce que ilz sont où ilz ont esté louwez silz ne chergent aulcun avoir pour eulx ou aultres non bourgois, ouquel cas ilz deveroient péage comme autres gens.

Item, et se ung bourgois qui seroit carton ou aroit harnas sien, se liewe à ung non bourgois, sy tost quil est louwez il doit péage comme aultres où que il demeure, et se ne fust pour la franchise de bourgois, il payeroit retour.

Item, que se ledict voiturier aprez quil seroit deschargiet de l'avoir dudit bourgois sen raloit ailleurs que en sa maison où là où le bourgois l'auroit loué en intencion de trouver à gaignier ou chargier pour lui aucune denrrée ou remmenast sur son car pour lui ou aultrui aucune marchandise, il deveroit pour retourner en Franche ; mais sil voloit aler en Flandres faire le porroit et ne deveroit riens jusques ad ce qu'il retourneroit en Franche.

CXIII. Toutes gens qui maisnent denrrées à Bappalmes

pour servir le marchiet le venrredy et ne les peuent vendre, se ilz les ramainent ledit jour soit à car, carette, cheval, brouette ou à col, hors la chastellerie de Bappalmes, et que eulx ne leur denrrées ne gisent en ladicte chastellerie cellui jour, ilz ne doivent point de péage, ne retour, mais se ilz gisent en le chastellerie cellui jour, ilz doivent péage, et pareillement doivent péage silz passent oultre et que ilz retournent dont ilz sont venus.

CXIIII. Item, que ung chascun poeult acheter le venrredi à Bappalmes toutes telles denrrées quil leur plaist au marchiet, et icelles emporter ou emmener ledit jour, soit à car, carette, cheval, brouette ou à col hors de la ville et chastellerie, sans pour ce devoir droit de péage, synon de beste vive.

Mais qui achetteroit beste vive et l'emmenast en Franche en deveroit le péage plainement, c'est assavoir : dun cheval, III deniers obole ; d'un boef, vacque ou vel, III deniers obole ; de I pourchel, I denier ; chascune blanche beste, une obole, et les VI, I denier de cauchie ; ce sont les VI blanches bestes, IIII deniers.

CXV. Item, que de quelque avoir que on prengne en la ville ne chastellerie de Bappalmes par achat, ne aultrement, on ne doit point de XIIe ou que on le porte ou maisne et aussy ne fait on de chose que on descharge en ladicte ville ou chastellerie.

CXVI. Ung car ou carette de le chastellerie de Bappalmes ne doit point de péage pour aler en Franche à wit la première fois, mais s'il maisne auleune chose sur son car, il doit aussy bien à la première fois que à la seconde, soit pour lui ou à voiture, et s'il y reva dedens XV jours aprez et qu'il y continue, il doit tousjours péage alant et venant s'il passe oultre la chastellerie, et ne doivent point de péage pour leurs harnas, mais la denrée que ilz mainent doit XIIe selle n'est chergiée ou deschergiée en la chastellerie de Bappalmes ; mais se elle estoit prinse ou deschergiée en ladicte ville ou chastellerie, elle ne debveroit point de xii°.

Item, que tous taverniers ou aultres gens non bourgois demourans en la ville ou chastellerie de Bappalmes s'ilz achattent vins en Franche, ilz peuent faire amener lesdits vins en leurs maisons estans en ladite ville ou chastellerie sans iceulx acquittier lors; et ne doit le harnas s'il est de Franche fors seulement son retour. Et se ledit vin venu en la maison dudit marchant il le peult tenir illec et boire à sa despence s'il lui plaist, sans en riens vendre, sans pour ce devoir droit de péage; mais se ledit marchant voloit vendre ledit vin, il converroit que enchois que il l'afforast, il venist acquittier le péage ou sinon il seroit à amende de LX sols, avec le droit de acquit.

Item, et de ce ont par cy devant esté levées pluiseurs amendes en ladite ville et chastellerie de Bappalmes.

CXVII. Ceulx de Miraumont doivent néant de chose qu'il amainent de Miraumont en la chastellerie de Bappalmes, ne de chose que ilz prendent en ladicte chastellerie pour mener à Miraumont, mais silz le menoient oultre les bos vers Franche ou en l'Empire ou en Flandres, ilz deveroient travers, puisque il se embatteroient en ladite chastellerie de Bappalmes.

CXVIII. Ceulx de Courcelettes ne peuent prendre point davoir en leur ville pour mener ou fief de Flandres que il ne doye travers à Bappalmes sans conduit, soit à car, carette ou cheval.

Mais s'ilz maisnent d'illecq ou fief de Vermendois, il ne doivent néant.

CXIX. Se gens de Haynau, de Cambray, de l'Empire amainent avoir de leurs terres en la chastellerie de Bappalmes, ilz n'en doivent néant, et s'ilz ramainent avoir de la chastellerie en leurs terres, ilz n'en doivent néant.

Mais de l'avoir de ceulx de l'Empire quilz aueroient amené de leurs terres en ladite chastellerie silz le menoient oultre le bos vers Franche ou oultre l'eauwe de Cagœl vers Flandres, ilz en deveroient travers pour cause quil se seroient embattus en ladicte chastellerie de Bappalmes.

VIe. Bourgois de la Rochelle ne doivent ne chemin, ne péage pour tant que ilz ayent lettres de ladicte ville qu'ilz soient bourgois et doivent demourer leurs lettrez aux péageurs et les laissent le plus souvent à Arras, à St Omer ou là où ilz treuvent premiers des sergans du péage, et s'ilz viennent à Bappalmes ou se embattent en la chastellerie ilz payent comme aultres gens, supposé que ilz ayent leurs lettres et combien quilz ne soyent de l'exempcion par le registre, touttesfois ils ne sont point oultremontain et ont tel franchise que ceulx de ladite exempcion.

VI^eI. Qui maisne de Beaumès draps entiers, ilz ne sy peuent acquittier, et se on maisne avoir qui doive oultrage, tant que l'oultrage passe xxv deniers, il ne sy poeult acquittier.

Item, qui venrroit de Flandres à Beaumèz pour acquittier le avoir dessus dict que le commis de Beaumèz ne poeult acquittier, on ne le porroit venir acquittier à Bappalmes que on neuist fourfait amende de LX sols, pour ce que on aroit trescoppé le grant chemin qui maisne de Amiens à Cambray.

Mais qui venroit de Franche à Beaumèz pour acquittier et on ny povoit acquittier pour cause de oultrage, on porroit franchement sans meffait venir acquittier à Bappalmes sans passer oultre ledict chemin de Cambray au lez vers Flandres.

C'est ce que le péage a de propre.

VIe II. Primes, une paire de caulches de vermeil escrelatte où il doit avoir une aune d'escrelatte bonne et souffissant, lesquelles cauches l'abbé de Saint Waast d'Arras doit chascun an, au jour Saint Remy, livrer et payer à Bappalmes à le huche dudit péage, et moiennant lesdictes caulches ilz sont quittes toute l'année pour tout ce quilz font passer pour leur provision, et quant aulcuns avoirs ou harnas passent pour ladicte abbaye, ilz doivent apporter lettres de certiffication qu'ilz sont à Saint-Waast.

Item, les dames relligieuses de le Thieulloye lez Arras doivent envoyer chascun an à le huche dudit péage le jour de Pasques, une bourse blanche ouvrée à l'aguille et une coroye de cuir sans fer, telles quelles chaingnent.

Item, doivent lesdictes dames de le Thieulloye envoyer à ladite huche dudit péage chascun an le jour Saint-Martin d'iver, deux paires de blanches moufflettes ouvrées à laguille, et moiennant ce demeurent quittes toute l'année pour tout, ce qu'elles font passer; et aultre chose na le péage de propre.

Toutes manières de gens, Roy, duc, conte, baniérés et tous nobles, tous prélas, prebtres, clercs doivent péage à Bappalmes en le manière quil est contenu ens ou registre et en l'enqueste de Cappy avec le saisine, usaige et coustume; excepté le roy de Franche, ses enffans, le Saint Père le pappe, cardinaulx, hospitalliers, escolliers à Paris et quatre ordenes qui sont privilegiez qui ne payent néant.

C'est assavoir

Chiteaulx.
Premonstré.
Clugny.
Meremoustier.

Au-dessous, d'une écriture du XVIe siècle :

Abbaye Mont Saint Eloy.

XXVI

Vidimus de certains articles extraits des registres du péage de Bapaume, produits par Honoré Le Vasseur, contrôleur du péage de Bapaume pour appuyer les droits dudit péage à l'encontre de Jean Ghiseghien, d'Alost, et de Louis d'Armagnac, comte de Guise, desquels il résulte que les habitants de la terre d'Alost et du comté de Guise ne sont pas exempts du péage. — 9 septembre 1499. — 7 avril 1515.

(Archives du Nord, B. 1613, 18ᵉ registre des Chartes, fº 238, verso).

XXVII

Vidimus d'une sentence par laquelle il est déclaré que Jacques Cocquel, marchand, demeurant à Aire, sera exempt de payer le domaine forain à Rouen pour les denrées importées par lui en Artois, pendant tout le temps que les habitants d'Artois paieront au Roi l'aide ordinaire. — 8 octobre 1508. — 7 février 1509.

(Archives du Nord, B. 1616, 18ᵉ registre des Chartes, fº 89, recto).

XXVIII

Ordonnances de l'archiduc Charles autorisant les fermiers du péage de Bapaume à établir des commis à Maubeuge, Barai, ville et faubourgs de Valenciennes, Bouchain, Le Quesnoy, Landrecies, Iwuy, Douai, Pont-à-Vendin, Haubourdin et autres lieux; le prince prend cette mesure parce que les marchands venant ou allant en France, évitaient de passer par Bapaume et s'exemptaient ainsi des droits de passage. — Bruxelles, 21 septembre 1516.

(Archives du Nord, B. 1614, 19ᵉ registre des Chartes, fº 88, recto).

Charles etc., A nos amez et féaulx les grant bailly de Haynnau et gens de nostre conseil à Mons, Gouverneur

de Lille, Douay et Orchies, d'Arras, de Béthune et de
Bapalmes, bailly de Saint Omer, d'Aire et de Lens, prévostz le Conte à Valenchiennes, de Maubeuge et de Bavay,
et à tous noz autres justiciers et officiers cui ce regarde
ou à leurs lieutenans, salut et dilection. De la part de
nostre procureur général nous a esté exposé comme, à
cause de nostre conté d'Artois, nous competent et appartiennent plusieurs beaulx droiz, haulteurs, seignouries
et prééminences, et, entre autres, ung droit nommé le
péaige de Bapalmes qui se cuelle, prend et liève sur les
marchandises allans et venans du royaulme de France en
noz pays de Flandres, d'Artois et autres pays voisins,
lequel droit de péaige s'est de tout temps levé et encoires
se liève de présent par forme de estes ou branches, si
comme audit lieu de Bapalmes, Abbeville, Amiens,
Corbie et aultres divers lieux dudit Royaulme de France
et aussi à Cambray, dont la jurisdiction et congnoissance dudit péaige appartient à nostre gouverneur et
bailli dudit Bapalmes ou son lieutenant et ainsi en a
esté fait et usé de si long temps qu'il n'est mémoire du
commenchement ne du contraire. Néantmoins, pour ce que
lesdits lieux ou icellui nostre péaige se liève sont assiz en
pays ample et ouvert, les marchans et autres conduisans
les marchandises allans d'un pays à autre se sont, puis
certaines annés ençà, ingérez et avancez de passer à toutes
les dites marchandises hors desdis lieux où se liève
nostredit péaige affin d'eschiever le payement d'icellui ; ce
qui tourne au grant retardement et diminucion de nostredict droit et aussi à la perte et dommaige de noz formiers
d'icellui, et plus sera, se par nous ny est pourveu, obvié et
remédié ; si comme dit nostredit procureur, exposant, en
nous requérant que, actendu ce que dit est, mesmement
que en nos dits pays d'Artois, Haynnau et chastellenie
de Lille, avons pluiseurs lieux plus convenables et pro-

pices pour par nos dits fermiers asseoir et mectre wachtes (1) et commis que es lieux ou ilz sont présentement, si comme en noz villes de Maubeuge, Bavay, ville et faubours de Valenchiennes, Bouchain, Quesnoy, Landrechies, Ywiz, Douay, Le Pont-à-Wendin, Habourdin et autres ; il nous plaise ordonner que nosdits fermiers puissent doresenavant mectre et asseoir es lieux dessusdietz telz wachtes ou commis que bon leur semblera pour y cueillir et recevoir le droit dessusdict, et sur ce faire expédier noz lettres patentes d'ordonnance à ce pertinentes. Pour ce est il que nous, les choses dessus dictes considérées, désirans garder et entretenir noz droiz dudict péaige, lequel est nostre anchien demeyne et obvier aux fraudes et abuz qui se pourroient de plus en plus commectre au payement de nosdiz droiz en temps avenir; et eu sur ce l'adviz de noz amez et féaulx les chiefz et trésorier général de noz finances, Avons ordonné et ordonnons par ces présentes et est nostre vouloir et plaisir que nosdis fermiers puissent et pourront doresenavant cueillir, lever et recevoir ou par leurs gens, serviteurs et commis faire cueillier, lever et recevoir nostredit droit de péaige en tel ou telz des lieux dessus mencionnez que besoing sera, et que, par l'advis de noz amez et féaulx les président et gens de noz comptes à Lille, ils verront estre expédient et plus propice et convenable pour le recouvrement d'icellui nostre droit ; Et à ceste fin y commectre telz wachtes ou gardes que bon leur semblera, leur octroyant et accordant que au payement d'icellui droit ilz puissent contraindre et faire contraindre tous ceulz et celles que tenuz y seront tout ainsi et par la manière que il se fait es autres lieux où l'on est accoustumé lever nostredit droit, si avant toutes voyes que ledit droit nayt une fois

(1) Mot flamand signifiant *warde,* garde.

esté payé et acquité en l'un de ses autres lieux ; ouquel cas nous ne voulons, ne entendons que les marchans soient ou puissent estre constrains au payement d'icellui en aucuns des lieux dessus mencionnez ; ne pareillement que par le changement desdits wachtes et commis, les denrées et marchandises passans et rappassans par lesdits lieux soient ou puissent estre plus avant chargées d'aucun impost ou autre debte quelles nont esté d'anchienneté. Si voulons, vous mandons et enjoingnons très expressément et acertes et à chascun de vous en droit soy et si comme à lui appartiendra que de nostre présente ordonnance, selon et par la manière que dit est, vous faictes, souffrez et laissiez nosdis fermiers dudit péaige de Bapalmes, ensemble leurs gens, serviteurs, wachtes et commis plainement et paisiblement joyr et user sans leur faire mettre ou donner, ne souffrir estre fait, mis ou donné aucun destourbier ou empeschement au contraire en manière quelconque, ains au recouvrement de nostredit droit leur faictes toute la faveur, adresse et assistence que pourrez. Et se pour raison d'icellui droit sourdit cy après, question, débat ou procès, Nous voulons que vous et celluy de vous quil appartiendra et soubz la jurisdiction duquel se mouvera ledit droit ou procès faictes sommièrement plain aux parties oyes bon, brief droit, raison et justice, car ainsi nous plaist il et le voulons estre fait, nonobstant quelzconques lettres subreptices impétrées ou à impétrer au contraire. Et de ce faire vous donnons et à chascun de vous povoir et auctorité. Et pour ce que de ces présentes l'on pourra avoir à faire en divers lieux, Nous voulons que au vidimus ou copie autenctique d'icelles foy soit adjoustée comme à ce présent original. Donné en nostre ville de Bruxelles soubz nostre seel dont avons usé par provision, le xxie jour de septembre l'an de grâce mil cinq cens et seize, et de nostre règne le premier. Ainsi soubscript par le Roy en son conseil et signé : VERDE RUE.

En marge :

Collation est faicte aux originales lettres qui ont esté délivrées au receveur de Bapalmes pour les mectre à exécution.

XXIX

Autorisation accordée par l'empereur Charles-Quint au fermier du péage de Bapaume de commettre partout où il lui plaira dans le ressort dudit péage, des gardes qui en percevront les droits. — 1er mars 1554-1555 n. st.

(Archives du Nord, B. 1621, 26e registre des Chartes, f° 26, verso).

XXX

Requête des gouverneur, officiers, maïeur et échevins de la ville de Hesdin à Leurs Altesses les Archiducs Albert et Isabelle, demandant l'exemption pour les habitants de ladite ville, des droits du péage de Bapaume. — Appointement des gens de la Chambre des Comptes de Lille. — Mémoire présenté à ce sujet par le fermier du péage, Adrien Cocquerel. — 1607.

(Archives du Nord, B. 2933).

XXXI

Arrêt du conseil de Malines dans le procès entre les maïeur et échevins de Saint-Omer et Pasquier Bosquel, fermier du péage de Bapaume. — Malines, le 6 mars 1621.

(Archives du Nord, B. 2914).

XXXII

Mandement des chefs trésorier général et commis des finances relativement aux conditions sous lesquelles le péage de Bapaume devra être affermé, avec les tarifs perçus sur les marchandises à Bapaume, Arras, Saint-Omer et autres lieux et passages d'Artois, ainsi qu'à Ypres, Gravelines, Dunkerque et autres lieux où nouvellement il a été établi et levé paisiblement. — Bruxelles, le 17 décembre 1624.

(Archives du Nord, B. 2933).

Aujourd'hui dix-septième décembre xvi⁰ vingt-quatre, Les Chefs Trésorier général et Commis des Finances font, pour et au nom de Sa Majesté, par advis tant des président et gens de la Chambre des Comptes à Lille, que Jean Dernin, receveur du domaine au quartier de Bapalmes, et en suitte des attaches mises es lieux où il appertenoit, bailler en ferme au plus offrant et dernier renchérisseur en la chambre de leur assemblée, le droict de péage dudit Bapalmes qui se coeuille et liève tant audit Bapalmes, Arras, St Omer et autres lieux et passages d'Artois, où l'on est accoustumé de lever ledit droict, ensemble Ypres, Gravelinges, Dunkercke et autres lieux où nouvellement il a esté estably et se lève paisiblement, lequel seroit demeuré comme dernier renchérisseur à Jean Tyrion, pour et au proffit de Charles Lacère, marchant, demourant à St Omer, en la forme et aux conditions suivantes, sçavoir : que ledit Lacère tiendra en ferme ledit droict de péage dudit Bapalmes qui se lève et coeulle ès lieux susdits et accoustumez, et ce pour ung temps et terme de trois ans continuels et ensuivans l'ung l'autre, à commencer avoir cours le premier jour de febvrier xvi⁰ vingt-cinq, moyennant en payant au proffit de sa dicte Majesté ès mains dudit

Receveur de Bapalmes présent et autre advenir, la somme de sept mille deux cens vingt livres par an, de quarante gros, monnoie de Flandres, la livre, de trois mois en trois mois le quart, et pour ce bailler caution suffisante, et, au surplus, aux autres charges, conditions et listes cy-jointes soubs le cachet desdites finances que ledit fermier sera tenu d'observer et accomplir punctuellement. Fait à Bruxelles au bureau desdites finances les jour, mois et an que dessus.

    Signé : Cl. Songnyes.   R. conte de Warfrize.
Fr. Kinschot.   J. van den Wouwer.   J. Cockaërts.

Déclaration et recoeulle comme se rechoipt le péaige de Bappalmes au quartier de St Omer, Ypres, Gravelingues, Duncquerque et aultres ports de mer sis soubz l'obéissance de Sa Majesté, pour le regard des marchandises s'amenans par batteaux, bellandes et aultres, sellon et ainsy qu'il s'ensuit.

    Primes.

Ung tonneau de miel doibt	ix deniers.
La balle de houblon, grande	xviii deniers.
La petitte	xvii deniers.
Le tonneau de vin	iii sols.
Le demi	i sol, vi den.
Et la pièche à l'advenant de sa grandeur	
La pièche de vinaigre, vergus et aultres samblables	vi deniers.
La somme de marée	vi deniers.
Les cens pièches de cuirs à poil ou aultres tannez, doibvent	viii sols, iiii d.
Les cens pièches de peaux de moutons	iiii sols.
Le tonneau de hérens blancqs ou rouges, mollues (morues), somons (saumons) et aultres	vi den.

La balle de laine, grande	ii sols, vi den.
La petitte	i sol, vi den.
Ung pacq de liège, grand	vi den.
Ung petit	iii den.
La rasière de bled et aultres grains .	vi den.
Le cent de fer pesant	iii den.
La rasière de sel gris ou blancq . . .	vi den.
La rasière de charbon de terre . . .	vi den.
Une pierre de moulin grande, faisant une charrée	vii sols, vi d.
Les petites à l'advenant.	
La casse de çucre (caisse de sucre) . .	xviii den.
Le tonneau d'indigo ou aultre teinture .	xii den.
Le cabas de figues, raisins ou aultres .	iii den.
Le tonneau desdites figues, raisins ou aultres	vi den.
La pipe d'huille d'olive	ii sols, vi den.
Pour chasque blocq de plomb pesant quatre cens	xi den.
Une balle de poivre, jengembre, cannelle et aultres samblables espiceries .	i sol, vi den.
Le boucault de prouneaux et aultres samblables denrées	i sol, vi den.
La balle de plumes	i sol, vi den.
Le ballot de drap, cestuy de soie, de çangean, de saye et aultres samblables marchandises	i sol, vi den.
Le ballot de thoille, de fillé, de saiette, de canvre, de lin et aultres samblables.	i sol, vi den.
Le boucault d'orenges, citrons et aultres samblables	iii sols.
Le boucault de cataines (châtaignes) ou marrons	iii sols.
Le boucault de cappes (câpres) ou d'olives.	i sol.

Les cens pièches de bois de Brésil, de Champesche ou Provence	vii sols.
Et génerallement touttes les marchandises et denrées venans ou allans en lieux subjectz audict péaige cy-dessus non spéciffié qui se mectent en tonneau, doibvent au tonneau. . . .	vi deniers.
Et celles qui se pessent (pèsent), paient à l'advenant du cent pesant. . . .	iii deniers.
Une bellande chargée indifférammant desdictes marchandises mellées et non spéciffiées cy-dessus, ny pris assis, se paie	xxxv sols.
La demye à l'advenant de	xvii sols vi den.
Et la coggue (bateau en usage sur les canaux du Nord)	xii sols.

Bien entendu que sy aultres plus grandz batteaux venans, par mer et s'ébattans sur les rivières paient sellon leur grandeur, prins esgard ad ce que l'on maisne en une bellande, en redoublant toutes les dictes marchandises cy-dessus spéciffiées et aultres qui doibvent ledit péaige, doibvent douzaine quant elle y eschiet qui monte au double de la porte selon que plus particulièrement est reprins par l'anchienne liste et conférence de Saint-Omer.

S'ensuyt les jours des escheances desdictes douxaines.

La douxaine de Noël commenche quinze jours devant et dure jusques au vingt-deuxiesme de janvier.

La douxaine de Pasques commenche quinze jours devant et dure trois sepmaines après.

La douxaine de Pentecouste commenche quinze jours devant et dure trois sepmaines après.

Le soubzsigné rechepveur de Sa Majesté à Bappalmes et commis au restablissement général dudict droict de péaige, certiffie que la liste cy-dessus a esté faicte en conformité desdictes anchiennes listes, et qu'icelle se pratique indifféremment en tous lieux ou se rechoipt ledict droict deppuis le commenchement dudict restablissement.

TESTATUR

DERMIN.

S'ensuyt, la manière comment l'on recoeullo et rechoipt le péaige de Bapalmes pour leurs Altezes l'Archidicq aux aesles qui sont mis sups au pais d'Arthois pour le faict dudict droict.

Primes. Ung car chargé de marchandise quelle qu'elle soit, doibt VII sols, VI den., et quand la douzaine court . xv sols.
Une charette chergée de marchandise, quelle qu'elle soit doibt . . . . . III sols, IX den.
Et quand la douzaine court. . . . . VII sols, VI den.
Ung car chergié de miel doibt. . . . IX sols.
Et quant la douzaine court. . . . . XVIII sols.
 Et la charette à l'advenant.
Ung car chargé de bled, vin, vinaigre, vergu, charbon, houblon, doibt . . IIII sols, VI den.
Et quant la douzaine court. . . . . IX sols.
 Et la charette chargée de ce que dessus, à l'advenant.
Ung car chargié de marée doibt. . . IIII sols, VI den.
 Et la charette, à l'advenant.
Ung car chargé de cuirs à poil et sel doibt . . . . VII sols. VI den.
Et quand la douzaine court. . . . . XV sols.
 Et la charette, à l'advenant.
Ung car chargé de laisnes de draps de soie, de molus (morues), de hérens, somon (saumons) et de touttes aultres

marchandises quelconcques quelles soient, doibt . , ... vii sols, vi den.
Et quant la douzaine court. . . . . . xv sols.
Et la charette, à l'advenant.
Ung car chargé de plomb, estain, férailles, chandelles de sieu, fromaiges doibt. . vii sols, vi den.
Et quant la douzaine court. . . . . xv sols.
Et la charette, à l'advenant.
Ung car chargé de bois escargé, de potterie, d'escorces, de lattes, de pelles, d'ardoises, doibt . . . . iiii sols, vi den.
Et quant la douzaine court. . . . . vii sols.

Pour les chevaulx

Ung cheval chargé de marchandise doibt. iii sols, i den. t.
Et quant la douzaine court. . . . . iiii sols, vii d. t.
Ung cheval chargé de fruictz, bled et touttes aultres sortes de grains doibt. v den. parite.
Ung cheval chargé de filletz, de saiette, de canvre, de soie, de thoille et de lin, doibt . . . . iii sols, i den. t.
Et quant la douzaine court . . . . . iiii sols, vii d. t.
Ung cheval chargé de toutte sorte de pronneaux, orenges, bure, doibt. . . . xviii den.
Ung homme qui porte à dos de touttes sortes de marchandises, raisins doibt. iiii den. t.

Pour les vifves bestes

Un bœuf, vache ou vel petit ou grand, doibt v den. par.
Et quant la douzaine court. . . . . xxiii den. par.
Une blanche beste, brebis, mouton, agneau petit ou grand, doibt. . . (ii den. t.)
Et quant la douzaine court, aultant de soixante est deubt. . . . , . . xviii deniers
et à l'équipolent.

Chacun pourcel, petit ou grand, doibt ii den., et quant la

douzaine court, aultant de soixante est doibt xviii den., mais sil en avoit que ung, deux, ou trois, ou dix, ou onze en dessoubs de soixante, sy est deub, douzaine quand elle court, à la charge que le tout vienne de France et que l'on ly maisne.

S'ensuyt les jours des eschéances des douzaines.

La douxaine de Noël commenche quinze jours devant et dure jusques au vingt-deuxiesme de janvier

La douxaine de Pasques commenche quinze jours devant et dure trois sepmaines après.

La douxaine de Pentecouste commenche quinze jours devant et dure trois sepmaines après.

La liste sur laquelle la sentence Malines a esté rendue au proufit de Sa Majesté estant demeurée es mains de monseigneur le Procureur général, le Recepveur de Bapalmes a présenté requeste à Messeigneurs des Finances, les suppliant pour le service de Sa Majesté estre envoiée à la Chambre des Comptes de Lille, ce que lesdicts seigneurs ont faict et en elle se trouve enregistrée, et en cas de besoing l'on y polra avoir recours pour en avoir des listes autenticques.

XXXIII

Lettres exécutoriales accordées à Nicolas van Merstraten, fermier du péage de Bapaume en remplacement de Charles Lachere, 11 octobre 1625. (Archives du Nord, B. 2939).

XXXIV

Avis de la Chambre des Comptes de Lille sur la perception du péage de Bapaume à Saint-Omer, 14 octobre 1662.
(Archives du Nord, B. 3182).

Monsieur van der Straten, Comme vous ayant promy

de vous envoier quelques papiers touchant le péaige de Bappaumes, lesquels je vous envoie ichy, joinct par où polrez vooir où que ledit péaige est deu. D'aultre comme le temps apprsosse fort pour le vin nouveau et il y at aparence d'avoir grand passaige par ceste ville, il est nécessaire de faire publisser (sic) l'ancienne liste, à celle fin que persoone ne prende cause d'innorance, à quoy je ne doutte en ferez les debvoirs et par le premier saurai. Attendant vostre ordre et me dierai après avoir faict mes recommandations à Madamoiselle vostre compaingnie et à toute vostre famille.

  Monsieur van der Strate
   vostre affectionné serviteur
     Pierre Van Dolre.

Au dos : Monsieur,

Monsieur Jacques van Straeten, commis des droits du Roy à St-Omer, port.

Transcription des ordonnances et documents envoyés pour prouver la légalité de l'établissement du péage de Bapaume à St-Omer.

Ordonnance du roi Philippe III.

Philippe par la grâce de Dieu, roy de Castille, etc. A tous ceulx qui ces présentes lettres voieront, salut. Estans deuuement informés que plusieurs marchandises, biens et denrées quy nous doivent le péaige et travers de Bappaumes, solloient estre admenées et passer par nostre ville de St-Omer venans par la voie de mer sans paier ny avoir paié allieurs icelluy droict, et que pour ce remédier à la conservation de nostre ancien domaine, la collecte d'icelluy droict auroit esté restablie audict lieu par arrest rendu en nostre grand Conseil contre noz chers et bien aimez les maïeur eschevins et Conseil dudict Sainct Omer appelans de nostre Conseil d'Arthois le vi{e} de mars seize

cens vingt et ung, en suyte duquel et de la conférence
tenue audict Saint Omer par nostre amy et féal Claude
Humain, conseiller et procureur général de nostre dict
Grand Conseil, les xiiie et xvie d'août dudict an 1621, par
nous aggréé et approuvé le xie de septembre audict an,
la collecte dudict droict y attesté, restably et deppuis
lors receu à nostre profflict, comme aussy il se trouve
avoir esté restably en nostre ville d'Ipre, en vertu de
conférence y tenue, les ixe et xie d'août 1622 (et par
nous aggréé et confirmée le xxvie de novembre, audict
an) par ledict procureur général, ensuyte de l'authorisa-
tion à luy donnée par noz chers et féaulx les Chiefz
Trésorier général et Commis de noz domaines et finances
et depuis lors aussy esté, receu à nostre proufflict audict
Ipre au mesme pied et en la forme et manière qui se
faict audict St Omer ; sy ait pareillement acquiescé noz
chers et bien aimez les bourgmestre et eschevins de
nostre ville de Gravelingue ensuyte d'aultre conférence
y tenue par ledict procureur général le xviie d'août
audict an 1622 et la ratification en faicte de nostre part
le xxvie de novembre audict an et advis le bureau de la
rechepte dudict droict, lequel deppuis y at esté faict à
nostre profflict, en vaccant ausquelz debvoirs a esté
recongnu que par la ville de Duncquercque plusieurs
marchandises, biens et denrées subjectes audict péaige
de Bappalmes qui sy transportaient par la mer,
venoient à débarquer et en après se transporter
tant en Flandres qu'ailleurs sans paier nostre dict
droict de péaige à nostre grand préjudice ; nous avons
esté meus de donner commisson à nostre cher et bien
aimé Jean Dermain, receveur de noz domaines audict
Bappalmes, pour le restablissement dudict droict, lequel
en vertu de noz lettres patentes du xviie de febvrier
xvi^{c}xxiii, auroit restably audict Duncquerque icelluy

droict qui at pareillement esté receu par ses commis jusques à présent, et d'aultant que nous, recongnoisans tant par ladicte enqueste de Capi tenue l'an mille deux cens et deux en mai, arrestes du Parlement de Paris et aultres tiltres à ce servans, reposans en nostre chambre des Comptes de Lille, que icelluy droict nous est deub générallement par tout le pays et conté de Flandres, au regard des avoirs et marchandises déclairées par ladicte liste; et que par cy-devant il a esté estably, ceullie et receu à l'entrée et sortye es ports de mer dudict pays, voullans icelluy droict remettre en sa splendeur et vigeur à la conservation de nostre anchien domaine et continuation de noz droicts, sçavoir faisons que les choses susdictes considérées, eu sur ce l'advis desdicts Trésorier Général et Commis de noz domaines quy préalable ont prins l'advis de ....
.... (1) qu'après avoir veu les susdictes tiltres, arrestz et besoingniés, avons par la délibération de nostre très cher et très aimé bon frère Ferdinand, par la grâce de Dieu, infant d'Espaigne etc., commis et ordonné, commettons et ordonnons par ces présentes, nostre cher et bien aimé Jean Dermin, receveur de noz domaines dudict Bappames, et commis au restablissement général dudict droict de péaige pour coeullier, lever et recevoir par luy ou ses commis et députes les droicts d'icelluy péaige de Bappames, de toutes marchandises, biens et denrées quy debveront ledict droict et arriveront ou passeront en la ville d'Oostende, Nieuport, saze de Ghand, Francquendael et aultres lieux de nostre pays et conté de Flandres estans soubz nostre jurisdiction et obéissance et souveraineté, le tout selon les reiglements dressés et aux restrictions et conditions contenus desdicts besongniés faictz par ledict procureur général en présence dudict Dermain, et aultres

(1) Une ligne en blanc dans le texte.

cy-dessus mentionnés, luy donnant plain pooir, authorité
et mandement espéciael et à ses commis de prendre et
arrester pour ce et aussy pour les amendes à ce commises,
les biens, marchandises et denrées et aussy les persoones,
sy mestier est, quy auront deffraudés le paiement dudict
péaige, comme l'on est accoustumé de faire; et des receptes
et exploix que icelluy Dermain ou ses commis ont faict
dudict péaige desdicts lieux, il serat tenut d'en rendre
compte en nostre chambre des comptes à Lille, comme il
faict des deniers qu'il at receuz es lieux jà establys et
ainsy qu'il appartiendra. Sy donnons en mandement à
tous noz officiers et subjectz, requérans les aultres
et chacun d'eux que audict Jean Dermain, comme nostre
commis et à tous ceulx quy par luy seront establys
députés en ce faict, faisans les choses susdictes, ilz
obéissent et entendre *(sic)* diligemment, et leur prestent
en ce conseil, conforest (confort) et ayde, sy mestier en
ont et ils requéront. Car etc.

XXXV

Extraits des comptes du bailliage de Bapaume conservés aux Archives du Nord et du Pas-de-Calais, indiquant l'état des recettes annuelles du péage de Bapaume de 1286 à 1635.

« C'est li contes Willaume de Val Huon, bailliu de
Bapalme, fais en l'an et el terme desus dis (Chandeleur
1285-1286 n. st.) :

Rechoite : Du paage de Bapalmes pour le secont paiement de le première anée de III ans : VIII^c lb. »

(Archives du Pas-de-Calais, A. 123).

Toussaint 1286. « Rechoite : Du paage de Bapalmes

pour le premier paiement de le seconde anée de III ans : VIII^c lb. »

(Idem, *Ibidem*).

Ascension 1288 « C'est li contes Piéron de Pontoise, bailliu de Bapalmes, fais en l'an et el terme desus dis. Rechoite. Dou page de Bapalmes pour le daerain paiement de le tierche anée de III ans: VIII^c lb. »

(Idem, A. 126).

Chandeleur 1288-1289 (n. st.) : « Dou paage de Bapalmes pour le secont paiement de......... ausi à III ans : VIII^c IIII^{xx} l. XVI sols, VIII den. »

(Idem, A. 127).

Chandeleur 1289-1290 (n. st.). « Dou paiage de Bapalmes, acensé à III ans, XXVI^c L lb. par an, pour le secont paiement de la seconde année : VIII^c IIII^{xx} lb., XVI sols et VIII den. »

(Idem, A. 128).

Ascension 1291.

« C'est li contes Piéron de Pontoise, bailliu de Bapaumes, fait à Milon de Nangis, bailliu d'Artois, du terme de l'Ascension de l'an de grasse mil CC IIII^{xx} et XI. Reçoite de rentes. Du paage de Bapaumes, acensé à III ans, XXVI^c et L lb. par an, pour le paiement de le tierce anée : VIII^c IIII^{xx} lb., XVI sols, VIII den. » Et plus loin : « Despens de baillié : Pour le renkiérissement du paage de Bapaume du tierc paiement de le tierce anée : XXVII lb., XV sols, VII den. »

(Idem, A. 130).

Toussaint 1301.

Compte de Jacquême de Hacicourt, bailli de Bapaume. Recette du péage acensé pour 3 ans à raison de 3200 livres parisis par an.

(Idem, A. 169).

1302.

Compte du bailliage de Bapaume présenté par Pierre de Molinghem, chevalier. Recettes : péage de Bapaume acensé 3250 livres par an.

(Idem, A. 177).

1303.

Comptes des baillis d'Artois. « Chest li comptes des baillis d'Artois fais à la gent Madame d'Artois, dou terme de la Toussains ki fu en l'an mil trois cens et trois. Bapalmes. Chest li comptes Jakemon de Harcicourt, baillus de Bapalmes, fais en l'an ou terme desus dit. Rechoite. Dou peage de Bapalmes, qui est demourés sans cense en le main Madame d'Artois puis le jour St-Jehan Baptiste desi ou jour de Toussains : III^c LX libvres, x sols (parisis). »

(Archives du Nord, Chambre des Comptes de Lille, ancien A. 399).

« Che sont li compte des baillus d'Artois fait à la gent Madame etc. Dou paage qui est demourés sans cense en la main Madame d'Artois dou jour de Toussains desi à la Chandeleur : III^c et LVI libvres. » (Gages du garde du Castel : 6 den. par jour).

(Idem, Ibidem).

Chandeleur 1303-1304. (n. st.)

Compte de Jacquême de Hachicourt, bailli. Péage non acensé. Recettes du terme de la Chandeleur : 365 livres.

(Archives du Pas-de-Calais, A. 196).

1304.

« Chest li compte etc. » de l'Ascension 1304.
Recette du péage non acensé de la Chandeleur à l'As-

cension 1304 : 500 livres, 12 sols, 6 deniers. (Les gages du bailli étaient pour ce terme de 16 livres).

(Archives du Nord, Chambre des Comptes de Lille, ancien A. 399).

Pour la même année on trouve une quittance, délivrée par Wautier Driénart, garde du péage de Bapaume, de la somme de 180 livres parisis, « pour le warde, les dépens et li loiiers des sergens dou paage », pendant un an (28 octobre 1304).

(Archives du Pas-de-Calais, A. 203).

Compte de la Toussaint 1304. Péage de Bapaume non acensé de l'Ascension à la Toussaint 1304 : 569 livres, 10 sols.

(Archives du Nord, Chambre des Comptes de Lille, ancien A. 399).

Toussaint 1304. Chandeleur 1305.

Compte du même. Recette du péage de Bapaume, non acensé : 360 livres. D'après ce compte, la recette aurait été de 468 livres parisis.

(Archives du Pas-de-Calais, A. 205. Archives du Nord, ancien A. 399).

Compte de l'Ascension 1305. Péage de Bapaume non acensé de la Chandeleur à l'Ascension 1305. 517 livres 15 sols. « Despens pour l'aumosne Monseigneur faite à l'ospital Saint-Jehan de l'Estrée d'Arras pour le terme de Pasques : L libvres. Pour le fief Monseigneur de Baillues, pour le terme de l'Ascension : L libvres. Pour aumosnes faites as églises pour administracion as auteurs (*autels*) de pain et de vin du don le conte Philippe de Flandres, con doit au jour de Pasques Flories al église St Waast d'Arras : LX sols ; al église Notre-Dame d'Arras : LX sols; al église du Mont St Eloy : XXX sols ; al église d'Estreun :

xxv sols; al église de Maroel : xxv sols; al église d'Avesnes : xxv sols: al église Notre-Dame de Lens : xv sols ; al église de Hénin-Liétart : xv sols ; al église S¹ Nicholai de Arouaise : xl sols; al église Notre-Dame d'Yaucourt : xxx sols ; pour les gages le bailli pour le terchme : xvi libvres; pour l'aumosne Monseigneur faite à Thumas le Waite du Transloy qui perdi ses piés en le prison à Bapaume, du jour de le Candeleur dessi à le nuit del Ascension, pour cxiiii jours, ii den. tournois par jour : xx sols qui valent à parisis : xvi sols. Pour les gages le garte du chastel par tant de jours : vi deniers tornois par jour : lvii sols qui valent à parisis, xlv sols, vii deniers. Somme de fiés, d'aumosnes et de gages : vi^{xx}xiiii libvres, vi sols, vii deniers parisis. »

(Archives du Nord, ancien A. 399).

1305-1306.

Compte du même. Recette du péage acensé à raison de 1.900 livres par an. D'après ce compte, le péage aurait été acensé à partir de 1306 : 3.200 livres par an).

(Archives du Pas-de-Calais, A. 211.
Archives du Nord, ancien A. 380).

1306-1307.

Compte du même. Recette du péage acensé pour trois ans à raison de 3.200 livres par an.

(Archives du Pas-de-Calais, A. 221).

1310.

Compte du même. Recette du péage de Bapaume acensé à raison de 3.250 livres par an.

(Idem, A. 259).

1313.

Compte du bailliage de Bapaume présenté par Jacquême Buirete, lieutenant du bailli dudit lieu. Recette du péage de Bapaume « qui est demouré en la main Madame (n'a pas été affermé), lequel Martins Pikete et Wermons Plukiaus avoient censé III ans, si fali (finit) leur cense le nuit saint Jehan-Baptiste à mienuit dairainement passée, lequel assis Plukiaus, warde de par Madame, de VIII jours après le Candelier dusques au jour del Assention ensivant après : VIII^c livres et XX sols ».

(Idem, A. 305).

Toussaint 1314.

Compte de Jean de Hatencourt, bailli de Bapaume, en 1314. Recette du péage « en la main Madame » : 641 livres, 4 sols.

(Idem, A. 320).

Ascension 1315.

Compte du même. Recette du péage « qui est demourés en la main Madame du jour de le Candellier dusques au jour del Assention ensivant après: « VI^c XIII libvres, XII sols » (613 livres, 12 sols).

(Idem, A. 330).

Chandeleur 1322 (n. st).

Compte de Jean Le Moine de Crèvecœur, bailli de Bapaume. Recette du péage : 593 livres, 12 sols, 4 deniers.

(Idem, A. 401).

Ascension 1322.

Compte du même. Recette du péage : 668 livres, 14 sols.

(Idem, A. 402).

Ascension 1326.

Compte de Matthieu Chambellenc, bailli de Bapaume. Péage acensé 2600 livres par an, pour 3 ans.

(Idem, A. 449).

Chandeleur 1327 (n. st.).

Compte de Pierre de Cauchi, bailli de Bapaumes, Péage acensé 2.600 livres par an.

(Idem, A. 456).

Chandeleur 1329.

Compte du même. Péage acensé à Wautier Drinard, à la veuve d'Adam Cardevake et à Jehan Cardevake, son fils, curé d'Ervillers, pour trois ans, à 2,800 livres par an.

Idem, A. 468).

Ascension 1329.

Compte de Jehan Crisnon, bailli de Bapaume. Péage acensé 2,800 livres par an.

(Idem, A. 489).

Lacune de 1329 à 1384.

1384-1385.

Compte du receveur général de Flandre et d'Artois, Henri Lippin, du 30 janvier 1384 au 24 juin 1385.

« Bappalmes. Des paageurs de Bappalmes, par la main de Jacques Screyhem, clerc des briefs de feu monseigneur de Flandres dernièrement trespassé et dont il ont lettres dudit receveur général, donné le xe jour de juing l'an cccIIII^{xx} et IIII = VI^{xxxviii} frans, x sols, VI deniers parisis, monnaie de France qui valent VI^{xxxviii} frans demi et demi quart et xv deniers de Flandre. Des dessus diz paageurs, par la main de Jaques Rousselet, clerc des offices de monseigneur de Bourgogne et dont il ont lettres dudit receveur général, donné le xiii° jour de may iiii**iiii = iii° frs. Somme : ix°xxxviii fr., xiii sols, 1 den. obole tournois » (938 frs., 13 sols, 1 denier).

(Archives du Nord. Chambre des Comptes. État général des registres de la Flandre, n° 234).

1385-1386.

Compte du même, du 24 juin 1385 au 11 mars 1386. 992 frs. 13 sols parisis pris en la huche du 26 juillet jusqu'au 21 janvier 1386, valant 2,084 livres, 18 sols, 1 denier obole, faible monnaie de Flandre.

(Idem, n° 235).

1386-1387.

Compte de Jacques de Screyhem, receveur de Flandre, du 11 mars 1386 au 10 mars 1387.

779 livres, 2 sols, faible monnaie de Flandre, valant 371 francs parisis, versées par le receveur de Bapaume Ronaud Gavelle comme provenant du péage.

(Idem, n° 236).

1404-1405.

Compte d'Odot Douay, receveur du domaine de Marguerite, duchesse de Bourgogne, veuve de Philippe-le-Hardi.

« De Jehan Perilleux, receveur du domaine de Bapaume, sur ce qu'il puet devoir des deniers de la huche dudit lieu, des deniers prins en ladicte huche depuis le xxvii° jour d'avril mil cccc et quatre jusques au xxviii° jour de juillet ensuivant, par la main de Jehan Mousquet, par lettre dudit receveur général, donné le ii° jour d'aoust mil cccc et quatre, chacune livre pour xx sols, monnoie courant en Artois qui font xl gros, monnoie de Flandres iiii°xxix livres xiii sols. » (429 livres, 13 sols).

Du même receveur, deniers provenant du péage de Bapaume du 1er janvier au 28 février 1405 : 310 livres parisis ou écus de France ou livres de 40 gros de Flandre.

(Archives du Nord, B. 3331, f° 5, verso).

Attestation et quittance constatant l'encaisse de la huche du péage de Bapaume en 1391.

« Sachent tous que nous les gardes de le huche du paage de Bappalmez, certiffions que au jour d'huy la dicte huche a esté ouverte et y a esté trouvé et délivré à Pierre de Montbertaut, receveur d'Arras et de Bappalmez, depuis le xxviie jour de juillet jusques au jour d'huy, la somme de IIII[xx]XV francs qui vallent soixante seze livres. Tesmoing le seel dudit paage mis à ces présentez le ve jour de septembre l'an dessus dit ».

(Idem, B. 1850 7e).

Quittance de la dite somme donnée par Pierre de Montbertaut ledit jour.

(Idem, Ibidem, 7[5]).

1405-1406.

Compte du Receveur Général Jean Chousat, du 5 novembre 1405 au 19 novembre 1406. Reçu de Jean Périlleux, receveur de Bapaume, des deniers provenant du péage : 906 écus, 16 sols, 9 deniers.

(Idem, B. 1878).

1411-1412.

1er Compte du Receveur Général Robert de Bailleux, du 17 avril 1411 au 30 avril 1412. Recette du péage de Bapaume : 1200 écus.

(Idem, B. 1894).

2me Compte du même du 1er mai au 16 octobre 1412. Recette du péage de Bapaume : Néant.

(Idem, B. 1897).

1414-1415.

1ᵉʳ Compte de Pierre Macé, receveur général, du 19 mars 1414 au 18 avril 1415. Recette du péage de Bapaume : 423 francs avancés au receveur Jean de Dyenat par Gilles de le Pierre, Jean Périlleux, Jean Caron et Pierre de le Cappelle, gardes de la huche dudit péage.

(Idem, B. 1903).

1419-1420.

1ᵉʳ Compte de Guy Guilbaut, receveur général, du 3 octobre 1419 au 2 octobre 1420. Recette du péage de Bapaume : 327 livres, 4 sols parisis.

(Idem, B. 1920).

1420-1421.

Compte de Colart Navarre, receveur, de Bapaume, du 17 juillet 1420 au 17 juillet 1421.

« De la revenue de la huche du péage de Bappalmes, laquelle feu Monseigneur, que Dieux pardoinst, (le duc Jean Sans Peur) soloit faire recepvoir par sa main et n'en estoit le receveur de Bappalmes tenu d'en faire compte en recepte, ne en despense, et depuis mondit seigneur ordonna que le recepveur en feroit compte en recepte et en despence ; après fu baillié à cense et depuis reprinse et mise en la main de mondit seigneur qui ordonna ycelle estre recueullute aussy et par la manière que on faisoit par avant ledit bail, laquelle revenue prinse et levée à pluiseurs fois tant en ladite huche comme sur les commis des *elles* dudit péage pour les affaires de mondit seigneur et de Madame, sy a valu depuis le xviiᵉ jour de juillet l'an mil quatre cens et vingt jusques au xviiᵉ jour de juillet l'an mil quatre cens vingt ung, la somme de quatre cens francs, monnaie royale et non plus, tant pour l'occupation des guerres et des gens d'armes qui, partie d'icelui temps ont esté sur les champs, si comme par certiffication des péageurs dudit péage, donné ledit xviii° jour de juillet quatre cens vingt ung cy rendu à court ; poeult apparoir, pour ce ychy an : iiii° fl., monnaie royal, une flourette comptée pour xvi deniers, et non plus iii° xx livres parisis (320 livres parisis).

(Archives du Nord. Chambre des Comptes. Ancien B. 113).

1421-1422.

Recette du péage du 17 juillet 1421 au 16 juillet 1422 : 299 livres, 12 sols parisis.

(Idem, *Ibidem*).

1422-1423.

Recette du péage : 529 livres, 17 sols parisis.

(Idem, *Ibidem*).

1423-1424.

Recette du péage : 288 livres, 5 sols parisis.

(Idem, *Ibidem*).

1424-1425.

Recette du péage : 840 livres, 2 sols, 6 den. parisis.

(Idem. Ancien B. 114).

1425-1426.

Recette du péage : 1042 livres, 13 sols parisis.

(Idem, *Ibidem*).

1426-1427.

Recette du péage : 802 livres, 16 sols parisis.

(Idem, *Ibidem*).

1427-1428.

Recette du péage : 718 livres, 4 sol, 4 den. parisis.

(Idem, *Ibidem*).

Lacune de 1428 à 1442.

Compte du domaine de Bapaume du 17 juillet 1442 au 16 juillet 1443.

« Recepte. Et premièrement de la revenue de la huche du péage de Bapalmes et des helles d'icelui, laquelle a esté par l'ordonnance et commandement de mondit seigneur et de madite dame la duchesse, baillié à ferme par cris et renciere, pour l'espasse de ung an commenchant au premier jour de décembre mil III^c XLI, et est demourée comme au derrain renchérisseur et à chandelle alumée à Jehan Hanon, pour le pris et somme de III^c LXIIII (464) livres parisis, pour icelui an, à paier de III mois en trois mois, dont il a esté compté et receu sur le compte précédent, si comme par icelui appert, II^c IIII^xx XI livres, XVI sols parisis, icy pour le résidu d'icelle année : CLXXII livres, IIII sols parisis. »

(Archives du Nord. Chambre des Comptes. Ancien B. 115).

1442-1443.

Péage affermé à Gilles Muguet, Quentin Frassent et Jean Leroy, pour 560 livres parisis.

(Idem, Ibidem).

1443-1444.

Péage affermé à Gilles Muguet, Jean Le Roy et Guillaume Levasseur, pour 540 livres parisis.

(Idem, Ibidem).

1444-1445.

Le 1er mai 1444 le Duc fut obligé de *prendre le péage en sa main*, c'est-à-dire de le faire percevoir directement par ses agents, les péagers Gilles de le Pierre et Gilles Muguet.

D'après le certificat de ces derniers, il ne rapporta, du 1er décembre 1444 au 17 juillet 1445, que 406 livres, 8 sols.

(Idem, *Ibidem*).

1445-1446.

Revenu du péage non affermé : 433 livres, 8 sols, 2 deniers parisis.

(Idem, *Ibidem*).

1446-1447.

Revenu du péage non affermé : 482 livres, 18 sols par.
(Archives du Nord. Chambre des Comptes. Ancien B. 116).

1447-1448.

Revenu de péage non affermé : 624, 12 sols parisis.

(Idem, *Ibidem*).

1448-1449.

Revenu du péage non affermé : 732 livres parisis.

(Idem, *Ibidem*).

1449-1450.

Revenu du péage non affermé : 697 livres, 6 den. par.

(Idem, *Ibidem*).

1450-1451.

Compte de Colard Mannar, receveur de Bapaume. Revenu du péage d'après les attestations des péageurs Gilles de le Pierre et Gilles Muguet : 623 livres, 6 sols, 9 den. parisis.
(Archives du Nord. Chambre des Comptes. Ancien B. 117.)

1451-1452.

Revenu du péage non affermé : 604 liv., 7 sols paris.

(Idem, *Ibidem*).

1452-1453.

Revenu du péage non affermé : 485 livres parisis. En outre : l'*esle* d'Amiens où était commis Honouré du Croquet valut : 64 livres, 16 sols, 2 den. tournois; celle d'Abbeville où était commis Guillaume Lourne : 32 livres tournois, tant pour cette année que pour la précédente; l'*esle* de Posières où était commis Pierre Wirembault : 16 livres, 4 den. parisis, valant 18 livres, 4 den. tournois; l'*esle* de Coupegueule où était commis Bidau Dohy : 18 livres, 10 sols tournois; l'*esle* d'Estrées au Pont où était commis Jean Debœuf, a valu 9 livres tournois; l'*esle* de Beaumetz-les-Cambrai où était commis Aleaume Frassent: 16 livres, 9 sols, 1 denier obole tournois; l'*esle* de Guise où était commis Perceval de Vendeul : 25 livres, 16 sols, 10 deniers tournois; l'*esle* de Metz-en-Couture où était commis Pierre Parent : 12 livres, 15 sols, 9 den. tournois; l'*esle* de Cambrai où était commis Jean de Clary : 61 livres, 3 sols tournois; l'*esle* de Tournai où était commis Jean de Le Pré : 41 livres, 18 sols tourn. Total du revenu des *estes* du péage : 330 livres, 8 sols, 4 deniers tournois valant 294 livres, 14 sols parisis, soit avec le revenu de la huche de Bapaume : 779 livres, 12 sols parisis.

(Idem, *Ibidem.*)

17 juillet-18 novembre 1453.

Revenu de la huche du péage	231 livres, 12 den. tournois.
Esle d'Amiens . .	25 liv., 8 den. tourn.
Esle de Posières. .	4 livres, 3 sols, 6 den. tourn.
Esle de Coupegueule	72 sols tournois.
Esle de Beaumetz .	27 livres, 6 sols, 3 den. tourn.
Esle de Metz-en-Couture	9 livres, 5 sols, 5 den. t.

Esle de Cambrai. . 26 livres, 4 sols tourn.
Esle de Guise. . . 16 livres, 16 sols, 6 den. tourn.
Esle d'Estrées au Pont 8 livres, 16 sols tournois.
Esle de Tournai . . 7 livres, 7 sols, 9 den. tourn.
Esle d'Abbeville. . néant, « combien que ledit receveur ait envoyé par plusieurs fois devers lui (le commis Guillaume Lomme) à Abbeville et rescript par plusieurs fois; mais pour ce n'en a il riens paié, ne b illié ». Total général du revenu du péage de Bapaume pendant les quatre mois du 17 juillet au 18 novembre 1453 : 352 livres tournois.

(Idem, *Ibidem*).

18 novembre 1453 — 18 juillet 1454.

Revenu du péage de Bapaume affermé pour un an entier à partir du 18 novembre 1453 à Aleaume Frassent, pour la somme de 530 livres parisis, soit pour le temps écoulé du 18 novembre 1453 au 18 juillet 1454, soit huit mois, 346 livres, 13 sols, 4 deniers parisis.

Revenu des *esles* de Tournai, Cambrai, Guise, Estrées-au-Pont, Metz-en-Couture, Beaumetz, Coupegueule et Posières, affermé pendant le même temps : 133 livres, 6 sols, 8 deniers tournois.

Revenu de l'*esle* d'Amiens, pendant le même espace de temps : 43 livres, 3 sols, 9 den. parisis.

Revenu de l'*esle* d'Abbeville : 27 livres tournois.

Revenu de l'*esle* de Montberfontaine : néant. Total du revenu de la huche de Bapaume et des *esles* du péage pendant les huit mois écoulés du 18 novembre au 18 juillet 1454 : 507 livres parisis.

(Idem, *Ibidem*).

1454-1455.

Revenu du péage de Bapaume et des *esles* qui en dépendent, affermé pour un an, à partir du 19 novembre

1451, à Guillaume Le Grant et Jean Hatorel : 1140 livres parisis.

(Archives du Nord. Chambre des Comptes de Lille. Ancien B. 118).

1455-1456.

Revenu du péage de Bapaume et des *esles* qui en dépendent, affermé pour un an à partir du 19 novembre 1455 à Jean d'Oultremepuch, dit Frère, Thomas Plucquel et Aleaume Frassent : 1140 livres parisis.

(Idem, *Ibidem*).

1456-1457.

Revenu de la huche de Bapaume et des *esles* du péage, affermé pour un an à partir du 19 novembre 1456 à Jean d'Oultremepuch, dit Frère, Thomas Plucquel, Gilles Muguet et Aleaume Frassent : 1000 livres parisis.

(Idem, *Ibidem*).

1457-1458.

Revenu de la huche et des *esles* du péage de Bapaume, affermé pour un an aux mêmes, à partir du 19 novembre 1457 : 1480 livres parisis.

(Idem, *Ibidem*).

1458-1459.

Revenu de la huche et des *esles* du péage de Bapaume, affermé pour un an, à partir du 19 novembre 1458 à Jean Hatrel et Aleaume Frassent ; 1520 livres parisis.

(Idem, *Ibidem*).

1459-1462.

Revenu de la huche et des *esles* du péage de Bapaume, affermé pour trois ans, à partir du 19 novembre 1459, à Gilles Muguet, Jean Hatrel et Jean d'Oultremepuch, à raison de 1.000 livres parisis par an : 3.000 livres parisis.

(Idem, Ancien B. 119).

1462-1465.

Revenu de la huche et des *esles* du péage de Bapaume, affermé pour trois ans à Gilles Muguet, Thomas Plucquel et Jean d'Oultremepuch, à raison de 1300 livres parisis par an, soit pour trois ans : 3900 liv. parisis.

(Idem, *Ibidem*).

1465-1466.

« De la revenue de la huche du péage de Bapalmes et de toutes les *esles* d'icellui, à laquelle recevoir depuis le premier jour de juin an LXV jusques au XVIII° jour de novembre ensuivant an LXV, ont esté commis, de par mondit seigneur, Gilles Muguet, Thomas Plucquel et Jean d'Oultremepuch, dit Frère, à le recevoir en leurs consciences, lesquelz le tenoient paravant à ferme et en avoient esté deschargiez par mondit seigneur à leur prière et requeste pour cause de la guerre et des gens d'armes qui lors estoient sur les champs, comme il appert par le compte précédent. Laquelle a vallu depuis ledit premier jour de juing an LXV jusques au VIII° jour de novembre ensuivant LXV, tout inclus, comme par le compte de ladite recepte par eulx rendu en la Chambre des Comptes de mondit seigneur à Lille, appert pour ce ici : VI^{xx}VI livres, IX sols, II deniers, obole tournois (126 livres, 9 sols, 2 deniers tournois). Des dessus diz, lesquelz ont receu, à cause d'icellui péage tant à Bapalmes comme des commis esdittes *esles* depuis le XIX° jour de novembre, ensuivant an LXV jusqu'au XI° jour de décembre ensuivant an LXV tout inclus, auquel temps a XXIII jours entiers, depuis lequel temps il a esté baillié à ferme par ordonnance de mondit seigneur : néant icy receu des dessus dis, combien que ledit receveur en ait fait bonne diligence, pour cause qu'ilz se sont tousjours excusez disans qu'ilz n'avoient encores peu avoir les comptes des commis esdites *esles*, se y soit pourveu par mondit seigneur, et pour ce icy : néant. De la revenu dudit péage et des *esles* d'icellui, laquelle a esté rebaillié à ferme par ordonnance et commandement de mondit seigneur ung an commenchant le xiie jour de décembre an lxv, et est demourée à ferme comme au plus offrant et derniers renchérisseurs, à maistre Guillaume Turpin et Rollant Dartois, pour le pris et somme de mil xl. livres parisis, monnaie royale, pour ledit an, icy pour le temps escheu depuis ledit xiie jour de décembre an lxv jusques au xvie jour de juillet ensuivant an lxvi tout inclus, auquel temps à vi mois ou environ, comme tout ce appert par certification du lieutenant gouverneur de Bapalmes, cy rendu pour ce : v^cxl livres parisis. (540).

(Idem, *Ibidem*).

1466-1469.

(Lacune).

1467-1468.

Le revenu de la huche et des *esles* du péage de Bapaume qui avait été affermé à Guillaume Turpin et Roland Dartois, est, sur leur demande, de nouveau donné à bail pour deux ans à Jean d'Oultremepuch et Aleaume Frassent, à raison de 1400 livres par an, soit pour deux ans : 2800 livres.

(Idem, *Ibidem*).

Lacune de 1470 à 1500.

1500-1503.

Revenu de la huche et des *esles* du péage de Bapaume, affermé pour trois ans, à partir du 24 juin 1500, à Jean Douchet le Jeune, laboureur et Gilles Deleporte, demeurant à Bapaume, à raison de 1040 livres parisis par an, soit pour trois ans : 3120 li. par.

(Archives du Nord. Chambre des Comptes de Lille, Ancien B. 120).

1503-1505.

Revenu de la huche et des *esles* du péage de Bapaume, affermé pour trois ans à partir du 24 juin 1503 à Nicolas Henne, Gilles Deleporte, Charles Chrétien et Philippe Leclerc, à raison de 1000 livres parisis par an, soit pour trois ans : 3000 liv. p.

(Idem, *Ibidem*).

1505-1508.

Revenu de la huche et des *esles* du péage de Bapaume, affermé pour trois ans à Gilles Deleporte, à raison de 960 livres tournois par an, soit pour trois ans : 2880 livres tournois.

(Idem, *Ibidem*).

1508-1509.

Revenu du péage et des *esles* qui en dépendent, recueilli directement par le receveur Nicolas Gaillard pendant le cours de ladite année : 345 livres, 2 sols, 8 deniers tournois, moins 12 deniers par livre représentant le salaire du commis chargé de la perception du péage, soit ; 327 livres, 17 sols, 8 den. tour.

(Idem, *Ibidem*).

1509-1510.

Revenu de la huche et des *esles* du péage de Bapaume, recueilli directement par Nicolas Gaillart : 1.026 livres, 15 sols, 5 den. tournois, se décomposant ainsi : huche du péage à Bapaume : 292 livres, 19 sols, 2 deniers tournois; *esle* de Coupegueule : 134 livres, 8 sols, 8 den.; idem, de Posières : 13 livres, 8 sols tournois; idem, d'Amiens : 148 livres, 8 sols t.; idem, de Picquigny, 8 livres, 18 sols, 1 den. t.; idem, d'Abbeville : 34 livres, 15 sols, 10 den. t.; idem, de Corbie : 13 livres, 7 sols, 2 deniers t.; idem, de Cambrai : 114 livres, 5 sols, 8 den. t.; idem, de Beaumetz : 50 livres, 5 sols, 4 den. t.; idem, de Metz-en-Couture : 60 livres, 19 sols, 4 den. t.; idem, de Guise et d'Estrées-au-Pont : 156 livres t.; idem, de Tournai : néant. Total : 1.026 livres, 15 sols, 5 den. t.

(Archives du Nord. Ancien B. 121).

1510-1511.

Revenu de la huche et des *esles* du péage de Bapaume, affermé pour un an à Jean Le Feutre, Marc de Bernicourt et Robert de Rely, demeurant à Arras : 830 liv. t.

(Idem, *Ibidem*).

1511-1512.

Revenu de la huche et des *esles* du péage de Bapaume, affermé pour un an à Robert de Rely, marchand, bourgeois d'Arras, et à Nicolas Martin, marchand, bourgeois de Bapaume : 854 livres t.

(Idem, *Ibidem*).

1512-1513.

Revenu de la huche et des *esles* du péage de Bapaume, affermé pour un an aux mêmes : 908 liv. t.

(Idem, *Ibidem*).

1513-1514.

Revenu de la huche et des *esles* du péage de Bapaume, affermé aux mêmes pour la somme de 908 livres tournois, « de laquelle somme ledit receveur n'en a receu desdits Robert de Rely et Colart Martin, péaigeurs, que la somme de neuf vingtz six livres, unze sols, trois deniers (186 liv., 11 sols, 3 deniers tournois), pour le deu du péage depuis le jour saint Jehan Baptiste l'an mil cinq cens et treize que est le xxiiii⁰ jour de juing, que font pour ledit moys de juing sept jours entiers; item, depuis le premier jour de juillet xv⁰ xiii jusques au xxix⁰ jour dudit moys de juillet, qui font pour ledit mois de juillet vingt-huit jours entiers; et pour quarante jours à commencher à compter depuis ledit xxix⁰ jour de juillet xv⁰ xiii que Robert de Rely, fermier dudit péage fut en la Chambre des Comptes de Lille par devers Messeigneurs les Président et gens des Comptes à Lille, lequel remys ledit péage en la main du prince ledit xxix⁰ jour de juillet, pour estre deschargié quarante jours après, à cause des guerres qui estoient entre France et Engletere, ce que faire povoient selon le contenu de la criée dudit péage : » 189 livres, 3 sols, 3 deniers.

(Idem, Ibidem).

1514-1515.

Le revenu de la huche et des *esles* du péage de Bapaume n'a pas été affermé à cause de la guerre entre la France et l'Angleterre; mis en la main du prince et perçu, pour son compte, par Nicolas Martin et Gilles Frassont, depuis le 24 juin 1514 jusqu'à Noël de ladite année, il a rapporté pendant ledit temps, soit 6 mois : 291 livres, 19 sols, 6 deniers.

Il a été affermé pour trois ans, à partir de Noël 1514, à Charles De Le Marque, bourgeois, demeurant à Bapaume, Michaud Orguet, laboureur à Beaumetz, à raison, pour la première année, de, outre 66 livres tournois pour les *paulmées*, (épingles) : 778 livres tournois ; et pour les deux autres années de 844 livres par an, à charge de payer les gages du contrôleur du péage pendant les trois ans.

(Idem, Ibidem).

1515-1516.

Revenu de la huche et des *esles* du péage de Bapaume affermé : 814 livres par an.

(Idem, *Ibidem*).

Lacune de 1517 à 1522.

1522-1523.

Le revenu de la huche et des *esles* du péage de Bapaume, affermé pour six ans, à raison de 1000 livres tournois par an, à Charles De Le Marcque, marchand de vin ; mais il n'a pu être perçu et « est ledit droit de péaige non valloir à cause de la guerre qui est entre l'Empereur, nostre dit Sire, et le roy de France » : néant.

(Archives du Nord. Chambre des Comptes de Lille. Ancien B. 122).

1523-1524.

Le revenu de la huche et des *esles* du péage de Bapaume est nul à cause de la guerre : néant.

(Idem, *Ibidem*).

1524-1525.

Le revenu de la huche et des *esles* du péage de Bapaume est nul pour le même motif, sauf celui de *l'esle de Cambrai* qui s'élève à 10 livres payées par Charles De Le Marcque et 38 livres payées par Gilles Frassent qui l'avait pris à ferme pour un an commençant le 15 août 1524, pour la somme de cent livres tournois : 48 livres.

(Idem, *Ibidem*).

Lacune de 1525 à 1526.

1527-1528.

Le revenu du péage de Bapaume est affermé pour trois ans à Robert de Rely, maître des ouvrages d'Artois, à raison de 900 livres par an; il n'a pu jouir du droit de péage dans le cours de cette année que pendant neuf mois et demi, à cause de la guerre entre l'Empereur et le roi de France, et n'a versé en conséquence que: 712 livres, 10 sols.

(Idem, Ibidem).

1528-1529.

Le péage n'a pu être affermé immédiatement et le revenu en est perçu directement, pour le compte de l'Empereur, par Robert Créanciers, commis à cet emploi depuis le 29 juin 1528 jusqu'au 31 juillet suivant, pendant lequel temps, il a été reçu 5 livres, 15 sols, 9 deniers. Le revenu de l'*esle* d'Arras, recueilli par Robert de Rely du 28 juin au 23 juillet 1528, a produit 7 livres, 16 sols, 10 deniers obole; l'*esle* de Cambrai a fourni du 29 juin au 28 juillet 1528: 4 livres 4 sols tournois: celle de Beaumetz pendant le même temps: 39 sols, 6 den.; celle de Metz-en-Couture: 14 sols: celle de Coupegueule: 39 sols, 1 denier. Total pendant le mois de juillet 1528: 22 livres, 9 sols, 7 deniers tournois.

Le revenu du péage a été affermé pour un an, à raison de 600 livres, à partir du 24 juillet 1528, à Antoine Lescullier: 600 livres tournois.

(Idem, Ibidem).

1529-1530.

Le revenu de la huche et des *esles* du péage de Bapaume a été affermé après plusieurs enchères et surenchères à Robert de Rely, moyennant 390 livres tournois.

(Idem, Ibidem).

1530-1531.

Le revenu de la huche et des *esles* du péage de Bapaume, affermé au même, moyennant 526 livres tournois.

(Idem, Ibidem).

1531-1532.

Le revenu de la huche et des *esles* du péage de Bapaume, affermé pour trois ans à Antoine Martin, bourgeois de Bapaume, à raison de 652 livres par an.

(Idem. Ancien B. 124).

1532-1533.

Idem : 652 livres tournois.

(Idem, *Ibidem*).

1533-1534.

Le revenu de la huche et des *esles* du péage est affermé, après plusieurs surenchères, à Robert Créanciers, à raison de 564 livres tournois par an.

(Idem, *Ibidem*).

1534-1535.

Le revenu de la huche et des *esles* du péage affermé pour trois ans au même, à raison de 708 livres tournois par an.

(Idem, *Ibidem*).

1535-1536.

Idem : 708 livres tournois.

(Idem, *Ibidem*).

1536-1537.

Le revenu de la huche et des *esles* du péage est nul à cause de la guerre entre l'Empereur et le roi de France : néant.

(Idem, *Ibidem*).

1537-1538.

Le revenu de la huche et des *esles* du péage n'a pas été affermé, mais il a été perçu directement, pour le compte de l'Empereur, par Nicolas Martin, sur les marchands ayant passé à Bapaume avec des sauf-conduits depuis le 15 décembre 1537 jusqu'au 5 juillet 1538, ce jour compris, et le 6 a commencé à courir le bail nouvellement conclu ; du 15 décembre 1537 au 5 juillet 1538, il a été perçu 88 livres, 10 sols, 9 deniers, de laquelle somme il faut déduire les frais du collecteur, à raison de 2 sols par livre, soit 4 livres, 5 sols 6 deniers ; il reste : 79 livres, 7 sols, 2 deniers.

(Idem. Ancien B.125).

1538-1539.

Le revenu de la huche et des *esles* du péage a été affermé pour trois ans, à Robert Créanciers, à partir du 6 juillet 1538 lorsque la trêve *communicative* fut publiée à Bapaume, à raison de : 782 livres par an.

(Idem, *Ibidem*).

1539-1540.

Le revenu de la huche et des *esles* du péage est affermé, pour trois ans, par suite de la résiliation du bail de Robert Créanciers, à Antoine Martin, à raison de 914 livres par an.

(Idem, *Ibidem*).

1540-1541.

Idem : 914 livres.

(Idem, *Ibidem*).

1541-1542.

Le revenu de la huche et des *esles* du péage affermé au même, pour 924 livres par an.

(Idem. Ancien B. 126).

1542-1543.

Le revenu de la huche et des *esles* du péage est affermé dans les mêmes conditions, « mais voyant ledit Anthoine Martin le temps de guerre advenue entre l'Empereur et le Roy de Franche, et que, à raison d'icelle, il n'auroit seu jouyr ny prouffiter de sadicte ferme par ce que la marchandise n'avoit son cours des pays de pardeçà audit pays de Franche, il auroit remis ledit paiaige ès mains dudict seigneur Empereur comme luy estoit permis par la cryée et demeure par ce faicte pardevant les officiers et hommes du seigneur Empereur audict Bappalmes, rendue sur le compte précédent en le signiffiant à Messeigneurs des Comptes à Lille ou à ce présent receveur ; depuis lequel tamps et le commanchement de ladicte guerre, il n'auroit esté auchune chose receue dudict droict de paiaige jusqu'au cinquiesme jour de febvrier xv^c xliii (1513 n. st.), que lors la marchandise commencha avoir cours et passaige par sauf-conduit des pays de pardeçà audit pays de France. Pour lequel droit de paiaige a esté receu en la ville d'Arras par ung nommé Jacques Le Selier, commis à recepvoir ledit droict en ladicte ville, par ce dit receveur jusques au jour Sainct Jehan Baptiste xv^c xliii, la somme de 59 libvres, 2 sols, 6 deniers, sur laquelle somme il a receu pour son salaire le 10e denier, soit 118 sols, 6 deniers ; ainsy reste au profit de l'Empereur : 53 livres, 4 sols, 3 deniers tournois. »

(Idem. Ancien B. 127).

Lacune de 1513 à 1514.

1515-1516.

Le revenu de la huche et des *esles* du péage est affermé à Jean Bacheler, maïeur de la ville de Bapaume, pour la somme de 904 livres tournois.

(Idem. Ancien B. 128).

1516-1517.

Idem : 904 livres tournois.

(Idem. Ancien B. 129).

1517-1518.

Le revenu de la huche et des *esles* du péage est affermé

pour trois ans, à partir du 1er octobre 1547, à Claude Douchet, marchand à Arras, pour la somme de 838 livres par an.

(Idem. Ancien B. 130).

1548-1549.

Idem : 838 livres.

(Idem. Ancien B. 131).

1550-1551.

Le revenu de la huche et des *esles* du péage est affermé à Jean Bacheler, bourgeois de Bapaume, pour la somme de 906 livres, 13 sols, 4 deniers par an.

(Idem, *Ibidem*).

1551-1552.

Le revenu de la huche et des *esles* du péage avait été affermé à Jean Bacheler pour la somme de 1.098 livres, 13 sols, 4 deniers; mais il obtint la résiliation de son bail à cause de la guerre entre l'Empereur et le Roi de France; il paya seulement pour les trois mois écoulés, du 1er juillet au 1er octobre 1551, la somme de 274 livres, 13 sols, 4 deniers. Il perçut directement sur les marchands munis de sauf-conduits, depuis le 30 septembre 1551, jour de la publication de la guerre jusqu'au 1er mars 1552, date du nouveau bail, la somme de 63 sols.

Le 1er mars 1552, le revenu du péage de Bapaume fut affermé à Jacques Blondeau d'Arras, pour un an, au prix de 120 carolus, en prenant à sa charge pendant ladite année « tous périls et fortune, sans pouvoir demander quelque modération ou quictance, fut que les sauconduitz fussent rappellez avant l'expiration dudit an ou aultrement ; mais en cas que paix, tréves ou abstinence survinssent avant ledict an expiré, ledit accord cesseroit, en payant par ledit Blondeau à rate et portion de temps » : 120 carolus valant 160 livres tournois.

(Idem. Ancien B. 132).

1552-1553.

Le revenu de la huche et des *esles* du péage est affermé à Jacques Blondeau, à partir du 1er mars 1552 (n. st.) jusqu'au 1er mars 1553, pour 120 florins carolus valant 160 livres tournois.

(Idem. Ancien B. 133).

1553-1554.

Le revenu est affermé au même, à partir du 1er mars 1553 jusqu'au 1er mars 1554, à raison de 8 florins carolus par mois, ce qui a produit en tout : 96 livres, 5 sols, 4 deniers.

(Idem, *Ibidem*).

1554-1555.

Idem : 96 livres.

(Idem, *Ibidem*).

1555-1556.

Idem : 96 livres.

(Idem, *Ibidem*).

1556-1557.

Le revenu de la huche et des *esles* du péage est affermé, pour trois ans, à Antoine Cocquerel, à raison de 888 livres par an, à commencer du 11 mars 1556, date de la publication de la trêve avec la France, soit pour quatre mois : 296 livres.

Le bail fut dénoncé lors de la rupture de la trêve, le 5 janvier 1557 ; il avait été perçu jusqu'alors, depuis 5 mois et 24 jours : 429 livres, 4 sols.

Le revenu du péage fut alors affermé (le 5 janvier 1557) à Jean Bacheler, à raison de 6 livres par mois, soit pour 6 mois : 36 livres ; soit en tout pour l'année 1556-1557 : 743 livres, 4 sols.

(Idem, *Ibidem*).

1557-1558.

Le revenu du péage fut affermé au même, dans les mêmes conditions jusqu'au jour de la publication de la paix avec la France le 5 avril 1559, soit pour 9 mois : 56 livres.

(Idem, Ibidem).

1558-1559.

Le revenu du péage affermé au même, dans les mêmes conditions, soit pour 6 mois : 36 livres.

(Idem, Ibidem).

1559-1560.

Le revenu du péage est affermé à Jacques Blondeau, bourgeois à Arras, pour un an à partir du 7 avril 1559, date de la publication de la paix avec la France, à raison de 540 livres.

(Idem, Ibidem).

1561-1562.

Le péage n'est pas affermé, mais levé par les officiers du Roi d'Espagne. Tous frais déduits, la huche de Bapaume rapporte : 140 livres, 16 sols, 6 deniers ; les *esles* des autres villes : 131 livres, soit pour le tout : 271 livres, 16 sols.

(Idem. Ancien B. 134).

1562-1563.

Le péage est levé directement par les officiers du Roi. La huche de Bapaume rapporta : 81 livres, 6 sols ; *l'esle* d'Achiet : 73 livres, 2 sols ; celle d'Arras : 109 livres, 18 sols, 1 denier ; idem, des faubourgs de la ville d'Arras : 37 livres, 10 sols, 5 deniers ; idem de Cantimpré-les-Cambrai : 21 livres, 10 sols, 6 deniers ; idem, de St. Pol : néant ; idem, de Beaumetz-les-Cambrai : 4 livres, 8 sols ; idem, de Pas en Artois : néant ; idem, de Metz-en-Couture : 5 livres, 8 sols. Total : 320 livres, 16 sols, 1 denier.

(Idem, Ibidem).

1563-1564.

Le revenu de la huche et des *esles* du péage, levé directement par les officiers du Roi, s'éleva à 239 livres, 2 sols, 6 deniers.

(Idem, *Ibidem*).

1564-1565.

Le revenu de la huche et des *esles* du péage fut affermé pour trois ans, à Jean Escaillet, tavernier à Bapaume, à raison de 560 livres de 40 gros par an.

(Idem, *Ibidem*).

1565-1566.

Le bail de Jean Escaillet fut résilié, à cause de la guerre et du soulèvement des Pays-Bas ; Jean Escaillet perçut alors le droit de péage comme agent du Roi et versa, à ce titre, la somme de 103 livres, 15 sols, 6 deniers.

(Archives du Nord. Chambre des Comptes. Ancien B. 135).

1566-1567.

Le revenu de la huche et des *esles* du péage est affermé pour un an à Jean Escaillet, à raison de 200 livres.

(Idem, *Ibidem*).

1567-1568.

Le revenu de la huche et des *esles* du péage est affermé, pour trois ans, à Hugues du Pire, bourgeois de Bapaume, à raison de 518 livres de 40 gros par an.

(Idem, *Ibidem*).

1568-1569.

Le revenu de la huche et des *esles* du péage affermé au même, pour le même prix : 518 livres par.

(Idem, *Ibidem*).

Lacune de 1570 à 1573.

1573-1574.

Le revenu de la huche et des *esles* du péage est affermé,

pour trois ans, à Jacques Lucas ayant pour command Andrieu Fiévé, à raison de 424 livres par an.

(Archives du Nord. Ch. des Comptes. Ancien B. 136).

1574-1575.

Idem : 424 livres par.

(Idem, *Ibidem*).

1575-1576.

Idem : 424 livres par.

(Idem, *Ibidem*).

1576-1577.

Le revenu de la huche et des *esles* du péage est affermé, pour trois ans, à Andrieu Fiévé, bourgeois de Bapaume, avec la réserve que le bail sera résilié en cas de guerre, moyennant la somme de 250 livres par an.

(Idem, *Ibidem*).

1577-1578.

Idem : 250 livres.

(Idem, *Ibidem*).

1578-1579.

Idem : 250 livres.

(Idem, *Ibidem*).

1579-1580.

Le revenu de la huche et des *esles* du péage est affermé au même, pour trois ans, à partir du 24 juin 1579, à raison de 600 livres par an, avec la clause de résiliation du bail en cas de guerre.

(Archives du Nord. Chambre des Comptes de Lille. Ancien B. 137).

1580-1581.

Le revenu de la huche et des *esles* du péage est affermé de nouveau, après la résiliation du bail précédent, au même, pour deux ans, à partir du 24 juin 1580, à raison de 360 livres parisis par an.

(Idem, *Ibidem*).

1581-1582.

Idem : 360 livres parisis.

(Idem, *Ibidem*).

1582-1583.

Le revenu de la huche et des *esles* du péage est affermé, pour deux ans, à Antoine Cocquerel, bourgeois de Bapaume, à dater du 24 juin 1582, moyennant 300 florins ou livres parisis par an et avec clause de résiliation en cas de guerre.

(Idem, *Ibidem*).

1583-1584.

Idem : 300 livres parisis.

(Idem, *Ibidem*).

1584-1585.

Le revenu de la huche et des *esles* du péage est affermé au même, pour trois ans, à partir du 24 juin 1584, moyennant 325 livres parisis par an, et avec clause de résiliation en cas de guerre.

(Archives du Nord. Chambre des Comptes de Lille. Ancien B. 138).

1585-1586.

Idem : 325 livres parisis.

(Idem, *Ibidem*).

1586-1587.

Idem : 325 livres parisis.

(Idem, *Ibidem*).

1587-1588.

Le revenu de la huche et des *esles* du péage est affermé au même, pour trois ans, à dater du 24 juin 1587, moyennant 350 livres par an, « sans que pour occasion des troubles modernes, de hazards, incommodités ou aultres quelconques que advenir polroient, ledit fermier puist ou polra demander ou quereller à la charge de Sa Majesté aulcune grace, quittance ou modération dudit rendaige, mesmes que sy par importunité ou inadvertence il en obtenoit, sera tenu le refondre, excepté pour tamps de guerre survenante entre les Majestés Catholique et Trés-Chrestienne, que Dieu ne vœuille, que lors il sera admis à remecttre ladicte ferme.

Bien entendu à condition expresse de par luy parensseuvir (poursuivre) à ses frais et dépens de pooir asseoir aesles es villes de S¹ Omer, Aire, Fauquembergue et aultres lieux par où les marchandises prendent présentement cours par la rébellion de Cambray où la recette dudit droit de péage se faisoit, y comectant gens souffisans tenans tous jours à la main copie autenticque de l'ensqueste faicte à Cappy, pour la conservation meilleure tant du droict de Sa Majesté que des marchans ; aussy de faire le mesmes es *aesles* jà assizes, de sorte que icelluy droict ne viengne diminuer par négligence, obmission ou connivence, (et de faire ses debvoirs es cas susdicts), faire apparoir par certiffications pertinentes, soit du gouverneur, son lieutenant ou d'aultres qualifiez parleans l'année première de ceste continuation, à peine (en cas de faulte) telle que sera trouvée convenir et aux aultres cherges et conditions et réservations exprimées par ledit bail etc. » : 350 livres.

(Archives du Nord. Chambre des Comptes de Lille. Ancien B. 139).

1588-1589.

Idem : 350 livres parisis.

(Idem, *Ibidem*).

1589-1590.

Idem : 350 livres parisis.

(Idem, *Ibidem*).

1590-1591.

Le revenu de la huche et des *esles* du péage est affermé à Philippe Martel, bourgeois de Bapaume, pour trois ans, à raison de 620 livres par an, avec clause de résiliation en cas de guerre.

(Idem, *Ibidem*).

1591-1592.

Idem : 620 livres.

(Idem, *Ibidem*).

Lacune de 1592 à 1596.

1595-1596.

Le revenu de la huche et des *esles* du péage est affermé à Jacques Goublet, à raison de 600 livres par an ; mais par suite de la guerre entre la France et l'Espagne, le bail a été résilié et la recette nulle : néant.

(Archives du Nord. Chambre des Comptes de Lille. Ancien B. 140).

1596-1597.

Idem : néant.

(Archives du Nord. Chambre des Comptes de Lille. Ancien B. 141).

1597-1598.

Idem : néant.

(Idem, *Ibidem*).

1598-1599.

Le revenu de la huche et des *esles* du péage est affermé pour six ans, à partir du 7 juin 1598, date de la publication de la paix entre la France et l'Espagne, à Adrien Danhel, moyennant 600 livres par an.

(Idem, *Ibidem*).

1599-1600.

Idem : 600 livres.

(Idem, *Ibidem*).

1600-1601.

Idem : 600 livres.

(Archives du Nord. Chambre des Comptes de Lille. Ancien B. 142).

1601-1602.

Idem : 600 livres.

(Idem, *Ibidem*).

1602-1603.

Idem : 600 livres.

(Idem, *Ibidem*).

1603-1604.

Idem : 600 livres.

(Idem, *Ibidem*.)

1604-1605.

« Quant au péaige de Bappalmes qui se prend sur les marchandises venans du pays de France et de celles qui vont en France qui n'a eu [lieu], ad cause des deffences qui auroient esté faites d'une part et d'aultre, estant le commerce avecq le pays de France ouvert, Messeigneurs des Finances auroient escript lettres ad ce recepveur, de incontinent mectre à ferme au plus offrant, après publications préalablement faictes partout où il appartiendroit, en présence des officiers de Bappalmes, ledit péaige pour la branche d'Artois, suivant quoy ledit receveur auroit envoyé Andrieu Roussel, sergent du bailliaige dudit Bappalmes, annoncer que ledict droict de péaige se bailleroit au plus offrant pardevant lesdits officiers pour ung temps de trois ans continuels et enssuivans l'ung l'aultre, à commencher au premier jour de febvrier mil six cens et cincq, à condition que le prendeur ne polra prétendre ou quereller aulcune modération ou quictance à quelle occasion ou cause que ce soit, ne fût à raison de la guerre, que Dieu ne veouille, entre nostre dit pays et le roialme de France, ouquel cas le prendreur se recepvra à l'abandon de sadite ferme, si abandonner le veoult, en paiant son rendaige à ratte de temps ; aussy qu'il debvra à ses despens procurer que les *aesles* dudit péaige soient assizes à St Omer et aultres lieux où il se soulle lever, et ce pardedans la première année, selon qu'auroit encommenchié de faire feu Jacques Goubet, aiant esté fermier, et Adrien Dannel, dernier fermier dudit péaige, et de baillier bonne et seure cauxion à l'appaisement dudit recepveur, ledit ferme seroit demeuré pour un temps de trois ans à Adrien Cocquerel, demeurant à Bappalmes, moyennant la somme de 530 florins par an, » à partir du 1er février jusqu'au 24 juin 1605, soit pour 4 mois et 24 jours : 213 livres, 8 sols, 8 deniers. Compte de la recette faite par Adrien Dannel : 206 livres, 2 sols, 6 deniers. Total de la recette de ladite année : 419 livres, 11 sols, 2 deniers.

(dem, *Ibidem*).

1605-1606.

Idem : 530 livres parisis.

(Archives du Nord. Chambre des Comptes de Lille. Ancien B. 143).

Le revenu de la huche et des *esles* du péage est affermé pour trois ans à partir du 1er février 1608, à Pasquier Bosquet, à raison de 610 livres par an.

(Archives du Nord. Chambre des Comptes de Lille. Ancien B. 144).

Lacune de 1609 à 1610.

1610-1611.

Fin du bail de Pasquier Bosquet, du 24 juin 1610 au 1er février 1611, soit, 7 mois et 6 jours : 375 livres, 6 sols, 10 deniers, à raison de 530 livres par an, soit pour les quatre mois et trois semaines restant à courir jusqu'au 24 juin 1611 : 209 livres, 15 sols, 10 deniers ; soit en tout, pour ladite année : 585 livres, 2 sols, 8 deniers.

(Archives du Nord. Chambre des Comptes de Lille. Ancien B. 145).

1611-1612.

Idem : 530 livres.

(Archives du Nord. Chambre des Comptes de Lille. Ancien B. 146).

1612-1613.

Idem : 530 livres.

(Idem, *Ibidem*).

1613-1614.

Fin du bail d'Adrien Cocquerel, ayant pour représentant Maximilien de Bares, soit pour 7 mois et 1 semaine : 320 livres, 4 sols, 2 den.

Nouveau bail d'un an, à partir du 31 janvier 1614 passé avec Ligier Pisson, pour le prix de 250 livres par an ; « le baillant pour trois ans, le rendaige seroit petit ad cause du procès qu'il y a indécis pardevant Messeigneurs du Grand Conseil de Malines, contre ceulx de la ville de St-Omer » ; soit pour les 4 mois et 3 semaines échus dudit bail de Ligier Pisson : 98 livres, 19 sols, 2 deniers et, en tout pour ladite année : 419 livres, 3 sols, 4 den.

(Idem, *Ibidem*).

1614-1615.

Fin du bail Ligier Pisson jusqu'au 1er février 1615, soit pour 7 mois et une semaine : 151 livres, 10 den. Au lieu de passer un nouveau bail, les gens des Finances chargèrent Ligier Pisson, fermier, pour le quartier de Bapaume, et Pasquier Bocquet, arrière-fermier, pour le quartier d'Arras, Hesdin, Auxy-le-Château et autres lieux, de faire la recette dudit péage, moyennant le paiement de la somme de 200 livres par an, soit pour 4 mois et 3 semaines qui restaient à courir de l'année 1614-1615 jusqu'au 24 juin de ladite année : 98 livres, 19 sols, 2 deniers; soit, en tout, pour ladite année : 250 livres.

(Archives du Nord. Ch. des Comptes de Lille. Ancien B. 147).

1615-1616.

Fin de la gestion de la recette du péage faite par Ligier Pisson et Pasquier Bocquet : 134 livres, 10 den.

Nouveau bail pour un an seulement, à raison de 200 livres par an, à partir du 1er février 1616, à Ligier Pisson, soit pour les 4 mois et trois semaines qui restaient à courir de ladite année : 79 livres, 3 sols, 4 deniers; soit, en tout, pour ladite année : 213 livres, 4 sols, 2 deniers.

(Idem, *Ibidem*).

1616-1617.

Fin du bail de Ligier Pisson, à raison de 200 livres par an, soit pour 7 mois et 1 semaine : 120 livres, 16 sols, 2 den.

Nouveau bail au même, à partir du 1er février 1617, à raison de 390 livres par an, soit pour 4 mois et trois semaines : 127 livres, 19 sols, 4 deniers; soit, en tout, pour ladite année : 248 livres, 15 sols, 6 deniers.

(Idem, *Ibidem*).

1617-1618.

Fin du bail de Ligier Pisson, à raison de 390 livres par an, jusqu'au 1er février 1618, soit, depuis le 24 juin précédent, 7 mois et une semaine, la somme de 262 livres, 7 sols, 7 deniers.

Nouveau bail, à partir du 1er février 1618, à Andrieu Rousset, Adrien Doien et Christophe Constant, l'un pour l'autre et chacun d'eux pour le tout, à raison de 265 livres par an, soit pour 4 mois, 3 semaines : 93 livres, 17 sols, 1 denier. Total de la recette de la dite année : 356 livres, 4 sols, 8 deniers.

(Archives du Nord. Chambre des Comptes de Lille. Ancien B. 148).

1618-1619.

Fin du bail d'Adrien Doïen, Andrieu Rousset et Christophe Constant, à raison de 265 livres par an, soit pour 7 mois, 1 semaine : 171 livres, 2 sols, 11 deniers.

Nouveau bail à partir du 1er février 1619 à Adrien Doïen, à raison de 350 livres par an, soit pour 4 mois et 3 semaines : 123 livres, 19 sols, 2 deniers. Total de la recette de ladite année : 295 livres, 2 sols, 1 denier.

(Archives du Nord. Chambre des Comptes de Lille. Ancien B. 149).

1619-1620.

Fin du bail d'Adrien Doïen : 226 livres, 10 deniers,

Nouveau bail à Guillaume Caudron, moyennant 400 livres par an, soit pour 4 mois et trois semaines : 141 livres, 13 sols, 4 deniers. Total de la recette de l'année : 367 livres, 9 sols, 2 deniers parisis.

(Archives du Nord. Chambre des Comptes de Lille. Ancien B. 150).

1620-1621.

Fin du bail de Guillaume Caudron : 258 livres, 6 sols, 8 deniers parisis,

Nouveau bail avec le même et avec Adrien Doien, moyennant 400 florins ou livres par an, soit pour 4 mois et 3 semaines : 141 livres, 8 sols, 4 deniers. Total de la recette de l'année : 400 livres.

(Idem, *Ibidem*).

1621-1622.

Fin du bail de Guillaume Caudron et d'Adrien Doïen : 258 livres, 6 sols, 8 deniers.

Nouveau bail à Guillaume Caudron, seul, à raison de 350 livres parisis ou florins par an, soit pour 4 mois et 3 semaines : 123 livres, 19 sols, 3 deniers. Total de l'année : 389 livres, 5 sols, 11 deniers.

(Idem, Ibidem).

1622-1623.

Fin du bail de Guillaume Caudron 226 livres, 9 deniers.

Nouveau bail à Jean de Vrau, à raison de 350 livres, soit pour 4 mois et 3 semaines : 123 livres, 19 sols et 3 deniers. Total de l'année : 350 livres parisis.

(Idem, Ibidem).

1623-1624.

Fin du bail de Jean de Vrau : 226 livres parisis.

Nouveau bail à Hubert Roguet, demeurant à Bapaume, pour la branche de péage de Bapaume, moyennant 200 florins par an, et à Guillaume Caudron, marchand à Arras, à raison de 230 florins par an, pour la branche d'Arras ; soit, pour l'ensemble du péage, moyennant 430 florins ou livres parisis ; pour 4 mois et 3 semaines : 152 livres, 5 sols, 10 deniers. Total de la recette de l'année : 378 livres parisis ou florains 6 sols, 7 deniers.

(Idem, Ibidem).

1624-1625.

Fin du bail de Hubert Roguet et Guillaume Caudron ; 277 livres, 14 sols, 2 deniers.

Nouveau bail du péage « pour en jouir audict premier jour de febvrier 1625, tant pour Arthois que pour lieux de Flandres nouvellement establis (par un arrêt du Conseil de Malines), pour le terme et espace de trois ans continuelz et enssuivans l'ung l'aultre ; sy que ledict droict seroit demeuré à Jehan Thirion pour et au nom de Charles Lacère, moiennant 7.220 liv. par an, lequel Lacère auroit aussy tost ceddé son droict à Nicolas van Meerstraten, marchand, demourant à St Omer ; soit, pour 4 mois et une semaine : 2859 livres, 18 sols, 4 deniers. Mais comme sur nouvelles difficultés menes par les marchands de St Omer qui ont refusé le paiement dudict droict et intemptez nouveaux procès contre ledict fermier, à l'exemple desquelz les magistrats tant dudict St Omer que Ypres joinctz les marchans dudict lieu, de Duncquerque et aultres, n'at esté receu par ledict Merstraeten que bien peu de chose, combien que pour conserver icelluy droict ledict Merstraeten at faict plusieurs debvoirs pour réfuter les oppositions d'iceulx magistratz et marchans avecq les diligences à ce requis, luy a esté cause que ce dict recepveur n'at recheu aulcune chose d'icelle ferme, néantmoings il en fait icy recepte et par après remise ». Total de la recette de ladite année : 277 livres, 14 sols, 2 deniers.

(Archives du Nord. Chambre des Comptes de Lille. Ancien B. 151).

1625-1626.

Par suite des procès suscités par les marchands et les magistrats de St Omer et des autres villes de Flandre, le fermier Nicolas van Merstraeten n'a rien pu payer sur la somme de 7.220 livres, montant du bail annuel. Recette de l'année : néant.

(Idem, *Ibidem*).

1626-1627.

Idem. Recette : Néant.

(Idem, *Ibidem*).

1628-1631.

Après de nouvelles difficultés et de nouvelles procédures

devant le Conseil privé et devant le Grand Conseil de Malines, une transaction intervint avec les marchands de S¹ Omer, le 27 juillet 1629, pour le rétablissement du péage de Bapaume, ce qui a occasionné de nouveaux frais. Ledit péage a été recueilli directement par le receveur et ses agents, et a rapporté depuis qu'il a été rétabli : 21,660 livres tournois (pour mémoire).

(Archives du Nord. Ch. des Comptes. Ancien B. 152).

1631-1632.

Recette du péage : 7220 livres.

(Archives du Nord. Ch. des Comptes. Ancien B. 152 *bis*).

1632-1633.

Le péage de Bapaume n'a pas été affermé et la recette en a été nulle.

(Idem, *Ibidem*).

1633-1634.

Idem. Recette : néant.

(Idem, *Ibidem*).

1634-1635.

Idem. Recette : néant.

(Idem, *Ibidem*).

PIÈCES JUSTIFICATIVES

DE LA

SECONDE PARTIE

(Traités de commerce entre les villes de Flandre et celles de La Rochelle, Niort, St-Jean-d'Angely, Bayonne, Biarritz, Bordeaux et Narbonne).

I

Franchises accordées par la comtesse Marguerite aux maires et communes de La Rochelle, Saint-Jean d'Angely et Niort, ainsi qu'aux marchands de Poitou et de Gascogne qui viendront à Gravelines, afin de favoriser l'accroissement de la ville et du port dudit lieu. (Juin 1262.)
(Archives du Nord. B. 96).

Nous Margherite, contesse de Flandres et de Haynau, faisons à savoir à tous ceaus ki ces lettres verront et orront, ke nous pour le poarfit et pour lacroissement de nostre vile de Gravelinghes et dou port de celui liu, avons doné et ottrié franchises teles comme ci après sunt écrites : A nos amez, as maires et as communs de la vile de la Rochele, de la vile de saint Jehan dangeli et de la vile de Niort et à lor marcheans et à tous autres marcheans de Poitou, de Gascoingne et d'aillors de ces parties de là, ki sunt et serunt de lor compaingnie et ki à ladite vile de Gravelinghes et audit port vendront pour marcheander et pour besoingnier de lor marchandises ; tout ou commencement, les devant dis marcheans, lor vallés et lor sergans et les gardes de lour avoir et de leur marcheandises, nous recevons en nostre garde et en nostre deffense par toute nostre terre et par tout nostre pooir. Après nous volons et ottrions ke li devant dit marcheans et lor vallet et lor sergeant puissent es lius devant dis venir et aler, amener et aporter lor marcheandises et marcheander franchement et délivrément, lor droites coustumes paiant, et puissent vendre et achater ou eschangier luns marcheans à l'autre et à toutes autres manières de gens, à leur volenté, de toutes lor marchandises queles ke eles soient, et mettre lor avoirs en commendise tout là u il lor samblera ke bon soit, et quil puissent garder et tenir lor avoir et lor marcheandises tant longhement cum il voldront, et faire compagnies de lor avoirs à ceaus de nostre terre et de nostre pooir et aillors se il voelent, par si ke cil ki sera compains de la marcheandise as devant dis marcheans puist exploitier l'avoir de son compaignon ou de ses compaignons, ensi ke il paie pour ses compaignons tels coustumes cum il deveront de lor parties et de le sue partie ce ke à lui en afferra. Après nous volons et ottrions ke se aucuns des devant dis marcheans ou de lor sergans ou des wardeurs de lor avoir, convenoit plaidier à Gravelinghes ou aillors en nostre terre ou en nostre pooir, ke la justice dou liu li livre consel et amparlier en bone foi à toutes les fois ke on l'en requerra au coust resnable de celui pour cui il parleroit; et volons ke se il par aventure avenoit ke li marcheans u ses sergans ou li garderes de son avoir monstroit sa plainte u sa besoingne devant nostre justice, ke on ne li voist à nule souspresure desconvenable, ne à nul mal engien de sa parole. Après nous volons et ottrions ke li regars des vins ne puist estre fais par nous ne par nos baillius, ne par eskevins, ne par nostre justice de Gravelinghes, ne par autrui de par nous, fors une fois en l'an; c'est asavoir après ce ke li moust nouvel seront premierement venu à Gravelinghes; ne pour la raison dou regart des vins, ne des autres avoirs as marcheans, nostre baillius, ne eskevin, ne justice ne puent ne ne doivent cloere ne fermer les celiers, ne les maisons où seront li vin et li autre avoir as marcheans devant dis, ains lor doit on laissier les clés ou à leur sergans ou à leur commandement, et se on i trouvoit vin ki ne fust loiaul, il conviendroit ke li marcheans cui tels vins seroit ou ses commandemens, l'en fesist porter ou mener fors de nostre terre dedens vint jours après le regart fait ou ke il l'effondrast ou le fesist effondrer par

le seu dou bailliu ou de la justice et des eskevins dou
liu et par tant sen puet passer, et li remandra quites
li fus dou tonel ; et se li marcheans ou ses commans ne le
faisoit, nostre justice le feroit faire puis les vint jours
devant dis et seroit adont li frés dou tonel nostres ; et se
il i avoit aucun vin dont on fust en doutance s'il porroit
revenir en point ou non, on doit le tonnel saieler dou
saiel d'eskevins juskes à certain terme convenable
pour savoir coment li vins se prouvera ; et sil dedens
le dit terme revenoit en bon point, faire en puet li
marcheans son esploit à sa volenté ; et se il ne revenoit
en bon point, on en fera comme de mauvais en la
manière devant dite ; mais pour foibleté de vin, ne pour
ajoster blanc vin aveuc vermel, se dont ni avoit autre
mauvaistée, on n'en puet faire justice, ne le tonel
effondrer. Et s'il avenoit par aventure ke, devant ou après
le terme dou regart des vins devant dit, plainte venist
à nostre justice ou à eskevins ke aucuns marcheans usast
de mauvais vins ou les eust, regarder ou savoir le porroit
on et amender en la manière ki devant est dite des mauvais
vins. Après nous volons et ottrions ke se aucuns achate
vins ou autres avoirs as devant dis marcheans ou à lor
commandement et aucuns de la vile de Gravelinghes
i voloit avoir part ou compaingnie, il convient que cil
ki part i voldroit avoir, pait tantost sa partie ou marcheant vendeor en deniers contans, se la marchandise
est vendue à païer deniers contans ; et se ele estoit
vendue à craonce ou à terme, nus ni porroit avoir ne
clamer part aveuc lachateor. Après nous volons et
ottrions ke se aucuns achate vins ou autres avoirs des
marcheans devant dis ou de lor comant, ke li marchiés
soit estables, puis ke li deniers diu en sera baillies, et ke
li achateus diluekes en avant ne s'en puist resortir ne
aler arrière. Après nous volons et ottrions ke pour le

meffait dou vallet ou dou sergeant au marcheant ou dou gardeor de son avoir, ne puist li avoirs dou marcheant estre arrestés ne encombrés. Encore nous volons et ottrions ke, se aucuns ajornemens estoit fais sour marcheant ou sour son vallet ou sour son sergeant ki ne fust présens en la vile de Gravelinghes au jour et à l'ore ke li ajornemens seroit fais, ke cil ajornemens ne li puist nuire ne grever, et se on li metoit seure ke il a dont i eust esté présens, nous volons kil sen puist esconduire et passer par son sairement, se il nestoit prouvé par connissance deskevins ki eussent esté à faire lajornement à sa personne. Après, se aucuns des marcheans ou de lor gens voloient loer ou achater osteus en la vile de Gravelinghes, faire le pucent et atraire aveuc aus tant de compaignons et d'autre gent com il voldront et porront. Après nous volons et ottrions ke les escutes ne puissent venir à la nef quant ele sera venue devant la haveue de Gravelinghes pour alegier, fors tant seulement celes ke li marchans ou ses comandemens ou li maistres de la nef atenera et comandera à venir, et chargera la première escute ki ensi seroit comandée à venir tout arroutéement sa charge avant cautres escutes puissent riens commencier à chargier, et ensi et en tel forme feront les autres après, tant come li marcheans ou ses commandemens ou li maistre de la nef voldra. Après nous volons et ottrions ke nus escutemans ne puist estre compains à l'autre ne estre deschargières de vins. Encore nous volons et ottrions ke li marchans ou ses conmans puist faire arrester le cors et lavoir de son detteur selonc les coustumes dou liu où la dette et la connissance sera faite, et se aucuns des detteurs estoit fuitis, nous le devons faire arrester où il soit trouvés en nostre terre et en nostre pooir et son cors faire ramener en prison ou liu dont il se seroit défuis, à la requeste dou

marcheant ou de son comandement ; et doivent tuit li bien
et tous li avoirs dou detteur et de sa feme estre mis et
bailliés en paiement au marchaent ou as marcheans à cui
on deveroit la dette. Après nous volons et ottrions ke li
marcheant et lor comant puissent paier délivrèment les
frais as maistres des nés ou à leur coumandement, de lor
avoirs et de lor marchandises par si ke li maistre ou lor
commant s'en tiengnent à paié. Encore nous volons et
ottrions ke pour content ki soursist entre nous et cels de
Gravelinghes, ne pour guerre, ne pour ost, ne por tans de
messons ne de harenghisons, ne remaingne mie ke on ne
face tous taus, droit et loi as marcheans et à lor gens
et à lor comandement. Après, pour ce ke nous volons
ke li marcheant devant dit et lor gens et lor comans
soient certain des coustumes de Gravelinghes et dou port,
combien li venderes et li achateres paieront, Nous
faisons savoir à tous ke li venderes i doit paier de
chascun tonel de vin ki vendus sera en liauwe doudit
port, quatre tornois, et de celui con vendera à terre sèche
ou en la vile de Gravelinghes, soit en celiers ou defors,
quatre deniers de le monoie de Flandres de chascun tonel,
et li achateres en paiera outretant se il n'en estoit
frans ou cuites par privilege ou autrement. Et des autres
avoirs et des autres marcheandises paieront li venderes
et li achateres selonc lusage et les coustumes des devant
dis lius. Et si doit on savoir ke nule autre coustume ne
establiment nous ne poons ne ne devons alever sour les
marcheans devant dis, ne sour lor gens, ne sour lor
marcheandises, espéciaument en lor aggrevance. Et ces
coustumes devant dites paiant et rendan, puent et
porront li marcheant devant dit lor sergant, lor gent et
lor comandement aporter au devant dit port et à la vile de
Gravelinghes lor avoir et lor marchandises et remporter
et retraire fors à lor volenté quant il voldront et là où il

voldront sans nul encombrement de nous, ne d'autrui de par nous, sauf tant ke se il venoient au devant dit port à tout leur avoir de ce ki là endroit ne seroit deschargié ou vendu, il paieroient tel coustume come on a usé juskes à ore. Après on doit savoir ke li eskevin de Gravelinghes doivent oïr les chartres, les cyrographes et les conoissances des dettes as marcheans à toutes les fois quil en seroit requis des marcheans ou de lor comant, et doivent recevoir en lor garde les contreparties des cyrographes et des chartres devant dites à garder ou pourfit des marcheans sans riens coustant. Encore doit on savoir ke li bromant doivent deschargier arroutéement les vins as marcheans ensi cum il vendront premier, et mettre es celiers et es voltes, si ke par leur defaute, ne par leur négligence, li marcheant nen aient damage, car tel damage ke il ensi en averoient cil lor seroient tenu de rendre plainement. Après, nous devons faire mettre fuer loial et convenable sour les celiers et sour les voltes par nostre bailliu et par les eskevins dou liu, et se il ne le faisoient nous le ferions. Après, nous volons et establissons ke li bromant deschargent chascun tonel de vin des alègemens et des escutes et le chargent sour le char et deschargent dou char et mettent et assieent ès voltes et ès celiers pour dis deniers de la monoie de Flandres, et le tonel de vin ki sera guindés sour le char il deschargeront et metteront et asserront ès voltes et ès celiers pour sis deniers, et trairont chascun tonnel fors des voltes et des celiers et chargeront sour le char et deschargeront et rechargeront ès escutes pour dis deniers et trairont encore fors des voltes et des celiers et chargeront sour le char chascun tonnel pour sis deniers. Après nous volons encore et establissons ke li char ke li marcheant voldront ki chargent outre lescluse, portent chascun tonel de vin à Gravelinghes là où li marcheant

voldront pour dis deniers et de par de ça l'escluse près
dou fossé pour set deniers, et de devant le vile puor cinc
deniers, tout de le monoie de Flandres devant dite. Et si
volons et otrions ke, se par le defaute des bromans ou de
lor aydes ou de lor cordes ou de lor autres estrumens, ou
par le defaute des chartrerons cui li char seroient ou
ki les menroient ou pour la defaute des chars ou des
touniaus loier, il y avoit tonnel brisié et vin espandu,
cil deaus par cui defaute li damages seroit venus ren-
deroit et seroit tenu de rendre au marcheant ou à
son comant, le damage fait plainement et entièrement.
Après, nous volons et ottrions ke les celiers, les voltes
ou les maisons ke li marcheant locront par semaines à
Gravelinghes ke il les puissent avoir et tenir an
et jour se il voelent par celui fuer ou laissier quant
il voldront, paiant dou tans ke il l'aroient tenu. Encore
doit-on savoir ke li gaugieres doit gaugier et vergier les
vins à le droite verge de Bruges et doit avoir de chascun
tonel ke il gaugera deus deniers ; et li corretiers des vins
doit avoir douze deniers de chascun tonel de vin ke il fera
vendre; et si ne puet demander corretage ne avoir, se il
navoit esté présens au marchié faire et au denier Diu
baillier, ou ke il i fust venu par le coumandement dou
vendeur ou de l'achateur. Après doit on savoir ke corretiers ne puet estre compains li uns à l'autre de sa correterie,
ne estre herbergières de vendeurs ne d'achateurs de vins,
ne estre marcheans, ne compains de marcheandises tant
cum il maintendra la correterie et li doivent estre corretier
et gaugeur juré et sairmenté de faire loiaument lor offices ;
et, se il en estoient repris et prouvé, oster les en doit on
et autres remettre par autel forme et par autel condicion.
Après, nous volons et otrions as devant dis marcheans, à
lor sergans et à lor vallés ke se aucuns deaus, la quel
chose ja naviengne, estoit par aventure tenus de la

franche vérité à Gravelinghes, ke nostre baillius, ne nostre justice ne puet, ne ne doit celui punir dou cors, ne de lavoir, ains le doit on amener en nostre présence ou de nos successors contes ou contesses de Flandres, et nous i devons regarder toute équité et toute droiture et tout barat, delloiauté et fauseté mises arrière, nous devons celui traitier selonc raison come bons sires. Après, nous volons et otrions as marcheans devant dis et à lor gens ke toutes autres bones coustumes lor vaillent en nostre terre partout et par nostre pooir en autel manière come eles sont à autres marcheans estranges, de lor cors et de lor avoirs, ki seront présent es lius de nostre terre, as us et as coustumes de chascun liu. Et toutes ces franchises et ces choses devant devisées, avons nous proumis pour nous, pour nos hoirs et pour nos successors, à tenir et à faire tenir et garder en bone foi loiaument, et garantir et faire plain gariment as marcheans devant dis et à lor gens perpétuement. En témoingnaige et en seurté de la quel chose, nous leur avons donné ces lettres saielées de nostre saiel. Et Nous Guis, cuens de Flandres, fils à Madame la contesse devant noumée, toutes les choses devant dites et devisées gréons et otrions et proumetons à tenir et à faire tenir et garder perpétuelment et bone foi et sans aler encontre. Et à ce obligons nous nous et nos hoirs et tous nos successors. Et en tesmoingnage et en perdurable fermeté de cesti chose, Nous avons fait mettre à ces lettres nostre saiel aveuc le saiel nostre chière dame et mère devant dite. Ce fu fait en l'an de l'incarnation nostre signeur Mil deus cens et sexante et deus, ès mois de juin.

II

Vidimus des lettres de Louis de Crécy, comte de Flandre, accordant des privilèges aux habitants des villes de La Rochelle et de Saint-Jean d'Angely qui viendraient trafiquer en Flandre et débarqueraient au port de Damme, avec la confirmation desdits privilèges par le duc de Bourgogne Philippe le Hardi. — 21 novembre 1331. — Confirmation de décembre 1385. — Vidimus du 17 décembre 1397.

(Archives du Nord, B. 671 et B. 1598,
3º registre des chartes fº 87, verso).

A tous ceulx qui ces présentes lettres verront et orront, Berthome Huguecea, garde du seel royal establi aux contras en la ville de la Rochelle pour le roy de France nostre seigneur, Salut en nostre seigneur. Savoir faisons que le xvᵉ jour du mois de décembre l'an mile ccc iiiiˣˣ et dix-sept, Nous viesmes et de mot à mot parlansmes unes lettres de très-hault et très exellent prince monseigneur Phelippe, fil de Roy de France, duc de Bourgongne, conte de Flandres, d'Artois et de Bourgongne, palatin, sire de Salins, conte de Rethel et seigneur de Malines, et de Madame Magarite, ducesse, contesse et dame des dis païs [et] lieux, séellées de leurs propres scelz en lacz de soye et de cere verte, non cancellées, non viciées, non corrompues, ne abrazées, si comme de prime face apparessoit, contenens la forme qui s'ensuit : Phelippe, filz de Roy de France, Duc de Bourgongne, conte de Flandres, d'Artois et de Bourgongne, Palatin, sire do Salins, conte de Rethel et seigneur de Malines, et nous Margarite, ducesse, contesse et dame des dis païs et lieux ; Savoir faisons à tous présens et avenir, Nous avoir veu les lettres de feu nostre très chier

seigneur et père le conte de Flandres darrenièrement
trespassé, cui Dieux pardoint, en las de soye et cire vert,
ottroiées à nos amés les maires, communes, bourgois et
marchans des villes de Saint Jehan d'Engeli et de la
Rocelle, saines et entières en aucunes parties d'icelles,
non viciées, contenens la forme qui s'enssuit : Loys,
cuens de Flandres, de Nevers et de Rethel, à tous
baillis, bourchmestres, prévost, maieurs, escoutes,
escevins, jurés et à tous justiciers, leurs lieutenens
et à chascun par soy de nostre conté de Flandres,
Salut. Savoir faisons que, à la supplication des maires,
communes, bourgois et marchans des villes de Saint Jehan
d'Angeli et de la Rochelle, que il nous ont fait faire par
leurs espéciaux messaigés, c'est assavoir : Aymer de
Lampsant, eschevin de la ville de Saint-Jehan d'Angeli,
Piere Odoneau, soubz-maire de la dicte ville et Mathieu
Barant, bourgois de la ville de la Rochelle, nous avons
ottroié et ottroions pour nous, pour nos hoirs et pour nos
successeurs, aux devant dis bourgois u marchans et à
leurs successeurs et adhérens qui leurs vins, leurs avoirs
et leurs denrées amenront, envoiront ou feront aporter et
amener en Lessuyne (1) ou ailleurs en nostre povoir, par
mer ou par terre pour venir à l'estable de nostre ville du
Dam, les franchises, libertés et autres choses cy après
contenues. Premiers, les dis bourgois et marchans, leurs
varlés, leur famille, les gardes de leur denrées et leur
marchandises de maintenant nous recevons et mectons en
nostre sauve et espécial garde, en laquelle nous voulons et
mandons à tous nos subgés que il les maintiennent et
gardent fermement, sauve tant aus bourchmestres, eschevin de nostre ville du Dam que de ceulx qui aux dis
bourgois, marchans, gardes, advoués et adhérens mesfe-
ront en corps ou en biens dedens la banlieu et franchise du

(1) Le Zwin, baie qui formait le port de Damme.

Dam, le malfaiteur seroit puni et corrigié selon la loy de nostre dicte ville du Dam des cas et en tant que à leur loy puet appartenir. Item. leur ottroions que aucune nouvelle coustume, loy ou establissement ne soient ou puissent estre doresenvant imposés ou alevées de nouvel contre lesdits bourgois et marchans ou leur advouées, ne sur leur denrés, ains volons que toutes bonnes et anciennes coustumez leur soient gardées et tenues, sans ce que il soient induit ou contrains par nous ou par autre de nostre povoir, à faire don ou prest, taille, aide, subvençion ou autre service à nous ou autre pour nécessité qui aviègne, se ce n'estoit de leur propre volenté. Item, se depuis que Dieux aura amené en Lessynne ou ailleurs en nostre povoir, les nefs, coques ou autre vaisseaux où seront les marchandises des devant dis bourgois et marchans ou d'aucuns deaux, les dictes nefs, coques ou autres vaisseaux ou aucuns deaux ou les denrées des dis bourgois et marchans se aventuroient, nous, ne aucune autre justice ou personne ne pourrons riens avoir ou demander ès dictes ou des dictes choses aventurées, ains nous plaist et voulons que les dictes choses aventurées soient à ceulx à qui elles estoient et les puissent recouvrer franchement s'il les puent monstrer soient en manière deue, en satisfiant raisonnablement du travail à ceulx qui aide leur auront fait à icelles recouvrer et sauver, sauve que se le seigneur à qui seront les denrés et tous ceulx qui seroient en la nefs périssoient avec les denrées sans ce que il y demourast personne ou bieste vive, lors y seroit, sauf nostre droit, selon ce que il est d'ancien accoustumé. Item, nous ottroions aus devant dis bourgois et marchans et à leur advoués que leurs vins et marchandises il puissent vendre soient en nefs, en couraulx, en escoutes ou autre vaisseaulx, en yève (eau) ou hors yève, en rue, en celier ou ailleurs, sans aucune amende encourrue vers nous ou vers autre, dementre que les dictes denrées soient venues dedens la banlieue ou franchise de nostre ville du Dam en paiant les coustumes et redevances que pour ce sont deues à présent. Item, voullons et ottroions que les dis bourgois et marchans, leurs varlès et les gardes de leur denrées puissent tenir et garder continuellement les clefs des lieux où sereront leurs vins et leurs marchandises, et aler et venir ès dis lieux à leur volenté par jour et par nuit il aient lumière et que ilz puissent leurs vins avilher et mesler toutes manières de vins les uns avec les autres, mais que ce ne soit vin puant ou courrompu. Item, nous ne voulons, ains deffendons que aucune personne entre ès lieux où seront les vins et marchandises des dis bourgeois et marchans, sans la volenté de ceulx à qui seront les dictes marchandises, ne perser lesdis vins ou taster de ceulx, sans la volenté desdis marchans ou de noustre baillif de nostre commandement espécial ou pour nostre nécessité, soubz paine de soixante livres parisis, laquelle encourront envers nous tous ceulx qui feront contre nostre dicte défense. Item, nous ottroions aus dis bourgois et marchans et à leurs advoués que les vins et leurs marchandises queles que elles soient, il puissent vendre ou les garder si longuement comme il voudront ou icelle transporter ailleurs toutesfois là où il voulront par mer ou par terre, sans estre contrains à les vendre ou à les geter hors. Item, nous deffendons que aucuns des maistres des courtaulx ou de escoutes qui ameuront les vins et les marchandises des dis bourgois et marchans, ne soient compaignon ou parçonniers les uns aus autres soubz paine de x livres parisis, laquelle encourront vers nous tous ceulx qui feront contre nostre dicte défense. Item, nous voulons que les brumans qui deschargeront, chergeront, menront et mettront ès celiers et remueront les vins des dis bourgois et marchans, soient contens du salaire accoustumé, c'est assavoir : de un gros pour chascun tonnel tant de fois que il le charréeront et remueront d'une maison en autre; et voulons que pour le dit salaire, sens le apeticier et sens le croistre, les dis brumans soient contrains, se mestier est et toutesfois que mestier sera, à charrier et remuer les vins des dis marchans et à faire leur office si bien et si proufitablement ou mieulx que il ont accoustumé. Item, nous voulons que depuis que les vins des dis bourgois et marchans qui auront esté vendus, seront getés hors du celier ou autre lieu où il auront esté vendu, celui qui vendu les aura, ne soit tenus respondre ou satisfaire à aucun, de défaut de gauge ou de trop lie. Item, nous défendons que aucuns couratiers qui sont à présent ou sera pour le temps avenir, ne puisse acheter vins dedens le conté de Flandres pour revendre, ne avoir compaignie avecques aucune personne pour marchandises, soubz paine de soixante livres parisis, laquelle encourront vers nous tous cheulx qui feront contre nostre présente défense. Item, voulons et octroions que, depuis que cognoissance des chartres des dis bourgois et marchans aura faite par devant les eschevins de nostre ville du Dam, aucuns des dis bourgois et marchans ou de leur advoués ou les gardes de leurs denrées, ne soient tenu ne contraint à plus que la chartre contendra et emportera, et défendons que contre eulx, ne sur leur denrées ne soient fais loy, jugement, ne exécucion jusques à tant que ilz aient esté deuement comons et appellés en leur propre personne, se ilz sont trouvé en l'ostel en quoy il feront leur mansion en la ville du Dam, se il ne estoient trouvé en propre personne. Item, voulons et commandons que aux dis bourgois et marchans et leurs advoués et aux gardes de leurs denrées soient fais droit et loy en tous temps, non obstant guerres, messons, harenguesons ou autres empeschemens. Item, voulons et ottroions que les dis bourgois et marchans, leurs advoués et les gardes de leurs denrées puissent, toutesfois que ilz vouldront, entrer et issir ès nefs et autres vaissiaulx et lieux où seront leurs vins et marchandises, sans mener aucune personne pour marchander hors de la franchise ou banlieue d Dam. Item, nous ne voulons, ains défendons que pour le délit ou fourfait personnel et regardent la personne seulement du varlet ou de la garde des denrées aux dis bourgois et marchans ou d'aucun d'eulx. le bourgois ou marchans à qui seront les denrées soit molestés, ne ses denrées empeschées ou confisquées. Item, nous voulons que toutesfois que aucuns marchans sera attaint souffisaument et convenablement selon l'ancienne coustume, de affaictier vins de mauvais affaictement, celui qui ainsi aura esté attaint feut encourus vers nous en soixante livres parisis pour toute paine et amende, sans ce que les denrées soient encourues ou fourfaites vers nous ou vers autres. Toutes les queulx choses dessus dictes par nous octroiées, défendues et commandées comme dit est, et chascune d'icelles nous voulons et commandons estre tenues et gardées fermement ausdis bourgois et marchans, à ieur advoués et à tous leurs adhérens, desquelx nous ou nostre bailli ou nos bourmaistres ou eschevins de la dicte ville du Dam, serons souffisaument acertes par lettres seellées des seaux des dictes communes de Saint Jehan, de La Rochelle ou de une d'icelles ou autrement, tant que doie souffire tant longuement et toutesfois que amenront ou feront amener leurs vins et leurs marchandises à droit estaple à nostre dicte ville du Dam et illec voulront leur estaple tenir ainsi que il est accoustumé. Si donnons en mandement à vous dessus nommés baillis, bourchmestres, prevosts, maïeurs, escoutètes, eschevins,

jurés, justiciers, leurs lieutenens et chascun de vous à par
soy, que les dis bourgois et marchans, leur dis adhérens
et leurs advoués faiciés joïr et user paisiblement de toutes
les choses dessus dictes et de chascune d'icelles et ne
souffrés aucune chose estre faite ou attemptée par aucun
à l'encontre. Et en tesmoing et fermeté de tout ce, nous
avons fait mettre [nostre] seel à ces lettres apposés. Et
donnons en mandement à nos bourchmestres, eschevins,
conseil de nostre ville du Dam de qui assentement nous
avons toutes ces choses octroiées, que soubz le seel de
nostre dicte ville, il doingnent aus dis bourgois et marchans leurs lettres contenens la fourme de ces présentes
lettres. Donné à Male, le xxie jour du mois de novembre
l'an de grâce mil ccc trente et un. Ainsi signées par
Monseigneur le Conte à vostre relacion et levée ou
conseil, consentie et octroié par les bourchmestres et eschevins et conseil de la ville du Dam et à leur requeste :
J. Wastine. Lesquelles lettres dessus transcriptes nous
louons, gréons, ratiffions et approuvons et par le teneur
de ces présentes de nostre grâce espéciale et plaine
puissance en la manière que les dis maires, communes,
bourgois et marchans en ont usé, les conformons. Et pour
ce que ce soit ferme chose et estable à tous jours nous
avons fait mettre noss aux à ces présentes, sauf en autres
choses nostre droit et l'autrui en toutes. Donné à
Tournay, l'an de grâce mil ccc iiii^{xx} et v ou mois de
décembre. En tesmoing de laquelle vision, inspection
ou lecture, nous ledit scelleur ou garde avons mis et
appouzé à ces présentes lettres ou vidimus ledit seel
royal que nous gardons, les jour et an dessus dis.

En marge : enregistrée.

Copie du xve siècle, non signée.

Ces lettres de privilèges furent vidimées encore par le

duc Jean Sans Peur au mois de juin 1409 et par le duc
Philippe le Bon au mois juin 1439, avec cette addition :
« Et avec ce voulons et déclairons par ces présentes que
les diz supplians soient et seront tenuz d'amener et distribuer en nostre dicte ville du Dam, leurs denrées, marchandises dont le droit establi est en icelle nostre dicte ville.
Et aussi en nostre ville de Bruges les denrées et marchandises dont l'estaple est en icelle nostre dite ville de Bruges.
Et semblablement feront mener les autres denrées et
marchandises es lieux et places de nostre dit païs de
Flandres où est et sera estaple, se estaple y a d'icelles
marchandises, pour illecques leur dites marchandises
estre vendues et distribuées ainsi qu'il est accoustumé.
Et voulons que en ce faisant ilz joissent de mesme et
semblable previlège que dessus est dit. Si donnons en
mandement à noz amez et féaulx les genz de nostre chambre
de conseil, etc. ».

III

*Extrait d'un rouleau de parchemin renfermant la copie de
plusieurs requêtes adressées au roi de France par le comte
de Flandre, entre autres, celle par laquelle il le prie de faire
restituer des marchandises enlevées à des Flamands dans
les ports du Crotoy et de La Rochelle. Sans date, vers 1351.*
(Archives du Nord. B. 830).

« Item, supplie ledit Conte que, comme par le Roy noseigneur ait esté benignement pourveu audit suppliant pour
ses subgés de sa conté de Flandres, que nuls robeurs,
pilleurs ou excumeurs de mer ne robassent sesdis subgés
mercheans et habitans de son pays de Flandres ou portassent damage par quelconque manière, sur paines de

corps et avoir fourfaire, en baillant pour ce teles et si
après lettrez adrechans aladmiral et à tous les justichiers
de son Royaume, comme le dit suppléant voelt empétrer et
requerre ; contenant par espécial que tout ce qui porroit
estre trouvé en leur juridictions, appartenant as dis
subgés, si avant comme ledit conte ou son certain message
tesmoigneroit, leur fust rendu sans délay, et li malfaiteur
et robeur justichié asprement Par le vertu desquelles lettrez ledit conte a fait nagaires poursuivre par un sien huis-
sier le conte de Pontieu, l'amiral de France et le bailliu
d'Amiens, affin que Jehans Leystref et Stasse de le Hole,
bourgois de Gand, fuissent restitués de v fardiauls de
draps ou de la valeur qui montèrent de premier achat
xve escus philippus, valent environ xvie et xl escus nou-
veaulz, sans les despens pour ce fais, lesquels fardiaus
furent osdis bourgois robés et tolus sur la mer au port
dou Crotoy ou environ, si comme le dit suppliant est
plainement enfourmés. Et depuis soit trouvé par certains
sergans de vostre bailié d'Amiens par relation d'iceux
sergans et dou bailliu, que Fremin Audeluy, Colars
de Fresnoy dit Canins et Jehan le Burrier furent
et sont participans et détenteurs de la dicte roberie,
ausquels vostre main est mise et inventoires fais de
leurs biens par les dis sergans, et non contrestant ce
que ladicte roberie et participation soit trouvée sur yceux
comme dit est, si sont eux du tout refusans et rebelles de
en faire restitution, voellans yceux bourgois traire en
procès malitieusement par falasses et par cauteles, en
grant grief et préjudice des dis complaindans, détriment
de vos dictes lettrez et en contraire doudit conte. Quil
plaise au Roy noseigneur par espécial mander et estroi-
tement commander audit bailliu d'Amiens ou à son lieutenant que, non contrestant les oppositions et cauteles des
dis détenteurs et tous autres malices, il les constrainde

asprement et vigoureusement et chascun pour le tout, à faire restitution de la valeur des draps dessus escripte, et à payer les despens et missions pour ce fais et perpétrés par les dis bourgois de Gand, non contrestant aussi toutes lettres subreptices empétrées ou à empétrer, en gardant le droit dou Roy et en exéquutant les malfaiteurs en manière que ce soit exemples à tous autres et affin que vos lettrez de justice et de raison pour contrester as dis robeurs soient mieux tenues et exéquutées que elles n'aient esté jusques à ores.

Item, supplie que à Henri Braderie, Jaquème Buc, bourgois de Bruges et del Escluse et à Jehan Mourman soit faite restitucion de ce que robé leur fu devant la Rochelle dont ledit Mourman a poursivi très diligamment et par grant temps, eu sur ce pluiseurs lettrez royaulx adrechans ès parties dessus dictes; et nientmains nulle exéquution nen est ensivie; ainschois voellent li détenteur de la dicte roberie tenir et traire en plait les complaingnans dessus dis, maliticusement et par fraude, par lettrez subreptriches et autres cauteles; voyans que quant au plait il ne se saront, ne porront deffendre comme cil qui ne scevent les costumes des lieux, et qui poursuirre ne le peuvent. Jasoit ce que en présence de monseigneur le Cancelier de France qu'il ont recogneu que des dis complaignans il eurent quatre vins et wyt tonniaus de seigle, et que les capitains de Nantes en Bretaigne en ont escript moult courtoisement au dit monseigneur le Cancelier en approuvant asses clèrement la dicte roberie avoir esté faite au lieu dessusdit.

Item, que il plaise au Roy noseigneur de grâce espécial ottroier as eschevins, communalté et habitans de la ville de Gand respyt de non payer leur debtes et obligations de corps de ville jusques à trois ans en le manière que ottroié a esté à ceux de Bruges, affin qu'il puissent segurement réparier et mercheander ou Royaume de France atout leurs mercheandises et biens.

IV

Charte des privilèges accordés par Louis XI, roi de France, aux marchands de Flandre, de Brabant et de Hollande. St Jean d'Angély, février 1462 (n. st.).
    (Archives de la ville de Bruges, N° 1087.
    Publiée dans l'Inventaire des Chartes de
    la dite ville. Tome v. p. 426-430).

Loys, par la grâce de Dieu, Roy de France. Savoir faisons à tous présens et advenir, Nous avoir receue lumble supplication des marchans du païs de Flandres, noz subgietz, et aussi des marchans des païs et nations de Brabant, Hollande et Zellande, contenant : Que de tout temps et d'ancienneté eulx et leurs prédécesseurs ont accoustumé de venir tant par mer que autrement en nostre Royaume et fréquenter avec noz subgietz le fait de leur dicte marchandise en plusieurs parties d'icellui, et tant en noz villes de la Rochelle et de Bourdeaux que ailleurs. Et pour ce que ou fait de leur dicte marchandise leur ont esté faiz et donnez plusieurs empeschemens sur les usances et coustumes dont ilz ont accoustume de joïr, et aussi à l'occasion de ce qu'ilz navoient, ne nent nulles maisons ou retraiz en nostre dit royaume et pour la longueur des procès quilz ont euz en icellui à cause de leurs dites denrées et marchandises, ilz ont souventes fois différé d'y venir, et aussi ont craint et craignent à y demourer pour doubte de y décéder, par ce que on vouldroit dire tous les biens qui seroient trouvez en icellui nostre royaume à eulx appartenans, nous competter par aubains ou espaves pour ce quilz ne sont pas tous natifz d'icellui nostre royaume. Et pareillement on a acoustumé de user sur eulx, leurs navires et marchandises, de droit de nauffrage toutes foys que aucuns de leurs navires, par cas de fortune ou autrement, ont esté rompus. Et oultre, ont esté puis certain temps ença mises grans charges sur eulx et leurs dites marchandises ès portz et hâvres de nostre dit royaume et faiz plusieurs destourbier et empeschemens soubz umbre de marques, contremarques ou représailles, lesquelles choses et autres que iceulx supplians nous ont bien à plain fait dire et remontrer par noz bien amez maistre Jehan de Ydeghem, maistre ès ars et docteur en médecine, Jacob van den Bussche, Simon Pietrezone de la Vere, Daniel van Montfort, Hannequin, Martin et Jacob Gruel, natifz desdis païs de Brabant, Flandres, Hollande et Zellande, ont esté ausdis supplians très dominageables et seroient cause de discontinuer et interrompre le fait de ladicte marchandise, se provision ne leur estoit sur ce donnée, si comme ilz dient, en nous humblement requerans icelle. Pourquoy nous, attendu ce que dit est, désirans à nostre povoir entretenir et atraire en nostre royaume lesdis supplians et autres marchans estrangiers et les soulager de toutes charges indéues et garder en toutes bonnes coustumes, usages et franchises, en manière que le fait de ladicte marchandise puisse augmenter et accroistre et quilz puissent communiquer avec noz subgietz, au bien de nous et de la chose publicque de nostre dit royaume; pour ces causes et autres à ce nous mouvans, et par l'advis et délibéracion des gens de nostre grant conseil, avons de nostre certaine science, grâce espécial, plaine puissance et auctorité royal, octroyé et octroyons, ausdiz supplians par forme et manière de previléges et édict

général pour eulx, leurs hoirs, successeurs et ayans cause
à tousjours perpétuellement, les choses cy après spéciffiées et déclairées. Cest assavoir, que ilz joyront
doresenavant de leurs usances et coustumes touchant le
fait de leurs marchandises et autrement tant en ladicte
ville de la Rochelle, que ailleurs en nostredit royaume,
comme ilz ont accoustumé de faire le temps passé.
Item, pourront les dis supplians avoir une maison en
ladicte ville de la Rochelle et ailleurs en chacune
bonne ville de nostre dit royaume ou bon leur semblera,
pourveu que celui qui y demourera sera bourgeois
de ladicte ville et tiendra feu et lieu en icelle, et
aussi sera tenu de faire guet et garde porte comme les
autres bourgois d'icelle ville. Esquelles maisons ceulx de
leurs dictes nations se logeront et retrayront leurs personnes et marchandises et traicteront de leurs besognes
et affaires. Et afin qu'ilz puissent entretenir leurs dictes
maisons et une chapelle qu'ilz ont d'ancienneté en
l'église des Carmes de ladicte ville de la Rochelle, et
fournir à plusieurs autres despenses communes qui
pourront survenir, avons octroyé et octroyons ausdis
supplians qu'ilz puissent, du consentement de la plus grant
et saine partie d'entre eulx, mettre telle somme raison-
nable qu'ilz verront estre à faire sur leurs dictes denrées
et marchandises, et icelle somme faire lever par leurs
commis en telz lieux qu'ilz adviseront, pour estre par
eux emploiée en ce que dit est, sans ce qu'ilz en soient
tenuz respondre ne rendre compte pardevant noz gens et
officiers, ne autres quesconques, fors que pardevant eulx
mesmes seullement.

Item, s'il advient que entre lesdis supplians surviennent
aucuns procès et débatz à cause de leurs dictes marchandises et autrement, nous voulons que pour la décision
desdis procès lesquelz se pourront aisément et prompte-

ment vuider, que iceulx supplians puissent prendre un eschevin de la ville où ilz seront et ung ou deux marchans de leurs dictes nations, lesquelz pourront, se bon leur semble, appeller avec eulx telz autres personnes qu'ilz verront estre à faire, pour juger et décider des dis procès et débatz et différences, sommièrement et de plain, ou les accorder par expédiens ou autrement, ainsi qu'ilz verront estre à faire, et se ilz ne les peuent appoincter et que l'une des dictes parties en vueille appeler, icelle partie appellant sera tenue de relever son dit appel pardevant le gouverneur, maire ou autre nostre plus prouchain juge du lieu ou sera le débat, lequel en jugera et sentenciera, sans ce que de lui soit ou puist estre aucunement appellé en nostre court de parlement ne autre part, se non par ceulx dudit païs de Flandres tant seullement pour ce qu'ilz sont ressortissans en icelle court; et sil advient que les aucuns desdictes parties soient condempnez en amendes par les diz juges ainsi par eulx pris et esleuz; la moitié desdictes amendes sera au prouflit de la ville où ledit procès sera pendant, et l'autre moitié sera convertie au bien et repparacion des chappelles fondées par les diz supplians en nostre dit royaume.

Item, que se aucuns desdiz marchans d'icelles nations de Brabant, Flandres, Hollande, Zellande, leurs facteurs ou autres desdiz païs qui seroient venus en nostre dit royaume marchandanmant, et que en exerçant le fait de leurs dictes marchandises yroient de vie à trespassement, Nous voulons que leurs héritiers et autres qui raisonnablement leur devroient succéder, puissent avoir et appréhendre les biens qu'ilz auroient délaissez en nostre dit royaume, jasoit ce que ilz ou les aucuns d'eulx feussent bastars, sans ce que noz officiers par droit d'espaves aubains, ne soubz umbre de quelzconques autres ordonnances leur y puissent mectre ou donner aucun destourbier ou empeschement au contraire.

Item, et s'il advenoit que aucuns des navires desdictes nations, par fortune de mer ou autre accident fortuit, feussent périlz à la couste de la mer et en nostre obéissance, Nous voulons que les marchans à qui seront lesdis navires, puissent mectre la main en iceulx et aux biens et marchandises qui seroient dedens, au temps dudit nauffrage, et les applicquer au prouffit de ceulx à qui ilz seront, en païant seullement la peine de ceulx qui aideront à les sauver et recuillir, nonobstant quelconque droit de nauffrage que nous ou noz successeurs puissions prétendre, ne demander esdictes choses et quelxconques coustumes dont l'en pourroit avoir sur ce usé au contraire, et sans ce que nosdiz officiers les puissent à la cause dessusdicte ne autrement, travailler ou empescher, ne tenir en aucuns procés. Item, et au regart des charges qui se lièvent en ladicte ville de Bourdeaux sur les navires, denrées et marchandises desdis supplians, desquelles charges iceulx supplians se sont doluz et plains, disans quelles avoient esté nouvellement, quoyque soit puis aucun temps ença mises sus ; Nous voulons et ordonnons que lesdiz supplians soient doresenavant quictes pour eulx, leursdis navires et marchandises de toutes lesdictes charges que on leur a par cy devant fait payer en ladicte ville de Bourdeaux, en payant l'ancien droit qu'ilz y ont accoustumé de païer seullement. Et avec ce, voulons que quant lesdiz supplians amèneront aucunes denrées ou marchandises ès portz et hàvres ou autres lieux de nostre dit royaume, et ilz ne les y pourront vendre, eschanger ou autrement les exploicter, que en païant le droit d'entrée dudit hàvre et autres droiz accoustumez, ilz les puissent charger et remectre en leurs navires et les enmener vendre ailleurs où bon leur semblera, sans ce que pour occasion desdictes denrées et marchandises qui seront ainsi par eulx ramenées, ilz soient ou puissent estre tenuz ne contrains de païer ilez aucun droit d'issue ; et ne pourront les personnes et biens desdiz supplians des nations dessus dictes estre arrestées en nostre dit royaume par marques, contremarques ou représailles, se non que ceulx que on vouldroit arrester feussent les mesmes personnes qui auroient fait le debte ou qu'ilz feussent caucionnez à ce obligez ou délinquans en leur chief.

Item, et pour ce qu'il advient souvent que quant lesdiz supplians ou autres marchans estrangiers arrivent en ung hàvre avec leurs marchandises et ilz ne treuvent promptement expédicion et délivrance, ilz endurent et portent de grans pertes et despenses, par ce que souventes fois les marchans des lieux où ilz les descendent ne leur offrent pas gain, ne raison afin quilz en puissent avoir après meilleur compte; Nous désirans à nostre povoir le bien et prouffit desdiz marchans, voulons que iceulx supplians puissent doresenavant acheter, vendre ou eschanger, les ungs avec les autres, leurs dictes marchandises se bon leur semble, supposé qu'elles feussent audit hàvre de la Rochelle ou autre part et descendues à terre, et non obstant les previléges desdiz lieux, pourveu toutes voires que se en yceulx y avoit gens autres que des dictes nacions qui des dictes marchandises voulsissent autant donner que ceulx d'icelles nacions, ilz les auront avant eulx. Et oultre, voulons que iceulx supplians puissent et leur loise amener en leurs navires toutesfois que bon leur semblera, toutes manières de gens anglois, portugaloys, navarrois et autres, de quelque nation et condicion qu'ilz soient marchandaument. C'est assavoir : en chacun navire deux marchans et deux facteurs et serviteurs avec leurs denrées et marchandises, lesquelz seront traictez et pourront faire leur fait de marchandise en ladicte ville de La Rochelle et ou pays d'Aulnis comme ceux desdictes nations, pourveu qu'ilz ne feront, ne pourchaçeront chose préjudiciable à nous, ne à noz subgietz, et que avant qu'ilz descendent en terre, ilz seront tenuz de demander au maire d'icelle ville, congié de les faire descendre et entrer en ladicte ville avec leurs biens et marchandises, et s'en pourront retourner seurement et sauvement avecques leurs dictes marchandises quant bon leur semblera. Si donnons en mandement par ces dictes présentes à noz amez et féaulx conseillers les gens de nostre parlement, de noz comptes et les trésoriers de France, aux bailliz de Rouen, Caen, Caulx, Constantin (Coutanches), Evreux et Gisors; aux seneschaulx de Guienne et de Santonge, gouverneur de la Rochelle et maire de Bourdeaux, et à tous noz autres justiciers et officiers ou à leurs lieux tenans, présens et advenir, et à chascun d'eulx, si comme à lui appartiendra, que lesdis supplians marchans desdictes nations de Flandres nos subgietz, et aussi de Brabant, Hollande et Zellande, ilz facent, seuffrent et laissent chacun d'eulx à tousjours perpétuellement joir et user plainement et paisiblement de noz présens grâce, concession, octroiz et previlèges dont cy-dessus est faicte mencion, sans leur faire mectre ou donner, ne souffrir estre fait, mis ou donné, ores ou pour le temps advenir, en corps ne en biens, navires ou marchandises, aucun arrest, destourbier ou empeschement en quelque manière que ce soit au contraire; mais se fait, mis ou donné leur estoit, le mectent ou facent mectre chacun d'eulx en droit soy incontinent et sans délay au premier estat et deu; et d'abondant prennent et tiengnent les diz supplians, ensemble leurs familiers, denrées et biens quelzconques en nostre protection et sauvegarde espécial, à la conservation de leur droit tant seullement. Et pour ce que de ces présentes les diz supplians pourront avoir à besongner en divers lieux, Nous voulons que aux vidimus qui en seront faiz soubz seel royal, plaine foy soit adjoustée comme à ce présent original, auquel, afin que ce soit chose ferme et establé à tous jours, nous avons fait mectre nostre seel, sauf en autres choses nostre droit et l'autrui en toutes. Donné à Saint Jehan Dangeli, au mois de février l'an de grâce мсссс soixante et ung, et de nostre règne le premier.

Sceau enlevé. Une partie de la tresse formée de fils de soie verte et rouge, existe encore. Signé sur le pli : Par le Roy, messire Jehan Bureau, chlr. Mr Estienne, chlr, trésoriers ; Guillaume de Varge, Gñal et autres présens : Bourre. — Et plus loin : *Contentor* ; Dubay.

Une inscription en flamand relate en peu de mots l'objet de ce privilège.

Transcrit au Grœnenbouc. A. p. 189.

V

Lettres par lesquelles les maires, jurés et habitants des villes de Bayonne et de Biarritz consentent à conclure une trêve marchande de trois années entre lesdites villes de Bayonne, Biarritz et lieux circonvoisins, et les villes flamandes de Bruges, Gand, Ypres, L'Écluse, etc. — Bayonne, 7 décembre 1351.

(Archives du Nord. B. 827).

Cunctis pateat quod cum dura guerrarum commotio, dyabolo, satore discordie, instigante, inter prudentes viros et cives civitatis Baionnensis et vicinos loci seu ville de Bearridz cujuscumque generis, condicionis aut status sint aut stare possint, ex parte una ; et prudentes viros et cives villarum de Brugiis, de Gandavo, d'Ipre, dou Dam e de Lescluse et ceteris locis seu villis tocius comitatis Flandrie et terre, ex altera, diucius afflixisset ac pariter esset orta. Ex qua guerra, controversie, injurie, oppressiones, odia, ire, malivolencie, iniquitates, rancores, discordie, homicidia, vulnera, combustiones, depredationes et multa alia mala innumerabilia sunt sequta et in posterum sperabantur esse majora. Quidam potentes et nobiles, pacis amatores, volentes partes supradictas ad pacis utilitatem convertere et perducere ad eamdem, domino procurante, et cum treuga sit via ad pacem sine qua ad eamdem non potest perveniri bono modo, predictis nobilibus procuratoribus et instigantibus, cum Dei adjutorio, et partes volentes supradicte amorem antiquum ad statum primum reducere cum effectu, treugas in modum qui sequitur inhierunt. Videlicet quod nos major, jurati et C (centum) pares tocius civitatis Baionensis supradicte, et nos abbas secularis dicti loci de Bearridz, ita vulgariter vocatus, pro nobis et successoribus nostris et pro omnibus vicinis et universis habitantibus in dictis civitate et loco de Bearridz, damus, concedimus, firmamus et promittimus treugas bonas, firmas et fideles honorabilibus et prudentibus viris dominis magistriburgis, scabinis, consulibus et omnibus aliis vicinis cujuscumque condicionis, generis aut status sint, dictarum villarum de Brugiis, de Gandavo, d'Ipre, dou Dam e de Lescluze, cetererorumque dicti tocius comitatus Flandrie, a die qua per prefatos dominos magistrosburgos, scabinos et consules de Brugiis, de Gandavo, d'Ipre, dou Dam e de Lescluze, pro se et eorum successoribus et pro suis civibus et habitantibus in omnibus aliis villis et locis tocius comitatus Flandrie consimiles treugas, et sub eisdem articulis, penis, obligationibus et capitulis sicut sunt presentes, nobis et successoribus nostris predictis de Baionna ac loci de Bearridz dederint, promiserint.

concesserint atque firmaverint sub eorum magnis sigillis autenticis sigillatas, cum confirmatione nobilis et potentis domini comitis Flandrie, et procuratori nostro fuerint tradite atque dato cum effectu usque ad tres annos immediate sequentes continuatos et completos. Et promittimus, concedimus et firmavimus nos predicti major, jurati C pares et Abbas, pro nobis et successoribus et pro omnibus aliis vicinis et habitantibus, quod predictos Flandrenses non impediemus quominus possint mercari et negociari tute, secure ac libere in dictis civitate Baionnense et loco de Bearridz et in toto mari et universa terra et ubicumque eis placuerit pro libito voluntatis ; et dictas treugas servare promittimus inviolabiliter absque omni machinacione, fraude et dolo, sub pena prodicionis, et veniendo contra volumus puniri tamquam treugarum violatores; et sub eisdem penis promittimus et firmamus dictas treugas servare, tenere non solum quoad personas, sed eciam quoad res et universa bona cujuscumque condicionis aut nature existant, ita quod non impediemus eos in personis, in rebus, bonis, seu eorum negociacionibus prosequendis, nec aliter per nos, nec per alios in dictis civitate et loco de Bearridz, nec in aliis locis in terra, in mari nec alibi. Preterea volumus et concedimus quod si quis vel aliqui vicini et habitantes in civitate Baionnensi seu loco de Bearridz sepefatis, in mari, seu in terra, vel alibi, darent, facerent, seu procurarent dampnum, prejudicium, impedimentum, seu aliquod gravamen supradictis gentibus de Flandria in rebus, bonis, personis vel eorum negociacionibus exercendis, pendente dicto treugarum termino, quod ipse vel illi qui hoc facerent seu quovismodo procurarent, puniantur sicut treugarum violatores et incurrant penam nichilominus prodicionis, et ejus, seu eorum bona sint confiscata; quorum medietas judici applicetur, et alia dampnum passo. Et si persona committens maleficium per nos capi non possit, promittimus eis bona et res omnes capere quas habebit pro restitucione dampnificationis facienda. Verum, cum culpa suos debeat tenere actores, volumus et ordinamus quod treuge presentes valeant et permaneant quoad illos alios qui treugas servaverunt, et in eosdem serventur et habeant roboris firmitatem in omnibus suis capitulis, penis, obligacionibus et articulis. Preterea promittimus tenere firmiter quod si quis vel aliqui sint defensores, adjutores, consiliarii, vel aliter fautores talium malefactorum et treugarum violatorum seu fractorum, quod illi puniantur tamquam proditores et treugarum violatores. Et ut domini seu judices qui nunc regnant vel qui pro tempore regnabunt, sint magis diligentes et attenti ad puniendum malefactores et treugarum presencium violatores, volumus et ordinamus quod si domini seu judices predicti remissi fuerint et neggligentes ad puniendum tales malefactores et ad procedendum contra eos, juxta ordinacionem presencium treugarum, quod bona eorum sint confiscata ipso jure et medietas applicetur domino et alia dampnum passo. Porro cum omnis vox et omne maleficium et querela debeant cessare, pendentibus treugis, duximus ordinandum et promittimus quod pro dictis dampnis, maleficiis, injuriis, homicidiis, combustionibus, ceterisque excessibus datis et perpetratis per dictas gentes comitatus Flandrie nobis supradictis de Baionna et de Bearridz, quovismodo usque ad presentem diem, eos, pendente dicto termino treugarum, non infestabimus nec inquietabimus, nec inquietare faciemus per nos vel per alios in judicio, seu extra, coram judice civili, sive ecclesiastico, nec coram ordinario seu delegato, nec aliquod impedimentum procurabimus, seu prejudicium faciemus in personis, bonis, rebus, seu eorum negociacionibus, palam, vel, occulte, seu aliter quovismodo, nisi duntaxat pro debito alio amicabiliter facto, seu contractu inter partes inhito peccuniario et civili. Et ista promittimus facere, servare, tenere, sub penis prodicionis et treugarum violationis ; et sub eisdem penis, promittimus quod per alias personas cujuscumque jurisdictionis, districtus, aut nationis fuerint, supradictis Flandrensibus occasione predictarum injuriarum, dampnorum perpetratorum et datorum tempore discordie seu guerre supradicte, non aliquod prejudicium faciemus, seu facere procurabimus in bonis, rebus, cujuscumque condicionis aut nature fuerint, nec in personis seu eorum negotiacionibus exercendis, nec permittemus eos vexari, seu injuriari, quovismodo in locis supradictis de Baiona et de Bearridz, neque in toto districtu nostro ac etiam jurisdictione, sed deffensabimus ac etiam tuebimur eosdem in locis et jurisdictione sepefatis. Postremo promittimus et concedimus quod cum supradicti domini magistriburgi, scabini et consules villarum supradictarum, pro se et pro aliis locis et villis totius comitatus Flandrie, sub eisdem capitulis, obligationibus, articulis et penis, modo consimili treugas nobis dederint, et servare promiserint, et de hoc per nostros procuratores seu magistros plene fuerimus certificati, publice post certificationem infra octo dies, in civitate et loco predictis, treugas proclamare et preconizare faciemus indilate. Rursus promittimus mittere et destinare nuncios nostros sollempnes usque ad annum a festo nativitatis beati Johannis Baptiste proximo venturo inchoandum, in Anglia, scilicet Londinis o Asenbiis, seu in loco de Calees, cum plena potestate et sufficienti ad tracthandum, pacificandum, ordinandum et confirmandum pacem bonam, concordiam et tranquillitatem cum dictis dominis Flandrensibus vel eorum procuratoribus consimilem potestatem habentibus. Renunciantes super hoc omnibus privilegiis, consuetudinibus, statutis, juribus universis, scriptis vel non scriptis, civilibus vel canonibus, ceterisque defensionibus cujuscumque condicionis fuerint, quibus defensare seu defendere poterimus, seu possumus quominus omnia predicta et singula possint habere roboris firmitatem. Et ad majorem efficaciam, Nos prefati major, jurati, Centum pares et Abbas, pro nobis et successoribus nostris, obligamus bona omnia, exitus, emolumenta et gaudencias dicte civitatis et loci de Bearridz ubicumque fuerint, presentia et futura. Et in testimonium omnium premissorum et singulorum has presentes litteras sigillatas sub sigillis nostris fieri fecimus, et eorum appensione muniri. Datum Baiona, Anno domini millesimo ccc° quinquagesimo primo, septimo die mensis decembris.

A ce traité sont encore appendus les deux sceaux des villes de Bayonne et de Biarritz, en cire brune sur double queue.

Le premier représente : Une porte de ville, devant une enceinte fortifiée enfermant l'église cathédrale de Notre-Dame ; dans le champ : *Sancta Maria*. En légende : *Sigillum comunie civitatis Baion.*

Revers : un léopard devant trois chênes. Légende : *.....nedictus qui venit in nomine Domini.*

(Demay. Sceaux de la Flandre. n° 3867)

Le second représente : Une pêche à la baleine.

Légende : *Sigillum consilii de Beiarriz.*

Revers : St-Martin partageant son manteau.

Légende : *Sigillum consilii de Beiarriz.*

(Demay. Idem. n° 3875).

VI

Lettre du roi d'Angleterre, Édouard III, au comte de Flandre, au sujet des pertes subies par les habitants de Bayonne pendant les guerres qui ont régné entre le roi de France et lui. — 23 novembre, sans date d'année, vers 1360.

(Archives du Nord. B. 1596. 1ᵉʳ registre des Chartes, fº 136, recto).

Lettre du roy d'Engleterre envoyet à monseigneur de Flandres, de ceux de Bayonne.

Tres chiers et très amé cousin, vous deves bien tenir en fresche mémoire coment entre les autres choses accordées eant le pais faite nagaires entre nous et nostre très-chier et très-amé frère le Roy de France estoit à nostre ville de Calais en vostre présence, accordés que toutes domaiges, grevances et mesprisions, trespas et sourfaitures faites par les amis, aidans, subgés et adhérenz d'une partie et d'autre, pour cause et occasion des guerres entre nous et nostre frère devant dit, doivent estre et estoient de tout pardonnés, et bonne paix et perpétuele faite et réformée et par tout publis entre tous les royalmes, seigneurs et subgiez d'une constrée et d'autre, laquele paix en tous ses poins et articles, en tant comme il vous poet touchier, vous estes tenus et obligiés par vostre serement garder sanz enfraindre par aucune manière. Et pour ce que nous eumes jà appris que naigaires, durantes les dictes guerres et avant ce que vous dictes genz de Flandres entrèrent nostre obéissance, il y avoit un débat contre la mier par entre nos chiers et fealz les gentz de nostre cité de Baionne et aucuns de vos dictes gens de Flandres, par quoy moult grande dommage estoit fait et courus à l'une partie et l'autre, dont encores grant rancœur demuert par entre eulz et plus de domaige y porroit avenir si la chose demorast longhement en tel estat. Nous qui désirons la tranquillité et quiété des dictes gens, tant noz subgez comme les voz, et nourrir entre eulx et en acomplissant ladicte paix, et affin que l'une partie et l'autre puissent marchander et converser comme bons et vrays amis et aussi comme en temps de bone paix, vous requérons, chier cousin, que ladicte pais par manière que vous l'avés promis, veuillés faire tenir fermement par les gens de vos quatre bonnes villes, et tous vos autres subgès, et ce faire publier par tout où bon vous semblera et par espécial entre le point dessus dit, et baillier vos lettres ouvertes, séellées de vostre grant séel, à noz subgietz de Bayonne présenteurs de cestes, pour vous et pour vos subgès contre la matière dessus dicte, car auticles lettres nous vous ferrons faire promptement à queu temps que vous nous ferres ce requérir. Donné soubz nostre privé seal à nostre palais à Westmunster, le XXIII° jour de novembre.

Réponse du comte de Flandre à la lettre du roi d'Angleterre lui annonçant qu'il a fait publier que ses sujets de Flandre devront vivre en bonne paix avec les habitants de Bayonne et que tous les débats qui se sont élevés au sujet des dommages qu'ils se sont causés réciproquement pendant les guerres passées, devront prendre fin. Bruges, le 14 janvier.
(Archives du Nord. B. 1596. *Ibidem*).

Response envoiet au Roy d'Engleterre sur les lettres dessus escriptes des ceux de Baione.

Mon chier Seigneur, j'ay veu les lettres qu'il vouz a pleu à moy envoyer sur le discort qui a esté entre mes gens et subgés de Flandres et coulz de Bayonne, ès quelles me requerriés que en ce je voeille tenir et acomplir la pais nagaires faicte entre monseigneur le Roy et vous; si vous plaise savoir, mon chier seigneur, que en tous poins j'ay esté et sui prest et apparelliés de tenir et acomplir fermement la dicte pais tant que en moy est, et si avant que promis l'ay. Et pour che que les choses ne sont mie commenchiés de mon tamps, j'en ay parlé à mes gens qui m'ont dit et monstré que par le fait de ceulz de Bayonne, mes genz et subgés ont eu et soustenu très grant grief de leurs parens et amis qu'il leur ont occis et de leurs biens, et que les fais ne sont mie advenus pour cause des guerres et ne doivent mie estre compris en le pais, car si, comme il dient, durant les guerres entre monseigneur le Roy et vous, et quand vous aviés et teniés trieuwes, les dessus dis de Baionne et mes gens guerroient ensamble. Et aucune fois quand vous teniés et aviés guerre, il estoient en trieuwes et souffrance l'un contre l'autre. Et ès triewes que monseigneur le Roy et vous faisiés, n'estoient il de riens compris, ne se tinrent onques à trieuwes, si ne les donnassent proprement l'un à l'autre; pour quoy il samble que le guerre entre oulz ne devroit mie estre comprise en la dicte pais. Nietmains, mon chier seigneur, pour ce que tous jours voldroie bone pais et amour estre nourie entre voz gens et subgés et les miens, je, pour amour et honneur de vous, ai tant fait par devers mes gens que, par virtu de ladicte pais, les dessus dis de Bayonne porront venir et marchander franchement en mon paiis et ainsi l'ai fait publiquement criier et publiier à Loscluse et la u il appartient, et que aussi samblablement mes gens porront franchement aler et marchander à Bayonne et par tout desous vous, si comme je l'ay fait plus plainement respondre as dessus dis de Bayonne. Mon cher seigneur, pour tant que j'en-

tens que pluiseurs conspirateurs bannis de mon paiis qui
ont esté contraires à moy, se tiennent et sont soustenu
desous vous espécialement à Calais et ailleurs sur les
frontières, je vous pri que les dis bannis vous ne voelliez
soustenir, ne souffrir estre ne demourer en vos paiis,
mais yceux faire vuydier de vostre paiis, et espécialment
de Calays et ailleurs des frontières. Nostre seigneur
Diex vous ait en sa sainte garde. Escript à Bruges, le
xiiie jour de janvier.

Le conte de Flandres.

A mon chier seigneur le Roy d'Angleterre.

VII

*Requête des habitants de Bayonne au comte de Flandre,
Louis de Male, pour le prier de négocier un traité de paix
entre eux et les villes de Flandre. — Bayonne, le 8 août,
sans date d'année, 1363 ?*

(Archives du Nord. B. 1596.
Folio 136, verso).

Magnifico et potenti domino Comiti Flandrie, ejus
boni et fideles amici, Maior, jurati et communitas civitatis Baionnensis cum recommendacione benigna, successus prosperos cum salute. Cam dilectio et amicitia viguerint et fraterna steterit temporibus retractis inter vos et
vestras gentes et villas de Flandria, necnon inter nos
gentes, communitatem et civitatem Baione societas in uno
fedro (sic) pacis, in bonis mercaturarum et negociationum
marchandize conversantes cum caritate et securitate inter
ceteros, perduraverit usque quaque quod gentes vestre de
Flandria nonnulle sacagerunt ? irrationabiliter et injuste

pretextu dampnorum dudum ex parte domni nostri regis
Anglie et de suo mandato illatorum supra mare, quod
nobis et nostris convicinis Baionnensibus imputari non
possunt nec obesse debent. Cupientes in eisdem amicitia
dilectione et fraterna societate perdurare cum vestris
gentibus villis Flandrie et paterna in vestro dominio
vobiscum, eapropter instancia qua possumus et decet,
supplicamus vobis et dominationem magnificencie vestre
exoramus quatenus vobis et vestris subditis villis et
gentibus nobis in personis et rebus et gentibus de Baiona
pacem, concordiam et caritatem firmas et bonas perpetuo
duraturas, dare, consedere (sic) et firmare velitis et
vobis placeat benigne sit quod secure et fideliter manca-
mus et tute possimus irestare et negociari in mari et
in terra per patriam, dominium et gentes vestras de
Flandria. Sancti Spiritus gratia vos conservet in salute
et virtutis pacis et caritatis. Scriptum Baiona viii° die
mareyti? mensis augusti.

VIII

*Lettres par lesquelles le roi d'Angleterre, Edouard III, déclare
que le comte et les villes de Flandre ayant accordé aux
habitants de la ville de Bayonne de venir et de commercer
en Flandre, ce qui avait été publié à L'Ecluse et autres
lieux, il permet à son tour, aux sujets du pays de Flandre de
venir librement en la ville de Bayonne et d'y trafiquer. —
Palais de Westminster, le 28 janvier de la 37ᵉ année du
règne d'Edouard III (28 janvier 1363. Plutôt 1364 ?)*
                        (Archives du Nord. B. 1596. Ibidem.)

Edward, par la grâce de Dieu, Roy d'Engleterre,
seigneur d'Ylande et d'Aquitaigne, à tous ceulx qui
cestes lettres verront et orront, Salut. Nous avons

moult sovent esté troublés pour les grandes contencions et descortz que longuement ont estés entre nos féalx subgez de Bayone et nos bons amis et féalz gentz de Flandres, tant par devant les guerres entre nous et nostre très-chier frère de Franche, comme après. Si avons partant en grant désir que la chose seroit bien apposée afin que nul estincelle de descord demorast entre les parties dessus dictes, et en soustenance de la dicte pais laquele cascun devra voloir garder, si avons novellement entendu que nostre chier cousin le conte et les boines gens de Flandre, pour tenir fermement meisme le pais, ont accordez à noz dictes genz de Bayone quil porront venir et marchander ou païs de Flandres et ainsi l'ont fait publiquement criier et publier à Lescluse, et là où il appartient, comme il nous est bien apparu pour la teneur de leur lettres closes à nous sur ce envoyées. Pour quoy nous accordons pareillement, tant pour nous et nos hoirs comme pour nos dictes genz de Bayonne présenz et avenir que touz ceulz du paiis de Flandrez porront franchement et paisiblement venir et marchander à Bayonne et en toutez noz autres seigneuriez, aussi comme en temps de bone pais, sans estre empêchés ne autrement grovez pour cause et occasion des descortz dessusdictes, et aussi avant comme unqes n'eust esté aucune contencion ne descord entre eulx. Laquele chose nous et nos hoirs ferrons tenir et garder par touz noz subgez présentz et avenir, sans enfraindre en aucune manière, et tout aussi que tenuz et gardez sera de par nostre dit cousin et ses hoirs et les genz de Flandrez qui sont ou seront en aucun temps avenir. Donné et par tesmoignance de nostre grant séal, à nostre palais de Westmunster, le xxviiie jour de janvier l'an de nostre regne trente septisme.

IX

Lettres par lesquelles Louis, comte de Flandre, permet aux habitants de la ville de Bayonne de venir et de commercer en Flandre sans aucun empêchement. — Gand, 13 mars 1363-1364 (n. st).

(Archives du Nord. B. 1596, f° 140, recto).

Loys, etc, A tous ceux qui ces présentes lettres verront ou orront, Salut. Nous avons moult souvent esté tourblei pour les grandes contencions et descors qui longhement ont estez entre ceux de bayonne et noz gens de Flandrez tant pardevant les guerres qui ont esté (entre) monseigneur le Roy d'une part et monseigneur le Roy d'Engleterre d'autre, comme après, et pour tant que ledit monseigneur le Roy d'Engleterre a eu grant désir que la chose fuist bien appaisié affin que estinchelle (du) discord ne demorast entre les parties dessus dictes et en sustenance de la pais faite entre les deux Roys dessus dis, la quelle chascun devra voloir, garder; et pour cho nous a envoié ses lettres ouvertes soubz son grant seel, qu'il accorde tant pour lui et pour ses hoirs comme pour ses gens de Bayonne présens et avenir que toutes nos gens de Flandrez porront franchement et paisiulement venir et marchander à Bayonne et en toutes les seignories doudit monseigneur le Roy d'Engleterre, aussi comme on souloit faire en temps de bonne pais sans estre empéchiés ou autrement grevés par cause ou occasion des discors dessus dis, et aussi avant comme se onques neust esté aucune contencion ne discord entre eux. Laquelle chose il promet en icelles lettres faire tenir toudis et garder pour lui, pour ses hoirs et pour tous ses subgés présens et advenir sans enfraindre en aucune manière. Nous qui désirons aussi ladicte chose estre appaisié en meisme la manière, avons accordé et accordons pariallement, tant pour nous et pour nos hoirs comme pour nos gens de Flandrez, présens et avenir que les dictes gens de Bayonne porront venir et marchander en nostre païs de Flandrez aussi comme il soloient faire en temps de bonne pais sans estre empéchiés ou autrement grevez pour cause ou occasion des discors dessus dictes et aussi avant comme se onques neust esté aucune contencion ne descord entre eux. Laquelle chose nous et nos hoirs ferons tenir toudis et garder par tous nos subgés présens et advenir sans enfraindre en aucune manière et tout aussi que tenus et gardés sera de par le dit monseigneur le Roy d'Engleterre et ses hoirs et les dessus dis de Bayonne qui sont ou seront en aucun temps advenir. Par le tesmoing etc. Donné à Gand soubz nostre grand seel le XIIIe jour de mars l'an LXIII.

Par monseigneur en son conseil, présens le seigneur de Poukes, messire Loys de le Walle, Wautier le ....
.... (1).

X

Charle exemptant les habitants de Bayonne, établis à Nieuport, de tous droits perçus par la ville. — Novembre 1489.

(Archives de la ville de Nieuport. — Publiée dans *La Flandre*, Tome IX, p. 117. Art. de M. E. Van den Bussche).

(1) Les dernières lignes sont complétement effacées et illisibles.

XI

Tarif des droits de leude à Perpignan.
(Archives des Pyrénées-Orientales. B. 20?. F° LXXVII).

Per lo dret de la leuda royal ques leva à Perpinya.

Hec est memoria de leudis, quas dominus rex recipit et recipere debet et consuevit in villa Perpiniani.

Primo, est certum quod recipit et recipere debet et consuevit de quolibet panno de pourcet vermell qui vendatur . . . . III solidos
Item, de quolibet panno staminis forti de Grava . . . . II s.
Item, de quolibet panno coloris viridi . . . XII den.
Item, de quolibet panno de bruneta . . . XII den.
Item, de quolibet panno de pers de Gant . . XII den.
Item, de quolibet panno de Doay . . . . XII den.
Item, de quolibet panno de Cambray . . XII den.
Item, de quolibet panno d'Ypre . . . . . XII den.
Item, de quolibet panno staminis forti de Ras (Arras) . . . . VIII den.
Item, de quolibet panno Sancti Quintini . . VIII den.
Item, de quolibet panno de Saint Thomer *(sic)* VIII den.
Item, de quolibet panno de Angles qui non sit de Grava . . . . VIII den.
Item, de quolibet panno de Elaxon . . . VIII den.
Item, de quolibet panno de Doyn . . . . VIII den.
Item, de quolibet panno de Saya . . . . VI den.
Item, de quolibet panno rayet d'Ipre . . . VI den.

Item, de quolibet panno albo de la Tamusa . vi den.
Item, de quolibet biffa. . . . . vi den.
Item, de quolibet panno de Prois (Provins) . vi den.
Item, de quolibet panno de Xartres (Chartres) vi den.
Item, de quolibet panno de Brugia. . . . iiii d.
Item, de quolibet barraxan . . . . . . iiii d.
Item, de quolibet panno de Narbonna . . . iiii d.
Item, de quolibet panno de Gordon . . . . iiii d.
Item, de quolibet panno de Figach . . . . iiii d.
Item, de quolibet panno de Raudez. . . . iiii d.
Item, de quolibet barrachan petit . . . . iiii d.
Item, de quolibet panno qui vocatur Rasses . iiii d.
Item, de qualibet bala de fustanis grossis de
   Verona et quinque denarii sunt de hospite. v s. et v d.
Item, de qualibet pecia de tela . . . . . ii d.
Item, de quolibet poste de cendat . . . . xii d.
Item, de qualibet pecia de cendat . . . . ii den.

Suit le tarif des pelleteries et cuirs ainsi que des animaux domestiques.

De quolibet mulo . . . . xii d.
De quolibet Sarraceno vel Sarracena qui ven-
   datur . . . . xii d.
Etc., etc....

Hec est memoria et forma jurium quo dominus rex recipit et recipere debet tempore nundinarum Perpiniani in nundinis predictis.

In primis recipit leudas pannorum et omnium aliarum mercium prout eas recipit infra annum.

Et mercatores possunt in dictis nundinis vendere ad tallum quindecim diebus; et de hiis que vendiderunt ad tallum debent dare leudam ac si vendiderint ad rationem pecie.

Item, recipit de quolibet equo, etc.........

Et infra dictas nundinas recipiuntur exite equorum, roncinorum, mulorum, equarum, asinorum et omnium animalium aliorum qui transierunt et exeunt extra terram, sicut infra annum sunt consueto dare et recipere; emptores vero debent eligere octo dies ante vigiliam Sancti Bartholomei vel octo dies post dictos quindecim dies nundinarum.

TABLE DES MATIÈRES

                                                        Pages.

PRÉFACE. III

PREMIÈRE PARTIE. — Le commerce entre la France et la Flandre aux XIIIe et XIVe siècles, d'après les tarifs du péage de Bapaume. 1

I. — Notice historique sur Bapaume. — Origine du péage qui y fut établi au XIe siècle 1

II. — Enquête de Cappy, en 1202. 15

III. — Différents droits établis par l'enquête de Cappy. — Énumération des marchandises taxées dans les tarifs de 1291 et de 1442. 35

IV. — État du commerce pratiqué par les voies de terre entre la Flandre et la France de 1286 à 1634, d'après les comptes de la ferme du péage de Bapaume 56

SECONDE PARTIE. — Les relations commerciales de la Flandre au moyen âge avec les villes de La Rochelle, Niort, Saint-Jean-d'Angely, Bayonne, Biarritz, Bordeaux et Narbonne. 79

I. — Relations avec La Rochelle, Niort et Saint-Jean-d'Angely 81

II. — Relations des villes de Flandre avec Bayonne, Biarritz, Bordeaux, Narbonne et autres villes du Sud-Ouest et du Midi de la France 115

	Pages
Pièces justificatives de la première partie (Péage de Bapaume)	145

I. — Enquête tenue à Cappy, en présence de Barthélemy de Roye et autres personnages (mai 1202) . . . 147

II. — Tarif du péage de Péronne (sans date, fin du XIIIe siècle) 161

III. — Plainte des marchands de Flandre dans laquelle ils exposent toutes les exactions et les griefs dont le receveur du tonlieu de Bapaume, à l'endroit nommé Coupe-Gueule, s'était rendu coupable à leur égard (Sans date, vers 1248) 179

IV. — Lettres par lesquelles Robert, comte d'Artois, exempte les abbé et couvent du mont Saint-Éloi, diocèse d'Arras, de tous droits de péage, tonlieu, etc. (Paris, décembre 1268) 187

V. — Lettres par lesquelles Robert, comte d'Artois, assigne sur le travers de Bapaume, en faveur de l'hôpital Saint-Jean, près la porte Saint-Sauveur, à Arras, 200 livres parisis, à recevoir annuellement en différents termes (Paris, le vendredi avant la fête de la Chaire de Saint-Pierre, 1269-1270 n. st.). 187

VI. — Déclaration du comte d'Artois reconnaissant devoir à Audefroid, dit Louchart, 2,000 livres parisis qu'il lui avait prêtées sans usure, et en assignant le remboursement en différents termes sur le péage et la prévôté de Bapaume (Paris, mars 1269-1270 n. st.) 188

VII. — Arrêt du parlement de Paris portant que toutes les marchandises venant de France en Flandre et de Flandre en France, doivent acquitter les droits de péage à Bapaume, Péronne, Roye, Compiègne, Crépy et autres lieux (29 novembre 1318). . . . 189

VIII. — Compte du péage de Bapaume présenté par Wautier Drivart, garde dudit péage, du 28 août 1318 au 13 juin 1320 191

Pages

VIII bis. — Arrêt du parlement de Paris déboutant les péagers de Compiègne, de Roye et de Nesle, qui réclamaient une somme de 500 livres à des marchands pour avoir apporté du vin d'Auxerre ou de France (12 décembre 1321) 196

IX. — Défense faite aux échevins de Gravelines de connaitre du cas d'amende encourue par quelques marchands arrivés au port dudit Gravelines avec un navire chargé de vins et autres marchandises venant de France et qui n'ont point payé le droit de péage à Bapaume (Bruges, le 9 octobre 1333). . 196

X. — Arrêt du parlement de Paris confirmant l'accord passé entre la communauté de la ville de Bray-sur-Somme et les comte et comtesse de Flandre, propriétaires du péage de Bapaume (26 avril 1334). 198

XI. — Acte par lequel les échevins et communauté de Miraumont s'obligent à payer à l'avenir le droit de péage de Bapaume pour toutes les marchandises qu'ils feront passer par Posières (23 novembre 1334). 198

XII. — Vidimus, sous le scel de la prévôté de Paris, d'une sentence arbitrale rendue par Philippe de Haveskerke, chevalier, et Jean Chauvyars, contre la communauté et les habitants de la ville d'Ardres, condamnés à payer le droit de péage de Bapaume (26 février 1335-1336 n. st.). 198

XIII. — Extrait des registres du parlement de Paris renfermant un arrêt rendu contre les habitants d'Amiens, par lequel la comtesse d'Artois est maintenue dans la possession où elle était, de faire payer le droit de péage de Bapaume sur toutes les marchandises appartenant aux habitants d'Amiens (14 avril 1338). 202

XIV. — Extrait des registres du parlement de Paris renfermant un arrêt rendu contre les habitants d'Amiens, par lequel ils sont condamnés à payer le droit de péage de Bapaume (12 mai 1341). 202

Pages

XV. — Arrêt du parlement de Paris condamnant les habitants de Vervins en Thiérache à payer le droit de péage à Bapaume (11 mars 1367-1368 n. st.). . . 203

XVI. — Lettres par lesquelles le duc de Bourgogne, Philippe le Hardi, ordonne que son péage de Bapaume sera affermé pour un certain temps (Compiègne, le 30 juin 1396). 203

XVII. — Cahier des charges pour l'adjudication de la ferme du péage de Bapaume (30 juin 1396). . . . 206

XVIII. — Mandement des gens de la Chambre des Comptes de Lille aux baillis de Flandre, leur signifiant les lettres du duc de Bourgogne ordonnant l'adjudication de la ferme du péage de Bapaume (10 juillet 1396). 209

XIX. — Attestation des publications faites pour l'adjudication du péage de Bapaume dans les villes de Courtrai, Audenarde, Gand, L'Écluse, Damme, Ypres, Dunkerque, Furnes, Bergues, Nieuport, Tournai, Lille et Douai (24 juillet 1396). 209

XX. — « Copie de certain extrait des anciens cartulaires ou registres du droit que le Roy prent à cause de son péage ou winaige de Péronne et appartenances. » (XIVᵉ siècle). 210

XXI. — Sentence du Conseil du duc de Bourgogne ordonnant que les marchands bourgeois de Tournai et tous autres seront tenus de conduire leurs denrées et marchandises, soit par terre, soit par eau, par les chemins, passages et détroits anciens et accoutumés, et d'acquitter les droits de péage et de vinage, à peine de confiscation (Lille, le 8 octobre 1388). 218

XXII. — Mandement du duc de Bourgogne, Philippe le Hardi, aux baillis d'Ypres, de Lille et de Douai, pour arrêter les marchands et marchandises de Laon et de Saint-Quentin, ainsi que des lieux circonvoisins, qui n'auraient pas acquitté le péage de Bapaume (Paris, le 21 janvier 1392-1393 n. st.). . 218

	Pages
XXIII. — Recette du tonlieu de Bapaume appartenant au duc de Bourgogne (1390-1391).	219
XXIV. — Commission pour Colard de Boleghem, commis à recouvrer les droits appartenant au péage de Bapaume à Menin (Lille, le 8 août 1397).	222
XXV. — Tarif du péage de Bapaume en 1142.	226
XXVI. — Vidimus de certains articles extraits des registres du péage de Bapaume et produits par Honoré Le Vasseur, contrôleur du péage de Bapaume, pour appuyer les droits dudit péage à l'encontre de Jean Ghiseghien, d'Alost, et de Louis d'Armagnac, comte de Guise (9 septembre 1499, 7 avril 1515).	281
XXVII. — Vidimus d'une sentence par laquelle il est déclaré que Jacques Cocquel, marchand, demeurant à Aire, sera exempt de payer le domaine forain à Rouen pour les denrées importées par lui en Artois (8 octobre 1508, 7 février 1509).	284
XXVIII. — Ordonnances de l'archiduc Charles autorisant les fermiers du péage de Bapaume à établir des commis à Maubeuge, Bavai, ville et faubourgs de Valenciennes, Bouchain, Le Quesnoy, Landrecies, Ivuy, Douai, Pont-à-Vendin, Haubourdin et autres lieux (Bruxelles, 21 septembre 1516).	284
XXIX. — Autorisation accordée par l'empereur Charles-Quint au fermier du péage de Bapaume de commettre partout où il lui plaira dans le ressort dudit péage, des gardes qui en percevront les droits (1ᵉʳ mars 1554-1555 n. st.).	288
XXX. — Requête des gouverneur, officiers, maïeur et échevins de la ville de Hesdin à Leurs Altesses les archiducs Albert et Isabelle, demandant l'exemption pour les habitants de ladite ville, des droits du péage de Bapaume (1607).	288
XXXI. — Arrêt du Conseil de Malines dans le procès entre les maïeur et échevins de Saint-Omer et Pasquier Bosquel, fermier du péage de Bapaume (Malines, le 6 mars 1621).	288

Pages

XXXII. — Mandement des chef trésorier général et commis des finances relativement aux conditions sous lesquelles le péage de Bapaume devra être afferiné, avec les tarifs perçus sur les marchandises à Bapaume, Arras, Saint-Omer et autres lieux et passages d'Artois, ainsi qu'à Ypres, Gravelines, Dunkerque et autres lieux où nouvellement il a été établi et levé paisiblement (Bruxelles, le 17 décembre 1624). 286

XXXIII. — Lettres exécutoriales accordées à Nicolas van Merstraten, fermier du péage de Bapaume en remplacement de Charles Lachère (11 octobre 1625). 295

XXXIV. — Avis de la Chambre des Comptes de Lille sur la perception du péage de Bapaume à Saint-Omer (14 octobre 1662). 295

XXXV. — Extraits des comptes du bailliage de Bapaume conservés aux Archives du Nord et du Pas-de-Calais, indiquant l'état des recettes annuelles du péage de Bapaume de 1286 à 1635. 299

PIÈCES JUSTIFICATIVES DE LA SECONDE PARTIE (Traités de commerce entre les villes de Flandre et celles de La Rochelle, Niort, Saint-Jean-d'Angely, Bayonne, Biarritz, Bordeaux et Narbonne). 341

I. — Franchises accordées par la comtesse Marguerite aux maires et communes de La Rochelle, Saint-Jean-d'Angely et Niort, ainsi qu'aux marchands de Poitou et de Gascogne qui viendront à Gravelines, afin de favoriser l'accroissement de la ville et du port dudit lieu. (Juin 1262). 343

II. — Vidimus des lettres de Louis de Crécy, comte de Flandre, accordant des privilèges aux habitants des villes de La Rochelle et de Saint-Jean-d'Angely qui viendraient trafiquer en Flandre et débarqueraient au port de Damme, avec la confirmation desdits privilèges par le duc de Bourgogne Philippe le Hardi (21 novembre 1331) 351

	Pages

III. — Extrait d'un rouleau de parchemin renfermant la copie de plusieurs requêtes adressées au roi de France par le comte de Flandre, entre autres, celle par laquelle il le prie de faire restituer des marchandises enlevées a des Flamands dans les ports du Crotoy et de La Rochelle (sans date, vers 1351). 358

IV. — Charte des privilèges accordés par Louis XI, roi de France, aux marchands de Flandre, de Brabant et de Hollande (Saint-Jean-d'Angely, février 1462 n. st). 361

V. — Lettres par lesquelles les maires, jurés et habitants des villes de Bayonne et de Biarritz consentent à conclure une trêve marchande de trois années entre lesdites villes de Bayonne, Biarritz et lieux circonvoisins, et les villes flamandes de Bruges, Gand, Ypres, L'Écluse, etc. (Bayonne, 7 décembre 1351) . 368

VI. — Lettre du roi d'Angleterre, Édouard III, au comte de Flandre, au sujet des pertes subies par les habitants de Bayonne pendant les guerres qui ont régné entre le roi de France et lui (23 novembre, sans date d'année, vers 1360) 374

VII. — Requête des habitants de Bayonne au comte de Flandre, Louis de Male, pour le prier de négocier un traité de paix entre eux et les villes de Flandre (Bayonne, le 8 août, sans date d'année, 1363 ?) . . 377

VIII. — Lettres par lesquelles le roi d'Angleterre, Édouard III, déclare que le comte et les villes de Flandre ayant accordé aux habitants de la ville de Bayonne le droit de venir et de commercer en Flandre, ce qui avait été publié à L'Écluse et autres lieux, il permet à son tour, aux sujets du pays de Flandre de venir librement en la ville de Bayonne et d'y trafiquer (Palais de Westminster, le 28 janvier de la 37e année du règne d'Édouard III. 28 Janvier 1363. Plutôt 1364 ?). 378

  Pages

IX. — Lettres par lesquelles Louis, comte de Flandre,
     permet aux habitants de la ville de Bayonne de
     venir et de commercer en Flandre sans aucun
     empêchement (Gand, 13 mars 1363-1364 (n. st.) . . 380

X. — Charte exemptant les habitants de Bayonne,
     établis à Nieuport, de tous droits perçus par la
     ville (novembre 1489). 381

XI. — Tarif des droits de *leude* à Perpignan. 382

---o---

DESACIDIFIE
à SABLE : 1934

LILLE. — IMPRIMERIE VICTOR DUCOULOMBIER.

www.ingramcontent.com/pod-product-compliance
Lightning Source LLC
Chambersburg PA
CBHW071911230426
43671CB00010B/1563